"ධම්මෝ හි වාසෙට්ඨා, සෙට්ඨෝ ජනේතස්මිං
දිට්ඨේ චේව ධම්මේ, අභිසම්පරායේ ච."

වාසෙට්ඨයෙනි, මෙලොවෙහි ත්, පරලොවෙහි ත්
ජනයා අතර ධර්මය ම ශ්‍රේෂ්ඨ වෙයි !

- අග්ගඤ්ඤ සූත්‍රය - භාග්‍යවත් බුදුරජාණන් වහන්සේ

ශ්‍රේෂ්ඨ උත්තමයන්ගේ පරම්පරා කථාව

මහාවංශය

අවසාන භාගය

පූජ්‍ය කිරිබත්ගොඩ ඤාණානන්ද හිමි

© සියලුම හිමිකම් ඇවිරිණි.

ISBN : 978-955-687-186-9

ප්‍රථම මුද්‍රණය : ශ්‍රී බු.ව. 2563 ඉල් මස පුන් පොහෝ දින

සම්පාදනය : මහමෙව්නාව භාවනා අසපුව
වඩුවාව, යටිගල්ඔළුව, පොල්ගහවෙල.
දුර : 037 2244602
info@mahamevnawa.lk | www.mahamevnawa.lk

පරිගණක අකුරු සැකසුම, පිටකවර නිර්මාණය සහ ප්‍රකාශනය :
මහාමේඝ ප්‍රකාශකයෝ
වඩුවාව, යටිගල්ඔළුව, පොල්ගහවෙල.
දුර : 037 2053300, 076 8255703
mahameghapublishers@gmail.com

මුද්‍රණය : තරංජී ප්‍රින්ට්ස් (ප්‍රයිවට්) ලිමිටඩ්,
506, හයිලෙවල් පාර, නාවින්න, මහරගම.
ටෙලි: 011-2801308 / 011-5555265

ශ්‍රේෂ්ඨ උත්තමයන්ගේ පරම්පරා කථාව
මහාවංශය

අවසාන භාගය

සරල සිංහල අනුවාදය
පූජ්‍ය කිරිබත්ගොඩ ඤාණානන්ද හිමි

සිංහල ජාතියත්,
බුද්ධ ශාසනයත්,
මාතෘභූමියත්,
කිසියම් ආපදාවකට ලක්වෙමින් පවතින මේ අවස්ථාවෙහි
යළි අපගේ සිංහල දේශය නගාසිටුවීමේ
ජනතා අපේක්ෂාව දැල්වූ
පින්වත් ගෝඨාභය රාජපක්ෂ මැතිඳුන් හට
මෙම උතුම් මහාවංශය
සාදරයෙන් පිරිනැමේ.

ප්‍රස්ථාවනාව

මේ ඔබ අතට පත්වන්නේ සිංහල මහාවංශයෙහි අවසාන කොටස ය.

විජය රාජකුමාරයාගෙන් ආරම්භ වූ ලක්දිව මනුෂ්‍ය වාසය දඹදිව රාජවංශයන්ගේ සහායයෙන් ක්‍රමානුකූල වූ රාජාණ්ඩු ක්‍රමයක් තුළ සකස් විය.

දෙවනපෑතිස් රජු දවස, ලක්දිවට ශාස්තෘන් වහන්සේනමක් බඳු අප මිහිඳු මහරහතන් වහන්සේගේ වැඩමවීමත් සමග ම ලංකාවෙහි බුදු සසුන ස්ථිරව පිහිටන බවට බුදුරජාණන් වහන්සේ විසින් සක් දෙව්ඳුට වදාළ වචනය සත්‍ය බවට පත්විය. එතැන් පටන් අපගේ මේ ලක්දිව ගෞතම බුදු සසුනට ඉතාමත් ම හිතකර වූ වටපිටාවකින් යුතු සොඳුරු දිවයිනක් බවට පත්විය.

වරින් වර දකුණු ඉන්දියාවෙන් කඩාවදින ආක්‍රමණයන්ගෙනුත්, ඔවුන් විසින් අඛණ්ඩව කරනු ලබන මංකොල්ලකෑම්වලිනුත් ලක්දිව පීඩාවට පත්වූයේ සුළුපටු අයුරකින් නොවේ. එමෙන්ම පෘතුගීසි, ලන්දේසි, බ්‍රිතාන්‍ය ආක්‍රමණයන්ගෙන් ලක්දිව පෙර ඉතිහාසයේ නොවූ විරූ අයුරින් විපර්යාසයන්ට බඳුන් විය.

පෘතුගීසීහු විසින් වෙරළබඩ සිංහල බෞද්ධයෝ කඩුවේ සහ බයිනේත්තුවේ බලයෙන් ඉතා කෲර ලෙස මැඩලමින් ඔවුන්ගේ රෝමානු කතෝලික ආගමට ගන්නා ලද්දාහ. නමුත් පෘතුගීසීන් ප්‍රදේශය හැරගිය සැණින් රෝමානු කතෝලිකකරණයට ලක්වූ බොහෝ සිංහලයෝ නැවත බුදුදහම වැළඳගත්තෝය. ලන්දේසි යුගයේත්

වූයේ එබන්දකි. ලන්දේසීහු රෝමානු කතෝලිකයන්ගේ පරම සතුරෝ වූහ. ඔවුහු බෞද්ධයන්ට සේ ම රෝමානු කතෝලිකයන්ට ද නිර්දය ලෙස පීඩා කළෝය. ලන්දේසීන් විසින් වපුරන ලද්දේ ක්‍රිස්තියානිය යි. නමුත් ලන්දේසි යුගයේ පවා ලන්දේසීන්ගේ ග්‍රහණයෙන් මිදුනු සැණින් බොහෝ සිංහලයෝ යළි බුදුදහම වැළඳගත්තාහුය.

සිංහලයන් විසින් බුදුදහමට දක්වන මෙම අසාමාන්‍ය ලෙන්ගතුකම ගැන අධ්‍යයනය කරන්ට සමත් වූවෝ ඉංග්‍රීසීහු ය. ඔවුහු සිංහල බෞද්ධයන්ව නොයෙක් උපායික මාර්ගවලින් ක්‍රිස්තියානි කරන්ට සමත් වූහ. එතැනින් නොනැවතුණු ඔවුහු තමන් ක්‍රිස්තියානි ආගමට හරවාගත් සිංහලයන් ලවා දිගින් දිගටම බුදුදහමට නින්දා කරන්ටත්, ගරහන්ටත්, බුද්ධ චරිතය කෙලෙසන්ටත් නොපසුබටව කටයුතු කළෝය. පානදුරාවාදය ආදී සුප්‍රසිද්ධ වාදයන් ඇතිවූයේ එහි ප්‍රතිඵලයක් ලෙස ය.

ඉංග්‍රීසීන් විසින් ඉතා සාහසික ලෙස ආගමික මත ඔස්සේ බිඳුවන ලද සිංහල සමාජය යළි සමගි නොකළ හැකි ලෙස දෙකඩ වී ගියේය. සිංහලයන්ගේ ඥාති මිත්‍රකම් ද පළුදු වී ගියේය. එකම නිවසේ විවිධ ඇදහීම් මුල්කොට කෙළවරක් නැති ආරවුල් හටගත්තේය. මෙසේ බෞද්ධ සංස්කෘතියට එරෙහි, සිංහල ජාතිය නියෝජනය නොකරන සිංහලයන් පිරිසක් බිහිකරගන්ට සුද්දන්ට හැකියාව ලැබුණේය.

මහාවංශයෙහි බ්‍රිතාන්‍ය ආක්‍රමණය ගැන ගාථා බන්ධනයෙන් කෙරෙන විස්තරයක් නැත්තේය. මෙහි අවසාන පරිච්ඡේදය කෙටියෙන් පවසා අවසන් කොට තිබේ. ඕලන්දක්කාර ක්‍රෑර නායකයෙක් මහනුවර ආක්‍රමණය කළ විස්තර පමණක් ඇත්තේය. එනිසා ඔවුන්ගේ ම්ලේච්ඡ

ක්‍රියාවන් ගැන වාර්තාවන් බොහෝ විට මහාවංශය තුළින් දකින්ට නැත්තේය.

එමෙන්ම සිංහලයන් රාජ්‍ය ලෝභයෙන් එකිනෙකාගේ ඇණකොටාගැනීම් ද හේතුවෙන් වරින් වර ලංකා රාජ්‍යය ඉතා දුර්වල අඩියකට වැටුණේය. ලංකාවෙහි බලවත් සිංහල රජෙකු නොමැති අවස්ථාවන්හිදී පරිහානියට පත්වන්නේ එහි ආරක්ෂාවත්, ආර්ථිකයත්, ජනතා සමෘද්ධියත් පමණක් නොවේ. ලංකාවෙහි ආධ්‍යාත්මික රැකවරණය සලසන සංඝයා වහන්සේ ද එකල්හි පිරිහීමට පත්වෙති. නොයෙක් දෘෂ්ටිවලින් ඔවුහු ආකූල ව්‍යාකූල වෙති. සිල් ගුණදම්වලින් බැහැර වෙති. ඍජු ගුණැති, පුණ්‍යානුභාවයෙන් හෙබි රජවරු නැති ඕනෑම කාලයකදී ඒ දුර්දශාව ලක්දිවට උදාවේ.

මහාවංශයේ අවසන් භාගයෙහි එවන් සත්‍ය තොරතුරු බොහෝ ය. විශේෂයෙන් මේ කොටසෙහි ශ්‍රේෂ්ඨ රජවරු දෙදෙනෙකු ගැන සඳහන් වෙයි. පොළොන්නරු රාජධානිය අතිශයින් උද්දීප්තියට පත්කළ මහාපරාක්‍රමබාහු රජතුමා පළවෙනියා ය. දඹදෙණි රාජ්‍යයෙහි රජකළ කලිකාලාදී සාහිත්‍ය සර්වඥ පණ්ඩිත පරාක්‍රමබාහු රජු දෙවෙනියා ය. මේ රජවරු දෙදෙනා පිළිබඳව අතිශයින් වර්ණනාත්මක විස්තර මෙහි සඳහන් වෙයි.

විශේෂයෙන් සඳහන් කළයුතු දෙයක් ඇත්තේය. මහාපරාක්‍රමබාහු රජතුමාගේ කාලයෙහි දකුණු ඉන්දියාවේ මධුරා පුරයෙහි පඬිරජෙක් තමන්ට උදව් ඉල්ලා හසුනක් එව්වේය. මහපැරකුම්බා රජු විසින් ඒ පඬිරජුගේ රාජ්‍යය යළි ඔහුට ලබාදෙන ලෙස කියා ලංකාපුර දණ්ඩනාථ නමැති සිංහල සෙන්පතියා සිංහල සේනාවත් සමග මධුරාපුරයට යවන ලද්දේය. එහිදී ලංකාපුර සෙන්පතියා

සතුරු බලවේග සමග සටන් කොට දිනා ඒ පඬිරජුගේ පුත්කුමරුට යළි රාජ්‍යය ලබාදී කටයුතු කොට ඇති ආකාරය පුදුම සහගත ය.

දෙමළ ආක්‍රමණයන්ගෙනුත්, යුරෝපීය ආක්‍රමණයන්ගෙනුත් හුස්ම ගත නොහැකි ලෙස බැට කෑ සිංහල අපට අපගේ සිංහල සෙන්පතියෙක් දකුණු ඉන්දියාවේ මධුරා පුරයට ගොස් ධර්ම නීතියෙහි පිහිටා මංකොල්ලකරුවන් බවට පත්නොවී රාජ්‍ය සාධා ඇති ආකාරය තුළ සිංහලයාගේ වැදගත්කම මොනවට විදහා දක්වයි. එමෙන්ම බුදුදහමින් සුපෝෂිත වූ සිංහල ජාතියේ අභිමානය ද මොනවට දිස්වෙයි.

අනුරාධපුර යුගයේ රජවරු බොහෝ විට සිය රාජකාරි කළාහු පළමුකොට ශ්‍රී මහා බෝධියත්, රුවන්වැලි මහාසෑයත් වන්දනා කිරීමෙනි. රාජධානිය දකුණු ප්‍රදේශයට පැමිණීම නිසා ඔවුන් හට සියලු රැකවරණ සලසා දුන්නෝ දළදා වහන්සේ ය. රුවන්වැලි මහාසෑය, මහාබෝධිය මතකයෙන් ගිලිහී යද්දී ඔවුහු සිරස මත දළදා වහන්සේ වඩාහිඳුවා ගත්තෝය. ඒ බව මෙහි මැනවින් පැහැදිලි කොට පෙන්වයි. යම් හෙයකින් සිංහල රජවරු සිය රාජධානිය අනුරාධපුරයෙන් පිට නොගොස් දිගටම පැවැත්වූවාහු නම් බොහෝ සෙයින් සිංහල රාජධානියේ පරිහානිය වළක්වාගත හැකිව තිබුණේ යැයි සිතේ.

එකල රාජ්‍යයත් බුදුදහමත් අතර ඇති සම්බන්ධය බලනවිට බ්‍රිතාන්‍ය ආක්‍රමණිකයන් විසින් සිංහල රාජ්‍යයත් බුදුදහමත් අතර ඇති සම්බන්ධය නැත්තට නැතිකරන ලද්දේ යැයි සිතිය හැක. බ්‍රිතාන්‍ය ආක්‍රමණිකයන් විසින් සිංහල බෞද්ධ සමාජය උඩුයටිකුරු කරන ලදී. නැවත

මෙය කවදා ප්‍රකෘතියට පත්කළ හැක්කේ දැයි කිසිවෙකුට කිව නොහැකිය.

මේ මහාවංශය වනාහී අති දුර්ලභ ඓතිහාසික තොරතුරු ඇතුලත් අනර්ඝ වූ ඓතිහාසික ග්‍රන්ථයකි. එහෙත් ලාමක මිනිසුන් විසින් මේ ග්‍රන්ථයට 'මුසාවකි' යි කිය කියා හෙළාදැකීම බරපතල වරදකි. හෙළාදකින්ට පෙර මෙය සම්පූර්ණයෙන් කියවා බැලීම නුවණැති කාගේත් සාධාරණ යුතුකමකි. මහාවංශය කියවාගෙන යාමේදී බොහෝ වර අපට සිතුනේ 'මෙතෙක් කලක් මෙය කියවන්නට පමා වූයේ මොන අවාසනාවකට ද?' යන කාරණය යි. එතරම් ම වටිනා ඓතිහාසික තොරතුරුවලින් මහාවංශය සුපෝෂිත ය.

මෙම සරල සිංහල අනුවාදය උදෙසා සහය කරගත්තේ අතිපූජ්‍ය හික්කඩුවේ ශ්‍රී සුමංගල නායක මාහිමියන් වහන්සේ සහ බටුවන්තුඩාවේ පඬිතුමා විසින් සකස් කරන ලද මහාවංශයත්, ෂට්ඨ සංගායනාවෙන් සකස් වූ මහාවංස පාළියත් ය. එමෙන් ම මහාවංශයේ සරල අනුවාදයන් රාශියක් තිබෙන බව අපට දකින්ට ලැබිණි. මහාවංශය නමැති ශ්‍රේෂ්ඨ ඉතිහාස කථාව සිංහල ජනතාවට කියවන්නට සැලැස්වීම උදෙසා ඒ ඒ පඬිවරුන් ගත් වෑයම සදා ප්‍රශංසනීය ය.

මහාවංශයෙහි මෙම අවසන් කොටසෙහි පරිච්ඡේද හතළිස් එකක් ඇත්තේය. අප විසින් මහාවංශයේ සියලු ගාථාවන් සිංහලට නගා අවසන් කරන ලද්දේය. මෙහිදී විශේෂයෙන් පුණ්‍යානුමෝදනා කටයුතු දෙදෙනෙකු ඇත්තේය. මා හට මහාවංශයේ පාළි ගාථා කොටස සොයාගන්ට නොහැකිව සිටියදී එය සොයාදුන්නේ අපගේ හිතමිත්‍ර පින්වත් ගයාන් චානුක විදානපතිරණ ජ්‍යෙෂ්ඨ

කථිකාචාර්යතුමා ය. එමෙන්ම බොරැල්ලේ ත්‍රිපිටක සදහම් පොත්මැදුරෙහි පින්වත් එරික් ප්‍රනාන්දු මහතා ද අපට බොහෝ සෙයින් උපකාරී වූයේය. ඒ පින්වතුන් දෙදෙනාට ද මේ පින අයිති වේවා!

මෙම මහාවංශය කියවීමේදි ඇතැම්විට ශ්‍රද්ධාවෙන් අපගේ සිත පිනායයි. සිත පහන් වෙයි. එමෙන් ම ඇතැම් රජවරුන් විසින් කරන ලද නොයෙකුත් ක්‍රියාවන් ද ඇතැම්විට සිදුවන ලද කුමන්ත්‍රණයන් ද විශේෂයෙන් සිංහල ජාතියටත් රාජ්‍ය තන්ත්‍රයටත් සිදුවන විනාශයන් කියවනවිට කෙලෙස්වල ඇති භයානක ස්වභාවයත් සංසාරයෙහි ඇති නීච ස්වභාවයත් ධර්මයෙන් තොර වූ අසත්පුරුෂ ඇසුරේ භයානකකමත් නිතැතින් ම වැටහෙයි. එවිට අප තුළ ධර්ම සංවේගයක් හටගනී. මහාවංශ ප්‍රථම භාගයෙහි කර්තෘවර මහානාම මාහිමියන් වහන්සේ අපට යෝජනා කරන පරිදි ඒ ඒ තැන් වලදී ප්‍රසාදයත් සංවේගයත් ඇති කරගත මැනව.

මෙය බොහෝ දෙනෙකුට සුවසේ කියවා සිංහලයාගේ ප්‍රෞඪ ඉතිහාසය පිළිබදව නිවැරදි දැනුමක් ලබාගත හැකිය. දැනට නානා මාධ්‍යයන් තුළින් ද අපගේ ඉතිහාසය පිළිබදව පතුරුවා හරිනු ලබන විකෘතියට පත් දුර්මත දුරුවී ගොස් බොහෝ දෙනා හට යහපත සැලසේවා!

මෙයට,
ගෞතම බුදු සසුන තුළ
මෙත් සිතින්,
පූජ්‍ය කිරිබත්ගොඩ ඤාණානන්ද හිමි
ශ්‍රී බු.ව. 2563 වප් මස 19 දින (2019.10.19)

පටුන

59. පනස් නවවන පරිච්ඡේදය 17
රජවරු සතරදෙනා

60. හැටවන පරිච්ඡේදය 26
කුමරහුගේ උදාව

61. හැට එක්වන පරිච්ඡේදය 35
සංඛත්ථලි පුරයට යෑම

62. හැට දෙවන පරිච්ඡේදය 42
සිය රටෙන් බැහැර රට යන ගමන

63. හැට තුන්වන පරිච්ඡේදය 51
සෙන්පති නැසීම

64. හැට හතරවන පරිච්ඡේදය 57
පිට දේශයන්හි පුවත් නිර්ණය

65. හැට පස්වන පරිච්ඡේදය 77
මහාදිපාද මහෝත්සවය

66. හැට හයවන පරිච්ඡේදය 90
සිය රජය සමෘද්ධිමත් කිරීම

67. හැට හත්වන පරිච්ඡේදය 98
බල සේනාවන් හා ධනය රැස්කිරීම

68. හැට අටවන පරිච්ඡේදය 104
දිනාගත් රජය නැවත දීම

69. හැට නවවන පරිච්ඡේදය 146
අභිෂේක මංගල්‍යය 1

70. සැත්තෑවන පරිච්ඡේදය 151
අභිෂේක මංගල්‍යය 2

71. සැත්තෑ එක්වන පරිච්ඡේදය 191
පොළොන්නරුව පිළිසකර කිරීම

72.	සැත්තෑ දෙවන පරිච්ඡේදය දළදා වහන්සේ පිදීම	213
73.	සැත්තෑ තුන්වන පරිච්ඡේදය රුහුණු රජය අත්පත් කරගැනීම	244
74.	සැත්තෑ හතරවන පරිච්ඡේදය රාජින්දපුර අල්ලාගැනීම	269
75.	සැත්තෑ පස්වන පරිච්ඡේදය පඩිරට ජයගැනීම	311
76.	සැත්තෑ සයවන පරිච්ඡේදය විහාරාදිය කරවීම	324
77.	සැත්තෑ සත්වන පරිච්ඡේදය උයන් ආදිය කරවීම	339
78.	සැත්තෑ අටවන පරිච්ඡේදය රජවරු දහසය දෙනා	350
79.	සැත්තෑ නවවන පරිච්ඡේදය එක් රජෙකුගේ පාලනය	361
80.	අසූවන පරිච්ඡේදය දළදා වහන්සේ පෙළහර දැක්වීම	372
81.	අසූ එක්වන පරිච්ඡේදය සතුරු රජුන් පරදා ජයගැනීම	379
82.	අසූ දෙවන පරිච්ඡේදය බුදු සසුනේ දියුණුව සැලසීම	387
83.	අසූ තුන්වන පරිච්ඡේදය විවිධ පින්කම් කිරීම	393
84.	අසූ හතරවන පරිච්ඡේදය අන්‍යයන් ලවා විවිධ පින්කම් කරවීම	408
85.	අසූ පස්වන පරිච්ඡේදය රාජ්‍ය බලය පැවරීම	416

86.	අසූ හයවන පරිච්ඡේදය	426
	පොළොන්නරුව යළි ගොඩනැගීම	
87.	අසූ හත්වන පරිච්ඡේදය	441
	අභිෂේක මංගල්‍යය ආදිය පැවසීම	
88.	අසූ අටවන පරිච්ඡේදය	451
	විජයබාහු ආදී රජවරුන් අටදෙනා	
89.	අසූ නවවන පරිච්ඡේදය	466
	පරාක්‍රමබාහු ආදී රජවරු සිව්දෙනා	
90.	අනූවන පරිච්ඡේදය	472
	ජයබාහු ආදී රජවරු සත්දෙනා	
91.	අනූ එක්වන පරිච්ඡේදය	477
	මායාදුන්නේ රජු ආදී රජවරුන් දෙදෙනා	
92.	අනූ දෙවන පරිච්ඡේදය	480
	විමලධර්ම රජු	
93.	අනූ තුන්වන පරිච්ඡේදය	484
	සේනාරත්න රජු	
94.	අනූ හතරවන පරිච්ඡේදය	488
	රාජසිංහ රජු	
95.	අනූ පස්වන පරිච්ඡේදය	494
	විමලධර්මසූරිය ආදී රජවරු	
96.	අනූ හයවන පරිච්ඡේදය	502
	ශ්‍රී විජය රාජසිංහ රජු	
97.	අනූ හත්වන පරිච්ඡේදය	514
	කීර්ති ශ්‍රී රාජසිංහ රජුගේ අභිෂේක මංගල්‍ය ආදිය	
98.	අනූ අටවන පරිච්ඡේදය	537
	කීර්ති ශ්‍රී රාජසිංහ රජු	
99.	අනූ නවවන පරිච්ඡේදය	569
	සිංහල රාජවංශයේ අවසානය	

නමෝ තස්ස භගවතෝ අරහතෝ සම්මාසම්බුද්ධස්ස
ඒ භාග්‍යවත් අර්හත් සම්මා සම්බුදුරජාණන් වහන්සේට නමස්කාර වේවා!

මහාවංශය

ශ්‍රේෂ්ඨ උත්තමයන්ගේ පරම්පරා කථාව

අවසාන භාගය

59

පනස් නවවන පරිච්ඡේදය

රජවරු සතරදෙනා

01. කීර්ති විජයබාහු රජුගේ ඇවෑමෙන් පසු ඔහුගේ නැගණිය වන මෙත්තා දේවිය ද සිය පුතුන් තිදෙනා ද මහඇමතිවරු ද එසේ ම එහි විහාරයන්හි වසනා භික්ෂූහු ද,

02. සියලු දෙන රුහුණෙහි වසන ආදිපාදයන් හට රජුගේ අභාවය පිළිබඳ පුවත නොදන්වා,

03. එකතුව සාකච්ඡා කොට සමානච්ඡන්දයෙන් යුතුව, යුවරජ පදවිය හෙබවූ ජයබාහු කුමාරයා ලංකා රාජ්‍යයෙහි අභිෂේක කළෝය.

04. පෙර රජදරුවන්ගේ සිරිත උල්ලංඝණය කළ ඒ සියලු දෙන මානාභරණ නමැති කුමාරයා උපරජ තනතුරෙහි පිහිටෙව්වාහුය.

05. අනතුරුව මානාභරණාදී සියලු සහෝදර කුමාරවරු ජයබාහු රජු හා එක්ව සැහැසි ලෙස,

06. මුතු, මැණික්, රන්, රුවන් ආදී සාර සම්මත සියලු වස්තු සියතට ගෙන,

07. සේනා වාහන ඇතුන් සහිත වූ සියලු බලයන් ගෙන 'වික්‍රමබාහු ආදිපාද අල්ලාගන්නෙමු' යි පොළොන්නරු නගරයෙන් නික්ම ගියාහුය.

08. වික්‍රමබාහු ආදිපාද තෙමේ මේ සියලු පුවත් අසා 'මාගේ පියරජුට අන්තිම සත්කාරය කරන්ට අපට නොලැබුණේය.

09. දැන් වහා පොළොන්නරු ගොස් මපියාණන් ආදාහනය කරන ලද තැන දකින්නෙමි' යි,

10. 'මාගේ සෝක දුකින් හටගත් බර දුරුකරලන්නෙමි' යි දැඩි අධිෂ්ඨානයකින් යුක්තව,

11. පොළොන්නරුව බලා එන ආදිපාද තෙමේ සැහැසි ලෙස හත්අටසියයක සේනා බලයක් ද රැගෙන එන්නේ,

12. අතරමග ගුත්හල රටෙහිදී කොස්බුක්ක නම් ගමෙහි ඉදිරියට එන්නා වූ,

13. සන්නද්ධ මහ යුධ සේනාවන් දැක භය ඉක්ම ගිය තනි වීරයෙකු සේ ඔවුන් හා යුද්ධ කරන්නේ සැණෙකින් පලවා හැරියේය.

14. ඉක්බිති පරාජයට පත් සොයුරු රාජපුත්‍රයන් තිදෙනා අභිමානයෙන් උඩඟුව වහා බලසේනා සන්නද්ධ කොට,

15. ජම්බු ආදිපාද යැයි ප්‍රසිද්ධ ස්ථානයේදී යළි යුද්ධ කළාහුය. හේ දෙවෙනි වරටත් නැවත යුද්ධ කොට තිදෙනාව ම පැරදවීය.

16. තුන්වෙනුව කටගාමයෙහි ද සිව්වෙනුව කලාවැවේ ද පස්වෙනුව උද්ධනද්වාර ගමෙහි ද සයවෙනුව පංකවේලකයෙහි ද,

17. ඔවුන් සමග යුද්ධ කොට ඒ හැම අවස්ථාවෙහි ම ලබාගත් ජය ඇත්තේ ඇමතියන් හා පිරිවර ජනයා සහිතව පොළොන්නරුවට පැමිණියේය.

18. තමන් සිතූ ආකාරයෙන්ම සිය පියාණන් ආදාහනය කළ තැනට ගොස් දැක දුරුකරන ලද සෝක ඇතිව, ලබන ලද අස්වැසිලි ඇතිව වික්‍රමබාහු තෙමේ පොළොන්නරුවෙහි විසීය.

19. තමන්ගේ දුකෙහිදී සහය වූ ඇමතියන් හට සුදුසු තනතුරු, පදවි, භෝග සම්පත් ආදිය දුන්නේය.

20. තමන්ට සහය වූ සියලු භටයන්ට ද දුක්ඛිත අවස්ථාවෙහි ලද සහය මෙනෙහි කරමින් සුදුසු වැටුප් දුන්නේය.

21. මානාභරණ යුවරජු ද අනෙක් සොයුරු කුමාරවරු හා එක්ව දකුණු රටත්, රුහුණු රටත් තමන්ගේ වසඟයට ගත්තේය.

22. එයින් කිත්සිරිමේඝ කුමරුට දොළොස්දහස් රට දී එහි ම වාසය කරන්ට නියෝග කළේය.

23. සිය සොයුරු යුවරජු විසින් අණකරන ලද කිත්සිරිමේඝ ජනනායක තෙමේ මහානාගහුල නම් නගරයෙහි වාසය කළේය.

24. සිරිවල්ලභ කුමාරයා හට අටදහස් රට දී එහි වාසය කරන්ට නියෝග කළේය.

25. ඔහු ද එහි ගොස් උදුන්දොර නමැති ගමෙහි රාජධානියක් කොට ඒ ප්‍රදේශයට අනුශාසනා කළේය.

26. මානාභරණ තෙමේත් සේනාව ගෙන දකුණු රටට ගොස් වීරබාහු යැයි ප්‍රසිද්ධ වූයේ, කලින් සිටි පුංඛගමෙහි වාසය කළේය.

27. තුන් සොයුරන්ගේ මෑණියෝ ද ජයබාහු රජු ද එකල කිත්සිරිමේඝ රජු සමග වාසය කළෝය.

28. එයින් තුන් අවුරුද්දක් ගත වූ කල මානාභරණාදී ඔවුහු වික්‍රමබාහු රජු විසින් තමන් හා යුද්ධ කරන ලදුව,

29. නැගී සිටිය නොහැකි ලෙස ලත් මහා පරාජය සිහිකරමින් නැවතත් අභිමානයෙන් යුක්තව නැගී සිට,

30. 'ඔටුණු පළන් රජවරුන්ගේ රාජ්‍යය වන රජරට කිසිදු අභිෂේකයකින් තොරව මොහු කෙසේ නම් අනුභව කරන්නේ ද?' යි,

31. ඊර්ෂ්‍යාවෙන් යුක්තව සේවක ජනයාට සංග්‍රහ කොට බොහෝ සෙයින් යුද්ධෝපකරණ ගෙන යුද පිණිස නික්මුණාහුය.

32. වික්‍රමබාහු රජු ද සිය දූතයන් මගින් සියලු පුවත් දැන වහා සේනාවන් පෙරටු කොට ඔවුන් අයත් රටට ගියේය.

33. දකුණේ පිහිටි බෝධිසේන නම් පර්වත ගමෙහිදී ඒ වික්‍රමබාහු තෙමේ තුන් සොයුරන් සමග යුද්ධ කොට නැවතත් පරාජය කළේය.

34. 'මම් දැන් මේ සියලු සතුරන් මුලින් ම සිඳලන්නෙමි' යි සිතා පලායන්නා වූ ඔවුන්ගේ පියවරක් පාසා ලුහුබැන්දේය.

35. ඔවුහු පස්යොදුන් රටෙහි දුර්ගයන් වෙත පලා ගියාහුය. වික්‍රමබාහු තෙමේ ඔවුන් අල්ලාගනු කැමතිව වහා කැළණියට ගියේය.

36. එකල්හි දකුණු ඉන්දීය ආරියරටවාසී වූ, වීරදේව යැයි ප්‍රකට වූ, වීර්යවත් වූ පලින්දි නමැති නායකයෙක් තනිව බලහත්කාරයෙන්,

37. ලංකාද්වීපය තමාට අත්පත් කරගත හැක්කේ යැයි සිතා ශූර වූ යෝධයන් සමග මහතිත්ථ වරායට ගොඩබැස්සේය.

38. වික්‍රමබාහු රජු එපවත් අසා 'යම්තාක් ලංකාදීපය ග්‍රහණය කරගැනීමක් නොවූයේ ද,

39. එය වෙන්ට කලියෙන් ඔවුන්ගේ මුල් නැසිය යුත්තේය' යි සිතා කැළණියෙන් පිටත්ව මාතොට මන්නාරම නමැති ගමට ගියේය.

40. ආක්‍රමණික වීරදේව තෙමේ ඒ වික්‍රමබාහු රජු හා යුද්ධ කොට ඔහුගේ සේනාව ද සහෝදර රාජපුත්‍රයන් දෙදෙනා ද,

41. කීර්ති නමින් ප්‍රසිද්ධ වූ සෙන්පති ද නසා වීරසම්මත බොහෝ ජනයා ද නසා,

42. රක්බ නම් ඇමතියා ජීවග්‍රාහයෙන් අල්ලාගෙන සේනා බල පරදවා පියවරක් පාසා ලුහුබැන්දේය.

43. බියපත්ව පලායන වික්‍රමබාහු රජු සිය පුරයට පැමිණ සියලු හස්තසාර වස්තුව ගෙන වහා කොටුසරට පලාගියේය.

44. වීරදේව තෙමේ ඔහු පසුපස ලුහුබදිමින් පැමිණ දින කිහිපයක් පොළොන්නරුවෙහි වාසය කොට,

45. වික්‍රමබාහු රජු අල්ලාගනු පිණිස වහා එහි ගියේය. වික්‍රමබාහු රජු ද තමන්ගේ මහා සේනාවක් පිටත් කොට,

46. යුද්ධ කරවා අන්තරපිට්ඨිකයෙහි මහා කද්දම දුර්ගයේදී වීරදේවයා මරා මහා බලයෙන් යුතුව,

47. පොළොන්නරුවට පැමිණ ඔටුණු පැළඳීමක් නොකොට අනුශාසනා කරන්නේ රාජ්‍ය පාලනය කළේය.

48. ඉන් පසු තුන් සොයුරු රජවරු වික්‍රමබාහු රජු හා යුද්ධයෙහි ඇති ආසාව දුරුකොට තමන්ගේ රටට ගොස් පෙර සේ ම විසූහ.

49. මෙසේ මේ රජවරු සිව්දෙනා බොහෝ උත්සාහ ගෙන ලක්දිව එක්සේසත් කරන්ට කිසිදු අයුරකින් නොහැකි වූවාහුය.

50. සොයා නොබලා කටයුතු කිරීම හේතුවෙන් කුලවත් ජනයෝ පිරිහී ගියෝය. හීන වූ ජන තුමූ තම තමන්ට රිසි පරිදි ප්‍රධාන තනතුරුවල තැබුවෝය.

51. වික්‍රමබාහු රජු බුද්ධි හීන පුද්ගලයන්ට බල තනතුරු ලබාදීම හේතුවෙන් රටත් බුදු සසුනත් පිරිහී ගියේය.

52. එකල්හි යහපත් කුලීන ජනයාගේ පැහැදිලිව දකින වරදක් නොතිබියදීත් ඔවුන් සතු වස්තුව බලහත්කාරයෙන් පැහැර ගන්නා ලදී.

53. ඔවුහු සිය භාණ්ඩාගාරය හිස්වීම නිසා මුළු රට ම පීඩාවට පත්කරමින් ධනය සොයන්නාහු යන්ත්‍රයෙහි දමා උක්දඬු යුෂ පෙරන සෙයින් ජනතාවට අධික බදු බර පටවන ලදී.

54. වික්‍රමබාහු රජ තෙමේ තුනුරුවන් සන්තක වැව්හි භෝගයන් ද එයින් බැහැර කොට සිය සේවක ජනයාට දුන්නේය.

55. පොළොන්නරුවෙහි නොයෙක් විහාරයන්හි තිබූ ධාතු මන්දිර ද දකුණු ඉන්දීය කුලී හේවායන්ට වාසය පිණිස දුන්නේය.

56. සැදැහැවතුන් විසින් දළදා වහන්සේත්, පාත්‍රා ධාතූන් වහන්සේත් උදෙසා පුදන ලද මුතු මැණික් ආදිය ද,

57. සඳුන්, අගිල්කපුරු හා රනින් කරන ලද බොහෝ පිළිමයන් ද පැහැරගෙන කැමති පරිදි විනාශයට පත්කළාහුය.

58. රටටත් ශාසනයටත් සිදුවන්නා වූ විපත දකිමින් බොහෝ ජනයෝ මහත් කලකිරුණු සිතින් වාසය කළෝය.

59. අෂ්ටමූල විහාරයන්හි ගරු වශයෙන් සම්මත වූ භික්ෂූන් ද පාංශුකූලික භික්ෂූන් ද යන දෙකොටසට අයත් වූ භික්ෂූහු,

60. 'මෙසේ දෙමළ මිසදිටු තීර්ථකයන් හා සමාන වූ මොවුන් විසින් බොහෝ ශාසනික විපත් කරන හෙයින් මොවුන්ගෙන් බැහැරව විසීම උතුම්' ය කියා,

61. උතුම් දළදා වහන්සේ ද පාත්‍රා ධාතූන් වහන්සේ ද ගෙන රුහුණට ගොස් තම තමන්ට පහසු වූ ඒ ඒ තන්හි වාසය කළාහුය.

62. එසෙයින් ම තැන් තැන්වල විසිර ගිය කුලවත් ජනයෝ ඒ ඒ තැන සැඟවී දුකසේ වාසය කළාහුය.

63. දෙපක්ෂයට බෙදුනු රජහු විසින් ගන්නා ලද සීමාවල පිහිටුවන ලද සාමාන්තයෝ ද ඔවුනොවුන් හා බොහෝ යුද්ධ කරමින්,

64. ඉතා සරුසාර වූ නොයෙක් ගම් නියම්ගම්වලට ගිනි තබමින් දිය පිරී ගිය වැව් බිඳිමින්,

65. හැම අයුරින් ම සියලු දියඇළි අමුණු වසමින් තමන් හට බොහෝ උපකාරී වන පොල්වතු ආදියෙහි ගස් සිඳිමින්,

66. පුරාණයේ පිහිටි ගම් බිම් හඳුනාගත නොහැකි පරිද්දෙන් වැනසූහ. එමෙන්ම එකිනෙකා කාකොටාගනිමින් රට ම නසාලූහ.

67. මේ රජවරු සිය මිනිසුන් ලවා ගම් පැහැර ගැනීම් ආදිය කරමින් රට විපතට ම පත්කළෝය.

68. කුලීන මිනිසුන්ගේ දාස කම්කරුවෝ ද සිය ස්වාමිවරුන්ගේ බසට අවනත නොවී බිය සැක රහිතව වාසය කළාහුය.

69. රජුන්ගේ අභ්‍යන්තරයේ වසන්නාහු සුදුසුකම් රහිතව ලබාගත් පදවි තනතුරු ආදිය ඇතිව අධිපතිභාවයෙන් යුක්තව විසූහ.

70. සමන්තකූටාදී නොයෙක් දුර්ගම ස්ථානයන්හි වසන ජනයා පෙර රජවරුන් විසින් නියම කරන ලද අයබදු නොගෙවමින්,

71. රජ අණ නොපිළිපදිමින් දාමරික බවට පත්වූවාහු තම තමන්ගේ ප්‍රදේශ බවට පත්කරගෙන උඩඟුව විසුවාහුය.

72. එකල ලංකාදීපය අයහපතෙහි යෙදී වසන්නවුන් නිසා හැම අතින් ම පෙරළී ගියේ යැයි කියයුතු බවට පත්විය.

73. මෙසේ ගම්මුලාදෑනියන් සේ තෙද බලයෙන් තොර වූ රජවරු රට වැනසීමේ අදහසෙහි ඇලී වසමින් රාජකීය අභිමානය නසාගෙන නිරතුරුව තමාටත් රටවැසියාටත් යහපත සැලසීම පසෙක ලා පෙර රජදරුවන්ගේ සිරිතින් බැහැරව හීන දීන මනසින් වාසය කළෝය.

මෙසේ හුදී ජන පහන් සංවේගය පිණිස කරන ලද මහාවංශයෙහි 'රජවරු සිව්දෙනා' නමැති පනස් නවවන පරිච්ඡේදය නිමාවට පත්විය.

60

හැටවන පරිච්ඡේදය

කුමරහුගේ උදාව

01. ජයබාහු රජු ද මිත්තා නමැති නැගණි රාජිනිය ද රුහුණෙහි ම වාසය කොට මිය ගියෝය.

02. සිරිවල්ලභ රජුගේ බිසව වූ සුගලා බිසව මානාහරණ නම් පුත්‍රයෙකුත් ලීලාවතී නම් දුවකුත් බිහිකළාය.

03. මානාහරණ රජුගේ බිසව වූ රත්නාවලී දේවිය ද මිත්තා නමින් ද ප්‍රභාවතී නමින් දූකුමරියන් දෙදෙනෙකු බිහිකළාය.

04. සිය දූකුමරියන් දෙස බලා සිටි වීරබාහු නමැති මානාහරණ මහාදිපාදයා හට මෙවන් අදහසක් ඇතිවූයේය.

05. "අපි වනාහී ලෝකයෙහි අභිසම්මත වූ, සියලු රාජවංශයන්හි මුදුන බඳු වූ, විසුද්ධ වූ චන්ද්‍ර රාජවංශයෙහි උපනිමු.

06. අන්‍යයන්ට ප්‍රිය උපදවන අයුරින්, සියලු ශක්තීන්-

ගෙන් උසස් ව, නානා ශිල්ප ශාස්ත්‍රයන්හි නිපුණ ව, ඇත් අස් ආදී ශිල්පයන්හි පොහොසත් ව,

07. වාසය කරම්හ. එතෙකුදු වුවත් අපි තුන් සොයුරෝ තනි වික්‍රමබාහු විසින් පරදවන ලදුව රණබිමෙහිදී අතිශය ගර්හාවට ලක්වූවෝ වෙමු.

08. මේ කිලුට සෝදාහරින්ට සමත් පුත් කුමාරයෙකුගේ පහළවීමක් නොපෙනේ. අහෝ අපගේ මඳ පින් ඇතිබවෙහි සැටි!

09. ජන අපවාදයෙන් අපවිත්‍ර වී ගිය රාජ්‍යයෙන් මට ඇති ඵලය කිම? දැන් වනාහී පංච කාම සැපයට ඇති ඇල්ම දුරැර කල්‍යාණ කර්මයන්හි,

10. නිරතුරු අප්‍රමාදී ව වාසය කළ යුත්තේය" යි සිතා සියලු රාජ්‍ය විචාරීමේ කටයුතු ඇමතියන් හට පවරා දී,

11. එහි ම සත් අට මාසයක් වාසය කරන රජ තෙමේ එක් රාත්‍රියකදී දේවරාජගෙහි සීල සංයමයෙන් යුතුව සැතපුනේය.

12. එදින හිමිදිරි යාමයෙහි මහඉර්ධිමත් දිව්‍යපුත්‍රයෙක් විචිත්‍ර වස්ත්‍රාභරණයෙන් ද, සුවඳ මල් ආදියෙන් ද විභූෂිතව,

13. උදාරතර වූ රූපශ්‍රීයකින් යුතුව, සිය සිරුරු රැස් විහිදුවමින්, තෙමේ ම ආලෝක කරමින් අහසට නැගුණු හිරුමඬලක් සෙයින් පෙනී සිට,

14. මෙසේ කියන්නා වූ බවක් රජු සිහිනෙන් දැක්කේය. "මහා භාග්‍යවන්තය, සිත පහදාගනුව. මිහිපතිය, ප්‍රීතියට පත්වෙව.

15. ධන්‍ය පුණ්‍ය ලක්ෂණයෙන් යුක්ත වූ, කැමති වන යහපත සලසන්නා වූ, විනීත වූ, ලෝකයෙහි පැතිර ගිය තේජෝ පරාක්‍රම ඇති,

16. ආඥා බල යශෝරාවයෙන් දිදුලන, සත් ගුණයන්ට ආකර වූ, රටත් බුදුසසුනත් දියුණුවට පමුණුවාලිය හැකි උතුම් පුත්‍රයෙක්,

17. නොබෝ කලකින් තොපට ලැබෙන්නේය. එහෙයින් පෙර සේ ම තොපගේ අඹුදරුවන් වාසය කළ නගරයට වහා යව" ය කියා පැවසීය.

18. පිබිදී, හටගත් ප්‍රීති වේගය ඇත්තේ රැය පහන් වූ කල රජ එයින් නික්ම පුංගගමට ගියේය.

19. එහිදී තමන් සුභ සිහිනය දුටු ආකාරය පිළිබඳව මෙසේ ප්‍රමුඛ අමාත්‍යවරුන්ට කීවේය.

20. රත්නාවලී නමැති සිය මෙහෙසිය ද සැමට උතුම් පුත්රුවනක් පතමින් දාන සීලාදී අනේකප්‍රකාර උතුම් පින් කරමින් සිටින්නීය.

21. එක් දිනක් හිමිදිරියෙහි රජ තෙමේ නැවත සිහිනයක් දුටුවේය. සිය පින් ලකුණෙන් හෙබි, මුළුමනින් ම සුදෝ සුදු, අතිමනරම්,

22. උතුම් ඇත්පැටවෙකු කතින් අල්ලා අරගෙන තමන්ගේ මෙහෙසිය සැතපී සිටි යහන්ගැබට පිවිසවන්නාක් මෙන්,

23. දැකීමෙන් අවදිව උතුම් සයනයෙන් නැගිට හටගත් ප්‍රීතිප්‍රමුදිත වේගයෙන් යුතු සිතින්,

24. එකෙණෙහි ම මෙහෙසියගේ යහන්ගැබට පිවිස තමා දුටු ආකාරයෙන් ඇයට සිහිනය ගැන කීවේය.

25. එකල්හි "මමත් එබඳු වූ හැඩයෙන් යුතු ඇත්පැටවෙකු මාගේ සයනය පැදකුණු කොට සිටි කල ඔහුගේ සොඬින් අල්ලාගෙන,

26. යහනට ඇද ප්‍රේමයෙන් වැළඳගන්නා ආකාරයේ සිහිනයක් දුටිමි" යි රත්නාවලී බිසව් කියා සිටියාය.

27. මෙසේ රජුත් බිසවත් දෙදෙනා එකිනෙකා දුටු සිහින ප්‍රකාශ කොට සතුටින් යුතුව නිදි නොලබා සිටියදී ම අරුණ නැග්ගේය.

28. එදින උදෑසන ම රජුට උපස්ථාන පිණිස පුරෝහිත බමුණා ද නිමිත්තපාඨකයෝ ද පැමිණියාහුය. ඔවුහු ද සිහිනය පිළිබඳ අසා ප්‍රීතියට පත්වූවාහු,

29. "නොබෝ කලකින් ධන්‍ය පුණ්‍ය ලකුණෙන් හෙබි පුත්‍රුවනකගේ උපත අවශ්‍යයෙන් ම විය යුත්තේය" කියා පැවසුවාහුය.

30. එය ඇසූ ඇමතිවරු ද නුවරවැස්සෝ ද මානාභරණ රජුත් ඇතුලු සියල්ලෝ මහා සතුටින් සැණකෙළි පැවැත්වූවාහුය.

31. එතැන් පටන් අතිශයින් යහපත පතන්නා වූ රජ තෙමේ භික්ෂු සංඝයා ලවා බොහෝ සෙයින් පිරිත් දේශනා කරවා ගත්තේය.

32. මිණි මුතු ආදී මාහැඟි ධනය දී දිනපතා නොයෙක් අයුරින් යදින්නන් උදෙසා දන් පැන් දුන්නේය.

33. වේද වේදාංගයන් දත් පුරෝහිත බමුණන් ලවා යහපතැයි සම්මත වූ යාග හෝම ආදිය ද පවත්වන ලද්දේය.

34. බලවත්ව විනාශ වී ගිය වෙහෙර විහාර, දාගැබ්, වැව් ආදියත් ජරපත් වූ විහාර ආදියත් යළි පිළිසකර කරන්නට රජුගේ කම්කරුවන් යෙදවීය.

35. මෙසේ නරනිඳු තෙමේ කල්‍යාණ කටයුතුවල යෙදෙමින් දවස් යවන කල්හි නොබෝ දිනකින් රත්නාවලී දේවියගේ කුසෙහි උතුම් දරුගැබක් පිහිටියේය.

36. ඉක්බිති එය දැනගත් නිරිඳු තෙමේ මහත් සේ තුටුපහටුව දේවිය උදෙසා උතුම් ගැබ්පෙළහර පැවැත්වීය.

37. දරුගැබ ක්‍රමයෙන් මෝරා ගියේ රත්නාවලී දේවී තොමෝ සුභ නැකැත් යෝගයක් පිහිටි පුණ්‍ය අවස්ථාවෙහි පුත්‍රුවනක් බිහිකළාය.

38. එකෙණෙහි සියලු දිශාවෝ සුපහන් ආකාරයෙන් දිස්වූවෝය. මුදු සිහිල් මඳ පවන් හමා ගියේය.

39. හස්තීන්ගේ කුඤ්චනාදයෙන් ද අශ්වයින්ගේ හේෂාරවයෙන් ද රාජාංගණය මහා කෝලාහලයකින් ආකුල ව ගියේය.

40. මෙසේ නොයෙක් ආශ්චර්ය දේ විවිධාකාරයෙන් පහළ වූ කල්හි මානාභරණ තෙමේ විස්මයට පත්විය.

41. ඒ මොහොතේ රජුට පුත්‍රලාභයක් ලැබුණේය යන හසුන අසා අමෘතයෙන් අභිෂේක ලැබූ කලෙක සෙයින් ප්‍රීතියෙන් පිණාගිය මනෝරථ ඇත්තේ,

42. බන්ධනාගාරගතව සිටි බොහෝ මිනිසුන් නිදහස් කරවා ශ්‍රමණ බ්‍රාහ්මණාදීන්ට උදාර වූ දානයන් දුන්නේය.

43. ඇමතිවරුන් ප්‍රමුඛ පුරවැසියෝ ද රාජධානියෙහි කෙසෙල් තොරණ් ආදී නොයෙක් සැරසිල්ලෙන්,

44. සරසා සොඳුරු වස්ත්‍රාභරණයෙන් සැරසී කිහිප දිනක් ම මහත් සැණකෙළි පැවැත්වූහ.

45. බමුණන්ගේ වේද ශාස්ත්‍රයෙහි කියැවෙන පරිදි කුමරු උපන් අවස්ථාවෙහි කළයුතු පූජාවන් ද විධීන්ට අනුව කරවමින් කුමරුට සෙත් පතා,

46. පුරෝහිත බ්‍රාහ්මණාදී ලක්ෂණපාඨකයින් කැඳවා ඔවුන් විෂයෙහි කළයුතු සත්කාර සම්මාන කරවා,

47. කුමාරයාව පිළිගෙන මංගල ලක්ෂණ විමසා බලන්ට කියා නියෝග කළේය. ඔවුහු කුමරුගේ අතුල් පතුල් ආදිය මනාකොට,

48. පරීක්ෂා කොට අමාත්‍යයන් සහිත පිරිස මැදට පැමිණි රජු ද දේවිය ද සතුටු කරවමින් මෙසේ කීවාහුය.

49. "මේ කුමාර තෙමේ ලක්දිව තබා දඹදිව් තලයත් තනි සේසතක් යටතට ගෙන අනුභව කරන්ට තරම් නිපුණයෙකි" යි කී කල්හි,

50. ඔවුන් හට තුටුපඬුරු දී සන්තර්පණය කොට "මේ කුමරු හට දිස්වන්නා වූ කිසියම් ඒරාෂ්ටක අනතුරු ඇත්තේ ද, නැත්තේ ද?" කියා ඇසුවෝය.

51. "මේ කුමර තෙමේ දීර්ඝායුෂ ඇත්තේය. එනමුදු කිවයුත්තෙක් ඇත. කුමරු තුළ ඒකාන්ත ජනකාරිෂ්ට (සිය නෑයන් නසනා) යෝගයක් ඇත්තේය" යි බ්‍රාහ්මණවරු රජුට කීහ.

52. 'සතුරු ජනයා මඬින ප්‍රතාප බාහු ඇති රාජයෝග ඇත්තේය' යි කියූ රජතුමා කුමාරයා හට '**පරාක්‍රමබාහු**' යන අන්වර්ථ නාමය ගත්තේය.

53. වේදයන්ට අනුකූල විධි දන්නා වූ රජ තෙමේ කුමරුන්ගේ කන් විදින මංගල්‍යය ද ඉඳුල් කටගෑවීමේ මංගල්‍යය ද නොඅඩු කොට කරවීය.

54. ඒ රජු තමන්ට පුත්‍රලාභයක් ලද වග පවසන හසුන සහිත දූතයන් පොළොන්නරුවේ වික්‍රමබාහු වෙත ද යැවීය.

55. දූතයන් විසින් ගෙනෙන ලද හසුනට අනුව තම සොයුරිය වන රත්නාවලී දේවියට මහා භාග්‍ය ඇති, පින්වන්ත වූ, ජනකාරිෂ්ට යෝගයක් ඇති පුතෙකු ලද බව අසා,

56. වික්‍රමබාහු රජතෙමේ "ධන්‍ය වූ විජයබාහු රජු ආදී රාජමාලයට නායක වූ බබළන මාණික්‍යයක් බඳු බෑණනු කෙනෙකු මාගේ සොයුරියට ඔහු විසින් උපදවන ලද්දේය,

57. කුමරු හට නිරන්තරයෙන් කිසිවෙකුගෙන් හානි

නොවන්නේ ද ඒ අයුරින් මෙහි මාගේ සමීපයෙහි කුමරු ඇතිදැඩි වේවා.

58. මගේ ගජබා පුතු වනාහි නොලත් ලාභයක් ලබන්ට හෝ ලත් ලාභයක් රකින්ට හෝ අසමත් ය,

59. මහින්ද නමැති අන්‍ය වූ පුත්‍රයා ශූර වීර ආදියෙන් යුක්ත නමුත් මව් පාර්ශවයෙන් හීන ගෝත්‍ර ඇත්තේය. එනිසා මාගේ රාජ්‍යයට ඔහු නුසුදුසු ය.

60. මා විසින් නොයෙක් අයුරින් රැස්කරන ලද ධන වස්තුන්ට මාගේ සොයුරියගේ පුතු වූ බෑණනු තෙමේ ඒකාන්තයෙන් ස්වාමියා වන්නේය" කියා,

61. ඒ පරාක්‍රමබාහු කුමරා රැගෙන එනු පිණිස කුමර අබරණ දී සාරවත් පුද පඬුරු ද දී දූතයන් පිටත් කළේය.

62. වීරබාහු නමැති මානාහරණ තෙමේ දූතයන්ගේ මුවින් සියල්ල අසා 'ඔහු විසින් මේ වචනය මට හිතවත් බුද්ධියෙන් ම කියන ලද්දකි.

63. එතෙකුදු වුවත් කුමරුගේ අරිෂ්ට දෝෂයට පිළියම් ලෙස තමන්ට දාව උපන් මෙබඳු වූ පුත්‍රැවනක් යවන්ට නුසුදුසු ය.

64. නමුත් කරුණක් ඇත්තේය. එනම්, කුමරු එහි ගෙනගිය කල්හි වික්‍රමබාහුගේ පක්ෂය ලැබ මහා සුළං වේගයෙන් ඇවිලෙන ගින්නක් සෙයින්,

65. අතිශයින් උසස් තත්වයට පැමිණ මහ තෙදින් බබළන්නේය. එකල්හි මේ කුමරහුගෙන්

ඒකාන්තයෙන් අපට මහත් වූ හානියක් විය හැක්කේය' යි සිතා,

66. එහි සිට පැමිණි දූතයන් අත සිය පුතු නොයවා ඔවුන් ධනයෙන් සතුටු කොට ආපසු යැවීය.

67. මේ නරනිඳු තෙමේ සිය පුතුන් හා බිරිඳ සමග සමගියෙන් වසන්නේ බරපතල රෝගයකින් පහස්නා ලදුව සිය රජය සමග සිරුර ද අත්හළේය.

මෙසේ හුදී ජන පහන් සංවේගය පිණිස කරන ලද මහාවංශයෙහි 'කුමරහුගේ උදාව' නමැති හැටවන පරිච්ඡේදය නිමාවට පත්විය.

61

හැට එක්වන පරිච්ඡේදය

සංඛත්ථලී පුරයට යෑම

01. මානාභරණ රජු මියගිය පුවත ඇසූ ඉතිරි සොයුරන් දෙදෙනා ද වහා සිය රටින් අවුත් අවසන් කටයුතු සිදුකළාහුය.

02. ඉක්බිති කිත්සිරිමේඝ තෙමේ ජ්‍යෙෂ්ඨ සොයුරාගේ රට තමා අයත් කොට කණිටු සොයුරා කැඳවා,

03. රුහුණත් දකුණත් යන දෙරට ඔහුට දී එයට අයත් වස්තූන් ද දුන්නේය. ඔහු ද දෙටු සොයුරාගේ වදන් පිළිගෙන,

04. පරාක්‍රමබාහු කුමාරයාත් රත්නාවලී දේවියත් ගෙන එමෙන්ම මානාභරණ රජුගේ දූකුමරියන් දෙදෙනා ද ගෙන මහානාගහුල නුවරට ගියේය.

05. එහි සමගිව වෙසෙමින් කුමරු හට සියලු මංගල්‍යයන් කරවා හැමකල්හි මහත් පෙළහරින් යුතුව ඇතිදැඩි කළේය.

06. එකල්හි සිරිවල්ලභ ආදිපාද තෙමේ රත්නාවලී දේවියගේ මිත්තා නම් දෙටු දියණිය සියපුතුට දෙනු කැමතිව ඇමතියන් හා සාකච්ඡා කළේය.

07. "කාලිංග රාජවංශයෙහි උපන් රජදරුවෝ බොහෝ සෙයින් මේ ලක්දිව රජබවට පැමිණියෝය.

08. කාලිංග රාජවංශයෙහි උපන් ගජබා කුමරුට දෙනු පිණිස රත්නාවලී දේවිය සිය දියණිය රහසිගතව යැව්වෝතින්,

09. එම විවාහ සම්බන්ධය හේතුවෙන් ගජබා තෙමේ වඩාත් බලවත් වන්නේය. එකල්හි මාගේ පුතු අරමුණක් නොමැතිව පිටුවහලක් නොලබන්නේය.

10. එනිසා මාගේ පුත්කුමරුට මිත්තා දියණිය දීම යුතුය. එසේ වුවහොත් ඒකාන්තයෙන් අපට දියුණුවක් වන්නේය" යි කියා,

11. සූර්ය වංශයට ආහරණයක් බඳු රත්නාවලී දේවිය ඒ සියල්ල අසා සිට හැම අයුරින් එයට අකැමතිව සිරිවල්ලභ රජුට මෙය කීවාය.

12. "එදා විජය රාජකුමාරයා මේ ලක්දිවට පැමිණ යකුන් සාතනය කොට හැම කල්හි සිටිනු පිණිස මිනිස් වාසයක් කළේය.

13. එතැන් පටන් අපගේ රාජවංශයත් විජය මහරජුගේ රාජවංශයත් හොඳින් ගැලපී ගියේය. කලිඟු රාජවංශයෙහි උපන් අය සමග ආවාහ විවාහ සම්බන්ධව පෙර පුරුදු ඇති නමුත්,

14. අන්‍ය වූ රජපවුලක් හා සම්බන්ධ වූ බවට ඇසූ විරූ බවක්වත් අපට නැත්තේය. චන්ද්‍ර වංශයෙහි උපන් රජුන් සිටියදී ඔවුන් හැර,

15. තොපගේ වංශය හා අපගේ මේ සම්බන්ධය කෙසේ වන්නේ ද? ආර්‍ය පරපුරෙහි සිටිනා මේ කුමරු හා එය කෙසේ වන්නේ ද?"

16. මෙසේ ඒ රත්නාවලී දේවිය විසින් නොයෙක් අයුරින් වළකනු ලබද්දී සිරිවල්ලභ රජු මිත්තා කුමරිය බලහත්කාරයෙන් සිය පුතුට සරණපාවා දුන්නේය.

17. ඉන් පසු ඒ කුමර තෙමේ අනේක ගුණයෙන් උදාර වූ මිත්තා දේවියගේ බස අනුව සිටිමින් සියලු ජනයා සතුටු කරමින් පියරජු වෙත ම සිටියේය.

18. වික්‍රමබාහු රජු විසිඑක් වසක් රාජ්‍යය අනුභව කොට කය බිඳී යෑමෙන් කර්මානුරූපව මිය පරලොව ගියේය.

19. ඒ රජුගේ අභාවයෙන් පසු ගජබා කුමරු බලවාහන සම්පන්නව සමෘද්ධිමත් රාජ්‍යය තමන්ගේ අණසකට ගෙන පොළොන්නරුවෙහි ම විසීය.

20. එකල්හි කිත්සිරිමේඝ හා සිරිවල්ලභ යන රජවරු මෙපුවත් දැන මෙසේ සිතූහ.

21. 'වික්‍රමබාහු රජු වයසින් ද වැඩිමහලුකමින් ද ප්‍රධාන රාජ්‍යයෙහි අධිපතිභාවයෙන් රජ කිරීම ගැන නොයෙක් අයුරින් අපට නින්දාවට කරුණක් නැත්තේය.

22. එහෙත් ඒ රජහුගේ බාල පුත්කුමරා මූලස්ථාන රාජ්‍යය අනුභව කිරීම ගැන උපේක්ෂාවෙන් සිටීම අපට ඒකාන්තයෙන් නුසුදුසු ය.

23. හෙතෙමේ යම්තාක් සිය රාජ්‍යයෙහි මුල්බැස නොගත්තේ වේ ද, බලහත්කාරයෙන් ඒ රාජ්‍යය ගන්ට අපට වටනේය' යි කියා,

24. ධනය දීමෙන් සියලු දකුණු ඉන්දීය වේලක්කාර හේවා බලය බිඳ දැමූහ. එකල්හි ගජබා රජුට හිතවත් අභ්‍යන්තර සේවකයන් කීපදෙනෙකු හැර,

25. සියලු රටවැසියෝ ගජබා රජු කෙරෙහි විරුද්ධ මතයක් ඇතිකරගත්තෝය. එකල්හි දකුණේ හා රුහුණේ සිටි රජවරු දෙදෙනා ගජබා රජුට දූතයෝ එව්වාහුය.

26. "අපි එකතුව තොපට රාජ්‍යය සාදා දෙන්නෙමු. හුදෙක් උපකාර කිරීම පමණක් සෑහේ" යනුවෙනි.

27. ඉක්බිති ඒ සොයුරු රජු දෙදෙන වහා සිය සේනා සන්නද්ධ කොටගෙන ගජබාහුගේ රට මැදට දෙපසකින් පැමිණියාහුය.

28. ඔවුහු දූතයෝ එවූහ. එවිට ගජබා රජු තමන්ගේ ඇමතිවරුන් කැඳවා සාකච්ඡා කළේය.

29. "වේලක්කාර හේවායෝ මුළුමනින්ම පාහේ අපට සෘජුව ම විරුද්ධ ව සිටිති. ඔය අතරෙහි රජවරු දෙදෙනෙකුත් අප රටට යුද්ධයට පැමිණ ඇත්තාහ.

30. පළමුව ඔවුන් අතුරෙන් වැඩි බල ඇති රජුගේ

මුඛය නැසූ විට අනිකාගේ බලය පහසුවෙන් බිඳිය හැක්කේය."

31. මෙසේ විනිශ්චය කොට තමන්ගේ සියලු බල සෙනඟ ගෙන සිරිවල්ලභ රජු අභිමුඛ කොට යුද්ධයට එළඹියේය.

32. සිරිවල්ලභ තෙමේ උදෑසන පටන් සවස දක්වාත් බිහිසුණු යුද්ධ කරමින් සිට,

33. කිසි ජයග්‍රහණයක් ලබනු නොහැකිව එතැනින් ම නැවත හැරී සිය රට බලා වහා නික්ම ගියේය.

34. ගජබා රජුගේ ගෝකණ්ණ නමැති ඇමතියා විසින් පරදවන ලද කිත්සිරිමේඝ රජුත් සිය රටට ම නැවත හැරී ගියේය.

35. ගජබා නිරිඳු ඒ යුද්ධයේදී කිසිදු පරිහානියකට නොපත්ව නැවත සිය පුරය අසලට පැමිණ,

36. අපරාධ කළ බොහෝ බලනායකයන්ට නිග්‍රහ කොට රට සංසිඳුවා සිය නගරයට ගියේය.

37. එතැන් පටන් තම තමන්ගේ රටේ රජවරු එකිනෙකා සමග මිතු සම්බන්ධකම් ඇතිකරගෙන විසුවාහුය.

38. ඉක්බිති පැරකුම්බා කුමරු මිහිතලය සතුටු කරවමින් නුවණැතිව නොයෙක් ශිල්පයන්හි මැනවින් හික්මෙමින් සිටියේය.

39. නොයෙක් ලෙසින් කළ - නොකළ යුතු දේ පිළිබඳ ප්‍රඥාවෙන් විමසා, උදාර වූ අදහස් ඇතිව, මහ පින් ඇතිව,

40. තමාත්, සිය මව් හා සොයුරියන් සමගත් සැපසේ වාසය කරමින් සාමාන්‍ය ළමුන් සේ ළාමක ක්‍රීඩා රසයට නොඇලෙමින්,

41. 'මා වැනි ගරු භාවයෙන් යුතු රාජපුත්‍රයෝ මෙවැනි පිටිසරබද රටක කෙසේ නම් වසන්නාහු ද?

42. යුවරජෙකු විසින් පරිභෝග කළයුතු මා උපන් රටට මම් දැන් ම යන්නෙමි' යි තමන්ගේ පිරිවර ජනයාත් ගෙන නික්මුනේය.

43. ක්‍රමයෙන් සංඛනාථත්ථලි නම් ගමට පැමිණියේය. කිත්සිරිමේඝ රජු මෙය දැන,

44. 'මාගේ රාජ්‍ය දායාදය ලබන්ට මගෙන් උපන් දරුවෙක් නැත්තේය. මා ගෙවන්නේ හුදෙකලා දිවියකි. මා තුළ මේ ගැන යම් සිත් තැවුලක් ඇත්ද, දැන් එය සංසිඳී ගියේය.

45. මා වැනි ම වූ මගේ වැඩිමහල් සොයුරාගේ ප්‍රතිබිම්බයක් බඳු සිරුර දකින්ට මා හට පිනක් පහළ වූයේ යැ' යි මහත් සේ සතුටු විය.

46. ප්‍රීති වේගයෙන් වසඟව ඒ මනහර නගරය නොයෙක් අයුරින් තොරණ් ආදියෙන් අලංකාර කොට,

47. බලසෙන් පිරිවරා පෙරගමන් ගොස් සුභ සම්මත නැකැත් යෝගයක් බලා, කිත්සිරිමේඝ රජු,

48. අනුන් හා සාධාරණ නොවූ ගුණ සම්පත්තියෙන් ද සියලු පින් ලකුණෙන් ද මනාව එක්වූ,

49. රජකුමරු දැක සතුටුව ආදරයෙන් වැළඳගෙන ළයෙහි හොවා නැවත නැවත හිස සිඹ,

50. මහා ජනයා බලා සිටියදී රජ තෙමේ සතුටු කඳුළු දහරා නිතර වගුරුවමින්,

51. පැරකුම්බා පුතු හා එක්ව මනහර වාහනයකට නැගී දස දිසාවේ බෙර නාද හඬ පුරවමින්,

52. නුවරට පිවිස එහි ඇති මනරම් අලංකාර දසුන් පෙන්වමින් සිය පුතු හා රාජමන්දිරයට පිවිසියේය.

53. ඉක්බිති එයින් සැට්ටලන ඇමතියන් ද අරක්කැමියන් ද ලබා නොයෙක් පිරිවර ද ලබා නා නා ගුණයෙන් සතුටු කරන ලද්දේ සැපයෙන් යුතුව සුළුපියාණන් ළඟ වාසය කළේය.

මෙසේ නුදී ජන පහන් සංවේගය පිණිස කරන ලද මහාවංශයෙහි 'සංඛත්ථලි පුරයට යෑම' නමැති හැට එක්වන පරිච්ඡේදය නිමාවට පත්විය.

62

හැට දෙවන පරිච්ඡේදය

සිය රටෙන් බැහැර රට යන ගමන

01. තමන්ගේ අභිමතය පරිදි තමන් උපන් දේශයට පැමිණීමෙන් මුළුමනින් ම සතුටින් පිරී ගිය සිතින් යුතුව, දුරු වී ගිය දොම්නසින් යුතුව,

02. උපතින් ලද වජ්‍ර බඳු තියුණු ප්‍රඥා බලයෙන් යුතුව ආචාර්යවරු සමීපයෙහි නොයෙක් ශිල්ප කලාවන් වහා බොහෝ කොට උගෙන,

03. භාග්‍යවතුන් වහන්සේගේ ධර්මය පිළිබඳවත්, කෞටිල්‍යාදී නීති ශාස්ත්‍රයන් පිළිබඳවත්, ශබ්ද ශාස්ත්‍රත්, නිඝණ්ඩු කේටුභ සහිත වූ කාව්‍ය ශාස්ත්‍රත්,

04. නෘත්‍ය ගීත ශාස්ත්‍රත්, හස්ති ශිල්පාදියත්, දුනු ශිල්ප කඩු ශිල්ප ආදියත් පිළිබඳ විශේෂයෙන්,

05. පරතෙරට පත්ව, ඒ ශාස්ත්‍රයන්හි මැනවින් හික්මී ගිය ජීවිතය ඇතිව, හැම කල්හි බැති පෙරටුව පිතුරාජයාගේ අදහසට අනුව හැසිරුණේය.

06. එකල්හි සදා අදරැති ආචාර්ය ගුණයෙන් සතුටු කරවන ලද පිතුරාජයා විසින් කුමාරයා සමග මිතුරෙකු සෙයින්,

07. උයන්කෙළි, දියකෙළි ආදී නානා ක්‍රීඩා සුඛ අනුභව කොට ස්වකීය දේශයෙහි තැන තැන සංචාරය කරන්නේ,

08. දිනක් දැඩි භක්තියකින් යුතු සංඛ සේනාධිපති විසින් යොදන ලද සීමා රැකවල් ඇති, බලවත් වූ,

09. බදලත්ථලි නම් ගම සමීපයට කිත්සිරිමේ රජු කුමාරයා සමග පැමිණියේය. එය ඇසූ සංඛ සේනාධිපති තෙමේ,

10. වහා ඒ ගම්මානය මනාව සරසවා පෙර ගමන් කොට පුත්කුමරු සහිත රජුට ප්‍රණාම කොට සිටියේය.

11. එකල්හි පියරජුත් පුත්කුමරුත් යන දෙදෙන සංඛ සේනාධිපතිත් සමග ප්‍රිය තෙපුල් දොඩා ඔහු විසින් ඇරයුම් කරන ලදුව ඒ ගමට පැමිණියාහුය.

12. කිත්සිරිමේඝ රජු බදලත්ථලි නම් ගමෙහි කිහිප දිනක් වැස සංඛ සේනාපති කැඳවා මෙවදන් පැවසීය.

13. 'දැන් මාගේ පුත්කුමරු නිසි වයසෙහි සිටියේය. පූන නූල පළඳා කරනු ලබන උපනයන මංගල්‍යයට සුදුසු ය. ඔහුගේ උපනයන මංගල්‍යය කරන්ට ඉක්මනින් උපකරණයන්,

14. සැකසිය යුත්තේය.' එය ඇසූ සේනාධිනායක තෙමේ ද කුමාරයාගේ උපනයන මංගල්‍යය පිණිස සියලු උපකරණ මැනවින් සරසාලීය.

15. පළමුව සුවඳ මල්, පහන් ආදී පූජා වස්තූන්-ගෙන් තුනුරුවන් උදෙසා තුන් දිනක් මහා පූජාවන් පවත්වා,

16. දෙවනුව රජ තෙමේ වේදයන්ට අනුකූල ආචාරවිධීන් පිළිබඳ දක්ෂ වූ බ්‍රාහ්මණයන් ලවා සියලු විධීන්ට අනුරූපව කුමරුගේ උපනයන මංගල්‍යය නිමවා,

17. පරාක්‍රමබාහු කුමරුත් සමග ඇමතිවරුන් සහිත වූ රජු මහත් වූ වසන්ත සැණකෙළි ක්‍රීඩා කරන්ට පටන් ගත්තේය.

18. එකල්හි කිත්සිරිමේඝ රජුට රුහුණෙහි රජු ව වසන සිය සොයුරු සිරිවල්ලභයන්ගේ මරණයත්,

19. මානාභරණ නමැති ඔහුගේ පුත්කුමරුගේ රුහුණු රාජ්‍ය ලාභයත් මානාභරණගේ බිසව වන මිත්තා දේවිය 'සිරිවල්ලභ' නමින් ලද පුත්‍ර ලාභයත්,

20. රුහුණෙන් පැමිණි දූතයන්ගෙන් අසා, සිය සොයුරාගේ කළුරිය කිරීම පිළිබඳ හටගත් නොඉවසිය හැකි ශෝක වේගය,

21. මිත්තා දේවියට පුත්‍රුවනක් ලැබූ බවට වූ පුවත ඇසීමෙන් ලත් සතුටින් දුරුකොට, වසන්ත උත්සව ක්‍රීඩාවෙන් වැළකී,

22. සංඛ නමැති සෙන්පතියා එහි ම නවත්වා පැරකුම් කුමරු සමග සංඛත්ථලි නම් නුවරට ගියේය.

23. එහි කුමාරයා සමග සැපසේ වසන රජුට වසරක් ඉක්ම ගියේය.

24. මානාභරණ රජුගේ දෙවන බිසව වන ප්‍රභාවතී දේවියට ද කිත්සිරිමේඝ නමින් පුත්කුමරෙකු ලද බව අසා,

25. කිත්සිරිමේඝ රජ තෙමේ 'අපගේ රාජවංශය දියුණුවට පත්වන්නේය' යි අතිශයින් සතුටට පත්විය.

26. ලංකාදීපය පරිහරණය පිණිස අන්‍යයන් හා සාධාරණ නොවූ පුණ්‍ය බලයෙන් මෙහෙයවන ලද මහ පිනැති,

27. පැරකුම්බා කුමරු කිත්සිරිමේඝ පිතුරාජයා විසිනුත් ප්‍රිය මිත්‍රයෙකු සෙයින් කරනු ලබන ස්නේහ සහිත ආදර දැක්වීම් ද,

28. භය භක්ති පෙරටුව නොයෙක් ඇමතියන් විසින් කරනු ලබන උපස්ථානයන් ද තණපතක් තරමටවත් සිතට නොගෙන,

29. මේ මුළු ලංකාදීපය එක්සේසතක් යටතේ වහා ශෝභමාන කරනු කැමති කුමර තෙමේ තනිවම මෙසේ සිතීය.

30. "මේ ලංකාද්වීපය වනාහී බුදුරජාණන් වහන්සේගේ කේශ ධාතූන් වහන්සේලා, අකු ධාතූන් වහන්සේ, ග්‍රීවා ධාතූන් වහන්සේ, දළදා වහන්සේ, පාත්‍රා ධාතූන් වහන්සේ, පාදලාංඡන චෛතිය, ජය ශ්‍රී මහා බෝධිය යන මේ පූජ්‍ය වස්තූන්ටත්,

31. සම්මා සම්බුදුරජුන් බඳු වූ සුවාසූ දහසක් ධර්මස්කන්ධයටත් නිත්‍යාධාර ව පවතින හෙයින්,

32. එසේ ම මුතු, මැණික් ආදී මාහැඟි වස්තූන්ට ආකර බැවිනුත් මේ ද්වීපය විශිෂ්ඨ යැයි සම්මත නමුත් ඉතා විසල් රටකුත් නොවෙයි.

33. මාගේ පියරජවරු තිදෙනාත් මාමා රජුත් මේ රට සියලු අයුරින් ඒකච්ඡත්‍රව පවත්වන්ට අසමර්ථ වූවාහු මේ දිවයින කොටස් කොට,

34. අනුභව කරන්නාහුය. 'අපි වනාහී මෙපමණ කරන ලද කටයුතු ඇත්තෝ වෙමු' යි හඟිමින් කුලසන්තක රාජාභිෂේකයෙහි ආශා නැතිව,

35. තම තමන් බෙදාගත් රටෙහි ගොයිතැන් ආදිය ඇසුරු කරමින් ග්‍රාමභෝජකයන් සෙයින් අධිපතිකම් පවත්වන්නාහුය.

36. ඔවුන් අතුරෙන් මාගේ සුළුපියාණන් වූ කිත්සිරිමේඝ රජු හැර අනිත් රජවරු තිදෙනා කර්මානුරූපව මිය පරලොව ගියාහුය.

37. එමෙන්ම මෙකල මිනිසුන්ගේ පරමායුෂ ස්වල්පයකි. සිඟිත්තෝ ය, යෞවනයෝ ය, වෘද්ධයෝ ය යන මේ හැම සත්වයෝ අනුක්‍රමයෙන්,

38. මරණයට පත්වන්නාහුය යන මේ නියමය ද ලෝකයෙහි ඇතැම් කාලවල එලෙසින් ම දකින්ට නොලැබෙන්නේය.

39. එහෙයින් වහා බිඳීයනසුළු මේ සිරුර, හරයක් නොදකින්නවුන් විසින් හෙළාදක්නා ලද හෙයින්

මේ සිරුරෙහි පිළිදැගුම් කිරීම් ආදියෙහි අපේක්ෂාව හැම ලෙසින් අත්හැර,

40. හැම කල්හි චිරාත් කාලයක් පවතින යස කීර්ති නමැති සිරුර කෙරෙහි ආදර දැක්වීම අප බඳු රාජපුත්‍රයන්ට වටනේය.

41. අප මහ බෝධිසත්වයන් විසිනුත් උම්මග්ග ජාතකාදී බොහෝ ජාතකයන්හි දක්වන ලද වීරත්වය විදහාපාන චරිතයන් ද,

42. රාමායන, මහාභාරතාදී ලෞකික කථාවන්හි රාවණයන් නසන ලද රාම කුමරහුගේ වික්‍රමය ද,

43. දුර්යෝධනාදී රජුන් මරා පංච පාණ්ඩව පුත්කුමරුන් යුද්ධයෙහි දක්වන ලද අතිශය වික්‍රමය ද,

44. පෙර සිදුවූ දේවාසුර යුද්ධයන් පිළිබඳ කථා ද දුෂ්මන්තාදී රජදරුවන් විසින් දක්වන ලද අද්භූත චරිත ද,

45. දඹදිව නන්දවංශාභිජාත නරවරයන්ගේ පරපුර මුලිනුපුටා හළ ශ්‍රේෂ්ඨ චාණක්‍ය බ්‍රාහ්මණයා විසින් දක්වන ලද බුද්ධි බලය ද අසා,

46. ලෝකයෙහි අද දක්වා ම මේ සියලු නායකයෝ ඔවුන් සමීපයට නොළංවිය හැකි සේ ප්‍රසිද්ධියට පත්වූවාහුය.

47. යමෙක් වනාහී මෙබඳු වූ අනුන් හා සාධාරණ නොවූ උත්කෘෂ්ට චරිතයක් කරන්ට සමර්ථ වෙයි නම් ඔවුන් ලද්දේ මනා වූ ජීවිතයකි.

48. ක්ෂත්‍රීය රාජවංශයෙහි ඉපිද, ක්ෂත්‍රීය වීරවරයන්ට උචිත වූවක් ඉදින් මම් නොකරන්නෙම් නම් මේ උපත හිස්වූවක් වන්නේය.

49. ඔවුන් හට හුදෙක් අධිකව තිබුණේ කාල සම්පත් පමණි. කිම, ඔවුහු මට වඩා ප්‍රඥාදියෙන් අධිකව සිටියාහු ද?" යනාදී වශයෙන් සිතා,

50. "මාගේ පිතුරාජ තෙමේත් දැන් සිටින්නේ පශ්චිම වියෙහි ය. ඉදින් මේ සුළුපියා සතු රාජ්‍යය මා අතට පත්වන්නේ නම්,

51. රාජ්‍ය ශ්‍රීයෙන් වසඟ වූ සිත් ඇති කල්හි ඇතිවන ප්‍රමාදයෙන්, මා කැමති දෙය ලබා නොදේ. එය මට මහත් හානියකි.

52. ඉදින් මම් මෙහි ම වසමින් මාගේ චරපුරුෂයන් වෙනත් රාජධානියක යවා ඔවුන්ගෙන් නිරවද්‍ය තොරතුරු කෙසේ නම් දතහැක්කෙම් ද?

53. සතුරන් තුළ සැබෑ ලෙස ම පවත්නා සිදුරු අප අදහස් කරන අයුරින් කියන්ට ඔවුහු සමර්ථ වෙත් ද, නොහොත් නොවෙත් දැයි කෙසේ නම් දත හැක්කේ ද?

54. මෙහි යම් චරපුරුෂ ජනයෝ වෙත් ද, ඒ සියල්ලෝ මා හමුවට පැමිණ නොයෙක් අයුරින් පවසන්නාහු සතුරන්ගේ බලපුළුවන්කාරකම් නොවැ.

55. 'එක් එක් රටෙහි අධිපති ව හුන් පියරජවරුන් තිදෙනා ම එකට එක්වී සත් වතාවක් ම මහයුද්ධ කොටත්,

56. දිනීමට දුෂ්කර වූ රජරට හවත් නුඹවහන්සේ විසින් තනිවම එක් කුඩා රාජ්‍යයක් පමණක් අනුහව කරමින් සිට කෙසේ නම් රජරට අල්ලාගන්ට සමත් වහුද?

57. මුල් රාජ්‍යය වන රජරට අල්ලා ගැනීම පහසු දෙයක් ය යනුවෙන් නුඹවහන්සේ දරන අදහස දුරුකට යුත්තේය' කියා,

58. කනෙහි රත් වූ යකඩ හුල් පිවිසවන්නාක් සෙයින් නොයෙක් ලෙස පර රාජ්‍යයන්ගේ මහන්තත්තකම ම බොහෝකොට කියත්.

59. අනුවණයන් විසින් එහි ඇති තතු නොදැන කියන්නා වූ මේ සියලු නිවට වදන් කිසිසේත් විශ්වාස නොකට යුත්තේය.

60. කිසියම් ම අයුරකින් වහාම පර රාජ්‍යයට මම් ම ගොස් එහි නියම ස්වරූපය දැනගන්නෙමි" යි පරාක්‍රමබාහු කුමරු සිතීය.

61. "ඉදින් මාගේ පිතුරාජ තෙමේ මවිසින් සිතන ලද මේ අදහස් දන්නේ නම් 'මේ රාජවංශය බබුළුවාලීම පිණිස සුවිශේෂී උපතක් ලද මාගේ පුත්කුමරු,

62. සතුරන් අතරට ගිය කල්හි අනතුරු සිදුවිය හැක්කේය' සිතා අනුකම්පා හේතුවෙන් මාගේ ගමන වලකන්නේය.

63. එසේ වුවහොත් සියලු අයුරින් මාගේ මනෝරථය මුදුන්පත් නොවන්නේය. එහෙයින් හඳුනාගත නොහැකි ලෙස වෙස් වලාගෙන යන්ට වටනේය" යි සිතා,

64. නිසි කල් දන්නා වූ, චතුර වූ කුමාර තෙමේ එක් දිනක රාත්‍රියෙහි එබඳු වූ ඉඩ ප්‍රස්ථා ලැබ සිය සුළුපියාණන් ඒ ගමන නොදන්නේ යම් සේ ද එසෙයින් හසුනොවන උපායෙන් යුතුව ගෙයින් නික්ම ගියේය.

මෙසේ හුදී ජන පහන් සංවේගය පිණිස කරන ලද මහාවංශයෙහි 'සිය රටෙන් බැහැර රට යන ගමන' නමැති හැට දෙවන පරිච්ඡේදය නිමාවට පත්විය.

63

හැට තුන්වන පරිච්ඡේදය
සෙන්පති නෑසීම

01. සිය ආයුධය දෙවැන්නා කොට පැන යන කුමරු ඉදිරියෙහි එසැණින් ම කිසිවෙකුගේ සක් පිඹිනා හඬක් පැන නැංගේය.

02. නොයෙක් නිමිති දත් මේ කුමරු ඒ සක් හඬ අසා 'මාගේ සංකල්පය ඉක්මනින් සමෘද්ධ වන්නේය' කියා සතුටු ව,

03. තැනින් තැන රැකවල්හි යෙදී සිටිනවුන්ට නොදැනෙන සේ සිය නගරයෙන් පැනගත්, පහ වූ භය ඇති, සිංහ වික්‍රම ඇති කුමර තෙමේ,

04. පස් ගව්වක් පමණැති මගක් වේගයෙන් ගෙවා බදලත්ථාලගම (බදුල්තලාගම) ප්‍රදේශයට නුදුරින්,

05. පිලංවත්ථු නමැති එක්තරා ගම්මානයකට පැමිණියේය. තමා හමුවීම පිණිස එහි ජනයා රැස්වනු වස්,

51

06. කලින් දැනුම් දී තිබූ හෙයින් තමාගේ නියෝගයට අනුව පැමිණි ස්වල්ප පිරිසක්,

07. එහි සිටිනු දැක "මෙපමණ සුළු පිරිසක් ආයේ මක් නිසා ද?" කියා කුමරු ඇසුවේය. එකල්හි ඔවුහු කුමරුට මෙසේ කීවාහුය.

08. "සියලු ලෝකයෙහි ඇති තතු දන්නා වූ ස්වාමීන් විසින් කුමක් හෙයින් මෙය අසන සේක් ද? මරණ භය කාහට නම් ඇති නොවෙත් ද?

09. ස්වාමීහු තවම ළදරු වන සේක. එබඳු වූ වයසකින් සිටින සේක. නුඹවහන්සේගේ මුවින් අදත් කිරි සුවඳ හමනවා නොවැ.

10. නුඹවහන්සේ විසින් යුද්ධයකට අවශ්‍ය වූ රැස්කර ගන්නා ලද ධන සමූහයක් නැත්තේය. වෙනත් උපකරණ ආදියක් ද පෙනෙන්ට නැත්තේය.

11. බොහෝ කල් හොඳින් කළ පුරුදු ඇති, ඉතා දැඩිව හටගත් භක්ති ඇති අප වැන්නවුන් හැර නුඹවහන්සේ අනුව යන වෙන ජනයෝ කවරහු ද?

12. එමෙන්ම තව කරුණක් ඇත්තේය. එනම්, මෙහි පැමිණි අපටත් නුඹවහන්සේගේ පිතුරාජ තෙමේ මේ නම් දණ්ඩනය කරන්නේය කියා යමක් කිසි අයුරකින් නොපෙනේ.

13. අපගේ ගමන් මග අතර මහත් බල ඇති, මහත් වීර්යය ඇති සංඛ නමැති සේනාපතියෙක් සිටියි. රාජ්‍ය සීමාව ඇත්තේ ඔහුගේ වසඟයේ ය.

63 වන පරිච්ඡේදය   53

14. සතුරන් පසෙකට දමමු. මේ කිහිප දෙනෙක් වන අපි එකිනෙකා තුළ ඔහු පිළිබඳ බොහෝ සැක සංකා යුතු සිත් ඇත්තෝ වම්හ.

15. දැන් අරුණෝදයට ද කල් එළඹ ඇත්තේය" යි මෙසේ ඔවුහු වෙන් වෙන්ව සිය හදෙහි වූ භීතිය කියා සිටියෝය.

16. ඔවුන්ගේ වචනය අසා පරාක්‍රමබාහු කුමාර තෙමේ මිහිරි සිනහ නංවා, සැක රහිත වූයේ ඔවුන්ගේ මුහුණු දෙස බලා,

17. 'අහෝ... මෙතුවක් කල් මා සමඟ හැසිරෙන මේ සියල්ලෝ ම මා කවුදැයි හඳුනාගෙන නැත්තාහ. මොවුන්ගේ හය මෙබඳු නොවැ!'

18. මෙසේ සිතා ඔවුන් තුළ එළඹ සිටි හය දුරුකිරීම පිණිස, මහත් සිංහ වික්‍රමයෙන් යුතුව සිංහනාද කළේය.

19. "බලව්... සියලු මිනිස්සු පසෙක සිටිත්වා. මාගේ අතෙහි ආයුධය තිබෙන කල්හි කෝපයට පත් සක් දෙව්රජු පවා මට කුමක් නම් කරන්නේ ද?

20. මා තවම ළදරුවෙකි යි සිතන්නා වූ තොපට මෙබඳු වැරදි මතයක් හටගත් නමුත් පරීක්ෂා කළ යුත්තේ තෙදින් හා අනින් මිස වයසින් නොවේ. කිම එය නොඅසන ලද්දේ ද?

21. අද මා විසින් කරන්ට සිතාගත් එක් ක්‍රියාවකින් මේ රාජධානියෙහිත්, ඉන් පිට ත් වැස්සෝ මා කෙරෙහි යම් සේ හය භක්ති,

22. ඇතිකරගන්නාහු ද, එලෙසින් තෙපි දූ තොපගේ මේ භය දුරුකර ගන්නහු ද, එසෙයින් මේ රැය පහන් වූ සැණින් මාගේ,

23. උස්ව නැගුණු බුද්ධි බලයෙන් යුතු සාහසික වික්‍රමය තොපට දක්වාලන්නෙමි. මාගේ පිතුරාජයාගේ සේනාව ද මා ලුහුබඳියි. ඉදින් තොපට භයක් ඇත්නම්,

24. තෙපි පෙරට වී සිටිව්!' කියා ඔවුන් ලවා ගන්නා ලද ආයුධ ඇතිව, නිර්භය ලෙස තනි ක්‍රියාවෙහි යෙදුනු වීර කුමරු එගමින් නික්ම,

25. උදයගිරි මුදුනෙහි සිටි හිරුමඬල පරදන්ට බටහිරින් නැගි වෙනත් හිරුමඬලක් සෙයින්,

26. තේජස පතුරුවමින්, ජනයාගේ නෙත් නමැති පියුම් වනය පුබුදුවමින් කුමර තෙමේ උදෑසනින් ම බදලත්ථලයට ආයේය.

27. එකල්හි ජය සක් නදින් අවදි වූ සංඛ සේනාපති තෙමේ තැති ගැනීමෙන් යුක්ත වූයේ තමා වෙත පැමිණි රාජපුත්‍රයාව හැඳින,

28. මහත් බලසෙන් යුතුව පෙර මග ගමන්කොට ආදරයෙන් කුමරුට උචිත ප්‍රණාම පිණිස පොළෝ තලයට නැඹුරු වූ කල්හි,

29. 'මෙතෙමේ ජීවත් වෙමින් අපට කවර නම් යහපතක් කරන්නේ ද? මොහු දැන් ම මැරිය යුත්තේ යැ' යි සිතූ හේවා භටයන් කුමරහුගේ මුහුණ බලනවිට,

30. 'නොදක්නා ලද අපරාධ ඇතියෙකුව මරණයට පත්කිරීම පුරුෂත්වයට නොහොබියි. විරුද්ධව කටයුතු කළහොත් පමණක් කළහැකි වන්නේ යැ' යි කුමරු ඉඟියෙන් වළකාලීය.

31. සිංහයෙකු බඳු කුමරු සංඛ සේනාපතිගේ අත ගෙන මියුරු බස් දොඩමින් ඔහුගේ මැඳුරට පිවිසියේය.

32. ඉක්බිති සෙන්පති තෙමේ 'රජු නොදැන සිටියදී ම මොහුගේ ගමන සිදුවන බව පෙනේ. යම්තාක් මොහුගේ අදහස් දන්නෙම් ද, ඒ තාක් මොහු සමග පැමිණියවුනුත්,

33. යම් සේ එකට එක් නොවෙත් ද, එලෙසින් වෙන් වෙන්ව තැබිය යුත්තාහුය. කුමාරයා ද මාගේ නිවසෙහි ම වෙසේවා' යි සිතා,

34. සෙනෙවි තෙමේ ඒ අයුරින්ම කොට මහනුවණැති කුමරුව රැවටීම පිණිස ආගන්තුක සත්කාර දක්වා රහසේ ම රජු වෙත දූතයන් පිටත් කරවීය.

35. සෙනෙවියා විසින් තමාට වංචාවක් කරන බව තේරුම් ගත් කුමරු 'ඉදින් මෙහිදී කළයුත්ත නොකොට උදාසීන ව සිටියහොත්,

36. මා විසින් පතන ලද කරුණ මුදුන්පත් කරගැනීම නොවන්නේය. එනිසා නොපමාව මොහු මැරවිය යුත්තේය' යි සිතා,

37. තමා සමග පැමිණි භටයෙකු ලවා සංඛ සෙන්පති මැරවීය. 'සංඛ සෙන්පතිව ඝාතනය කරනු ලැබීය' යි මහත් කලහයක් හටගත්තේය.

38. සෙන්පතියාගේ එක්තරා හටයෙක් සෙන්පති සාතනය ගැන අසා 'මාගේ ස්වාමියාගේ මරණයට හේතුව කුමක්ද?' කියා,

39. සිය ස්වාමියා හට දිවි පුදා කඩුව ගත් අත් ඇතිව තනිව සිටි කුමාරයා වෙත සැහැසිව පැන්නේය.

40. හේ කුමරහුගේ මුහුණ දැක හයින් වෙවිලමින් ඉදිරියෙහි කෙලින් සිටින්ට නොහැකිව කුමරු පාමුල දිගාවුයේය.

41. 'මේකා ගනිව්' යන වචනය කුමරහුගේ මුවින් නික්මෙන්ට පෙර කුමරුගේ එක් සහචර හටයෙක් ඒ හටයා නැසීය.

42. 'මාගේ නියෝගයකින් තොරව මොහු විසින් කරන ලද ක්‍රියාව යුතු නොවේ' කියා ඔහුට උචිත පරිදි දඬුවම් කරවීය.

43. ඉක්බිති එකල හටගත් බිහිසුණු කැලඹීම රාජපුත්‍ර තෙමේ සිය ඇස්බෑම් එසවීම් පමණකින් සමනයට පත්කළේය.

44. වීර වූ, උතුම් යසස ම ධනය කොට ගත්, උත්සාහවත්, නුවණින් යුතු කුමාරයා සංඝ සෙන්පති විසින් රැස්කොට තිබූ අනල්ප වූ සියලු ධනය කැමති පරිදි ගැනීම පිණිස හටයන් වෙත විසිරවීය.

මෙසේ හුදී ජන පහන් සංවේගය පිණිස කරන ලද මහාවංශයෙහි 'සෙන්පති නැසීම' නමැති හැට තුන්වන පරිච්ඡේදය නිමාවට පත්විය.

64

හැට හතරවන පරිච්ඡේදය
පිට දේශයන්හි පුවත් නිර්ණය

01. "මා විසින් සිතන ලද අර්ථය ඉෂ්ට සිද්ධ කරගැනීම පිණිස අද ම පිටත් ව යන්නෙම් නම් 'බියට පත් කුමරු පලාගියේය' කියා මේ ජනයෝ සිතන්නාහුය.

02. අපරීක්ෂාවෙන් සෙන්පතියාව මරණයට පත්කොට සිටින මා හට පියරජු කුමක් කරන්නේ ද යන්නත් මෙහි සිටියේ ම බලාගන්නෙම්" යි,

03. මෙසේ ඇතිකරගත් සිතින් යුක්තව දුර දක්නා නුවණැතියන් අතර උතුම් වූ වීර කුමරු කිහිප දිනක් එහි ම කල් ගෙවීය.

04. සෙන්පතිහුගේ හටයෝත්, රටවැසි බොහෝ ජනයෝත්, සෙන්පති ඝාතනය හේතුවෙන් මහත් සේ භීතියට පැමිණියෝය.

05. එහෙයින් තම තමන් සිටි තැන ම හිඳින්ට අසමත් ව හාත්පසින් එක්ව පැමිණ කුමාරයාව බැහැදැක්කෝය.

06. එකල්හි පියරජුට විරුද්ධව ගොස් සිටින මේ රාජපුත්‍රයා විසින් සෙනෙවියා මරන ලද්දේය යි හඟමින් රටවාසීහු,

07. "අප වැනි දක්ෂ වූ, දැඩිව පිහිටි භක්ති ඇති, බලවත් දාසයන් සිටින කල්හි ස්වාමි රජුට ඉටු නොකළහැකි දෙයක් ඇත් ද?

08. නුඹවහන්සේගේ පියාණන් සන්තක මේ රාජ්‍යය ස්වාමීහු සිටින කල්හි 'කුමාරයා ළදරු යැ'යි කියා කෙසේ නම් පියපරපුරෙන් ලද දෙය අනුභව කරන්නේ ද?

09. අපි සැම එක්ව සංඛනාථත්ථලි (සක්නාගොඩ) පුරයට ගොස් රාජ භාණ්ඩාගාරය ද අන්තඃපුරය ද සහිතව බලහත්කාරයෙන් ඒ රජුව ගෙන එන්නෙමු" යි,

10. මෙසේ දැඩිව ප්‍රතිඥා දී රාජ්‍යය ගැනීමෙහි උත්සාහවත් වූ ඔවුහු පදවාරසුඞ්ඞකණ්ඩ නම් තැනට ගියාහුය.

11. එකල්හි කුමාරයා තමන්ගේ ජනයන් කිහිප දෙනෙකු එහි යවා ඒ පිරිස අතර හුන් බල නායකයන් කැඳවා,

12. "දනිව්... 'පියරජුට විරුද්ධව ගොස් මවිසින් සෙනෙවියා මරණ ලද්දේය' යි තෙපි මෙසේ නොහඟිව්. තොප මා කෙරෙහි කෝප වීමෙන් පලක් නැත්තේය.

13. ඒකාන්තයෙන්ම මා පැමිණියේ පිතුරාජයා හට විරුද්ධ ව නොවේ. එමෙන්ම මේ රාජ්‍ය කොටස මා සතු කරගන්ට කැමැත්තෙනුත් නොවේ.

14. හුදෙක් අප වැනි පුත්‍රයන් සිටින්නේ, මහලු වූ පියවරුන්ට අල්ප වූ හෝ අප්‍රිය බවක් නොකොට,

15. යම්කිසිවෙකුගෙන් සිදුවිය හැකි අනාය වූ උපද්‍රවයන් වළකා සකසා උවටැන් කරන්ට නොවේ ද?

16. තොප විසින් ඔය සිතන ලද්දේ කුමක් ද?" යනුවෙන් පවසා ඔවුන් සිතන ලද අදහස් දුරුකරවා මහනුවණැති කුමරු උසස් වූ කෘත්‍යයන් ගැන සිතන්නේ,

17. 'ඉදින් මෙහි ම කිහිප දිනක් තවදුරටත් වසන්නෙම් නම් මේ දුර්ජනයෝ අප පියපුතු දෙදෙනා ද බිඳවන්නාහුය.

18. එහෙයින් මෙහි ප්‍රමාද නොකොට කලින් ඇතිකරගත් කාරණය ඉටුකරගැනීම් වස් දැන් මෙතැනින් පිටත් ව යන්ට වටනේය' යි නිශ්චය කොට,

19. සිරියාලිගමට ආසන්නයේ පිහිටි බුද්ධගම බලා යනු පිණිස රාජපුත්‍ර තෙමේ බදලත්ථලියෙන් නික්ම ගියේය.

20. එකල්හි කුමාරයා සිරියාලිගමට පැමිණෙන්ට පෙර ම එහි රටවැස්සෝ වෙන් වෙන්ව පලාගියාහුය.

21. ඉක්බිති කුමාරයා තමා හා අනුන් යන පිරිවරින් යුක්ත වූයේ මැනවින් සන්නද්ධ වූ ආයුධ ඇතිව, වීර්යවන්ත ව මහමගට බැස්සේය.

22. 'සෙනෙවියා නැසූ කුමාරයා පලායන කල්හි එහිලා උපේක්ෂකව සිට, අපට කන්ට බත් දෙන රජහු හට අප විසින් කවර පක්ෂපාතීකමෙක් දැ?' යි,

23. මෙසේ සිතූ සොරු කිහිප දෙනෙක් කුමාරයා අල්ලාගන්ට උපක්‍රම කොට අතරමග යන්නා වූ කුමරු පිටුපසින් ලුහුබැන්දෝය.

24. එකල්හි රාජපුත්‍ර තෙමේ ඔවුන් කෙරෙහි අල්පමාත්‍ර සැකයක් නොකොට සිය අත තිබූ කඩුවෙන් ඔවුන්ව පලවාහැර,

25. තමන් හා පැමිණි කිසිවෙකුගේ පිරිහීමක් නොදැක, මහබුද්ධිමත් වූ, ඉක්මගිය භය ඇති මෙතෙමේ බුද්ධගමට පැමිණියේය.

26. කුමාරයා එහි වෙසෙමින් කිහිප දිනක් ගතකරන කල්හි එකට එක් වූ රටවැසියෝ 'කුමරහු අල්ලා ගන්නෙමු' යි කියා,

27. නිරතුරුව මහ වේගයකින් ඊතල වැසි වස්සවන්නාහු යුද්ධ පිණිස ඒ බුද්ධගම වටලා ගත්හ.

28. 'එකරුණෙන් යහපතක් වෙයි නම් ජීවිත වුනත් පුදන්නෙමු' යි කියා මෙසේ කුමරු හා පැමිණි සහායක භටයෝ භයෙන් ව්‍යාකූල ව ගොස්,

29. රාජපුත්‍රයාගේ සේසත්, කඩු ආදිය ගෙන යන මිනිස්සු හැර අන් අය රාජපුත්‍රයා බලාසිටියදී ම ඒ ඒ තැනින් පලාගියෝය.

30. පලායන්නා වූ තමන්ගේ භටයන් දුටු කුමාරයා මඳ සිනහ නංවා අත්‍යුදාර වික්‍රමයක් දක්වනු පිණිස ලබන ලද ඉඩ ප්‍රස්ථා ඇත්තේ,

31. 'ආයුධයෙන් ම භයගන්වා සතුරන් පළවා

හරින්නෙමි' යි සනිටුහන් කොට 'කඩුව ගෙන වර' කියා මහාහඬින් පැවසීය.

32. ධීර ගම්භීර වූ කුමරහුගේ ඒ හඬත් සමග දිසාවන් පුරා රැව්දුන් ජය සක් හඬත් අසා,

33. කිසියම් වීර සතුරන්ගේ හිස් සිඳී වැටෙනු ද දැක කලින් පලාගිය කුමරුගේ භටයෝ ද යළිත් හැරී කුමරු වෙත ආහ.

34. මෙසේ යුද්ධ කොට දහස් ගණන් භටයන් පලවා හැර, කුමාරයා පිරිවරාගෙන කුමාරයාගේ ම වීර වික්‍රමයන්ට ප්‍රශංසා කළාහුය.

35. ඉක්බිති කුමාරයා බුද්ධග්‍රාමයෙහි වසමින් කලාවැව වසන ගෝකණ්ණනගරගිරි නමැති සාමාන්තයා (ප්‍රදේශ ප්‍රධානියා),

36. කැඳවා, ඔහුගේ සිතෙහි ඇති අදහස් ගැන දැන ගනු කැමති කුමාරයා තමන්ගේ ලිපියක් ගත් අතින් යුතු මිනිසෙකු ඔහු කරා පිටත් කරවීය.

37. ගෝකණ්ණනගරගිරි තෙමේත් ඒ ලිපිය හිස්මුදුනින් පිළිගෙන කියවා එහි සඳහන් සියලු පුවත් දැන,

38. රාජපුත්‍රයාගේ අතිශය මහත් වූ ආනුභාවය නිසා හසුනින් කියූ කරුණු උල්ලංඝනය කළ නොහැකි බව සිතන්නේ,

39. හැම අයුරින් ම සිය ගජබා රජහුගේ අදහස් පිළිබඳ අපේක්ෂාවක් නොකොට බුද්ධග්‍රාමයට පැමිණ සාදරයෙන් යුතුව කුමාරයා බැහැදැක්කේය.

40. "පිය නිරිඳු සමීපයෙහි සිට මා පලා ආ ආකාරයත්, ඉතා බලවත් ව සිටි සංබ සේනාපති මැරවීමත්,

41. මා පසුපසින් ලුහුබැඳ ආ සතුරු සේනාවට මවිසින් කරන ලද පුදුම සහගත වික්‍රමයත් අසා,

42. තමන්ගේ ගජබා රජුන්ගේ අදහස දැනගැනීමේ සිතකුදු නුපදවා, පෙර මා ඇසුරු කළ පුරුද්දකුත් නැතිව, මවිසින් දූතයෙකු මගින් යවන ලද,

43. හසුන දුටු පමණින් පැමිණි මා බැහැදැකීමෙන් තොප විසින් කරන ලද්දේ යහපතකි" යි ප්‍රමුදිත වූ කුමාරයා,

44. තමන් පැළඳ සිටි නොයෙක් මාහැඟි රත්නයන්ගෙන් යුතු සියලු අබරණ උතුම් ඇතෙකුත් සමග ගෝකණ්ණනගරගිරි සාමන්තයාට ප්‍රදානය කළේය.

45. ඉනික්බිති ඔහුගේ ප්‍රධාන බලනායකයන්ට ඉතා අනගි කුණ්ඩලාහරණාදී නොයෙක් පළඳනා ප්‍රදානය කොට,

46. සිය වාසගෘහයෙහිදී ප්‍රණීත භෝජනාදී විධීන්ගෙන් කරන ලද සංග්‍රහ ඇති සාමන්තයාව සිය හේවායන් සමග විවේක ගැනීමට පිටත් කරවීය.

47. එහිදී සාමන්තයා හට රාත්‍රී නින්දෙහි බැස සිටියදී සිහිනයක් පෙනුනේය. එනම්, කුමාරයාගේ නියෝගයෙන් සංබ සේනාපති මරවන ලද අයුරින් ම,

48. තමන්ව ද මරනු පිණිස ආයුධ ගත් අත් ඇතිව, හාත්පසින් වටකරන ලද දරුණු මිනිසුන් පැමිණ සිටිනු දැක, මරණභයින් මඩනා ලදුව,

49. ඉක්බිති වියරු හඬින් විලාප දෙන්නේ යහනින් පෙරළී බිම වැටුනේ, තමන්ගේ කඩුව හා ඡත්‍රය අල්ලාගන්නවුන් ගැනවත් සිහිනොවී,

50. තමා සමග ආ සියලු බලසේනාවන් අත්හැර, පැන යා යුතු දිශාව පවා හරිහැටි හඳුනාගත නොහැකිව,

51. මහා වනාන්තරයට වැදී මං මුළා ව ඒ මේ අත ඇවිදිමින් සිට හිමිදිරියේ ම කලාවැව ගමට යන මාර්ගය හැඳින,

52. වහා ඒ මාවතෙන් ගොස් සිය ගමට පැමිණියේය. ඔහුගේ සේනාවන් තමන්ගේ ස්වාමියා පලාගිය බව අසා,

53. මහා භීතියකින් කම්පිත ව ගොස් වෙනත් පිළිසරණක් නොදැක තම තමන් සතු ආයුධත් එහි දමා,

54. සිය ස්වාමියා සෙයින් ම වන වැදී මං මුළාව හිමිදිරියේදී කලාවැව ගමට පැමිණියෝය.

55. සාමාන්තයා ඇතුලු හේවායන් පලාගිය පුවත අසා සිනහ පහළ කළ කුමාරයා දින කිහිපයක් එහි ගත කළේය.

56. එකල්හි නොයෙක් හාස්‍ය රසයෙන් හෙබි කථාවෝ එහි තිබුණාහ. කුමරු හට උකටලී ව ගිය වේලාවන්හිදී ඒ කථාවෙන් උකටලී බව දුරුකළේය.

57. කිත්සිරිමේඝ රජු මේ සියලු පුවත් අසා මහා අමාත්‍යවරුන් කැඳවා ඔවුන් හා මෙය සාකච්ඡා කළේය.

58. "දැඩි ආරක්ෂාවෙන් යුතු, ඇමතිවරුන් වසන, නොයෙක් භේවාභටයින්ගෙන් පිරීගිය මේ නුවරින් වෙස් වළාගත් කුමරු පැනගියා නොවැ.

59. එහිදී එකතු වූ සොරු කිහිප දෙනෙකුත් සමග, නොකළයුතු දේ කරන්නා වූ ඒ මිනිසුන් හා එක්ව පලාගොස්,

60. මාගේ රාජ්‍යයෙහි සිටි ප්‍රබල සංඛ සෙන්පතිත් මරා ඔහු රැස්කළ සියලු වස්තු සම්භාරයත් ගෙන,

61. එයිනුත් පලායන හේ තමා පසුපසින් ලුහුබැඳ ආ බොහෝ ජානපදික භටයිනුත් ඒ ඒ තැන මරා,

62. ගජබා රජහුගේ ගෝකණ්ණනගරගිරි සාමාන්තයාව ගෙන්වාගෙන බුද්ධග්‍රාමයෙහි වසමින් ඔහුත් තම වසඟයට ගත්තේලු.

63. මෙය ගණන් නොගෙන සිටිය යුතු කලක් නොවේ. මෙවන් සිදුරක් ඇති කල්හි අපට විරුද්ධ සතුරෝ භාග්‍යසම්පන්න, ප්‍රඥා වික්‍රම ඇති,

64. මේ කුමාරයාත් සමග කූට ලෙස හිතවත්කමින් බැඳීගොස් ඉදින් අප හා යුද්ධ කරන්ට සිතුවෝතින් අපට සිදුවන්නේ මහත් ම විනාශයකි.

65. යම්තාක් වෙනත් නපුරු සිතක් නොසිතන්නේ ද, ඒ තාක් ම බුද්ධග්‍රාමයෙහි සිටින මොහුව අල්ලාගත යුත්තේ ම ය" යි කියා නිශ්චය කොට,

66. සේන සහ මහින්ද යන ප්‍රධාන අධිකාරීන් දෙදෙනාත්, එසේ ම දේවපාදමූලකය දැරූ මහා ලේඛකාධිකාරීත් යන මොවුන් ඇතුළු,

67. වෙනත් ඇමතියනුත් තමා සමීපයට කැඳවා "මාගේ රාජ්‍යයෙහි යම්කිසි කෙනෙක් ආයුධ දැරීමෙන් දිවි ගෙවත් නම්,

68. ඒ සියලු දෙනා ම රැස්කරවාගෙන වහා ගොස් බලහත්කාරයෙන් කුමාරයාව රැගෙන එව්" කියා පිටත් කරවීය.

69. ඔවුහු තම තමන්ගේ පිරිස ගෙන මහා සේනා සහිතව, මහා බලවත්ව සිරියාලගම අසලට ගොස් දස කොටසකට බෙදී ගියාහුය.

70. කුමාරයා එකරුණ අසා එබඳු ම දුර්ගයක සිට "දස කොටසකට බෙදී එන්නා වූ ඔවුන්ගේ බලය එක් මුඛයකට ගෙන,

71. මම් ඔවුන්ව වහා මුලින් සිඳලන්නෙමි" යි සිතා වීර කුමරු එයින් වහා නික්ම මහතිල නම් පෙදෙසෙහි නිල්ගමට ගියේය.

72. එකල්හි ඇමතිවරු "ඉදින් මේ කුමාරයා එයිනුත් පලාගොස් පර්වතගහණ, මහා දුර්ග ඇති පෙදෙසකට පිවිසුනෝතින්,

73. කිසිදු උපායෙකින් මොහුව අල්ලාගැනීම දුෂ්කර වන්නේය" කියා ඔවුහු එක් මුඛයකට එක්ව එහි ම පැමිණියාහුය.

74. එය ඇසූ කුමරු තමා සිතූ දෙය ම ඉෂ්ට වන්නේයැයි සිතා සතුටු වූයේය. වනයට පිවිසෙන්නා වූ සේනාවට ඉදිරියට එන්ට ඉඩ තබා,

75. මාර්ගය දෙපැත්තෙහි තමාගේ ජනයා යොදවා බොහෝ වීර සම්මත වූවන් හඳුනාගත නොහැකි ලෙස මැනවින් සන්නද්ධ කරවා,

76. සියලු සතුරු සේනාව වන මැදට පිවිසි කල මහබලැති කුමරු යුද්ධෝපායයෙහි විචක්ෂණව බොහෝ වීර භටයන් මැරවීය.

77. මරණයෙන් දිවි බේරාගත් හේවායෝ සියලු අවිආයුධ අත්හැර නැවත යුද්ධ කිරීමේ ආසාව ද අත්හැර ඒ ඒ තැනින් පලාගියෝය.

78. රාජපුත්‍රයා ජය අත්කරගත්තේය. ඉක්බිති එතැනින් නික්ම ගිය කුමරු සිය පිතුරාජයාගේ සිත රකිනු පිණිස උතුම් බෝධිග්‍රාමයට ගියේය.

79. මේ වීර කුමරු කිහිප දිනක් එහි වාසය කරන කල්හි පිතුරාජයාගේ මෙහෙයවීමෙන් යළිත් යුද්ධය සඳහා පැමිණි,

80. සේනාව එහිදී ම බිඳුවා පලවා හැරපියා, එයිනුත් නික්ම ගොස් ලංකා පර්වතය හෙවත් ලග්ගල පෙදෙසෙහි පිහිටි රණමුරගමට ගියේය.

81. ඉක්බිති ධීර වූ කුමරු සිය හේවාභටයින්ගේ ගමන් විඩාව දුරුකරනු වස් කිහිප දිනක් එහි වාසය කරන්නේ,

82. "මවිසින් නොයෙක් වර මොවුන් හා කළ යුද්ධයේදී

සේනා බිඳින ලද නමුත් මාගේ පිතුරාජයාට බියෙන් මොවුහු යුද්ධයෙහි ආශා නැතිව සිටත් පලානොයන්නාහුය.

83. 'මේ කුමාරයා දුර්ගයෙහි සිටිනා හෙයිනුයි අපගේ අතට හසුනොවන්නේ' යි යනාදී වශයෙන් දුර්මත ගත්තවුන් තුළ තිබෙනා ඒ වැරදි මත ඇත්ද,

84. එහෙයින් මම් දැන් ඔවුන් කඳවුරු බැඳ සිටින තැනට ම ගොස් ඔවුන්ගේ වැරදි මතය දුරලන්නෙමි" යි සිතා,

85. පිතුරජහුගේ සේනාව කඳවුරු ලා සිටි කිරිවැගමට යනු පිණිස අඹවනය නම් පෙදෙසට ගොස් එහි සිටියේ,

86. ඒ ගම්වැසියන් අතින් සේනාවගේ ගමන් බිමන් තොරතුරු දැන සවස් යාමයෙහි තෙමේ ම අඹ වන පෙදෙසින් නික්ම සේනා කඳවුරු තිබූ කිරිවැගමට රාත්‍රියෙහි පැමිණියේය.

87. බිහිසුණු කටුවෙන් යුතුව, තියුණු අග ඇතිව සකසන ලද කඳවුරු වැටෙහි ගැටෙමින් ඇතුලට පිවිසෙනු නොහැකිව කුමරහුගේ භටයෝ පිටත සිටියෝය.

88. නිර්භය වූ, අග්‍රේසර වූ කුමරු තෙමේ ම වැට බිඳ පිවිස ගම මැදට ගොස් සිටියේ, වීර තෙමේ තමාගේ නම ඇස්සවීය.

89. රාජපුත්‍රයාගේ අද්භූත වික්‍රමයන් කලින් දැක ඇති සතුරු සේනාවෝ ඒ ගාම්භීර හඬ අසා භයින් මිරිකී ගියෝ,

90. සියල්ලෝ තමන්ගේ වස්ත්‍රත් ආයුධත් සිහිනොකොට සිංහයෙකු දැක පලායන මුවන් සෙයින් හාත්පසින් පලාගියෝය.

91. කුමරු එතනට පිවිසි මගින් ම සිය භටයෝත් පිවිස දුටු දුටුවන් මරාදැමූහ. ගමත් ගිනිලෑහ.

92. එකෙණෙහි ම රාජපුත්‍රයා නාවාගිරි හෙවත් නැව්ගලට ගොස් විවේක ගන්නේ හිමිදිරිය උදාවිය.

93. එකල්හි පිතුරාජයාගේ ඇමතිවරු ඒ ඒ යුද්ධයෙහිදී කුමරු විසින් හැම අයුරින් දක්වන ලද දෘඪෝත්සාහය ගැන සාකච්ඡා කළාහුය.

94. "කුමරුගේ බලසෙන් නසා කුමරු අල්ලාගන්නෙමු යි කියා නොයෙක් දහස් සංඛ්‍යාත සේනාවෝ වහා වේගයෙන් ගොස්,

95. හැම තන්හි ම පලායන්නා වූ සියල්ලෝ හුදෙක් රණබිමෙහිදී කුමරු විසින් දක්වන ලද තේජස ම පවසත්.

96. රජහු විසින් නොනවත්වා එවනු ලබන හසුන් ද බිය ඇතිකරවයි. අප මෙහිලා ගණන් නොගෙන සිටියහොත් ඥාතීන්ගේ ජීවිත ද නැති වන්නේය.

97. යම් කිසි උපක්‍රමයකින් රජහුගේ ආඥාව සිද්ධ වනු පිණිස උත්සාහ නොකොට කල් යැවීම ද යුතු නොවේ.

98. සිය පණ පුදා හෝ අපට බත් කන්ට දෙන ස්වාමිහුගේ සතුට ඇතිකරවා ස්වකීය ඥාතීන්ගේ පාලනය ම කළයුත්තේය" යි,

99. මෙසේ කතිකා කරගත් සියල්ලෝ ඉතා කඩිනමින් යුතුව සකසා සන්නද්ධ කරගත් මහ බලසෙන් ඇතිව චරපුරුෂයින් විසින් කියන ලද මගින් මාරසේනාවක් සෙයින් නික්මුණාහුය.

100. සතර දිශා දොරටුවෙන් ගමට පිවිසි ඔවුහු කුමාරයා සිටි ගෙය හාත්පසින් වටකළාහුය.

101. කුමර තෙමේ ඒ පෙදෙසෙහි අධික සීත තිබූ හෙයින් රත් කම්බිලියක් පොරවාගෙන, දරුවන්ට හොබනා වූ ක්‍රීඩාවක යෙදෙමින් හුන්නේය.

102. ඉතා ආසන්න ව සිටි සතුරන්ගේ උද්ඝෝෂණය දැන, එකෙණෙහි තමන්ගේ පරිවාර එක් සේවකයෙකුත් නොදැක,

103. කෙස් කළඹ හිස මුදුනේ සිළු කොට බැඳ, පොරවා සිටි කම්බිලිය ම ඉතා තද කොට හැඳ, කඩුගත් අතින් යුතුව, බිහිසුණු ලෙස,

104. යුද මැදට පිවිස, හස්තීන් මැදට වන් කේශර සිංහයෙකු බඳුව ඇසිල්ලකින් ඒ සියලු සතුරන් නසමින් ඔවුන් දිශා අභිමුඛ කොට පලවා හැරියේය.

105. මේ මහා කලහයෙන් භයට පත්ව වනයට රිංගාගත් තමන්ගේ භටයන්ව හඬ නගා එක්රැස් කරවා,

106. "පියරජුට නොදන්වා මා මෙහි පැමිණි කරුණ කුමක් දැයි විපක්ෂ වූ ගජබා රජුට යම් සැකයක් ඇතිවන්නේ නම්,

107. එය සර්වප්‍රකාරයෙන් වැළැක්වීම පිණිස ය සංඛ සෙන්පති මැරවීම් ආදී මේ සියල්ල කරන ලද්දේ.

දැන් ඉතින් මා රාජධානියෙන් පිටතට යායුත්තේය" යි කියා,

108. එතැනින් නික්ම පොරෝගාහල්බණ්ඩ නම් තැනදී ලෙයින් රත්පැහැ ගැන්වී ගිය කඩුව දියෙන් සෝදා අතින් නිදහස් කළේය.

109. තමන් හැඳසිටි කම්බිලිය ද ලේ වැකී තිබුණේ එය ද ඉවත් කොට වෙනත් වස්ත්‍ර හැඳ විවේක සුව විඳ,

110. පිතුරාජයාගේ රටෙහි සීමාව උල්ලංඝණය කරමින් ගජබා රජහුගේ රාජ්‍යයට අයත් ජනපදය නම් තැනට පැමිණියේය.

111. කුමර තෙමේ ඒ පෙදෙසට උචිත වූ නොයෙක් කෙළිදෙලෙන් කල් යවමින් එහි කිහිප දිනක් ගත කළේය.

112. එකල්හි ගජබා රජු ද තමන්ගේ රටට පැරකුම්බා කුමරු පැමිණි පිළිවෙළ සිය ආරක්ෂක පුරුෂයින්ගේ මුවින් අසා බොහෝ සෙයින් තැතිගත් නමුත්,

113. සිය ඇමතියන් හා සාකච්ඡා කොට කළ දේත්, කළයුතු දේත් පිළිබඳ නිශ්චය ඇතිව රජ තෙමේ කුමරු හට වස්ත්‍රාභරණාදී තුටු පඬුරු යවමින්,

114. "මාගේ මාමණ්ඩිය වූ කිත්සිරිමේඝ රජුගේ සමීපයෙහි සිට තොපගේ ආගමනයත්, එසේ එන අතරමගදී තොප විසින් දක්වන ලද සියලු අතිශය වික්‍රමයත්,

115. වෙනත් තැනකට නොගොස් තොප මාගේ රටට පැමිණීමත් අසා, කරදරයට පත්ව තිබූ මාගේ සිත ප්‍රීතියෙන් ඉපිල ගියේය.

116. මා හැර තොපට අන්‍ය වූ ඥාතීහු කවරහු ද? තොප දැකුමෙන් ඒකාන්තයෙන් මට අභිෂේක මංගල්‍යයක් වේ.

117. මාගේ මාමණ්ඩි රජ තෙමේ වෘද්ධාවස්ථාවෙහි සිටත් තමන්ගේ මෙබඳු පුත්‍රුවනක් සිය හස්තසාර වස්තුවක් නොකොට,

118. කිසියම් වැරදි ක්‍රමයකින් හෝ මාගේ අතට පැමිණවූයේ ද, මෙය වනාහී ඒකාන්ත වූ මහත් පුණ්‍ය වාසනාවක උදාවකි.

119. දැන් අප දෙදෙනා නියත වශයෙන් ම එකට එක් වී සිටින කල කවර නම් සතුරෝ යුද්ධාභිලාශී ව මෙහි පැමිණෙත් ද?

120. සුළඟ නමැති මිත්‍රයාගෙන් සර්වප්‍රකාරයෙන් සහය ලද ගින්නක් බඳුව දැන් මාගේ ප්‍රතාපය ද සුවිසල් වන්නේය.

121. පියා සතු රාජ්‍යයෙහි ඔවුනොවුන් දුටු කල්හි කුමරහුගේ රාජ්‍ය ප්‍රතිෂ්ඨාපනය මට බරක් නම් නොවේ.

122. එහෙයින් කාලය අපතේ නොයවා මාගේ දැක්ම පිණිස කටයුතු සම්පාදනය කළයුත්තේ යැ” යි කියා සිය දූතයන් කුමරු වෙත පිටත් කරවීය.

123. දූතයන් අතින් එපවත් ඇසූ නුවණින් විමසීමේ බුද්ධි ඇති කුමාරයා “ක්ෂත්‍රියයන්ගේ මායා වනාහී සර්වප්‍රකාරයෙන් ම දැනගැනීම දුෂ්කර ය.

124. විමසා බලා ම යි යන්ට ඕනෑ” යි සිතා උපායෙහි දක්ෂ වූ නිර්මල නමැති එක්තරා භටයෙක් ඒ දූතයන් හා පිටත් කොට යැවීය.

125. ඒ භටයා මාර්ගයෙන් ගජබා රජුගේත් අන්‍ය වූ රාජමහාමාත්‍යයන්ගේත් ඇති තතු මනාව දැනගත් කුමරු පොළොන්නරුව බලා පිටත් ව ගියේය.

126. එකල්හි ගජබා රජතෙමේ තමන්ගේ සේනාව පිරිවරාගෙන පෙර ගමන් ගොස් ප්‍රීති වේගයෙන් යුතුව කරන ලද නොයෙක් පිළිගැනීම් උත්සව ඇතිව,

127. තමා නැගි මඟුල් ඇතුපිට ම කුමරුත් නංවාගෙන පොළොන්නරු නගරයෙහි ඇති ශ්‍රී විභූතිය පෙන්වමින් රජමැදුරට පිවිසියේය.

128. කුමාරයා ගජබා රජු දැකීමෙන් හටගත් ප්‍රීති ප්‍රමෝදය ප්‍රකාශ කරමින් එහි කිහිප දිනක් ගතකොට,

129. ඉක්බිති කුමරු නගරයෙන් බැහැර ප්‍රදේශයන්හි රජුට හිතවත්, අහිතවත් පිරිස ගැන හොඳින් තොරතුරු දැනගැනීම පිණිස,

130. නා නා උපාය කෞෂල්‍යයෙන් හා දේශ දේශාන්තර භාෂාවන්හි දක්ෂ, ස්වාමි භක්තිය පෙරටු කොට ගත් කිසියම් චරපුරුෂයින් තෝරාගත්තේය.

131. මෙසේ විධීන් පිළිබඳ දක්ෂ කුමරු ඔවුන් අතර සිටි විෂ වෙදකමෙහි දක්ෂ වූවන්, නයි නටවන අහිකුණ්ඨිකයන්ගේ වේශයෙන් හැසිරවීය.

132. සාමුද්‍රික ශාස්ත්‍රාදී නොයෙක් ලක්ෂණ දන්නවුන් වීණා වයන්නවුන්ගේ වේශයෙන් ද සැඬොලුන්ගේ වේශයෙන් ද බ්‍රාහ්මණයන්ගේ වේශයෙන් ද හැසිරවීය.

133. දෙමළ ආදී නොයෙක් දෙනා අතර හුන් නෘත්‍ය ගීතාදියෙහි දක්ෂ වූවන් සමින් කළ රූපාදී ක්‍රීඩාවන් පෙන්වන්නවුන් සේ හැසිරවීය.

134. සිය වේශයන් වෙනස් කළ තවත් අය කඩාවලලු, මුදු ආදී බඩු විකුණන්නවුන් සේ හැසිරවීය.

135. කුඩ උසුලාගෙන, හැරමිටි ගෙන, සිය පිරිකර කදත් එල්ලාගෙන ඇවිද යන තාපස වෙස් ඇත්තවුන් ද සැදැහැ ඇත්තවුන් ලෙස තවත් පිරිස ද හැසිරවීය.

136. තවත් අය ගමක් ගමක් පාසා චෛත්‍ය ආදිය වන්දනා කරමින් හැසිරෙන්නවුන් සේ පිටත් කරවීය.

137. වෙදකම්හි දක්ෂ තවත් අයට ගම් නියමගම්හි වෙදකම් කරමින් හැසිරෙන්ට නියම කළේය.

138. අක්ෂර විද්‍යා, ආයුධ විද්‍යා ආදියෙහි පොඩි දරුවන් හික්මවීමට දන්නවුන්, රසායන බෙහෙත් පිළිබඳ දන්නවුන්, යන්ත්‍ර මන්ත්‍රාදී භූත විද්‍යා දන්නවුන්,

139. රන් කැටයම් ආදී ශිල්පයන්හි දක්ෂ වූවන්, තම තමන්ගේ දක්ෂතාවන්ට අනුකූල රැකියාවන්හි යොදවමින් කුමරු උදෙසා චරපුරුෂ සේවයෙහි යෙදවීය.

140. පොළොන්නරු නගරයෙහි ඇතුලත තතු දැන ගැනීම පිණිස තමා ළඟ සිටි කීමෙහි, උපදේශයෙහි දක්ෂ වූවන් හා තෙමේ ම එක්ව,

141. නිතර ඒ රජුගේ සිදුරු සොයන්නා වූ ජනයා අතරට ගොස් තමා බොහෝ සෙයින් කරුණු නොවැටහෙන බාලයෙකු සේ දක්වමින්,

142. ප්‍රධාන ඇමතිවරු, සාමාන්තයන්, භටයන් ආදීන් ද ඔවුන් අතර සිටින අභිමාන ඇතියන් ද, වහා කිපෙන්නන් ද, බියසුල්ලන් ද, ලෝභීන් ද වෙන්කොට හැඳින,

143. ඒ ඒ පුද්ගලයන්ට උචිත වූ උපාය විධානයෙහි දක්ෂ චරපුරුෂයෝ ඉතිහාස පුරාණාදී නොයෙක් කථාවන්හි දක්ෂ ව,

144. ගන්නා ලද මහණ වෙස් ඇතිව ඒ ඒ නිවෙස් ඇසුරු කරමින් උපදවාගත් දැඩි විශ්වාස ඇතිව ඔවුන්ගෙන් සිව්පසය හා ගරු සත්කාර ද ලබමින්,

145. ඔවුන්ට අවවාද දෙන තැනෙහි පිහිටා සිට ඔවුන් රජු හා බිඳුවා කුමාරයාගේ වසඟයට පමුණුවත් ද, එසෙයින් ඔවුන්ට අණ දුන්නේය.

146. 'මේ රජු මා ගැන සැක රහිත බවට පත්වූවෝතින් මට කැමති සේ හැසිර ඇතුලත ඇති සියලු කටයුතු සුවසේ දත හැක්කේය' යි සිතා,

147. කුමාරයා රුහුණේ වසන සිය මෑණියන් වන රත්නාවලී දේවියට ලියමනක් යවා තමන්ගේ

සොයුරිය වන ඉතා මනහර රූ ඇති ප්‍රභාවතී කුමරියත්,

148. ඒ කුමරියගේ ධනය වශයෙන් බොහෝ වස්තූත් ගෙන්වාගෙන ධනය තමා අත්පත් කොටගෙන,

149. ගජබා රජු හට ප්‍රභාවතී කුමරිය සරණපාවා දී ගජබා රජු තමා කෙරෙහි විශ්වාසී සිත් ඇතියෙකු බවට පත්කළේය.

150. ඉක්බිති කුමර තෙමේ රාජ කුලයට අයත් මද වැගිරෙන ඇතෙකු ගෙන නිතර ක්‍රීඩා කරන ව්‍යාජයෙන් වීදි අතුරෙහි හැසිරෙන්නේ,

151. ඒ ඇතා ලවා තමාව ලුහුබඳින්නෙකු කරවා දුර දිව යන ව්‍යාජයෙන් ගොස් යම් කෙනෙකු තමන්ගේ වසඟයට ගතයුත්තාහු ද, ඔවුන්ගේ ගෙයක් ගෙයක් පාසා ගොස්,

152. ඔවුන්ට ගැලපෙන මාහැඟි ආභරණ ආදී ධනය දෙමින් රහසේ ම ඔවුන් සියලු දෙනා තමන්ගේ වසඟයට ගත්තේය.

153. හීන කුලීන ජනයා ඇතුලු සියල්ලෝත්, නුවරවැසි භටයෝත් වෙන් වෙන් වශයෙන් සිතුවෝ 'මේ කුමාර තෙමේ මාගේ අනුග්‍රාහකයා' කියා ය.

154. එකල්හි ගජබා රජුගේ ධනයත්, ධාන්‍ය රාශියත්, සේනාවත්, නොයෙක් යුද්ධෝපකරණත් ආදියෙහි,

155. මෙතෙක් මෙතෙක් ප්‍රමාණ යැයි මැනගන්ට දක්ෂ වූයේ තම ලේඛකයන් ලවා 'තොප විසින් සියලු වාර්තා සටහන් කොට තබව්' කියා අණකළේය.

156. නගරාරක්ෂකයන්ගේත්, සේනා ප්‍රධානීන්ගේත් අදහස් දැනගැනීම පිණිස කුමාරයා තවත් චරපුරුෂයන් තැබ්බවීය.

157. ළමුන්ගේ ක්‍රීඩා කරන ව්‍යාජයෙන් කුමාරයා තෙමේ ම ඒ ඒ තැන හැසිර නගරයෙහි ඇතුලතත් පිටතත් දෙතැන ම තොරතුරු කිසි අවුලකින් තොරව හොඳින් වටහා ගත්තේය.

158. මෙසේ පූර්ව ආත්මයන්හි කරන ලද පුණ්‍ය බලයෙන් යුතු සත්වයන් විසින් යොදන ලද සියලු උපක්‍රමයෝ කිසිදු බාධා කරදරයකට නොපත්ව සාර්ථකත්වයට පත්වන්නාහුය යන කරුණ දන්නා නුවණැත්තා කුසල් කළයුත්තේය.

මෙසේ හුදී ජන පහන් සංවේගය පිණිස කරන ලද මහාවංශයෙහි 'පිට දේශයන්හි පුවත් නිර්ණය' නමැති හැට හතරවන පරිච්ඡේදය නිමාවට පත්විය.

65

හැට පස්වන පරිච්ඡේදය

මහාදිපාද මහෝත්සවය

01. නැවත එක් දිනක් රජුන් සතුටු කරවන කුමරු යානාවකට නැගී සිය පිරිවර ජනයා සමග රජවීදියෙහි යමින් සිටියේය.

02. එකල්හි යදම් බිඳගත් දරුණු මීමෙක් දුටු දුටුවන්ට ඇණ මරමින් චණ්ඩ වූයේ එළියට නෙරාගත් රතු දෑසින් යුතුව කුමරු අභිමුඛ කොට ප්‍රචණ්ඩව ආයේය.

03. එකල්හි කුමරුගේ යානය (පල්ලැක්කිය) ඔසොවා සිටි මිනිස්සු ද කුමරු හා යන්නා වූ ජනයා ද භීතියෙන් කැළඹී ගොස් යානය ද දමා පලාගියාහුය.

04. ඉක්බිති කුමාරයා 'මේ මිනිසුන් සෙයින් බියෙන් පැන දිවීම මට ගැලපෙන දෙයක් නොවේ' යි සිතා නිසැක ව, කැළඹීමකින් තොරව,

05. වීර වූයේ, තමා වෙත ප්‍රචණ්ඩ ලෙස දිව එන්නා වූ මීගවයා ඉදිරියට පැන ගාම්භීරව දෝංකාර නංවමින් මහහඬින් මුරගා දැඩි වචනයෙන් කෑගැසීය.

06. ඒ සිංහනාදය ඇසූ මීගවයා භීතියට පත්ව නැවත ආපසු හැරී තමන්ට මුණගැසෙන ගැසෙන මිනිසුන් ඇණ මරමින් දිව්වේය.

07. යම් කෙනෙක් ඒ පුදුම සහගත දෙය ප්‍රත්‍යක්ෂ ව දුටුවාහු ද, යම් කෙනෙක් ඇසුවාහු ද, ඒ සියල්ලෝ විස්මිත ව මෙසේ ස්තුති වදන් කීහ.

08. "මහ තෙද ඇති බව බලව! විකුමය බලව! නුවණින් යුතු වීර්යය බලව! මේ කුමරහුගේ නොහැකිළුණු බව බලව! පුණ්‍යෝදය බලව!" යනාදී වශයෙනි.

09. ජනයා විසින් කියනු ලබන විකුම ආදී ගුණ නිශ්‍රිත වූ, කුමරු පිළිබඳ වර්ණනාවන් ඇසූ ගජබා රජ තෙමේ,

10. "ඒකාන්තයෙන් මෙතෙමේ වනාහී අන්‍යයන් හා සාධාරණ නොවූ මහා පුරුෂයෙකි!" සිතා කුමරු කෙරෙහි සැක ඉපිදවීය.

11. එකල්හි රාජපුත්‍රයා ගජබා රජුට උපන් මේ වැරදි කල්පනාව දැන මෙසේ සිතීය.

12. "ඉදින් මම් මෙහි ම වසමින් මේ රාජ්‍යය අත්පත් කරගන්නෙම් නම්, ඇස් බැමි ඔසවන පමණකින් එය සිදුවේ. එහි සැක නැත්තේය.

13. එසේ වුවහොත් මාගේ ප්‍රතාපයත්, අතිශය විකුමයත්, බාහුබලයත් ලෝකයෙහි ප්‍රසිද්ධියට නොයයි.

14. නිරතුරු උද්දාමයට පත්ව තිබෙන මාගේ බාහු ජවය රණ ක්‍රීඩා විනෝදයෙන් තොරව සංසිඳීමට නොයන්නේය.

15. එහෙයින් මම් යළි උපන් රටට ගොස් යුද්ධයෙන් ම වෙසෙසින් මැඩ සිය ඇමතියන් සහිත මේ රජු ජීවග්ග්‍රාහයෙන් අල්ලාගෙන,

16. මාගේ පිතුරාජ වූ කිත්සිරිමේඝ රජු මෙපුරට කැඳවාගෙන අවුත් ඔහුගේ හිස් මුදුනට දෙනු ලබන අභිෂේක ජලයෙන්,

17. ඒකාන්තයෙන් මා පියවරු තිදෙනාගේ, මොහු නිසා පෙර ලද පරාජයන්හි කිලුට සෝදා හරින්නෙමි. එසේ වූ කල දඹදිවට ද මාගේ තෙද පැතිර යන්නේය."

18. ඉක්බිති නුවර කටයුතු සඳහා සේනාවන් පිවිසෙන මගත්, බාහිර කරුණු යෙදුනු විට ඔවුන් නික්ම යන මගත්,

19. තමන්ගේ චරපුරුෂයන්ට අනුරූප වූ මගත් යනාදී නා නා මාර්ගයන් පිළිබඳ හසල දැනුමැති කුමරු වැද්දන් වෙතිනුත් එය මැනවින් නිශ්චය කොට,

20. තමා ද නගරාසන්න වනයෙහි දඩකෙළි යන ව්‍යාජයෙන් හැසිරෙමින් නොයෙක් සංකේතයන්-ගෙන් ලකුණු කොට ඇති මගත්, අතුමගත් දැනගත්තේය.

21. "කාලය නිකරුණේ ගෙවී යන විට කාලය එහි රසය බොයි." **(කාලස්සාතික්කමෙ කාලො පිබෙ**

තස්ස රසං) යන වැඩිහිටියන්ගේ ආප්තෝපදේශය සිහිකරමින් එකල්හි සිය රට බලා යන සිතැතිව,

22. පළමුව තමන් සමග ආ ජනයා බොහෝ සෙයින් ජනපද නම් ස්ථානයට රැස්වනු පිණිස විධි විධාන යොදවා පිටත් කරවීය.

23. "මෙපමණ කලක් වාසය කළ තැනට නොදන්වා යෑම මාගේ පෞරුෂයට අනුරූප දෙයක් නොවේ" යි සිතා,

24. ඉක්බිති සන්ධ්‍යා කාලයෙහි ආභරණාදියෙන් හොඳින් සැරසී ගජබා රජු වෙත එළඹ සිටියේය.

25. නොයෙක් ක්‍රීඩා විනෝදයෙන් යුතුව ඒ සන්ධ්‍යා කාලය පවත්නා කල්හි අපහාස මුඛයෙන් යුතු සිනහවක් පෙරටු කොටගත් කුමරු මෙය පැවසීය.

26. "යුවරාජයාගේ රටට ගොස් පියරජු දැක අද ම මෙහි ආපසු ඒම පිණිස මවිසින් හනික යායුත්තේය" යනුවෙනි.

27. ගජබා රජුත් ඒ වචනය අසන්නේ ක්ෂණිකව වටහාගත නොහැකිව, බුද්ධිය නැතිකමින්, තමන්ගේ නිවසට යාම සඳහා මෙය කියන ලද්දේයැ යි සිතා,

28. "තොප විසින් සිතනා ලද අර්ථ සිද්ධිය වහා සිදුවේවා!" යි අපහාස පෙරටුව සුභ වචනය කීවේය.

29. ගජබා රජු සමීපයෙහි සිටි ශ්‍රේෂ්ඨ බ්‍රාහ්මණයෙක් ද එකෙණෙහි ම කුමරුට හිත පිණිස මංගල නිශ්‍රිත වචන එසෙයින් ම කීයේය.

30. අර්ථ ලාභය පිණිසත්, නිර්භයතාව පිණිසත්, විජය පිණිසත්, සතුරු පක්ෂය නැසීම පිණිසත් සම්මත වූ බොහෝ සෙයින් අසනු සුදුසු වදන් ය හේ බිණුයේ.

31. කුමරු ද එවදන් අසා 'යන්නා වූ මට මෙය ම සොඳුරු නැකතෙකි' යි සිතා සතුටු ව සිය නිවස බලා යනු පිණිස,

32. උදාර පිනෙන් හා ප්‍රඥාවෙන් යුතුව නොයෙක් ලෙසින් සුභ නිමිති දකිමින් රජරටින් නික්ම ගියේය.

33. රාමකල නමැති සිය ඇතු අනුව කෙළි පිණිස දුවමින් වීදියෙන් වීදියට යමින් සිට රාත්‍රියෙහි නගරයෙන් නික්මුනේය.

34. සඳ එළියෙහි යමින් සිටි කුමරු රුක් සෙවනක විශ්‍රාම ගනිමින් සිටි මිනිසෙකු දැක "භවත, තෝ කවරෙක් වෙහි දැ?" යි ඇසීය.

35. එකල්හි කුමරු ඔහු මගියෙකු බව තේරුම් ගෙන "කිම තෝ දන්නෙහි ද මා ගැන?" කියා උච්චස්වරයෙන් වේගවත්ව ඇසීය. එවිට මගියා භයට පත්ව, නිශ්ශබ්දව සිටගත්තේය.

36. "මා හට පරාක්‍රමබාහු ආදිපාද යැයි කියත්. තෝ භය නොගෙන හිටිං" කියා හිතවත් කථාවෙන් වහා ඔහු අස්වසා,

37. "එම්බල, මට මෙහි තා දකින්ට ලැබීම මහත් ලාභයකි. දැන් ම තෝ හනික කඳවුරට ගොසින්,

38. පැරකුම්බා කුමර තෙමේ තමන්ගේ රටට යන්නේය කියා එය තමන් දුටු වග කියාපං" කියා වහා ඔහුව කඳවුරට පිටත් කරවීය.

39. 'කිම, මා පසුපස්සේ සේනාවෝ ලුහුබඳිත් ද? නැද්ද?' කියා කජ්ජුරකවඩ්ඩමාන වැව පසෙකින් බලා සිට,

40. තමා පසුපසින් හඹාඑන සේනාවක් නොදැක කුමාර තෙමේ කාණපද්දාවුධ නම් තැනට යන්ට නික්මුණේය.

41. එකල්හි රළු වූ, මහත් නිය ඇති, දරුණු වැලහින්නක් මහා වනයේ සිය පැටියන් සහිතව සිට බිහිසුණු දරුණු හඬින් කෑගසමින් කුමරු ඉදිරියට පැන්නාය.

42. එකල්හි කුමාරයා තමන්ගේ පලිහෙන් ඇය පෙලා කඩුවෙන් දෙකඩ කොට වහා පාපිටින් පැටවුන් ද ඇටට විසිකොට,

43. තමා සමග යන්නවුන් හයින් තැතිගෙන කැලෑ පැන සිටි හෙයින් යළි ඔවුන්ව ද කැඳවාගෙන හය රහිතව සිලාබණ්ඩ (ගල්කඩ) පසුකොට යන්නේ,

44. සෝර හඬ නංවමින් අත්‍යන්තයෙන් ම බිහිසුණු වූ ඌරෙකු ද කලින් සේ ම සිය රැලත් සමග ඉදිරියට කඩා පැන ආවිට ඌරාව ද මරණයට පත්කළේය.

45. එතැනින් පසුකොට යන්නේ දෙමලියාගල නම් තැනට හිමිදිරි කාලයෙහි පැමිණ ඕපනාමික නම් ගමෙහි වාසය කරන මිනිසුන්,

46. කිසියම් කරුණකට කඩු ගත් අත් ඇතිව යනු දැක 'මටත් කලින් මොවුහු මෙහි ආවාහුදැ?' යි සිතා,

47. සිය කඩුවෙන් පලිහ මතට වැරෙන් පහර දී 'දෝහීන්ව මරා දමන්නෙමි' යි දැඩි ලෙස මුරගා කියමින්,

48. මුවන් මැදට පනින කේශර සිංහයෙකු සෙයින් ඔවුන් අතරට පැන්නේය. මහත් සේ හයට පත් ඔවුහු ආයුධත් දමා වනයට පැන දිව්වෝය.

49. ඉක්බිති රාජපුතු තෙමේ එහි හාත්පස මැනවින් විමසා බලා ඔවුන් අතර සිටි එක් මිනිසෙකු වළකට වැටී සිටිනු දැක,

50. ඔහුව ගොඩට ගෙන 'තෙපි කවරහුදැ?' යි විචාළේය. ඔහුගේ මුවින් තත් වූ පරිදි තොරතුරු දැනගත් පසු දයාවෙන් යුක්ත වූ කුමරු,

51. "තෙපි කිසිදු හයකට පත් නොවව්. සිය ආයුධත් ගනිව්" කියා තමන්ගේ ගමන ගැන ඔවුන්ට සෘජුව පවසා,

52. මංගලබෙගම සමීපයෙහිදී තමන් හා එක්ව වැඩුණු හටයන් දැක, ලබාගත් සලකුණු පරිදි පැමිණියෙමි යි සතුටු වී,

53. ඔවුන් අනුව යන්නා වූ කුමාරයා ජනපද නම් තැනට පැමිණ එහි කලින් පැමිණි පිරිස හා එකතු වූයේය.

54. මුව දඩයම් ආදී නොයෙක් ක්‍රීඩාවන්ගෙන් සතුටු වෙමින් එහි සිටි ජනයාත් සමග කුමාරයා කිහිප දිනක් ගත කළේය.

55. කිත්සිරිමේඝ රජු තමා යටතේ සිටින මිනිසුන් විසින් එවන ලද හසුන කියවා පැරකුම්බා කුමරු එහි පැමිණි වග දැන,

56. "සතුරන් ළඟ සැහෙන කලක් වාසය කොට කිසියම් උවදුරකට පත් නොවී දුකසේ මිදී ආයේ නොවැ" යි සතුටු වී,

57. "එම්බල, මාගේ ශෝකය දුරුකරන පුත් රුවන මාගේ මරණයට පෙර නොපමාව කැඳවාගෙන අවුත් මට දක්වාලව්" කියා,

58. පස්මෙහෙකරු පිරිසගේ ජනනායකයන් යැයි සම්මත මිනිසුන් පුද පඬුරු සහිතව සියතින් ලියන ලද ලියුමක් දී කුමරු වෙත යැවීය.

59. කුමරු තමන් වෙත පැමිණියවුන් ද එවන ලද පුදපඬුරු ද දැක පියරජු දකිනු පිණිස විල්ගමින් නික්මුනේය.

60. එකල්හි කිත්සිරිමේඝ රජු පුතු එහි පැමිණි බව අසා "කල් නොයවා හේ කැඳවාගෙන ආ යුත්තේය" යි,

61. කුධාරාදී සභානායකයින් ද පංචමූල පිරිවෙන්මූල ආදිවාසී අභය නමැති ප්‍රධාන තෙරුන් ද පිටත් කරවීය.

62. කුමාරයා ඔවුන් විසින් කියන ලද දේ අසා පියරජුගේ තොරතුරු දැන "සුභ නැකතකින් පිටත් වන්නෙමි. තොපත් මා සමග යායුත්තේය" යි කියා,

63. රම්‍ය වූ දියඇළි ගලාබස්නා තන්හි නොයෙක් ලෙසින් ක්‍රීඩා කරමින් කිහිප දිනක් එහි ගතකළේය.

64. සභාපති ආදී ඇමතියන් දකින්ට ඒ ඒ තැනින් පැමිණි භටයන් දුටු පැරකුම්බා කුමරුට පක්ෂපාත භටයෝ,

65. තමන් කුමාරයාගේ පක්ෂය ගැනීමෙන් කිත්සිරිමේඝ රජුට එරෙහිව කරන ලද අපරාධයන් සිහිපත් ව බොහෝ සෙයින් භීතියට පත්වූවාහු මෙසේ කියන්ට වන්හ.

66. "නොයෙක් තැන්වලින් ආ බොහෝ භටයෝ මෙහි රැස්වෙති. ඇමතියන්ගේත් මේ භටයන්ගේත් සිත්හි ඇති අදහස වටහා ගන්ට නොහැකිය.

67. මෙහි ඇවිත් ඉන්නා සියලු දෙන අපව හාත්පසින් මැදිකොට වටලාගෙන ඒ ඒ තැන සිටින්නාහ" යනුවෙනි.

68. මෙසේ කුමාරයාගේ භටයෝ එකිනෙකා කතා කරමින් සැකයට පැමිණ රාජපුත්‍රයාටත් මෙකරුණ දන්වා සිටියෝය.

69. එකල්හි කුමරු "මේ සියලු ළාමක මිනිස්සු හැමදාමත් මෙසේ ම ය. හැම අයුරින් ම තිබෙනා ඇති තතු තේරුම් නොගෙන නිර්භය කරුණටත් තදින් ම භයට පත්වී සිටිනවා නොවැ.

70. සභාපති ඇමතියා දකින්ට මෙහි ආ ගම්වැසි භටයින් දුටු මොවුන් මා ඉදිරියෙහිත් මෙවන් දීන කතා කියනවා නොවැ"

71. යි කියා කුමාරයා ඔවුන්ගේ ළාමකකම ගැන කිපුණේ එබඳු වදන් පැවසීය. කුමාරයා එසේ කී නමුත් භීතියට පත් ඔවුහු ඒ ඒ තැනින් පලාගියාහුය.

72. කුමාරයාත් ඒ වග දැන "නොයෙක් තන්හි මා විසින් දක්වන ලද වික්‍රමයත්, එමෙන්ම මා විසින් බොහෝ අනතුරු අවස්ථාවන්හිදී ඔවුන්ට කරන ලද ආරක්ෂාවත්,

73. දැක දැකත් මේ ලාමක මිනිසුන්ගේ උප්පත්තියෙන් ම ආ බියසුළු බව නම් බැහැර නොවන්නේය. ඔවුන්ගේ මෙහි සිටීම හෝ යෑම හෝ මට කුමක් නම් කරන්නේ ද?

74. මා මෙහි සිටිනා කල කවර ජනයෙක් කුමක් නම් සිතයි ද?" කියා කුමාරයා ටික කලක් එහි ම ගත කළේය.

75. තමන්ගේ පුත්කුමරු එහි සිටින බවත්, කිත්සිරිමේඝ රජු විසින් යවන ලද දූතයින් සමග කුමාරයා තවම නොපැමිණි බවත් ඇසූ රත්නාවලී රාජිනී තොමෝ,

76. "මාගේ පුත්කුමරු නොපැමිණ මෙසේ කල් ගත කිරීමෙන් ඉදින් රජුගේ සිතට දුකක් ඇතිවන්නේ නම් එය සුදුසු දෙයක් නම් නොවේ.

77. මම් මැ මාගේ පුත්‍රයාව රජු සමීපයට වහා කැඳවාගෙන අවුත් දක්වන්නෙමි" යි ඉක්මනින් රැහැණෙන් අවුත්,

78. සංඛනාත්ථලි නුවරට ගොස් කිත්සිරිමේඝ රජු බැහැදැක්කාය. අනතුරුව නොයෙක් අයුරින් මියුරු පිළිසඳර දොඩා,

79. රජු අසළ සිටි ඕ තොමෝ තමන් පැමිණි කරුණ ද පවසා සංඛනාත්ථලි නගරයෙන් නික්ම විල්ගමට ආවාය.

80. එහිදී ඕ තමන්ගේ පුත්කුමරුත්, නායක ස්ථවිරත්, සහාපතිත් යන මේ පිරිස ද සාදරයෙන් දැක, කළයුතු දේ පිළිබඳ ඔවුන් හා සාකච්ඡා කොට,

81. "සර්වප්‍රකාරයෙන් බාහිර කටයුතුවල යෙදීමෙන් පමාවීම යුතු නොවේ" කියා කුමාරයාව ද කැඳවාගෙන බදලත්ථලියට පැමිණියාය.

82. එහි නිවැසි දේවසේනාපතිත් සමග සංබනාථ්ථලි නගරයට ගොස් පිතුරාජ්‍යා හට කුමරු දක්වා සිටියාය.

83. එකල්හි කිත්සිරිමෙස රජු පුත්කුමරු දැක ආදරයෙන් යුක්තව ප්‍රධාන අමාත්‍යවරු ඉදිරියේ මෙවදන් පැවසීය.

84. "මෙහි මා හට කවුරු නම් සේවා කෙරේ ද? මාගේ ජීවිතයේ අවසාන කෘත්‍යය කවුරු නම් සිදුකරත් ද?' යි මසිතේ පැවති සෝකහුල අද උදුරන ලද්දේය.

85. මේ කුමරුගේ පැමිණීමෙන් ලාභය වූයේ මට පමණක් ය කියා තෙපි නොසිතව්. තොප සියල්ලන්ගේ පිනත් උදාකරන්නේ මේ කුමරු නොවේද?

86. මෙතැන් පටන් සියල්ලෝ ම ත් කුමරහුගේ වචනය අනුව පවතිව්" කියා සිය පුත්කුමරු ඔවුන්ට භාරකළේය.

87. ඒ ඇමතිවරුන් ද පැරකුම්බා කුමරුගේ ආඥාව අනුව සාදරයෙන් කටයුතු කරන කල්හි කිත්සිරිමෙස රජු කළුරිය කළේය.

88. දන්නා ලද ශිල්ප ශාස්ත්‍රාගමාදියෙන් යුතු කුමාරයා එකල්හි පිතුරාජයාගේ අභාවයට පත්වීමෙන් ශෝක දුකට පත්,

89. මහාමාත්‍යවරුන්ගේ පටන් සියලු රටවැස්සන් අස්වසා සිය පිතුරාජයාගේ ආදාහන කෘත්‍යය සුදුසු පරිදි කරවා,

90. ඒ ඒ ජනපදවලත්, සිය රාජ්‍ය සීමාවේත් තමා විසින් පෝෂණය කරන ලද දැඩි භක්ති ඇති ඇමතිවරුන් කැඳවා,

91. ක්ෂත්‍රිය රාජ චාරිත්‍රයන් පිළිබඳ විශාරද නුවණැති කුමරු ඉතා සුභ නැකැත් යෝගයකදී මහාදිපාද පටබැඳි මහෝත්සවයෙහි,

92. ලක්දිවට අලංකාරයක් වූ කුමරු සියලු අලංකාරයෙන් සැරසී නොයෙක් අයුරින් නගරය ද අලංකාර කරවා,

93. ආනුභාව සම්පන්න ව, දක්ෂතාවෙන් අග්‍ර ව, සක්දෙවිඳු තව්තිසා දෙව්ලොව සැරිසරන සෙයින් බලසේනාවන් ගැවසුණු නගරයෙහි ඇතු පිට නැගී ප්‍රදක්ෂිණා කළේය.

94. එකල්හි මහත් වූ ධන වර්ෂාවකින් ශ්‍රමණ බ්‍රාහ්මණාදීන්ගේ දුගී බව නමැති සන්තාපය නිවා ශාන්තියට පමුණුවාලීය.

95. ඉක්බිති පරාක්‍රමබාහු රජ තෙමේ ගජබා රජුටත් මානාභරණ රජුටත් මෙකරුණ දැනුම් දීමට සිය දූතයන් පිටත් කරවීය.

96. තමන් සතු උතුම් ගුණාංගයන් නිසා නොයෙක් සාමාන්තයන්ගේ සිත් ගත්, සතුරන්ව ද දැඩිව කම්පාවට පත්කළ, බලවත් තේජසට පත්වූ, සියලු ලෝගැබෙහි පැතිරගිය කිතුගොස් ඇති පරාක්‍රමබාහු ආදිපාද තෙමේ අනේක සුන්දරත්වයෙන් හෙබි සංඛනාථත්ථලි නගරයෙහි වාසය කළේය.

මෙසේ හුදී ජන පහන් සංවේගය පිණිස කරන ලද මහාවංශයෙහි 'මහාදිපාද මහෝත්සවය' නමැති හැට පස්වන පරිච්ඡේදය නිමාවට පත්විය.

66

හැට හයවන පරිච්ඡේදය

සිය රජය සමෘද්ධිමත් කිරීම

01. අතිශයින් උදාර අදහස් ඇති පරාක්‍රමබාහු මහාදිපාද තෙමේ පිට රාජධානීන් පිළිබඳව ද මනාව දන්නා හෙයින් රාජ්‍ය නියුක්තිකයින් සමග සාකච්ඡා කරන්නේ,

02. **"මාගේ රාජ්‍ය ලාභයෙහි ඵලය නම් රටටත්, බුදු සසුනටත් වින කරන සතුරු බලවේග නසා ලෝකයෙහිත්, බුදුසසුනෙහිත් දියුණුව ඇති කිරීම ය.**

03. ඉතා කුඩා වූ මේ රාජ්‍යය මාගේ බුද්ධි බලයෙන් විශේෂයෙන් සමෘද්ධියට පමුණුවා බොහෝ සෙයින් නොයෙක් ලෙසින් සමෘද්ධියට පත්කරන ලදුව,

04. අන්‍ය රාජ්‍යයන්ගේ ආනුභාවය ඉක්මවා යන්නේ යම් සේ ද, ඒ අයුරින් වහා කටයුතු සම්පාදනය කරන්නෙමි" යි රටෙහි ස්වාමී වූ හේ සිතීය.

05. ඉක්බිති තමා සමග එක්ව වැඩුණු සියලු

අමාත්‍යවරුන්ට යථායෝග්‍ය පරිදි ධානාන්තරාදිය දී ඉසුරින් සංග්‍රහ කොට,

06. සමනොළ කන්දේ පටන් මහාසාගර පටුන දක්වා රාජසීමාවේ නොයෙක් තැන සිය සේනාවන් පිහිටුවා,

07. "සියල්ලට පෙර අප විසින් කළයුත්තේ බොහෝ සෙයින් ධාන්‍ය රැස්කර ගැනීම ය" කියා මෙසේත් ඇමතියන්ට කීය.

08. "මා හට අයත් මේ රාජ්‍යයෙහි අහස් දියෙන් වපුරන නොයෙක් කුඹුරු ඉඩම් හැර,

09. නොනැසී ගිය ජලයෙන් යුතු නදීන්ගෙන් ද මහවැව්වලින් ද කරන කුඹුරු ඇත්තේ ස්වල්පයකි.

10. බොහෝ පර්වතයන්ගෙනුත්, ඝන වනාන්තරයෙනුත්, මහත් මඩවගුරුවලිනුත් මේ රාජ්‍යයට අත්‍යන්තයෙන් ම බාධා පමුණුවයි.

11. **එවන් රාජ්‍යයකට අහසින් ඇදහැලෙනා ස්වල්ප වූ ජලය පවා ලොවට උපකාරයක් නොගෙන සාගරයට නොඒවා!**

12. එනිසා මැණික් රන් ආදී වස්තූන් ලැබෙන ආකර ඇති තැන් හැර සෑම තැනක ම කුඹුරු වතුපිටි ආදිය හොඳින් පැවැත්වුව මනා ය.

13. **ලෝකයෙහි යහපත උදෙසා නොහැසිර, හුදෙක් අතට පත් රජසැප විඳිමින් වාසය කිරීම මා බඳු වූවන් හට කිසිසේත් සුදුසු නැත.**

14. එහෙයින් තොප විසිනුත් දුෂ්කර වූ කටයුතු පැමිණි කල්හි එහි දුෂ්කර බව නොසිතා නොපසුබට වීරියෙන් යුක්තව සිට,

15. අඩුපාඩුවක් නොකොට මේ සංවිධාන කටයුතු නොවරදවා මා විසින් දෙන උපදෙස් පරිදි මනාකොට කරව්" යි කීවේය.

16. දැදුරු ඔය නමැති නදියෙන් සරු වූ කුඹුරු යාය විනාශයට පත් වූ හෙයින් බැඳී ගිය අටුව යන අරුත ඇති කොටුබද යන නම, නාමයට පමණක් ඉතිරි ව ඇත්තේය.

17. කලින් සිටි රජුන්ට පවා දැදුරු ඔය හරස් කොට මහවේල්ලක් බැඳීම අතිශය දුෂ්කර විය. නමුත් මහ යසස් ඇති පැරකුම් නිරිඳු ඒ වේල්ල බඳිනු පිණිස පිරිස යෙදවූයේය.

18. ඉක්බිති සියලු ඇමතිවරු දැදුරු ඔය හරස් කොට වේල්ලක් තැනීම සර්වප්‍රකාරයෙන් ම දුෂ්කර බවත් එය නොකළ හැකි දෙයක් බවත් නොයෙක් ලෙසින් පවසා සිටියාහුය.

19. එකල්හි පැරකුම්බා නිරිඳු ඔවුන්ගේ වචනය පසුබස්සවමින් කියන්නේ "ලෝකයෙහි උත්සාහවත් ජනයා හට අත්පත් නොකරගත හැකි දේ කුමක් ද?

20. රාමායනයෙහි කියන පරිදි රාම තෙමේ වානර සේනාවක් ලවා මහා සයුරෙහි ද මහා පාලමක් බැන්දවීය. මෙසේ මේ කථාව අද ලෝකයෙහි ප්‍රකට ව පවතියි.

21. ඉදින් මාගේ අතිශය ආනුභාවය ලංකාව එක ම ඡත්‍රයක් යටතට ගෙන ලක්දිවත්, බුදු සසුනත් නගාසිටුවන්ට හේතුභූත වන්නේ නම්,

22. මේ කටයුත්ත ආරම්භ කළ මාත්‍රයෙන් ම එහි සම්පූර්ණත්වය දැකිය හැක්කේය" කියා මෙසේ ඔවුන් තුළ බලවත් වූ උත්සාහය දියුණුවට පමුණුවාලීය.

23. ඉක්බිති මිහිපල් තෙමේ වේල්ලෙහි මුල පටන් රත්කරව්ව නම් රට දක්වා වේල්ල බැඳුමට ප්‍රථම,

24. මහා නුවණැති හේ පුරුෂ ප්‍රමාණයෙන් ගැඹුරු වූ අතිශයින් පළල් වූ මහා දියඇලක් කැප්පවීය.

25. රටේ ගල්වඩුවන්ගේ හිඟකම හේතුවෙන් යකඩ වැඩ කරන්නවුන් ද කම්මල් වැඩ කරන්නවුන් ද රන් වැඩ කරන්නවුන් ද බොහෝ සෙයින් රැස්කරවා,

26. ඔවුන් ගල් වැඩ කර්මාන්තයන්ට යෝග්‍ය කරවා ඔවුන් ලවා හඳුනාගත නොහැකි අයුරින් මනාකොට ගල් එකිනෙක පුරුද්දා වේල්ල,

27. ඉතා සවිමත් ලෙස, ඒකඝන වූ ගල්තලාවක් බඳුව මනාකොට නිමවා සුණු පිරියම් කරවා බඳින්නේ මහා යසස් ඇති රජු,

28. සැදැහැ ඇත්තේ වේල්ල මුදුනෙහි බෝධියක් ද පිළිමගෙයක් ද එමෙන්ම ධාතු මන්දිරයක් ද පිහිටුවීය.

29. එහි සමස්ත ජලප්‍රවාහය තමන් විසින් කනවන ලද ඇලෙන් මහසයුරට පිවිසෙන්නේ යම් සේ ද, විචක්ෂණ නුවණ ඇති රජු එලෙසින් එය කරවීය.

30. ඉක්බිති ඒ ඇල දෙපස තිබූ මහා වනය කප්පවා නොයෙක් දහස් ගණන් කුඹුරු අස්වද්දවා,

31. පිරී ගිය වීයෙන් යුතු අටු කොටු එකිනෙකට බැඳී සංකීර්ණ වී ගොස් 'බැඳීගිය අටුකොටු ඇති පෙදෙස' යන අරුත් ඇති 'කොටුබද' යන නාමයට ගැලපෙන අර්ථය නැවත පැමිණවීය.

32. අනතුරුව සංඛවඩ්ඪමානයේත් එසේම කුම්භීලවානයේත් (කිඹුල්වානයේත්) යන ගංගාවලත් මේ අයුරින් ම වේලි බිඳීගිය තන්හි,

33. සූකරනිජ්ඣර හෙවත් ඌරුදොළ යන තැනත් පෙර කී ලෙසින් ම ඇලක් තනවා,

34. එසේ තනවන ලද ඇල ඔස්සේ ඌරුදොළෙහි ජලය මහාගල්ලකඩුවට පමුණුවා, ඒ වැවේත් සිඳී බිඳී ගිය තැන් නිරවශේෂයෙන් බන්දවා,

35. ජලය බැසයන මාර්ගයන්ගේ වෙනස්කම් සිදුකොට, ප්‍රමාණයෙන් වැඩිවූ ජලය බැසයාම ද පිළිවෙළකට කරවා,

36. එතැන් පටන් ඌරුදොළ දක්වා ඇති තැනට කුඹුරු යායවල් කරවා එහි ද මහත් ධාන්‍ය රාශියක් රැස්කළේය.

37. දැදුරු ඔය මැද ඇති දෝරාදත්තික නම් තැන ද ජල බැස්මක් කරවා මහත් දියඇලක් තැනවීය.

38. එතැන් පටන් උඟුරුදොළ තෙක් ඒ දෙපසෙහි ද කුඹුරු අස්වද්දා බොහෝ ධාන්‍ය රැස්කළේය.

39. පෙර ඉතා කුඩාවට පැවති පඬුවැව උසිනුත් පළලිනුත් සුවිසල් කොට වේල්ලක් තනවා,

40. සොරොව්වක් සහිත කොට ඇතුලත රැඳෙන මහා ජලකඳක් කොට ජලය ගෙන යන මගක් ද කරවා එයට '**පරාක්‍රම සමුද්‍රය**' යන නම තැබීය.

41. ඒ පරාක්‍රම සමුද්‍රය මැද ඇති දූපතෙහි ගල මුදුනෙහි කෛලාශකූටයෙහි (හිමාලය) සිරිය ගෙන දෙන සෑයක් ද කරවීය.

42. ඒ දූපත මැද අතිශයින් සොඳුරු ලෙස ලෝකයා දුටු පමණින් ආනන්දය ඇතිකරවන මන්දිරයක් බඳුව තුන් මහලින් සැදි රාජමන්දිරයක් ද කරවීය.

43. මහගල් වැව, සෙට්ඨී වැව, ඡත්තුන්නත වැව, තඹ වැව, අම්බ වැව හා වාසා වැව ආදියත්,

44. එමෙන්ම ගිරිබා වැව, පටාල වැව, මණ්ඩික වැව, මෝර වැව, සාදියග්ගම වැව හා තිලගුල්ල වැවත්,

45. මාලවල්ලි වැව, තාලි වැව, කිත්තකණ්ඩක වැව, කණිකාරගල්ල වැව, බුද්ධගම දොළ,

46. එමෙන්ම හූරුගම වැව, මහාකිරළ වැව, ගිරිගම වැව, රත්නා වැව, අම්බාල වැව, කටුන්නරු වැව,

47. ජල්ලිබා වැව, උත්තරාළ වැව, සියඹලංගමුව වැව, ධවලවිට්ඨිකගම වැව, කිරා වැව, තලන්නරු වැව,

48. කරවිටවිලත්ත වැව, දිඹුල්ගම වැව, මූනරු වැව, කසාල්ල වැව, කලලහල්ලික වැව,

49. මූලවාරික වැව, ගිරිසගාමුක වැව, පොළොන්නරු වැව, එමෙන්ම විසිරාත්ඵල වැව,

50. යනාදී වැව් ද තවත් හෙබවල් ද දියඇලවල් ද නැසීගොස් තිබූ දොළවල් ද වැව් ආදිය සිය රාජ්‍යයෙහි ඇතිකරවා බොහෝ වාරිකර්මාන්තයන් දයාබර සිත් ඇති පැරකුම් රජු කරවීය.

51. එමෙන්ම පස්යොදුන් රටෙහි මහා මඩවගුරු ද කුඩා විල් ද කප්පවා එයින් ගත් ජලය ඇල මාර්ග-යෙන් ගෙනවුත්,

52. කුඹුරු අස්වද්දා ධාන්‍ය රාශියක් රැස්කරවීය. මෙසෙයින් වනාන්තරවලත්, වෙනත් බොහෝ තැන්වලත්,

53. සියලු වනගත තැන්වලත් කුඹුරු ඉඩම් වෙන්කොට බොහෝ ගම්නායකයින් ලවා කුඹුරු අස්වැද්දීමට රටවැසියන් යොදවා,

54. රජය කලින් ලද ආදායමට වඩා වැඩි ආදායමක් මේ කුඹුරු අස්වැද්දීමෙන් ලැබුණේ වෙයි ද,

55. යම් සේ රටවාසීහු දුර්භික්ෂ භයක් කවරදාකවත් නොහඳුනත් ද, ඒ අයුරින් නුවණැති පැරකුම්බා රජු රට සමෘද්ධිමත් කළේය.

56. නීති දත් රජ තෙමේ "මාගේ රාජ්‍යයෙහි, උදව් නොලැබනා කුඩා මිදුලක ප්‍රමාණයක්වත් කිසි

වගාවක් නොකොට නොතබාවා!" යි නියෝග කළේය.

57. එමෙන්ම නොයෙක් පළතුරු ගස්වලින්, මල් ගස්වලින් ද යුක්ත කොට තුරුලතාවන්ගෙන් ඝනව ගැවසීගත්,

58. අනුභවයට ද උපකාරී වූ, උද්‍යාන සෞන්දර්යයෙන් ද යුතු ඉතා සිත්කලු උයන් සිය රාජ්‍යයෙහි තැනින් තැන කරවීය.

59. මෙසේ තමන්ගේ රාජ්‍යය කුඩා වූ නමුත්, තමන්ගේ ප්‍රඥා මහිමය හේතුවෙන් ඉතා සමෘද්ධිමත් රාජ්‍යයක් බවට පත්කොට අන්‍ය වූ මහා රාජ්‍යයන් ද අභිබවා යන අයුරින් ආඥාවෙහි දක්ෂ වූ රජ තෙමේ රට දියුණුවට පත් කළේය.

මෙසේ හුදී ජන පහන් සංවේගය පිණිස කරන ලද මහාවංශයෙහි 'සිය රජය සමෘද්ධිමත් කිරීම' නමැති හැට හයවන පරිච්ඡේදය නිමාවට පත්විය.

67

හැට හත්වන පරිච්ඡේදය

බල සේනාවන් හා ධනය රැස්කිරීම

01. මෙසේ තමන්ගේ රාජ්‍යය මනාව, නිරාකූලව ගොඩනැගූ පරාක්‍රමබාහු රජු තමා විසින් කළයුතු දේ පිළිබඳව මෙසේ කල්පනා කළේය.

02. "යහපත් නීතියට විරුද්ධ වූ පෙර සිටි අනුවණ රජවරු බොහෝ කලක් තිස්සේ තම තමන්ට රිසි පරිද්දෙන් ලෝකයත්, බුදු සසුනත් වනසා දැම්මෝය.

03. භික්ෂූහුත් ශාස්තෘ ශාසන ධර්මයට විරුද්ධ ව, විනයටත් විරුද්ධ ව, බුදු සසුන් ප්‍රතිපත්තියට විරුද්ධ ව තම තමන්ට රිසි සේ වාසය කළාහුය.

04. එහෙයින් දැන් මම් ලංකාද්වීපය වහා එක්සේසත් කොට රටත්, බුදු සසුනත් ඍජු කොට තබන්නෙම් නම් යෙහෙකි."

05. මෙසේ කල්පනා කොට සාමාන්තයන්ට ද

මාණ්ඩලිකයන්ට ද යුද පිණිස සේනාවනුත් යුද්ධෝපකරණත් සම්පාදනය කරනු පිණිස,

06. පළමු කොට රත්කරච්ච නමැති රටෙහි දෙමළ සේනාවට නායක ව සිටි මලයරාජ නමැත්තා කැඳවා,

07. නොයෙක් දහස් ගණන් යෝධයින් ද ඔවුන් සඳහා සන්නාහයන් ද ආයුධයන් ද සම්පාදනය කොට ලබාදී රත්කරච්චෙහි ම වසනු පිණිස පිටත් කරවීය.

08. එසේ ම තම්බ රටෙහිත්, ගිරිබා රටෙහිත්, මෝරවැවත්, මිහිපල් රටෙහිත්, පිළවිට්ඨක නම් රටෙහිත්,

09. බුද්ධගාම නම් රටෙහිත්, අම්බවන නම් රටෙහිත්, බෝධිගාමවර හෙවත් බෝගම්බර නම් රටෙහිත්, කණ්ඨකපේටක නම් රටෙහිත්,

10. යන පිටිසරබද ප්‍රදේශ පාලනය කරන ඇමතියන් වෙන් වෙන්ව කැඳවා නොයෙක් දහස් ගණන් සේනාවත්, බලකොටුත්, සන්නාහත්,

11. කඩු, තෝමර, හෙල්ල ආදී විවිධ ආයුධත් සපයා දී ඔවුන්ව ඒ ඒ තැනට ම පිටත්කොට යැවීය.

12. ඉක්බිති ලංකාමහලාන ද සිබානායක ද එසේ ම ජයමහ ද සිටුනායක ද,

13. මහින්ද ය යන මේ පස් දෙනා පැවතගෙන එන්නේ ලම්බකර්ණ රාජවංශයෙනි. එකල ඔවුහු මෝරිය රටෙහි මහයසස් ඇතිව වසන්නාහ.

14. රජ තෙමේ ඔවුන් පස්දෙනා ලවා වෙන් වෙන් වශයෙන් දහස් ගණන් භටයන් පිළියෙල කරවා ඔවුන් සඳහා යුද්ධෝපකරණ කරවන්ටත් නියෝග කළේය.

15. ඉන් පසු ඇතුළු නගරයෙහි මාණ්ඩලිකයන් දොළොස් දෙනාට ද වෙන් වෙන් වශයෙන් වීර යුධ භටයන් දෙදහස බැගින් දුන්නේය.

16. දිනීමේ හැකියාව ඇති සාමාන්තයින් ද අසූහතර දෙනෙකු පත්කොට ඔවුන්ට ද එක් අයෙකුට දහස බැගින් භටයන් දුන්නේය.

17. මහා සිරුරෙන් හෙබි, බලවත් කාය ශක්තියෙන් හෙබි දහස් ගණන් යෝධයින් ද මුගුරුවලින් පහර දෙන්නවුන් බවට පත්කොට ඔවුන්ට ද යුද්ධෝපකරණ දුන්නේය.

18. ලක්දිවට දකුණු ඉන්දියාවෙන් පැමිණි කේරළාදී කෘතහස්ත යුද භටයින් ද බොහෝ දහස් ගණනින් සකස් කළේය.

19. සඳ එළියෙන් දුන්නෙන් විදිය හැකි, රාත්‍රී යුද්ධයෙහි දක්ෂ දහස් ගණන් ධනුර්ධරයන් පිළියෙල කොට ඔවුන්ට සම්සැට්ට ආදිය දුන්නේය.

20. නොයෙක් දහස් ගණන් වැද්දන් ද යුද්ධ ක්‍රියායෙහි දක්ෂ කරවා ඔවුන්ට ගැලපෙන පරිදි ආයුධත් කාලවර්ණ වස්ත්‍රාදියත් දුන්නේය.

21. එමෙන්ම නොයෙක් කම්කරුවන්ගෙන් දහස බැගින් වෙන්කොට තම තමන්ට නියමිත රාජකාරියෙහි යෙදෙන්ට නියෝග කළේය.

22. "හස්ති ශිල්ප, අශ්ව ශිල්ප, කඩු ශිල්ප ආදියෙහිත්, නොයෙක් දේශයන්ට අයත් භාෂාවන්හිත්, නැටුම් ගැයුම් ආදියෙහිත් දක්ෂ වූ රාජක්‍රියායෙහි නිපුණයෝ,

23. දියුණු වෙත්වා!" යි නොයෙක් වංශවත් ජනයන්ගේ පුතුන්, සොයුරන්, මුණුබුරන් ආදී පිරිස් රජමැඳුරෙහි ම පෝෂණය කරවීය.

24. සිරිය ගන්නවුන්, කපුරු වඩන්නවුන් ආදී සුළු සේවකයෝ ද එමෙන්ම සිංහල සංගීතඥයෝත් තමා සමග හැසිරෙන්නෝත්,

25. යනාදී නොයෙක් අංශයන්ට අයත් නොයෙක් දහස් ගණන් මිනිසුන් ද රජමැඳුරෙහි ම පෝෂණය කරවීය.

26. ඇඳුම් අන්දවන්නන්, කරණවෑමියන්, නාවන්නවුන් ආදීන්ගේ යොවුන් වියේ සිටි අයට ආයුධ දී තම තමන්ගේ ජ්‍යෙෂ්ඨයන් යටතේ සිටින්ට යෙදවීය.

27. පිතුරාජයාගේ භාණ්ඩාගාරිකයන්ගෙන් රජය සතු ධන ප්‍රමාණය ගැන දැන "මෙපමණ ධනයකින් නම් මා හට,

28. ලංකාදීපය එක්සේසත් කරන්ට නොහැක්කේය" යි නිශ්චය කොට ජනයා නොපෙළා රජතුමා ධනය රැස්කර ගත්තේ මේ අයුරිනි.

29. රජ තෙමේ තමන්ගේ වස්තුවත්, ධනයත් දෙකොටසකට වෙන්කළේය. අමාත්‍යවරු අතර

ප්‍රධානත්වයෙහි සිටි දෙදෙනෙකු යටතේ ඒවා තැබ්බවීය.

30. මෙසේ තමා දිනාගත් සියලු රට සම සේ බෙදා එහි සියලු දේ ගණන් බලා වාර්තා කිරීමට ගණකාමාත්‍යවරු දෙදෙනෙකු තැබ්බවීය.

31. මුහුදු තෙර රටිනුත්, මැණික් ආකර රටිනුත්, මහා කඳු ප්‍රදේශ රටිනුත්, තවත් වෙනත් ප්‍රදේශ රටිනුත්,

32. රජ තෙමේ සියලු සාරවත් තැන් වෙන් වෙන්ව හඳුනාගෙන ඒවා සුරැකීමට අන්තරංග ධුරය නමින් ඇමතියෙක් පත්කොට තැබීය.

33. අමාත්‍ය තෙමේ නැව්වලින් බොහෝ මැණික් විදේශ රටවලට පිටත් කොට අලෙවි කරවා එමගින් මහත් ධන රාශියක් රැස්කළේය.

34. ප්‍රධාන අමාත්‍යවරු දෙදෙනා යටතේ යුද්ධෝපකරණත්, නොයෙක් දහස් ගණන් භටයනුත් සැකසීය.

35. අන්තරංග අමාත්‍ය ධුරයෙහි ද ප්‍රදේශ දෙකකට අයත් ප්‍රධාන ධුර දෙකෙහිත් යන අමාත්‍යවරු තිදෙනා යටතේ බොහෝ භටයන් යෙදවීය.

36. භටයන්ගේ ශූරත්වය දියුණු වීම පිණිස වීදි සටන් කරවා ඔවුන් අතරින් වඩාත් ශූර වූ භටයන් තෝරා උතුම් සත්කාර කළේය.

37. දයාවෙන් යුක්ත වූ මේ රජු "යුද්ධ කිරීමෙහි අසමර්ථ ජනයා සුවසේ ජීවත් වෙත්වා!" යි කෘෂිකර්මාදී කටයුතු කොට නිදහසේ ඉන්ට ඉඩහැරියේය.

38. මෙසේ ක්‍රමවේදයන් පිළිබඳව හසල දැනුමැති රජ තෙමේ සන්නාහයන් ද ආයුධ ද ශූර වීර යුධ භටයන් ද පිළියෙල කොට ජනතාව ද පීඩාවට පත්නොකොට නානාවිධ ධනය සැප සේ රැස්කළේය.

මෙසේ හුදී ජන පහන් සංවේගය පිණිස කරන ලද මහාවංශයෙහි 'බල සේනාවන් හා ධනය රැස් කිරීම' නමැති හැට හත්වන පරිච්ඡේදය නිමාවට පත්විය.

68

හැට අටවන පරිච්ඡේදය

දිනාගත් රජය නැවත දීම

01. මෙසේ මේ පරාක්‍රමබාහු රජු තමන්ගේ මහත් වූ සේනාවත්, ධන ධාන්‍යාදියත්, අනේක වස්තු සම්පත්තියත්, යුද්ධෝපකරණ ආදී සියල්ල දෙස බලා,

02. "සිංහල දේශය අල්ලා ගැනීම කුමක්ද? ජම්බුද්වීපය පවා අල්ලාගන්ට දුෂ්කර නැත්තේය" යි සිතා රාජ්‍ය සාධනය ආරම්භ කළේය.

03. නොයෙක් පර්වත දුර්ගයන්ගෙන් යුක්ත බැවිනුත්, චණ්ඩ වනමෘගාදී සතුන්ගෙන් ඇතිවන භය නිසාත්, දුකසේ ඇතුලු විය යුතු වූ, වෙනත් මනුෂ්‍යයන් පවා ඇතුලු නොවන,

04. අඩිපාර ඔස්සේ පමණක් යායුතු, අතිශය භයංකර වූ මිනීමස් කන කිඹුලන් ගැවසීගත් ගැඹුරු ජලයෙන් යුක්ත,

05. මහා කඳුකර පෙදෙසත්, යටිකඩ හා දුම්බරත් යන පෙදෙස භාරව සිටි ගජබා රජහුගේ රක්බදණ්ඩ ඇමතියා,

06. කැඳවාගෙන මිහිරි තෙපුලෙන් ඔහු නළවා උතුම් සංග්‍රහ කොට, කඳුරට මලය දේශය තමන්ට ලබාගැනීම පිණිස ඔහුව යෙදවීය.

07. මලය දේශවාසීන්ට මෙපුවත දැනගන්ට ලැබුණේය. එකල්හි ඔවුහු "දණ්ඩනාථයා ආ කල්හි මරන්නෙමු" යි රහසේ කතිකා කරගත්තාහුය.

08. දණ්ඩනාථ ඇමතියාට ද එය දැනගන්ට ලැබුණේය. හේ වහා අවුත් ඔවුන් හා යුද්ධ කොට සතුරන් පලවා හැර දුම්බර රට සියතට ගත්තේය.

09. ඉක්බිති හෙතෙම යටිකඩෙහි ද යුද්ධ කොට එහි සිටි සතුරන් පලවා හැර සාමාන්තයාගේ හිස ගත්තේය.

10. තල්කෙත නම් ගමෙහි ද දෙවතාවක් යුද්ධ කොට, නාගපබ්බත ගමෙහි ද ඒ අයුරින් ම දෙවතාවක් යුද්ධ කොට,

11. සුවණ්ණදෝණි හෙවත් රන්දෙණිය නම් ගමෙහි ද රාමුච්ඡුවල්ලිකයෙහි හෙවත් රඹුක්වැල්ලෙහිදීත් දෙමටපාදත්ථලියෙහිදීත් එක් එක් යුද්ධයක් ගානේ කොට,

12. ඒ ඒ තැන සියලු සතුරන් නසා මහබලැති හේ යටිකඩ නම් රටත් සිය වසඟයට ගත්තේය.

13. හේ තමන්ට බාල සොයුරා සේනාව සමගින් එහි නවත්වා තමා විසින් කළයුතු කටයුතු විචාරීම පිණිස පරාක්‍රමබාහු රජු සමීපයට පැමිණියේය.

14. එකල්හි ඒ බාල සොයුරා හා භටසේනාවෝ එතැනින් නික්ම ගොස් තවදුරටත් සතුරන් හා යුද්ධකොට නීලගල්ල නම් රට ද ගත්තාහුය.

15. රක්ඛදණ්ඩනායක තෙමේ ආපසු පැමිණ සයකෙත්ත නම් තැනෙහිදීත්, රත්තම්බදුම නම් තැනෙහිදීත්, දුනුවිල නම් තැනෙහිදීත්,

16. එක් එක් යුද්ධය බැගින් කොට සතුරන් මරා තම සොයුරා විසින් ගන්නා ලද නීලගල්ල රට තවදුරටත් දැඩිව තහවුරු කළේය.

17. ඉන් පසු මෙතෙමේ බලසම්පන්න ව සිටි ඔත්තුරාමල්ලක සමගත්, ධනුමණ්ඩලනාථ සමගත් දෙවතාවක් යුද්ධ කොට,

18. හීන්කෙත නම් රට ද අල්ලාගෙන සතුරු වියවුල් දුරුකොට ඔත්තුරාමල්ලකාදීන් ද සිය වසඟයට ගත්තේය.

19. එකල්හි පැරකුම්බා රජු රක්ඛ නමැති ඒ දණ්ඩනායක අමතා මහත් සම්පත් ද සමග කේශධාතු නම් ඇමති පදවිය ලබාදුන්නේය.

20. රජරට අල්ලාගනු පිණිස මැදවග නමැති ගමට පිටත් කරවීය. කේශධාතු තෙමේ ද නීලගිරියට ගොස් එතැනින් බලසේනා සන්නද්ධ කොට,

21. මහා බලසම්පන්න ව අවුත් වැවල නම් ප්‍රදේශයෙහිත් එසේ ම මැදවග නම් රටෙහිත් යුද්ධ කොට ජය අත්කර ගත්තේය.

22. ඒ ගැන කරුණු සැළවී ගජබා රජු ද ඔහු හා යුද්ධ කරනු පිණිස මහයුද සේනාවක් පිටත් කරවීය.

23. කේශධාතු අමාත්‍ය තෙමේ එය දැන ඉතා බලවත් සේනා වාහන සහිතව සිටියේ ඒ සතුරු සේනා බිඳහැර මැදවග නම් රට ද ගත්තේය.

24. එසේම ලෝකජිත්වාන නමැති අයෙක් ද රක්බලංකාධිනායක නම් අයෙක් ද සේනාවන් සන්නද්ධ කරවාගෙන සිංහ වික්‍රමයෙන් යුක්ත වූවාහු,

25. හුකිත්තිලංකානාථ නමැති සාමාන්තයා සමග යුද්ධ කොට ඔහු නසා රේරුපල්ලික නමැති රටත් තමන්ගේ වසඟයට ගත්තාහුය.

26. පැරකුම්බා රජුත් කොස්වග සිටි සමන්තමල්ල නමැති සාමාන්තයා ද ප්‍රිය තෙපුලෙන් නළවා තමන්ගේ වසඟයට පමුණුවා මහත් ඉසුරු දී,

27. යුද්ධෝපකරණත් සමග මහත් සේනාවක් පිටත් කොට කොස්වග රට ගන්ට නියම කළේය.

28. සමන්තමල්ල නම් සාමාන්තයාත්, ඔත්තුරා-මල්ලකාදීහුත් සතුරු සේනා හා යුද්ධ කරන්නාහු එහිදී බොහෝ සතුරන් නසාලූහ.

29. සීසච්ජින්නක බෝධි නමැති පෙදෙසෙහිදී මහයුද්ධ කොට මහබලැති ඔවුහු කොස්වග නම් රටත් ගත්තෝය.

30. මෙසේ පැරකුම්බා රජු එහි වැසියන් විසින් ආකුල ව්‍යාකුල කරන ලද මලය කඳුරට ප්‍රදේශය මනා ලෙස නිරවුල් කොට තමන්ගේ නගරයෙහි වසන්නේ,

31. උද්‍යාන ක්‍රීඩා, ජලක්‍රීඩා ආදියෙන් ද, නෘත්‍ය ගීතාදියෙන් ද දවස් ගෙවමින් රාජධර්මයන්ට අනුකූල ලෙස පවත්වන්නේ,

32. තමන්ට සතුරු වූ රජුන් වළක්වනු පිණිසත්, ව්‍යායාම පිණිසත්, සොරුන් මඬිනු පිණිසත් මේ රජු මුව දඩයමෙහි ද යන්නේය.

33. දිනක් පැරකුම්බා රජු සිය අගමෙහෙසිය හා පිරිවර ජනයා සමග මුවදඩයමට යන්නේ,

34. මුවන් පිවිසී ඇති බවට සලකුණු ඇති එක්තරා මහවනයක් දැක සිය මෙහෙසිය නිදහස් තැනක හිඳුවා රජ තෙමේ,

35. සැත් අතින් ගත් වැද්දන් ලවාත්, වරපටින් කළ දැලිනුත් ඒ වනය හාත්පස වටකොට තැනින් තැන ඝෝෂා කරවීය.

36. එකල්හි එහි සිටි, තරමක ඇත්පැටියෙකුගේ ප්‍රමාණයෙන් යුතු දැවැන්ත ගෝණෙක් ඒ බියකරු ඝෝෂාව අසා වනගැබෙන් නික්ම,

37. භයෙන් තැතිගෙන ඔබමොබ හාත්පස බලමින් දුවන්නේ බැවුම්වල වැටෙමින් කඳුරැලි අතර පනිමින්,

38. ගස්වල අතුඉති බිඳිමින්, දැල්වැල් අදිමින්, වන ලැහැබ සුණුවිසුණු කරමින්, එළා තිබූ දැලත් පලාගෙන,

39. තමන් ඉදිරියෙහි පෙනෙන පෙනෙන ජනයා තැතිගන්වමින්, පලවාහරිමින් සැඩ පවනකට බඳු වේගවත් ජවයෙන් යුතුව මෙහෙසිය වෙතට දිව ආවේය.

40. තමන් සිටි දෙසට බිහිසුණු ලෙසට දිව එන ගෝණා දුටු ආරක්ෂක ජනයෝ භයෙන් මිරිකී මෙහෙසියත්, රජුත් හැර දමා හිස් ලූ ලූ අත පලාගියාහුය.

41. භීම වික්‍රම පරාක්‍රමබාහු රජු තමන් දෙසට ප්‍රචණ්ඩව එන්නා වූ බිහිසුණු ගෝණා දැක ඔහු ඉදිරියට දිවගොස් හෙල්ලෙන් දමාගැසුවේය.

42. හෙල්ල පාර කෑ ගෝණා විසින් අනින්ට හිස නැමූ කල්හි විහිදී ගිය අං දෙක ගැලවී රජුගේ පා ඉදිරියෙහි වැටුනේය.

43. ලද පහරින් හඬන්නා වූ ගෝණාගේ හඬ ඇසූ, දුවමින් සිටි මිනිස්සු නැවත ඒ ඒ තැනින් හැරී අවුත් රැස්ව,

44. ඇමතියෝත්, වැද්දෝත්, ඇඳුම් අන්දවන්නන්, කරණවැමි ආදීහුත් ගෝණාගේ අං දෙකත් සිංහ වික්‍රමයෙන් යුතු රජු දෙසත් බලා,

45. මහා පුදුමයට පත්ව අතිශයෙන් තුටු පහටුව ස්තුති ඝෝෂාවෙන් මහවනය ඒකනින්නාද කළෝය.

46. පැරකුම්බා රජහු තුළ පැවති පුදුම සහගත වික්‍රමයත්, මහා භාග්‍යයත්, ශූරත්වයත්, වීරත්වයත් එදා ඔවුහු බොහෝ සෙයින් වර්ණනා කළෝය.

47. එම ගෝණ අං යුගල ගත් ඔවුහු රජු පෙරටු කොටගෙන දේව නගරයක් සේ සරසන ලද නගරයට පැමිණ,

48. විස්මය දනවන ඒ පුවත මහාමාත්‍යවරුන්ට දන්වා සියල්ලන්ට ම අං යුගල පෙන්වාලූහ.

49. රැස්ව සිටි අමාත්‍යවරු ඒ අද්භූත වික්‍රමය අසා විස්මයෙන් ඇලලී ගොස් මෙසේ ආශ්චර්යය දන්වා සිටියෝය.

50. "ආහා... මහානුභාවසම්පන්න අපගේ මේ රජ තෙමේ ඉදින් දඹදිව උපන්නේ නම් ඒකාන්තයෙන් චක්‍රවර්ති රාජයෙක් වන්නේය" කියාත්,

51. "කිසිවෙකුට හෝ මැඩලිය නොහැකි වික්‍රමයෙන් යුතු ධීරයා!" කියාත් මේ ආදී වචනයන්ගෙන් යළි යළිත් ස්තුති ප්‍රශංසා කළාහුය.

52. එකල්හි ඔවුහු ඒ ගෝණ අං යුගලෙහි මේ සිදුවීම අකුරුවලින් කොටා භාණ්ඩාගාරයෙහි තැබ්බවූවාහුය. අද දක්වාත් (මේ කොටස ලියන කාලය) ඒ අං යුවල එහි ඇත්තේය.

53. එකල්හි "ගජබා රජු විසින් මිථ්‍යාදෘෂ්ටික රාජකුමාරවරුන් දකුණු ඉන්දියාවෙන් ගෙන්වාගෙන සතුරු වියවුල් සහිත රටක් බවට,

54. රජරට පත්කරන ලද්දේය" යන ප්‍රවෘත්තිය ඇසූ පැරකුම්බා රජු "මා වැනි බුද්ධියකින් හෙබි, පුණ්‍ය ඉර්ධියෙන් හෙබි, අතිශයින් වික්‍රම ඇතියෙකු සිටියදී,

55. මොහු මෙබන්දක් කළේ නොවැ" යි ගජබා රජු කෙරෙහි අතිශයින් කළකිරුණු සිතින් සිට රජරටත් අල්ලාගනු පිණිස දණ්ඩනායක සෙන්පතියන්ව යෙදවීය.

56. යුද්ධය පිණිස උපයෝගී කරගන්නා වූ කෞටිල්‍ය ශාස්ත්‍රයෙහි ඇති යුද න්‍යායන් මනාකොට විමසා බලා, ස්වකීය බුද්ධියෙනුත් ස්වාධීනව උපකල්පනය කොට,

57. රටටත්, කාලයටත් ගැලපෙන අයුරින් කළයුතු යුද්ධ කාර්යයෙහි දක්ෂ වූ පැරකුම්බා රජු යුද්ධෝපායයන් ලියා සාමාන්තයන් හට දුන්නේය.

58. "මා විසින් දෙනු ලබන මේ උපදේශයන්ගෙන් පිට රේඛා මාත්‍රයක තරමින්වත් ඉක්මගොස් කිසියම් දෙයක් කරන්නෙමු' යි තර්ක නොකරව්" කියා අණ කළේය.

59. ඒ සියල්ලෝ ම රජුගේ වචනය හිස් මුදුනින් පිළිගෙන මහාබලවත්ව සිට යුද්ධය ආරම්භ කළෝය.

60. එවකට රජරට රජු වන ගජබා රජුට ද සේනා බලයන්ගෙන් යුක්ත වූ, යුද්ධයෙහි ඉතා දක්ෂ 'කොම්බා' නමැති ඡත්තගග්ගාහක නායකයෙක් සිටියේය.

61. හේ මල්ලවාලාහ නම් ගමෙහි ඉතා සවිමත් ලෙස බලකොටුවක් කරවා සතුරු ආක්‍රමණ වළකනු පිණිස බොහෝ කලක් තිස්සේ එහි වසයි.

62. දණ්ඩනායක තෙමේ පළමුකොට වැලිකෙත නම් වූ බලකොටුවෙහි සිටි මලියරායර් නම් ඇමතියා සමග යුද්ධ කොට ඔහු පලවා හැර එය ද යටතට ගත්තේය.

63. එතැනින් නික්මුණු ඒ වීර තෙමේ මහා බලසේනා පෙරටු කොට නැව් මගින් සයුරු දිය මතින් ගොස් මුතු ආකරයත් අල්ලාගෙන,

64. එහි සිටි දණ්ඩනාථයා සමගින් සයුරු ජලය මැද මහා බලවත් යුද්ධයක් කොට එහි තිබුණු සතුරු බලය ද බින්දේය.

65. එකල්හි එහි දෙවන වරට ද දරුණු යුද්ධයක් කොට නොයෙක් දහස් ගණන් භටසේනා යමරජු වෙත පිටත් කළේය.

66. නම්බ නමැති කේශධාතු නායක තෙමේත්, සෙන්පතිවරුත් මාලවල්ලියෙහි සිටි සතුරන් විනාශයට පත්කළාහුය.

67. නීලගල්ල නමැති සාමාන්තයා මෝරවැවටත්, කටියාගමටත් අවුත් යුද්ධ කොට බොහෝ සතුරන් නසා දැමීය.

68. එමෙන්ම ගජබා රජහුගේ ම කලාවැව ගමෙහි ගෝකණ්ණනගරගිරි නමැති ප්‍රසිද්ධ දණ්ඩනායකයෙක් වාසය කළේය.

69. හේ ශූරයෙකි. උදාර ගුණයෙන් යුතු ය. සේනා බලවාහන සම්පන්න ය. ඕනෑම ප්‍රහාරයකට මුහුණ දිය හැකි හේ සිය ස්වාමි රජුට පක්ෂපාතී මන්ත්‍රීයෙකි.

70. පැරකුම්බා රජුට සිටි රක්ඛවාහ නම් අමාත්‍යයා ගෝණගම නම් තැනෙහිදී ගෝකණ්ණනගරගිරි හා යුද්ධ කොට ඔහු පරදවාලීය.

71. සිය පරාජය හේතුවෙන් මහත් අසහනයට පත් ගෝකණ්ණනගරගිරි තෙමේ යළි සේනා සන්නද්ධ කොට පිළිවිටිය නම් දුර්ගයේදීත්,

72. එසේ ම සාළ්හක නම් දුර්ගයේදීත්, තටවැවේදීත්, දඹකොළේදීත්, විදුරාවැවේදීත්, නන්දිවැවේදීත්,

73. පල්ලිකාවැවේදීත්, එසේම කල්ලහල්ලිකයේදීත් යන සෑම තැනකදී ම වෙන වෙනම යුද්ධ කොට පරාජයට පත්වූයේ,

74. "මීට පෙර රජුන් හා යුද්ධ කොට ලබන ලද ජය ඇති මාගේ සේනාවෝ දැන් දෙගුණයක් කොටත් පරාක්‍රමබාහු රජහුගේ,

75. රාජ්‍ය සීමාවෙහිදී සාමාන්තයන් දොළොස් දෙනෙකුන් හා වෙන් වෙන් වශයෙන් යුද්ධ කොටත් ජයගන්ට බැරිවූයේය. සෙන්පතිවරු ද මරණයට පත්වූවාහුය.

76. දැන් ඉතින් තවත් යුද්ධ කරන්ට නොහැකි ය" යි කියා සියලු යුද ප්‍රවෘත්ති සඳහන් කොට ගජබා රජුට හසුනක් යැවීය.

77. එය ඇසූ ගජබා රජු තමන්ගේ සියලු අමාත්‍යවරුන් කැඳවා ඔවුන් හා සාකච්ඡා කරන්නේ මෙය පැවසීය.

78. "මේ තාක් කාලයකට අපි මෙවන් පරාජයක් නැසූ විරුවම්හ. දැන් වනාහී අපි පැරදී ගියෝ වෙමු. අපට මේ වූයේ මහත් මැ හානියෙකි.

79. මාගේ අමාත්‍යයන් අතුරෙන් මහා බලපරාක්‍රමයෙන් යුතු වූයේ ගෝකර්ණනගරගිරියා ය. හේ ද නොයෙක් වර යුද්ධ කොට පැරදුනේය.

80. ඉදින් නැවතත් ඔහුට හානියක් වූවෝතින් එය ඒකාන්තයෙන් මට හොඳ දෙයක් නොවේ" යි මෙසේ ඇමතියන් හා මන්ත්‍රණය කළ ගජබා රජු බොහෝ ධනය ද,

81. බොහෝ යුධ සේනාව ද, සෙන්පතිවරුන් ද, විවිධ ආයුධයන් ද නොබිඳිය හැකි ලෙස සන්නාහයන් ද සකසා ගෝකර්ණයා වෙත පිටත් කරවීය.

82. පැරකුම්බා රජු විසින් යවන ලද සේනාවන් ද කලින් එහි සිටි තමන්ගේ සේනාවන් ද රටෙහි සිටි සේනාවන් ද වහා පිළියෙල කරන රක්ඛවාන සෙන්පති තෙමේ,

83. මායාගෙදර නමැති සෙන්පතියා සමගින් නැවතත් නීලගිරියට ගොස් ගෝකණ්ණගිරියා සමග මහත් යුද්ධයක් කළේය.

84. මේ බිහිසුණු ප්‍රහාරයේදී ගෝකර්ණගේ බොහෝ මිනිස්සු එහි ම ඇදවැටුනාහ. තවත් භටයෝ සිය

ආයුධත් අත්හැර මහා වනයට පැනදිව්වෝය.

85. බේරී ගිය කෙනෙක් නැති තරමට පත්වූහ යි කිව යුත්තේය. බලවාහන ජත්‍රාදිය අත්හැර දමා ගෝකර්ණ තෙමේත් මහා වනයට වැදී පලාගියේය.

86. එතැන් පටන් හේ යුද්ධයන්හි අදහස අත්හැර කලාවැව බලකොටුව දැඩි ලෙස රැකවල් ලා එහි වාසය කළේය.

87. මෙසේ සිදුවීමෙන් පසු ශුරඅම්බවනය නම් රටෙහි නවත්වන ලද අමාත්‍යයෝ ජනපද නම් ප්‍රදේශයට ගොස් සතුරු සෙන් නසාලූහ.

88. බෝධිගාමවර නම් රටෙහි යොදවන ලද බලසෙන් නායකයෝ ලංකාගිරි නම් තැනට ගොස් එහි සිටි සතුරන් ද නසාලූහ.

89. මහින්ද, නගරගිරි ආදී හමුදා ප්‍රධානීන් මල්ලවාලාන නම් රටට නැවතත් යුද්ධ පිණිස පිටත් කළේය.

90. හමුදා ප්‍රධානීහු එහි ගොස් සතුරන් මැඩ රටට ඇතුළු වී එය ද අල්ලාගෙන මැනවින් තහවුරු කරගත්හ.

91. ඉන් පසු එතැනින් නික්මුණු ඒ සියලු හමුදා නායකයෝ නැව් සිය ගණනකින් ජලය මතින් ගොස් යුද ප්‍රහාරයක් එල්ලකොට,

92. එහි සිටි දණ්ඩනායකත්, ඔහුගේ බලසේනාවත්, රටත්, මුතුත් අල්ලාගෙන ඒ මුතු සියල්ල සිය ස්වාමියා වූ පැරකුම්බා රජු වෙත යැවූහ.

93. එකල්හි ඒ රජ තෙමේ පිලවස නම් තැනදී දුර්ගම බලකොටුවක් කරවා බලසේනා සහිත හමුදා නායකයින් එහි නැවැත්වීය.

94. එපුවත අසන ලද ගජබා රජු ඇමතියන් හා මන්ත්‍රණය කොට ඔවුන් හා යුද්ධ කරනු පිණිස බලසෙන් යැවීමට පටන් ගත්තේය.

95. එකල්හි අණකිරීමෙහි අවස්ථාව මැනවින් දන්නා වූ පැරකුම්බා රජු එය දැන ලංකානාථ නම් සෙන්පතියා ජනපද නම් රටට පිටත් කළේය.

96. එය ඇසූ ගජබා රජු සේනාංකයන් රැස්කොට සේනා බලය දෙකොටසකට බෙදා,

97. සේනාව සන්නාහයන්ගෙන් හා ආයුධයෙන් සන්නද්ධ කරවා ජනපද නම් තැනටත්, පිලවස නම් තැනටත්, දුර්ගම බලකොටුවටත් ප්‍රහාර එල්ල කිරීම පිණිස දෙපසකින් පිටත් කරවීය.

98. රක්බලංකාධිනාථ අමාත්‍යයාත් මහා සේනාබලයක් පෙරටු කොට සතුරු සෙන් නැසීම පිණිස එතැනින් අම්බවන නම් තැනට ගොස්,

99. බුබුල නම් ගමෙහිදී සතුරු සෙන් හා යුද්ධ කොට බොහෝ සතුරන් සුණුවිසුනු කොට සතුරු සෙන් පලවා හැරියේය.

100. එකල්හි රටවැසි මහජනයා ගස්කොළන් ආදිය කපා හෙළා දමමින්, කටුසහිත වැල් ගෙනවුත් දමමින් ගමන් කළ නොහැකි සේ මංමාවත් අවුරා දැම්මාහුය.

101. මාර්ගයන්හි සැඟවී සිට යුද්ධ කළාහුය. සතුරු සේනා නැසීම පිණිස කරගත් අදිටන් ඇති ලංකා නම් අමාත්‍යයා,

102. සතුරු සේනාවන් සිටි දිසාවන් ලුහුබදිමින්, ඔවුන්ගේ ආවරණ සිදිමින්, මහයුද්ධයක් කරමින් ජනපද නම් රටට ගියේය.

103. හේ පැරකුම්බා රජුගේ උපදෙස් පරිදි ඒ ජනපදය අල්ලාගෙන එහි දුර්ගම බලකොටුවක් කරවා වාසය කළේය.

104. ගජබා රජ තෙමේ දේවලංකාධිනාථ නම් ඇමතියාත්, දාධාභාර නම් ඇමතියාත් ඔවුන් පරදවනු පිණිස පිටත් කොට යැවීය.

105. එකල්හි රක්බලංකාදිනාථ තෙමේ ගජබා රජුගේ සේනාව හා මහයුද්ධ කොට පලවාහැර යාගල්ල නම් පෙදෙස තමා සතු කරගත්තේය.

106. ගජබා රජ තෙමේ ආලිසාර (ඇලහැර) නම් රටෙහි නැවතත් ඔවුන් හා යුද්ධ කරනු පිණිස ඇත්, අස්, රිය, පාබල යන සිව්රඟ සේනා පිටත් කරවීය.

107. රක්බලංකාදිනාථ තෙමේත් ඔවුන් හා යුද්ධ කොට ඇතැම් උදවිය ජීවග්‍රාහයෙන් අල්ලාගෙන ප්‍රලත්ථලය ද අල්ලාගත්තේය.

108. ගජබා රජු මේ රක්බලංකාදිනාථ සෙන්පති සිය වසඟයට ගනු පිණිස සමාදාන වීම සඳහා මාහැඟි රුවන් ද ආභරණ ද,

109. රෙදි පිළි ද කසී සළු ආදිය ද නොයෙක් වටිනා වස්ත්‍ර ද බොහෝ තෑගි භෝග ද දී සෙන්පති වෙත දූතයන් පිටත් කරවීය.

110. රක්ඛලංකාදිනාථ තෙමේ ගජබා නිරිඳුගේ දූතයන් විසින් දෙන ලද පුදපඬුරු පිළිගෙන ඒ දූතයන්ව විරූපී බවට පත්කරවා සිය ස්වාමියා වූ පැරකුම්බා නිරිඳු වෙත යැවීය.

111. පැරකුම්බා රජු ද ඒ සියලු වස්තුව දැක සතුටුව ගජබා රජු විසින් එවන ලද මාහැඟි තෑගි භෝග සියල්ල යළි ඔහු වෙතට ම පිටත් කරවීය.

112. එකල්හි රක්ඛලංකාදිනාථ තෙමේ ථූලත්ථලිය (තලාගොඩ) බලකොටුවෙන් නික්ම ගංගාව අසබඩ පිහිටි ඇලිබඩ බලකොටුවෙහි වාසය කළේය.

113. ගජබා රජු නැවත වතාවක් සිඛාදණ්ඩනාථ සෙන්පතියා හා යෝධයන්ගෙන් යුතු මහා බලඇණියක් රක්ඛලංකාදිනාථයන් හා යුද කරනු පිණිස එව්වේය.

114. සේනා බලවාහනයන්ගෙන් යුක්ත වූ ඔවුහු රක්ඛලංකාදිනාථ සිටි ඇලිගම බලකොටුව වටකොට ඊතල වරුසාවක් විදින්ට පටන් ගත්තේය.

115. රක්ඛලංකාධිපති ද ආයුධයෙන් සන්නද්ධව සිටි ඇතැම් යෝධයෝ ද බලකොටු දොරටුවෙහි සිට බිහිසුණු ලෙස යුද කළාහුය.

116. ද්වාර අට්ටාලයන් ඇසුරු කොට සිටි දුනුවායන් ආදී භටයෝ හී, තෝමර, හෙල්ල ආදී ආයුධයන්-ගෙන් පහර දී බොහෝ සතුරන් නැසූහ.

117. මෙසේ මහා බල ඇති ඒ සේනාවෝ මහත් උත්සාහයෙන් යුක්තව තුන් දිනක් පුරා අඛණ්ඩව යුද්ධ කළෝය.

118. ගජබා රජුගේ සේනාවෝ සිය සතුරන් නැසීමෙහි උත්සාහවත් ව රක්ඛලංකාදිනාථයන්ගේ බලකොටු ද්වාරයන් බිඳින්ට පටන් ගත්තාහුය.

119. එකල්හි රක්ඛලංකාදිපතිත් ඔහුගේ සේනාවෝත් බලකොටුවෙන් එළියට අවුත් ගඟෙන් එතෙර දක්වා යුද්ධ කරමින් සතුරන් නැසූහ.

120. එකල්හි බැසයන ගංගාවෙහි ජලය සතුරන්ගේ රුධිරයෙන් කැලතී ගියේය. බොහෝ සේනා ප්‍රධානීහු ජීවග්ග්‍රාහයෙන් අල්ලාගන්නා ලදහ.

121. ලබන ලද ජයග්‍රහණ ඇති රක්ඛලංකාදිනාථ තෙමේ සිය ඇලිගම බලදුර්ගයෙහි සිට මහවිජයෝත්සව අනුභව කරන්නේ,

122. සතුරු අමාත්‍යයන්ගේ හිස් ද ඡත්‍ර ද යානාවන් ද ආයුධ ද ජීවග්ග්‍රාහයෙන් අල්ලාගත් සෙබළුන් ද සිය ස්වාමියා වන පැරකුම්බා නිරිඳු වෙත පිටත් කරවීය.

123. එකල්හි පැරකුම්බා නිරිඳු තෙමේ දේවසේනාපති නම් අමාත්‍යයා අමතා රක්ඛ සේනාපති විසින් එවන ලද සියල්ල පවසා,

124. "සිය හමුදාවන්ට අත් වූ මහත් හානිය අසා නියත වශයෙන් ම ගජබා රජු විසින් අපගේ රක්ඛලංකාදිනාථයන් අල්ලාගනු පිණිස මහාසේනාව එවනු ලබන්නේය" යි කියා,

125. ගජබා නිරිඳුගේ මහා සේනා බලය දෙකඩ කරනු පිණිස මහා යසස් ඇති දේවසේනාපති ගිරිබා රටට පිටත් කරවීය.

126. මහනුවණැති හේ ගොස් සියලු සේනාවන් සන්නද්ධ කරවා කලාවැව නදී තෙර බලදූර්ගයක් කොට එහි වාසය කරන්නේ,

127. පැරකුම් රජුගේ නියෝගයෙන් කලාවැව් නදියෙන් ඇත්, අස්, රිය, පාබල යන සිව්රඟ සේනාවන්ට සුවසේ යා හැකි, ඉතා මනහර වූ,

128. යකඩ ඇණයෙන් සවිමත් ලෙස සම්බන්ධ කරන ලද, ඉතා ශක්තිමත් වූ, දෙසිය රියනක් දිග, විසි රියනක් පළල ඇති දැව පාලමක් තැනවීය.

129. දේවසේනාපති තෙමේ එහි කිසි සාමාන්තයෙක් නවත්වා එතැනින් නික්ම අවුත් තන්හි තන්හි මහයුද්ධ කරමින්,

130. ලබන ලද ජය ඇත්තේ අංගම නම් තැනට ගොස් සතුරු සේනා හා යුද කරනු පිණිස එහි බලකොටුවක් තනවා වාසය කළේය.

131. එය ඇසූ සතුරු සේනාවෝ දේවසේනාපතිගෙන් සිදුවිය හැකි ආක්‍රමණ වැලැක්වීම පිණිස සේනා-ගමෙහි නොබිඳිය හැකි පරිදි සවිමත් බලකොටුවක් කරවා එහි විසුවෝය.

132. එකල්හි දේවසේනාපති තෙමේ සේනාගමට ගොස් සතුරු සෙන් සමග යුද්ධ කොට මහා යසස් ඇති හේ ඒ බලකොටුව ද අල්ලාගත්තේය.

133. දෙවරක් ම යුද්ධ කොට පරාජයට පත්වී සිටි ගජබා රජුගේ සේනාවෝ මන්‍යාගමෙහි බලදුර්ගයක් කරවා එහි වාසය කළෝය.

134. එකල්හි දේවසේනාපති තෙමේ සේනාගමින් නික්ම ගොස් මන්‍යාගම බලදුර්ගය ද අල්ලාගත්තේය. එසේ ම මිතාගම බලදුර්ගයත්, උෟරුගම බලදුර්ගයත් අල්ලාගත්තේය.

135. සෙන්පති තෙමේ ඒ සියලු බලදුර්ගයන්හි පිළිසකර කටයුතු නිමවා සියලු දුර්ගයන් පාළු නොවීම පිණිස ඇමතිවරුන් වාසය කරවීය.

136. මේ සෙන්පති තෙමේ තේරිගමෙහි ද බල-දුර්ගයක් කරවා අතිදක්ෂ යුදභටයින් යැයි සම්මත සේනාබලයෙන් යුතු සාමාන්තයන් ද එහි වාසය කරවීය.

137. එකල්හි ගජබා රජු තමන්ගේ රාමනීලගිරි නමැති සාමාන්තයා බොහෝ බලප්‍රධානීන් සහිත කොට දේවසේනාපතිව නසනු පිණිස පිටත් කොට එවීය.

138. ඔවුහු සියලු දෙන මනාව සන්නද්ධව සේනා බල වාහනයෙන් යුක්තව ගොස් තේරිගම සමීපයෙහි කඳවුරු බැඳගත්තාහුය.

139. මෙසේ දෙපක්ෂයෙහි ම සේනාවෝ උදැසන පටන් වේගයෙන් යුද්ධාරම්භ කොට සවස් යාමය වනතුරු බිහිසුණු යුද්ධ කළාහුය.

140. එහිදී රාමනීලගිරි නමැති සාමාන්තයාත්, ශූරසම්මත බලප්‍රධානීහුත් සිය සේනාව පසුබසිමින් සිටිනු දැක ආයුධ සන්නද්ධව,

141. සතුරනට බිය උපද්දවමින්, මහයෝධයන් පෙළමින්, ඇත් යුද්ධයක් මැදට වන් සිංහයන් සෙයින් යුද කරමින් සේනා මැදට පිවිසියෝය.

142. දේවසේනාපතිගේ යෝධයෝ ද නොනැවතී යුද්ධ කරන්නාහු හාත්පසින් පැතිර වටකරමින් රාම-නීලගිරි සාමාන්තයාත්,

143. බොහෝ හමුදා බලප්‍රධානීනුත් රණබිමෙහිදී සාතනය කොට 'කඩක්කුඩ' නමැති අතිදක්ෂ යෝධයාත්, තවත් දක්ෂ හටයිනුත් ජීවග්‍රාහයෙන් අල්ලාගත්තාහුය.

144. යුද්ධයෙහි ලබන ලද ජය ඇති දේවසේනාපති තෙමේ ජීවග්‍රාහයෙන් අල්ලා ගන්නා ලද ඔවුන්ව සිය ස්වාමියා වන පැරකුම්බා නිරිඳු වෙත පිටත් කරවීය.

145. එකල්හි මේ යුද වික්‍රමයන් සිදුවූ පෙදෙස අසළ ම සුවසේ වාසය කළ නුවණැති පැරකුම්බා නිරිඳු තමන් සමීපයෙහි සිටි,

146. මහින්දනගරගිරි නම් සෙන්පතියා කැඳවා යුද්ධ භූමියෙහිදී ඇමතියන් විසින් දක්වන ලද සාතිශය වික්‍රමය ඔහුට කීයේය.

147. එය අසා හටගත් අභිමානයෙන් යුක්ත වූ මහින්දනගරගිරි තෙමේ "මාත් ගොහින් වහා අනුරාධපුර නගරය අල්ලාගෙන දෙමි" යි ප්‍රතිඥා දුන්නේය.

148. අනතුරුව සතුරන් මඩින්නා වූ හේ මහත් සේනා

බලයක් ගෙන ඩෙබරබෑමාන නම් තැනෙහිදී මහයුද්ධයක් කළේය.

149. මහයසස් ඇති හේ සියාමහන්තකුද්දාල නම් ගමෙහි ද තිසා වැව සමීපයෙහි ද අනුරාධපුර සමීපයෙහි ද,

150. බිහිසුණු යුද්ධ කරමින් සතුරු සෙන් පරදවා, බලසෙන් සැඩ පහරින් යුතු පිරිවර ඇත්තේ අනුරාධපුරය අල්ලාගත්තේය.

151. එකල්හි එපුවත ඇසූ ගජබා නිරිඳු මූලාමාත්‍යයන්-ගෙන් යුක්තව නොයෙක් හමුදා බලප්‍රධානීන් පිටත් කරවීය.

152. ඒ සියල්ලෝ යුද බලයෙන් සන්නද්ධ ව අවුත් නුවර හාත්පස මංමාවත් වසා ජනයාගේ ගමන් බිමන් වළකාලූහ.

153. ඉක්බිති එපුවත ඇසූ දේවසේනාපති තෙමේ නගරයෙහි සිරවී සිටි මහින්දනගරගිරි නිදහස් කරගැනීම පිණිස වහා යන්නේ,

154. සියාමහන්තකුද්දාල ගමෙහිදී නැවතත් යුද්ධ කොට යන අතරමගදී තව බිහිසුණු යුද්ධ තුනක් කළේය.

155. එය ඇසූ මලයරායර් සාමාන්තයා සිය බලකොටුවෙන් නික්ම අතරමගදී දෙතුන් වරක් යුද්ධ කොට ආයේය.

156. සෙන්පතිගේ අණකිරීම මත හේ තනි මගකින් ඉදිරියට ගොස් අනුරාධපුරය සමීපයේ සතුරු සේනා සමග යුද්ධ කළේය.

157. සෙන්පතියාත් තැන තැන මහයුද්ධ කොට අනුරාධපුරය ආසන්නයට පැමිණ යුද්ධාරම්භ කළේය.

158. මහා බල ඇති මහින්දනගරගිරි සෙන්පති තෙමේ එය අසා උතුම් අනුරාධපුරයෙන් වහා නික්ම,

159. සතුරන් නසමින්, මංමාවත් අවුරා තිබූ බාධක සිඳලමින්, බලහත්කාරයෙන් සෙන්පති කරා පැමිණියේය.

160. සෙන්පති තෙමේත් මහින්දනගරගිරිගේ සේනාවන් හා එකට එක්ව නැවතත් සතුරු සේනා හා යුද්ධ කොට ඔවුන් පළවාහැරියේය.

161. ඉක්බිති ඒ සේනාපති නැවතත් සියාමහන්තකුද්දාලයෙහි සවිමත් ලෙස කඳවුරක් පිහිටුවා එහි වාසය කළේය.

162. පරාක්‍රමබාහු නිරිඳු මායාගේහාධිනායක හෙවත් මායාගෙදර නමැති සෙනෙවියා කැඳවා ඇලහැර යුද්ධය පිණිස යෙදවූයේය.

163. හේ මහත් සතුටින් යුක්තව, යුදවීරයන් ද සහිතව එහි ගොස් කළලහල්ලික හෙවත් කලල්හෙල නම් තැන බලකොටුවක් තනවා වසන්නේ,

164. එහි සිට ඇලහැරට යන අතරමගදී නන්දමූලක ගමෙහි පිහිටි බලකොටුවෙහිදී යුද්ධ තුනක් කොට ඒ බලකොටුව ද සියතට ගත්තේය.

165. එතැනින් නික්මුණු හේ කදුරුගම බලකොටුව නැවතත් සිය අතට ගෙන කිරාටිගමෙහි පිහිටි බලකොටුව ද යුද්ධ කොට අත්පත් කරගත්තේය.

166. ගජබා රජුගේ සේනාවෝත් යුද්ධ කිරීමට අවුත් විලාත නම් තැන බලකොටුවක් කොට එහි වාසය කළෝය.

167. එකල්හි කිසිවෙකුට හෝ ඉක්ම නොයා හැකි වික්‍රමයෙන් යුතු පැරකුම්බා නිරිඳු නාලන්දාවෙහි කඳවුරක් පිහිටුවා එහි වසන්නේ,

168. ගජබා රජුගේ සේනාවන් විලාතයේ බලකොටුවක් තනවා වසන බව අසා උමං සෑරීමේ කුසලතා ඇති සොරු දෙතුන් සීයක් රහසේ ම එහි යවා,

169. තියුණු තුඩ ඇති මුව අං ගෙන මැදියම් රැයෙහි එහි ගොස් විලාත බලකොටුව කැණ එය අල්ලා ගන්ට නියෝග කළේය.

170. මායාගෙදර සෙනෙවිත් රජුගේ උපදෙස් අනුසාරයෙන් ඒ බලකොටුව බිඳ සතුරන් අල්ලාගත්තේය.

171. හේ මැටිවැව නම් ස්ථානයෙහි පිහිටි බලකොටුවත් අල්ලාගෙන, උඩකුරගමත්, යටිකුරගමත් යන තැන පිහිටි බලකොටු දෙක ද,

172. නාසිත්ත නම් ගමෙහි පිහිටි බලකොටුවත් බිඳ එය ද අල්ලාගෙන, හේ මෙසේ ඇලහැර රට සියතට ගත්තේය.

173. එකල්හි අණදීමේ දක්ෂ වූ පැරකුම්බා රජ තෙමේ වහා පොළොන්නරුවත් අල්ලාගනු පිණිස ඒ සාමාන්තයන්ට නියෝග කළේය.

174. රක්ඛලංකාධිනාථත්, සුඛජීවිතපුස්ථකීත්, තළාකත්ථලි දුර්ගයෙන් වහා නික්ම ගොස්,

175. මහමග ඒ ඒ තැන සතුරු සේනාවන් සමග යුද කරමින්, රජකමතසම්බාධ නමැති තැනේදී මහා යුද්ධයක් කොට,

176. මිලාන නමැති කුඹුරු ප්‍රදේශයේදී යුද්ධ කොට, එයින් ගොස් කුඹුරු යාය මැදත් යුද්ධ කොට, එහිදීත් ලබන ලද ජය ඇතිව,

177. එතැනින් නොනැවතී සතුරන් පසුපස ලුහුබඳිමින් දරාග නමැති තැනට පැමිණියේය. එහිදීත් යුද්ධ කොට ලබන ලද ජය ඇත්තේ,

178. එතැනින් ගොස් මඟුල්පේ නම් ගමෙහි පිහිටි බලකොටුවත් බලහත්කාරයෙන් බිඳ එහි සිටි සතුරන් නසා ඔවුහු ඒ බලකොටුවෙහි වාසය කළෝය.

179. එකල්හි රුහුණෙහි අධිපති ව සිටි මානාභරණ රජු ගජබා රජුගේ සාමාන්තයන් හා නොයෙක් අයුරින්,

180. යුද්ධ කොට ලබන ලද පරාජයෙන් පිරිහීමට පත්ව යළි යුද්ධ කිරීමේ ආසාව අත්හැර යුද්ධය පිණිස වූ උත්සාහය නැතිව වාසය කළේය.

181. එකල්හි හේ තුන් නිකායවාසී භික්ෂු සංඝයා වහන්සේ සමග ගජබා නිරිඳු වෙත පැමිණ යළි මිත්‍ර සන්ධානයක් ඇතිකරගෙන සිටියේය.

182. පරාක්‍රමබාහු රජුගේ මහා බලසම්පන්න සාමාන්තයෝ ගජබා නිරිඳු හා යුද්ධ කොට,

183. යුද්ධයක් යුද්ධයක් පාසා සතුරන් නසා ලබන ලද ජය ඇතිව සිටිත් යැයි ඇසූ මානාභරණ රජු මෙසේ සිතීය.

184. "එසේ නම් මහා භෝග ඇති පරාක්‍රමබාහු රජතෙමේ වහා මුළුමහත් රජරට නිසැකව ම අල්ලාගනු ඇත්තේය.

185. මේ රජු විසින් රජරට අල්ලාගත් විට නියත වශයෙන් ම මාහටත් රුහුණු රටෙහි යහතින් වසන්ට නොහැකි වන්නේය" යි සිතා,

186. ගජබා රජු සමග තිබූ මිත්‍ර සම්බන්ධය අත්හැර පරාක්‍රමබාහු රජු හා මිත්‍ර සම්බන්ධය ඇතිකරගෙන වාසය කරමින්,

187. රුහුණු රටේත්, දකුණු රටේත් වාසය කරන බලසම්පන්න සේනා සන්නද්ධ කොට සොබර නම් ගමෙහි කඳවුරක් පිහිටුවාලීය.

188. එසමයෙහි පරාක්‍රමබාහු රජු පුදුමසහගත වික්‍රමයක් කරනු කැමතිව මෙසේ සිතුවේය.

189. "ඒ ඒ තන්හි වාසය කරන්නා වූ සාමාන්තයන්ට නොදැනන සේ තමා සමග එකට වැඩුනු යෝධයන් හා පොළොන්නරුවට,

190. ගොස් යුද්ධ කොට දොරටු අට්ටාල ගෝපුර ආදිය බිඳ ඇතුලට පිවිස ගජබා රජුව අල්ලාගන්නෙම් නම් යෙහෙකැ" යි සිතීය.

191. නුවණැති මෙතෙමේ අම්බවනයෙහි සිටි මායාගෙදර සෙන්පති අමතා තමා අදහස් කළ කටයුත්ත පැවසුවේය.

192. වෙනත් කටයුත්තක ව්‍යාජයෙන් අම්බ වනයට ගොස් එතැනින් පොළොන්නරුවට යාම පිණිස මායාගෙදර නායකට මෙය රහසේ කීය.

193. "මම අපගේ සම්මා සම්බුදුරජාණන් වහන්සේ උදෙසා මහත් උදාර වූ පූජාවක් කරවන්ට ආසා ඇත්තෙමි. බුද්ධ පූජාවට ගන්නා උපකරණත්,

194. සංඛ, මහා ශබ්ද ඇති තූර්ය භාණ්ඩ, චාමර, සුදු ඡත්‍රය, ධජ පතාක ආදිය මා වෙත එවත්වා!

195. දේවයන් වහන්සේත් මෙහි සැපත් වී මාගේ මේ පූජාව දැක බලන සේක්වා!' යි මෙසේ ලියා හසුනක් මා වෙතට එවව" යි කීවේය.

196. මායාගෙදර නායකත් පැරකුම්බා රජු විසින් පවසන ලද ආකාරයෙන් පූජාවක් පිළියෙල කොට විශේෂ හසුනක් රජු වෙත යැවීය.

197. එකල්හි හසුන දුටු මහයසස් ඇති පැරකුම්බා රජු මහත් සතුටෙන් යුතුව ඇමතියන් මැද සිට ඒ හසුන කියවා,

198. හැකි ඉක්මනින් නොයෙක් පූජා ද්‍රව්‍යයන් සියල්ල එහි යවා තමාත් ගොස් ඒ පූජාවට සහභාගී වන්ට කැමති බව ඇමතිවරුන්ට දන්වා සිටියේය.

199. රජගේ අභිප්‍රාය දත් ජ්‍යෙෂ්ඨ අමාත්‍යවරයා නගරගිරි නමැති තමන්ගේ සොයුරා වෙත එකරුණ කියා දූතයෙකු පිටත් කරවීය.

200. නගරගිරි තෙමේත් එපුවත අසා කඩිනමින් ම මෝරවැවෙන් පිටත් ව බලසෙන් ගෙන පැරකුම්බා රජු වෙත පැමිණියේය.

201. පැරකුම්බා රජු "තොප ආයේ කුමන කරුණක් අරබයා දැ?" යි ඇසූ කල්හි "ස්වාමීහු විසින් යමක් සිතන ලද ද, එය දැනගෙන මම ආයෙමි" යි කියා මෙසේත් පැවසීය.

202. "නුඹවහන්සේට අප වැනි දාසයින් සිටිනා බවෙහි ප්‍රයෝජනය වනාහී හුදෙක් විරුද්ධ රජුන් මැඩලීම ම ය.

203. එහෙයින් මම් මැ සේනා බලවාහනයන්ගෙන් යුතුව පොළොන්නරු ගොස් ගජබාහු රජු අල්ලාගෙනවුත් නුඹවහන්සේට භාරදෙන්නෙමි."

204. මෙසේ පැවසූ නගරගිරි සාමාන්තයා පොළොන්නරු බලා යන්ට රජුගෙන් අවසර ඉල්ලා සිටියේය. එය දුටු අභිමානයෙන් යුතු මායාගෙදර නායක තෙමේ ද,

205. කීර්තිලංකාධිනාථ තෙමේ ද බොහෝ බලසම්පන්න සාමාන්තයෝ ද 'පළමුකොට මම යන්නෙමි, පළමුකොට මම යන්නෙමි' යි අවසර ඉල්ලා සිටියෝය.

206. එකල්හි යුද්ධෝපායයෙහි විචක්ෂණ වූ ධරණීපති රජතෙමේ සිය යුද්ධෝපායයන් ප්‍රකාශ කොට යුද කරනු පිණිස ඒ යෝධයන් පිටත් කරවීය.

207. ඒ සියල්ලෝ ඇත්, අස්, රථ, පාබල යන සිව්රඟ සේනාවෙන් යුක්ත ව නික්ම ගොස් නාලන්දාවට නුදුරු තැනක කඳවුරු බැඳගත්තෝය.

208. එවේලෙහි මහ වළාවක් පැන නැගී පොළෝ බිඳින්නාක් සෙයින් ජලදහරා වගුරුවමින් මහා වැසි ඇදහැලෙන්ට වන.

209. එකල්හි සත්‍ය ගුණයෙහි ඇළුණු පැරකුම්බා රජු ඒ මහා ධාරාණිපාත වර්ෂාව දැක සේනාව තෙමේ ය යන සැකය නිසාවෙන් මෙසේ සත්‍යක්‍රියා කළේය.

210. "ඉදින් මා දිනන මේ රාජ්‍ය පාලනය වනාහී ලෝකයේත්, ශාසනයේත් දියුණුව පිණිස පවතින්නේ නම් මේ වැස්ස නවතීවා!" යි අධිෂ්ඨාන කොට සත්‍යක්‍රියා කළේය. වැස්ස එහි එසේම නැවතුනේය.

211. ඉක්බිති ඇඹුල්බත්, කෙසෙල්, කැවුම් ආදී නොයෙක් කැවිලි ද එහි බොහෝ සෙයින් යැවීය.

212. යම් අයුරකින් එක් වර බොහෝ ජනයා ජලය බොත් ද, ඒ අයුරින් එක් සිදුරක් සිටින පරිදි සිදුරු කරවා,

213. එහි ජලය පිරවීමෙන් පසු යළි සිදුර වසන ලද නොයෙක් දහස් ගණන් උණබට කඳින් කළ දියකැට ද පිටත් කරවීය.

214. මහින්දනගරගිරි නමැති ඇමතියා මහා බලසෙන් සමග නික්ම සතුරන් නසා ලාහුල්ල නමැති බලකොටුව අල්ලාගත්තේය.

215. කීර්තිලංකාධිනාථ තෙමේත් එය අසා වහා ගොස් හත්තණ්ණ නමැති බලකොටුව ගත්තේය. සතුරන් ද නැසීය.

216. මායාගෙදර නායක සෙන්පතිත් එය අසා මහා සේනා බලයෙන් යුක්ත ව වහා නික්ම ගොස් කඩිගමුවට පැමිණියේය.

217. ගජබා රජුගේ චතුරංගිනී සේනාවෝ කඩිගමු සම්බාධකයෙහිදී තුන් පැත්තකින් වටකොට සිටියෝය.

218. එකල්හි කීර්තිලංකාධිනාථයන්ගේ පුත්‍ර ලංකාපුර නමැති මහායෝධයා කඩිගමුව සම්බාධකයට වැද,

219. තුන් පැත්තකින් වටකළ සතුරු සේනාව එක් පැත්තකට යොමු කරවා කේශර සිංහයෙකු ඇත්රළක් පලවාහරින ලෙසින් මහා යෝධ තෙමේ ඔවුන්ව ලුහුබැන්දේය.

220. එකල්හි කීර්තිලංකාධිනාථාදී බලප්‍රධානීහු ගජබා රජහුගේ මහා බලසෙන් මරවා,

221. කොණ්ඩංගුලිකකේදාර (කෙහිඟුල් ඉවුර) නමැති ස්ථානයට පැමිණියෝය. ගජබා රජහුගේ සිඳී බිඳීගිය සේනාවෝ පොළොන්නරුව බලා ගියාහුය.

222. එකල්හි ගජබා රජු මහා සේනාවක් පොළොන්නරුවට පිවිසෙනු දැක හටගත් අභිමානයෙන් යුතුව දැඩිලෙස මෙසේ සිතීය.

223. "යම් කලෙක මාගේ පියාණන් වන වික්‍රමබාහු නිරිඳු තෙමේ දිවංගත වූයේ ද, යම්තාක් මාගේ පියරජුට අයත් ව තිබූ රාජ්‍යය මැනවින් ස්ථිරව නොපිහිටියේ ද,

224. එකල්හි කිත්සිරිමේඝ, සිරිවල්ලභ යන රජදරුවෝ දෙදිසාවකින් අවුත් 'යුද්ධ කරන්නෙමු' යි සිතා මෙහි පැමිණියෝය.

225. එසේ නමුදු මාගේ ජය ධජය දකින්ට නොපොහොසත් වූවාහු පලාගියාහුය. එතැන් පටන් ඔවුහු දිවි ඇති තෙක් යුද්ධ කිරීමෙහි ආසාව අත්හැරියාහුය.

226. දැන් වනාහී මාගේ රජරට රාජ්‍යය මනාව පිහිටි බවට පත්ව ඇත්තේය. එමෙන්ම අංග සම්පූර්ණ චතුරංගිනී සේනාවක් ද මා සතුව ඇත්තේය.

227. බලවාහනයන්ගෙන් සන්නද්ධව යුද්ධ කරනු පිණිස මා පිටත් වන කල්හි මාගේ රණබෙර හඬ අසන්ට කවර රජෙක් නම් සමත් වෙයි ද?"

228. ගජබා රජු මෙසේ අභිමාන පරවශ ව, උඩඟු බවට පත්ව අභ්‍යන්තර ඇමතිවරුන් හට යුද පිණිස සේනා සූදානම් කරන්ට අණ කළේය.

229. එකල්හි මනාකොට සන්නාහ සන්නද්ධ ඇඟලා සූදානම් කරන ලද ඇත්තු ද යුද්ධභූමියෙහි දක්ෂ ලෙස හැසිරෙන අශ්වයෝ ද දස ප්‍රකාරයකින් යුතුව සන්නද්ධ වූ මහා බලසම්පන්න යෝධයෝ ද,

230. එසේම කේරළ, කර්ණාටක, දෙමළ ආදී දකුණු ඉන්දියානු කුලී හමුදාවෝ ද සැණෙකින් සූදානම් කරන ලද්දාහු ගජබා රජුට සැළකොට සිටියාහුය.

231. ගජබා රජ තෙමේ මහා සේනා බලයෙන් යුක්තව උතුම් පුලතිසි නගරයෙන් නික්ම සීකවියල නම් තැනට පැමිණුනේය.

232. රක්බලංකාධිනාථ සෙන්පති ප්‍රමුඛ බලප්‍රධානීහු ඒ ගජබා රජු සමග බිහිසුණු යුද්ධයක් කළාහුය.

233. ඒ මහා වීරවරයෝ ඇතුන් ද අශ්වයින් ද බිඳ ඔවුන් පිට නැග සිටියවුන් ද බිම හෙළූහ. සේනා සහිත ගජබා රජුව පලවා හැරියෝය.

234. වහා අවුත් සිය නගරයට වැදුනු ගජබා රජු මහා දොරටු ද වස්සවාගෙන අනුරා ප්‍රාසාදයෙහි සැඟවුනේය.

235. එකල්හි රජු පසුපසින් හඹා ආ යෝධයෝ ද එක්රැස් ව පොළොන්නරු නගරය හාත්පසින් වටලා,

236. ප්‍රාකාර, අට්ටාල, ගෝපුර ආදිය බිඳින්ට පටන් ගත්තෝය. ඒ නගරයෙහි යොදවා සිටි චරපුරුෂයෝ මැදිහත් වී මහාද්වාරයන් හැරියෝය.

237. පැරකුම්බා රජුගේ යෝධයෝ සුවසේ ම නගරයට ඇතුලු වී ගජබා නරපති ජීවග්ග්‍රාහයෙන් අල්ලාගෙන ප්‍රාසාදයට පිවිසවූහ.

238. ඉක්බිති චෝළංග කුමාරයාත්, එමෙන්ම වික්‍රමබාහු කුමාරයාත් යන රාජපුත්‍රයන් දෙදෙනාත් අත්අඩංගුවට ගෙන සිරගත කළාහුය.

239. ඉක්බිති ඇමතිවරු වහා ගොස් පැරකුම්බා නිරිඳුට මෙය සැළකොට යැවූහ. එය ඇසූ විචාරාක්ෂම බුද්ධියෙන් යුතු රජ තෙමේ,

240. "යම්තාක් සුභ නැකැත් යෝගයකින් එකිනෙකාගේ මුණගැසීමක් සිදුවෙයි ද, ඒ තාක් අප කෙරෙහි සැක නැතිව විසිය යුතුයි" යන පණිවිඩය ද ඇතිව,

241. රාජපරිභෝගයට සුදුසු වූ මාහැඟි වස්ත්‍ර ද සුවඳ ද්‍රව්‍ය ද රාජාභරණ ද ගජබා නිරිඳු වෙත යැවීය.

242. ඉක්බිති සාමාන්තයෝත්, මණ්ඩලේශ්වරයෝත් එකට එකතු ව සාකච්ඡා කොට පැරකුම්බා නිරිඳු වෙත මෙසේ හසුනක් යැවූහ.

243. "රටේ රජු ජීවත්ව‍න තාක් ඒ රටවැසි මහජනයා අපගේ වසඟයෙහි පවත්වාගත නොහැක්කේය. එහෙයින් මේ රජුව මැරිය යුත්තේය" යි කී කල්හි,

244. එපවත් ඇසූ පැරකුම්බා නිරිඳු තෙමේ දයායෙන් කම්පිත හෘදයෙන් යුතුව "ගජබා රජු නොමැරිය යුත්තේය" කියා එකෙණෙහි ම,

245. සේනාගමෙහි සිටි මහා නුවණැති දේවසෙන්පතියා කැඳවා ඔහුට මේ වචන පැවසීය.

246. "දිනන ලද යුද්ධ ඇති සාමාන්තයෝත්, මණ්ඩලේශ්වරයෝත් ගජබා රජුව අල්ලාගෙන ඝාතනය කරන්නාහු නම් ඒකාන්තයෙන් නොහොබනේය.

247. ඉදින් එසේ ම පොළොන්නරු නගරයත් මංකොල්ල කා, මහජනයා පෙළා, යුද ජයග්‍රහණයෙන් උද්දාමයන් පවත්වන්නාහු නම් එය ද නොහොබනේ ම ය. වැලිදු එක් දෙයක් ඇත්තේය.

248. කිම? අප විසින් මේ තාක් දෑ කරනු ලබන්නේ මේ රාජ්‍ය සාධනය ලෝකයේත්, බුදුසසුනේත් අභිවෘද්ධිය පිණිස ම ය. එය හුදෙක් රජෙකු ඝාතනය කිරීම නොවේ.

249. එහෙයින් තොප විසින් එහි ගොස් උද්දාමයට පත්ව කරන කටයුතුවලින් ඔවුන් වළක්වා ගජබා රජුට ආරක්ෂාව දිය යුත්තේය. නගරය ද ස්ථිර කළයුත්තේය."

250. මෙසේ කියූ පැරකුම්බා නිරිඳු තෙමේ සෙන්පතියා වහා පිටත් කරවීය. හේ සේනා සහිතව නික්ම පොළොන්නරුවට පැමිණියේය.

251. දේවසේනාපති පොළොන්නරුවට එන්ට පළමු යුද ජයග්‍රහණයෙන් උද්දාමයට පත් ඒ අධම මිනිස්සු පැරකුම්බා නිරිඳුගේ රාජාඥාව උල්ලංසනය කොට,

252. පොළොන්නරු නගරයෙහි ගෘහ මන්දිර බිඳ ධනය මංකොල්ල කෑවාහුය. මිනිසුන්ගේ වටිනා වස්ත්‍රාභරණ ආදිය පැහැරගත්තෝය.

253. එකල්හි ඒ යුධහටයින් විසින් උපදවයට පත්කරන ලද උතුම් පොළොන්නරුව යුගාන්ත චණ්ඩමාරුතයෙන් කැළඹී ගිය මහසයුර සෙයින් අතිශයින් කැළඹී ගියේය.

254. ඔවුන්ගේ ඒ ක්‍රියාවෙන් කළකිරීමට පත් මහජනයාත්, නගරවැසියෝත්, අමාත්‍යයෝත්, පරිවාර ජනයෝත්, නියම්ගම් වැසියෝත්,

255. සියලු දෙනා ම එක්ව රුහුණු රට මානාභරණ රජු වෙත ගොස් සිදු වූ දෙය පවසා මේ වචනය කීවෝය.

256. "අප සමග සැපත්වන සේක්වා! අපි නුඹවහන්සේට රජරට රාජ්‍යය ගෙන දෙන්නෙමු. හුදෙක් ඒ සඳහා අපට උපස්ථම්භකත්වය පමණක් කළ මැනව."

257. කලාවැව යොදවා සිටි ගෝකණ්ණ නමැති ගජබා රජුගේ සාමන්තයාත් මානාහරණ රජුට සැපත්වනු පිණිස දූතයන් යැවීය.

258. මේ සියලු පුවත් ඇසූ දුර්බුද්ධි ඇති මානාහරණ රජු එබඳු ම මන්දබුද්ධික ඇමතිවරුන් හා මන්ත්‍රණය කොට,

259. "ගජබා නිරිඳුව නිදහස් කරගන්නා මෙහෙයුමක ව්‍යාජයෙන් අපි ගොහින් සොරුන් මරා මුළු රජරට ම අල්ලාගන්නෙමු" යි කතිකා කොට,

260. මානාහරණ රජු වහා රජරටත්, රුහුණු රටත් යන දෙරටවැසි සේනාව සන්නද්ධ කරවාගෙන රජරට අමාත්‍ය සෙන්පතිවරුන්,

261. සමග පොළොන්නරුවට ගොස් එහි බිහිසුණු යුද්ධ කොට මහත් වූ සේනාව ඉතිරි නොකොට මරවා,

262. ප්‍රාසාදයට නැඟී, ගජබා නිරිඳුව ප්‍රණාමවිධි පූර්වකව බැහැදැක,

263. ඒ ගජබා නිරිඳුගේ රටවැසියන් තුළ නැවත ආක්‍රමණයකට පවත්නා සැක දුරුකිරීම පිණිස කිහිප දිනක් එහි වාසය කළේය.

264. එකල්හි ගජබා රජුට අයත් සියලු සාමන්තයන් ද මරවා, රජුව ද අල්ලා බන්ධනාගාරගත කරවා,

265. සියලු හස්තීන්, අශ්වයන් මෙන්ම භාණ්ඩා- ගාරයේ තිබුණු ධනයත් යන සියල්ල සියතට ගෙන පොළොන්නරු රජය ස්ථීර වූයේ යැයි සිතා,

266. උතුම් දළදා වහන්සේත්, පාත්‍රා ධාතූන් වහන්සේත්, මව් බිසව වන සුගලා දේවියත්, සියලු අන්තඃපුරයන් ද රුහුණෙන් ගෙන්වාගෙන,

267. මේ ප්‍රඥා රහිත මානාභරණ රජු අකාරුණික වූයේ සිය මෑණියන් වූ සුගලා දේවියත්, අමාත්‍යයනුත් හා එක්ව මෙසේ රහසේ ම මන්ත්‍රණය කළේය.

268. "රජරට රජු ජීවත්වන කල්හි රජුගේ සියලු සේනාවන් යටහත් පහත්ව සිටින්නාහු මේ රජු කෙරෙහි ම ය. එහෙයින් මේ රජු මැරවිය යුත්තේය.

269. ඉදින් මොහු ප්‍රසිද්ධියේ මැරුවෝතින් බලවත් කැළඹීමක් හටගන්නේය. එහෙයින් මොහු මැරිය යුත්තේ රහසේ ය."

270. මෙසේ මන්ත්‍රණය කොට ගජබා රජු හට දුක්ඛිත ආහාර, දුක්ඛිත සයනාසන ආදිය දෙන ලද්දේය. වස විස දීමෙන් ද රජු මරන්ට උපක්‍රම යෙදූහ.

271. මානාභරණ රජු විසින් කරවන ලද දෙයින් පීඩාවට පත් ගජබා නිරිඳු තෙමේ විඳින දුක තවදුරටත් උසුලාගත නොහැකිව,

272. පැරකුම්බා නිරිඳු හට මෙසේ සැළකොට රහසේ හසුනක් යැවීය. "පින්වත් නුඹවහන්සේ හැර වෙනත් ආරක්ෂාවක් මට ඇති බවක් නොදකිමි.

273. එහෙයින් නිරන්තරයෙන් දුක් ගිනි සන්තාපයෙන් තැවෙමින් සිටිනා මාව නුඹවහන්සේගේ කරුණා ජලයෙන් නිවාලුව මැනව."

274. පැරකුම්බා රජ තෙමේ දූතයන්ගේ මුවින් ඒ සියලු වචන මනාකොට අසා දයාර්ද්‍ර වූයේ මහත් සේ ඛේදයට පත්ව,

275. "මා නිසා මොහු විසින් තියුණු දුක් අනුභව කරන ලද්දේය. මොහු දුකින් නිදහස් කරවීම මා විසින් ම කළයුතු යුතුකමෙකි" යි සිතා,

276. නොපසුබස්නා ස්වභාවයෙන් යුතු මහා පුරුෂයෙකුට උපන් ගති ඇති පැරකුම්බා රජු නැසී ගිය බලසේනාවන් හා නැසීගිය යුද්ධෝපකරණ ඇතිව සිටත්,

277. එහිදී තමන් සමග වැඩුනා වූ ජනයා අතුරෙන් වීර්යවත් ජනයා වෙන්කොට ඔවුන්ට ධානාන්තර හා මහා යසඉසුරු ද දුන්නේය.

278. මායාගෙදර නායක හට අධිකාරී පදවිය පිරිනැමීය. එසේම කීර්තිසංඛනායකයන් හට ද ලංකාධිකාරී පදවිය පිරිනැමීය.

279. මෙසේ මිහිපල් තෙමේ දණ්ඩනායක දෙසොහොයුරන් අතරින් වැඩිමහලු තැනැත්තාට කේශධාතු නායක පදවිය ද,

280. බාල තැනැත්තාට නගරගල්ල පදවිය ද දී, තියුණු නුවණැති රජ තෙමේ මහත් ඉසුරු ද බොහෝ බලසේනාවෙන් ද මේ දෙදෙනාට සංග්‍රහ කළේය.

281. මෙසේ රජු මහත් බලවත් සේනාවන් සන්නද්ධ කොට නොයෙක් දිශාවන්ගෙන් ඒ සේනාව යවන්නේ,

282. මේරුකන්දර නම් රටෙහි වාචාවාටක නමැති ගමට සේනා බලසෙන් සහිතව රක්ඛකේශධාතුනායකව පිටත් කරවීය.

283. එසෙයින්ම රක්බලංකාධිකාරීව මංගලබ ගමටත් කීර්තිලංකාධිකාරීව ක්‍යානගමටත් පිටත් කරවීය.

284. එමෙන්ම රජ තෙමේ දණ්ඩනායක දෙසොයුරන් මහා බලසේනාවෙන් යුතුව මකුල්ගමට පිටත් කරවීය.

285. එකල්හි පොළොන්නරු නගරයෙහි සිරවී සිටි දේවසෙන්පතිව තමන්ගේ චරපුරුෂයන් යවා උමං මාර්ගයෙන් නිදහස් කරවා ගෙන්වාගෙන,

286. ඔහුට දේවසේනා සදිසි මහසේනාවක් දී විධිවිධානයන් කීමෙහි දක්ෂ රජු ඔහු ගන්තලාවට පිටත් කරවීය.

287. බලසෙන් සහිත ඔවුහු සියලු දෙන ඒ ඒ රටෙහි සිටි කල්හි පොළොන්නරු නගරයට යන්නා වූ මංමාවත්හි තැනින් තැන මං පැහැරගැනීම් කරමින්,

288. සතුරු ජනයාගේ හිස් සිඳිමින් බිහිසුණු ක්‍රියා කරමින් නගරයට රැගෙන යන ධාන්‍යාදිය වළක්වමින් නගරවාසී ජනයා පීඩාවට පත්කළෝය.

289. පොළොන්නරු නගරයෙහි ඇතුලතත්, පිටතත් යොදවා සිටි භටයෝ එහි සිටි සතුරන් මරා පැහැරගැනීම් ද කළෝය.

290. කොයියම් අවස්ථාවක හෝ තමන් සතු සියලු දේ පැහැර ගැනීමට ලක්වේ ය යන භයෙන් දර,

පලා ආදිය පිණිසවත් නගරයෙන් පිටට යන්නා වූ මිනිස්සු නොවූහ.

291. රුහුණේ සිට පොළොන්නරුවට එන මාර්ගයේ ද තැනින් තැන වැටකඩොලු බැඳ මාර්ග බාධක දමා එහි වසන මිනිසුන්ගේ ගමන් බිමන් වළකාලූහ.

292. මානාභරණ රජුගේ නගරයෙහි සියල්ලෝ එකල්හි සිරවී සිටියෝ කූඩුවකට සිරවී ගිය පක්ෂීන් මෙනි.

293. දණ්ඩනායක දෙසොයුරු සෙන්පති දෙදෙන සතුරන් හා යුද්ධ කොට කොණ්ණදිසා විජයනායක සාමාන්තයාව ජීවග්ග්‍රාහයෙන් අල්ලාගත්තෝය.

294. බෝධිලංකානාථ නමැති බලප්‍රධානියා සමග යුද්ධ කොට ඔවුන්ව පොළොන්නරු නගරය දක්වා පසුපසින් ලුහුබැන්දෝය.

295. වාචාවාටක ගමෙහි සිටි කේශධාතු නායක තෙමේ උත්තම නමැති දණ්ඩනායකයින් හා යුද්ධ කොට,

296. ලබන ලද ජය ඇතිව නාළ නම් ගමට ගොස් බුද්ධනායක නමැති සාමාන්තයා හා යුද කොට එයින් ද ජය ලැබුවේය.

297. මංගලබ නම් ගමෙහි සිටි රක්ඛ නමැති අධිකාරී අමාත්‍යයා ද එහි සතුරන් හා යුද්ධ කොට හත්තණ්ණ නමැති ගමත් සිය වසඟයට ගත්තේය.

298. මහයසස් ඇති ඒ අධිකාරී තෙමේ කඩිගමුවෙහිදී නාථ නමැති අධිකාරී සමග බලවත් යුද්ධයක් කොට සෙන් සහිත ඔහු පලවාහැරියේය.

299. මානාභරණ රජ තෙමේ එය අසා ඔහු හා යුද්ධ කරනු පිණිස තමන්ගේ යෝධයන් ද සමග මාසීවියල නමැති තැනට ගියේය.

300. එකෙණෙහි ම ක්‍ෂානගමෙහි සිටි කීර්ති අධිකාරීත් ගන්තලවෙහි සිටි දේවසේනාපතිත්,

301. මකුල්ගම සිටි දණ්ඩනායක දෙසොයුරනුත් යන මොවුහු මහා බලසම්පන්න ව යුද්ධ පිණිස සන්නද්ධ ව නික්මුණාහු,

302. මුණගැසුනු ගැසුණු සතුරන් මරමින්, පලවාහරිමින් නොයෙක් මාර්ගයන් ඔස්සේ පොළොන්නරුවට වහා ගොස්,

303. නගරයේ රැකවල් පිණිස හාත්පස නවතා සිටි යෝධයන් පලවාහැර ගජබා නිරිඳුන් නිදහස් කරවාගෙන,

304. මානාභරණ රජුගේ අන්තඃපුර ස්ත්‍රීන්වත්, දරුවන්වත්, සුගලා මව්දේවියත්, එසේ ම සියලු ධනයත් තමන්ගේ අතට ගත්තෝය.

305. ඉක්බිති ඔවුන් විසින් නිදහස් කරගන්නා ලද ගජබා නිරිඳු සැණෙකින් පැනගොස් වහා කොට්ඨසාරකයට පිවිසුනේය.

306. එකල්හි මානාභරණ රජුට රක්ඛලංකාධිකාරීන් සමග යුද්ධ කරමින් සිටියදී මේ පුවත් සියල්ල අසන්ට ලැබී,

307. ප්‍රියයන්ගේ වෙන්වීමෙන් හටගත්තා වූ සෝකහුලින් පහරන ලදුව, ජීවිත ආශාව ද අත්හැර, සන්නාහයෙන් සන්නද්ධ ව,

308. මහා සේනා බලයක් ඇතිව රාත්‍රියෙහි යළිත් නගරයට පැමිණ සතුරන් නැසීමෙහි උත්සාහවත්ව බිහිසුණු ලෙස යුද්ධ කරන්නේ,

309. රණබිමෙහි යුද්ධ කොට බෝධිලංකාධිනාථයන් මළ කල්හි පොළොන්නරුවෙහි වසන්ට නොහැකි වූයේ,

310. උතුම් දළදා වහන්සේත්, පාත්‍රා ධාතූන් වහන්සේත්, සිය මෑණියන් වූ සුගලා දේවියත්, අන්තඃපුර කාන්තාවනුත් රැගෙන රෑ ම රුහුණ බලා ගියේය.

311. එකල්හි පැරකුම්බා රජු, ගජබා රජු නිදහස් කිරීම පිණිස බුද්ධගමින් නික්ම පොළොන්නරු නගරය අසළට පැමිණ,

312. අති මනහර ලෙස දෙමහල් ප්‍රාසාදයක් කරවා ගිරිතලේ නමැති ගමෙහි සේනා බල වාහන සහිතව වාසය කළේය.

313. එකල්හි පැරකුම්බා රජුගේ කිසියම් යෝධ පිරිසක් යුද්ධයෙන් ලද වෙහෙස සංසිඳුවා ගනු පිණිස තන්නරු නම් ගමට ගියෝය.

314. එහිදී ගජබා රජුගේ මිත්‍රද්‍රෝහී සාමාන්තයෝ රජුව පිටුපසට කොට ඔවුන් හා සැහැසි ලෙස යුද්ධ කළෝය.

315. එය ඇසූ පැරකුම්බා රජු කෝපයට පත් සිතින් යුතුව ගජබා රජු අල්ලාගනු පිණිස සිය සාමාන්තයන් පිටත් කරවීය.

316. එහිදී කීර්තිලංකාධිකාරීත්, දේවසේනාපතිත් මහා බලසෙන් ගෙන තන්නරු නම් ගමට ගොස්,

317. ගජබා නිරිඳුගේ සාමාන්තයන් සමග තුන් වතාවක් මහ යුද්ධ කොට බොහෝ සතුරන් නසාලූහ.

318. නාථනගරගිරි තෙමේත්, මන්දිජීවිතපුස්ථකී තෙමේත් වැලිපත් නම් ගමෙහිදී සතුරු සෙන් පලවාහැරියෝය.

319. එසෙයින් ම තන්නරු ගමෙහිදීත් මහා බලසෙන් ඇති සාමාන්තයෝ තමන් ඉදිරියට ආ සතුරු සෙන් නසා දමමින්,

320. කොහොඹගමට ගොස් එහිදී නැවතත් යුද්ධ කොට බොහෝ සතුරන් මරා එහි බලකොටුව බිඳ අල්ලාගත්තේය.

321. එසේම අඹගමුව නම් ගමෙහි සන්නද්ධව සිටි බොහෝ සතුරු සෙන් පලවා හළ ඔවුහු එහි පිහිටි බලකොටුවත් සිය වසඟයට ගත්හ.

322. යුද්ධයෙන් දිනාගත් ජය ඇති ඔවුහු තන්ති තොටට ගොස් යළිත් අන්තරවීථියෙහි සිටි සතුරන්වත් පලවාහැරියෝය.

323. එකල්හි මහා පරාක්‍රමබාහු රජුගේ කිසියම් සාමාන්ත කෙනෙක් මහා බලසේනාවක් පෙරටු කොට පොළොන්නරුවෙහි විසූහ.

324. ගජබා රජුගේ දේවාධිකාරී ප්‍රමුඛ ඇමතිවරු ඔවුන් හා යුද්ධ කොට පරාජයට පත්වූවාහුය.

325. එසෙයින් ම කාලපිල්ල නම් ස්ථානයෙහිදීත් ඔවුහු බොහෝ සතුරන් පරදවාලූහ. මීවනගැටෙහිදීත් සතුරන් මරා එහි වාසය කළහ.

326. ඒ ඒ දිසාවෙන් ගිය ඔවුහු සියලු දෙන ගජබා රජු අල්ලාගනු කැමතිව ඇතුලත පැතිරී ගියාහුය.

327. හාත්පසින් සේනා පැතිර ගොස් තමන්ව අල්ලා ගන්ට එන බව ඇසූ ගජබා රජු එකල්හි ගත හැකි වෙනත් විසඳුමක් නොදක්නේ,

328. පොළොන්නරුවෙහි වාසය කරන තුන් නිකායට අයත් භික්ෂු සංඝයා වහන්සේට මෙසේ කියා පණිවිඩයක් පිටත් කරවීය.

329. "ස්වාමීන් වහන්සේලාගෙන් තොරව මා හට වෙනත් පිහිටක් ඇති බව නොදකිමි. අනුකම්පා උපදවා මාව දුකින් මුදවන සේක්වා!" යනුවෙනි.

330. එය ඇසූ දයානුකම්පා සිත් ඇති භික්ෂූන් වහන්සේලා ගිරිතලේට වැඩම කොට පැරකුම්බා රජු බැහැදුටුවෝය.

331. පිළිසඳර කතාබහේ යෙදී, වැඩම කරන්ට යෙදුනු කාරණාව ඇසූ කල්හි සමගිය ඇතිකරවන වදන් මේ අයුරින් රජතුමාට පැවසූහ.

332. "පින්වත් රජතුමනි, දයාපරවශ වූ අපගේ සම්බුදුරජාණන් වහන්සේ නොයෙක් බොහෝ සූත්‍ර දේශනාවන්හි කලහයෙහි ආදීනවත්, සමගියෙහි ආනිශංසත් වදාළ සේක.

333. එමෙන්ම මේ ගජබා රජුට ද පුත්‍රයෙකුවත් සොයුරෙකුවත් දැන් නැත්තේය. එමෙන්ම තව දෙයක් ඇත. තෙමේ ම මහලු හෙයින් හේ මරණය අබියස සිටින්නේය.

334. ඔබතුමාගේ රාජ්‍ය සාධනය ලෝකයෙහිත්, බුද්ධ ශාසනයෙහිත් අභිවෘද්ධිය පිණිස ය යන ප්‍රතිඥාව වැඩි කල් නොයා ඉෂ්ට වන්නේය.

335. එහෙයින් භික්ෂු සංඝයා වහන්සේගේ වචනය පුදන්නා වූ ඔබතුමා විසින් සටන් අත්හැර තමන්ගේ රටට ම යා යුත්තේය" යනුවෙනි.

336. සංඝයා වහන්සේගේ වචනය ඇසූ පරාක්‍රමබාහු රජතුමා තමා විසින් දුකසේ ගන්නා ලද රජරට රාජ්‍යය යළිත් ගජබා රජුට ම දී සියරට වන දක්ඛිණ දේශය බලා ගියේය. අහෝ... මේ පැරකුම්බා රජහුගේ දයා කරුණා මහිමයෙහි අසිරිය!

මෙසේ හුදී ජන පහන් සංවේගය පිණිස කරන ලද මහාවංශයෙහි 'දිනාගත් රජය නැවත දීම' නමැති හැට අටවන පරිච්ඡේදය නිමාවට පත්විය.

69

හැට නවවන පරිච්ඡේදය

අභිෂේක මංගල්‍යය 1

01. මේ සිදුවීමෙන් පසු ගජබා නිරිඳු ගන්තලාවට අවුත් එහි රාජධානියක් කොට සුවසේ වාසය කළේය.

02. එකල්හි ගජබා රජු සමග සමගියෙන් වාසය කිරීම පිණිස යැයි කියා මානාහරණ රජු ගජබා රජු වෙත තෑගි පුද පඬුරු යැවීය.

03. ඔහු සමග මිතු සන්ථවයක් ඇතිකරගනු නොකැමති ගජබා රජු මණ්ඩලගිරි නමැති විහාරයට ගොස්,

04. "මා විසින් පැරකුම්බා නිරිඳු හට රජරට දෙන ලද්දේය" කියා ගලක් මතුපිට සෙල්ලිපියක් ලියවා,

05. නැවත අවුත් ගන්තලායෙහි වසන්නේ රාජ්‍යත්වය ලබා දෙවිසි වසරක් ගතවූ තැන එක්තරා රෝගයකින් පෙළී මරණයට පත්වූයේය.

06. එකල්හි ගජබා රජුගේ අනුවණ ඇමතිවරු රැස්ව රජුගේ දේහය ගෙන්වාගෙන කොටුසරට ගොස්,

07. වහා මානාභරණ රජුට පැමිණෙනු පිණිස දූතයන් මගින් හසුන් පිටත් කරවා ඔවුහු එහි විසුවෝය.

08. පැරකුම්බා නිරිඳු ගජබා රජුගේ අභාවය අසා සේනාංගයන්ගෙන් සන්නද්ධ ව පොළොන්නරුවට පැමිණියේය.

09. එකල්හි රුහුණු රටෙහි සිටි මානාභරණ රජු තමන් සමග රජරටින් පැමිණ සිටි,

10. කුෑරයින්ගේ වචනය අදහාගෙන "මොවුන් උපස්ථම්භක කොටගෙන ඒකාන්තයෙන් රජරට අත්පත් කරගන්නෙමි" යි සිතා,

11. නිෂ්ඵල ආශාව විසින් පොළඹවන ලදුව මහත් බලසේනාවක් රැගෙන රුහුණෙන් නික්ම ඇවිත් කොටුසර නම් තැනට පැමිණියේය.

12. චින්තන විෂය ඉක්මවා ගිය උදාර වික්‍රමයෙන් යුතු, කිසිවෙකුට අභිභවනය නොකළ හැකි පැරකුම්බා නිරිඳු එපවත් අසා,

13. "ගජබා නරේන්ද්‍රයාගේ මහා සම්පත්තිදායක සාමාන්තයිනුත් යුද්ධ කිරීමට ඇති ආශාව අත්හැර,

14. තමන් හැඳ සිටි වස්ත්‍රයටවත් අධිපති වෙන්ට නොහැකි ව භයින් පලාගිය රජරටවැසි,

15. දුර්ජනයන්ගේ ප්‍රලාපයන් උතුම් අරුතෙකි' යි කියා අදහාගෙන මානාභරණ රජු ඉදින් යුද්ධයට එන්නේ නම්,

16. ගජබා නිරිඳුන් විසින් ලබාගන්නා ලද පරාජයට වඩා දෙගුණයක පරාජයක් මාගේ අමාත්‍යයෝ මානාහරණයන් හට ලබාදෙන්නාහුය.

17. ඔහුට මම් මහවැලි ගඟෙන් මෙතෙරටවත් එන්ට නොදෙන්නෙමි" යි සිතා සංග්‍රාම ආරම්භයෙහි දක්ෂ වූ,

18. නුවණැති පරාක්‍රමබාහු රජු විල්ගම පටන් ගෝකණ්ණ මුහුද දක්වා තොටක් පාසා අමාත්‍යයන් සහිතව චතුරංගිනී සේනාව නැවැත්වීය.

19. එකල්හි මහා නුවණැති ඇමතියෝ රැස්ව පැරකුම්බා නිරිඳු වෙත වන්දනා කරමින් රාජාභිෂේකය පිණිස මෙසේ ආයාචනා කළෝය.

20. "මහරජාණන් වහන්ස, යුද්ධයෙන් ජයගත් පෙර සිටි රජදරුවෝ සර්වප්‍රකාරයෙන් ම ස්වකීය ජනයාගේ භයානුරාගය වැඩෙනු පිණිස,

21. තමන්ගේ අතිශය ප්‍රතාපවත් බව සියලු තන්හි බැබළවීම පිණිස රණභූමියෙහි සිට පවා අභිෂේකෝත්සවයන් පැවැත්වූවාහුය.

22. සියලු ආකාර වූ රාජ්‍ය තාන්ත්‍රික ඥාණයෙනුත්, හික්මීමෙනුත් සමුපේත වූ අප ස්වාමීදේවයන් වහන්සේ විසිනුත් සද් ආචාර්යයන්ගේ ආරක්ෂාව ම කළයුත්තේය.

23. දේවයන් වහන්ස, නුඹවහන්සේ වයසින් ද යොවුන් ය. තේජසින් ද සතුරන්ට නොඉවසිය හැක්කේය.

බාහුවික්‍රම සම්පත්තියෙන් ද කිසිවෙකුට හෝ ඉක්මයා නොහැක්කේය.

24. නුඹවහන්සේගේ ප්‍රසිද්ධ කුශලෝදය ලංකා-ද්වීපයෙහි තබා ජම්බුද්වීපයෙහි ද පවත්වන්ට සමර්ථතාවෙන් යුතුය.

25. මේ කල්පයෙහි මුල පටන් අද දවස දක්වා නුඹවහන්සේගේ මහාසම්මත ඔක්කාක රාජවංශය වනාහී සේදූ සංඛයකට දමන ලද කිරක් බඳුව අතිශය නිර්මලව පැවැත්තේය.

26. එහෙයින් සියලු ලෝකයා හට අවශ්‍ය සම්පත් ලබාදෙන්නා වූ අභිෂේකෝත්සවය සුභ මංගල දිනයකදී කටයුත්තේය.”

27. ඇසි බැම බිඳ බැලීම් පමණකින් සතුරන් ජයගන්නා වූ, වඩාත් විවේකය ඇතියවුන් අතරින් උත්තම වූ පරාක්‍රමබාහු රජතෙමේ ඔවුන්ගේ ආයාචනය පිළිගෙන,

28. මංගල සම්මත ප්‍රශස්ත නැකැත් යෝග ලද දිනයෙක්හි සර්වාභරණයෙන් සැරසුනේ සිරසෙහි ඔටුණු දරා සිට,

29. ගංගාවෙහි මෙතෙරට යුද කරනු පිණිස මානාභරණ රජු පැමිණියේය යන හසුන ද අසා තණපතක් තරමටවත් ගණන් නොගෙන,

30. තමන් අසුන් අරා සිටි සිත්කලු රුවන් මණ්ඩපයෙහි ම තමන්ට නුදුරින් ම තමන්ගේ සන්නාහයත් ආයුධයත් තබා,

31. මහත් පෙරහරින් සිය මන්දිරයෙන් නික්ම අභීත කේශර සිංහරාජයෙකු සේ නගරය පැදකුණු කොට,

32. පැමිණි ජනයා එහි දිස්වූ අසිරිමත් ශ්‍රීයෙන් වසඟයට පත්කරමින්, ශ්‍රියාවට නිවාස බඳු රාජමන්දිරයට පිවිසියේය.

(මේ පරිච්ඡේදය අවසන් වන්නේ කිසියම් හේතුවකින් ඌනත්වයක් සහිතව ය)

මෙසේ හුදී ජන පහන් සංවේගය පිණිස කරන ලද මහාවංශයෙහි 'අභිෂේක මංගල්‍යය' නමැති හැට නවවන පරිච්ඡේදය නිමාවට පත්විය.

70

සැත්තෑවන පරිච්ඡේදය

අභිෂේක මංගල්‍යය 2

01. එකල්හි මානාභරණ රජුගේ පක්ෂයෙහි සිටි මහාලේඛක මහින්ද නමැත්තා මහත් බලසේනාවක් සමග අවුත් විල්ගම පටුනෙහි සිට,

02. කේශධාතුනායක රක්ඛ සෙන්පති සමග මහා සටනක් කළේය. එහිදී මහබල ඇති කේශධාතු-නායක රක්ඛ සෙන්පති තෙමේ,

03. ඇත්මුලක් මැදට පතින්නා වූ කේශර සිංහයෙකු සෙයින්, පුළුන් රොදක් ගසාගෙන යන සැඩ පවනක් සෙයින් ඔහුගේ බොහෝ වීර භටයන් මරා,

04. සේනාවාහන සහිත බලවත් මහාලේඛකයාව පලවාහැරියේය. ඉක්බිති තලනිගම්පටුනෙන් ආපසු හැරී අවුත්,

05. නැවතත් යුද්ධ කරන්ට කැමතිව එන්ට සූදානම් වූ කල්හි කේශධාතුනායක රක්ඛ සෙන්පති මහයුද්ධයක් කොට ඔහු පලවාහැරියේය.

06. එසෙයින් ම පූනාගම නම් පටුනෙන් එතෙර වී යුද්ධ කරන්ට කැමතිව එන්ට සූදානම් වූ මානාභරණ රජුව,

07. ඒ පූනාගම පටුන රකින්ට යොදවා සිටි බුද්ධ නමැති කේශධාතුනායක තෙමේ මානාභරණ රජුගේ බොහෝ ඇමතියන් සමග බිහිසුණු ලෙස යුද්ධ කොට,

08. බොහෝ යෝධයන් මරා සැණෙකින් ඔහු පලවාහැර ඒ පූනාගම තොටට නැවත එන්ට ඇති ආශාව නැතිකළේය.

09. එසෙයින් ම සමීරුක්ඛ නම් පටුන රකින්ට නවත්වන ලද එක් ප්‍රධාන සාමාන්තයෙක් ඒ පටුනෙන්,

10. 'යුද්ධ කරන්නෙමි' යි පැමිණි කල්හි මායාගෙදර නමැති සෙන්පතියාත්, ගජබා නමැති සාමාන්තයාත් එක් ව ඔවුන්ගේ සේනාව බිඳදැමීය.

11. 'මරු නමැති පටුන තරණය කරන්නෙමි' යි සිතා සිය සේනාව සමග පැමිණි මිත්තතාල නමින් ප්‍රසිද්ධ ව සිටි මාරගිරි සාමාන්තයාත්,

12. සිය රට වන නීලගිරියේ සිට පැමිණි උදාර පරාක්‍රමයෙන් යුතු රාම නමැති පැරකුම්බා රජුගේ සාමාන්තයාත් අති බිහිසුණු ලෙස යුද්ධ කොට,

13. අල්ලාගත යුතු මහා භටයින් ජීවග්‍රාහයෙන් අල්ලාගෙන, යුද්ධයෙන් ඉතිරි වූ පිරිස යුද්ධය පිණිස වූ ආශාව නැතිකොට පලවාහැරියේය.

14. එමෙන්ම නාළිකේරවත්ථු හෙවත් පොල්වත්ත නම් පටුනෙහි සිටි සාමාන්තයෙක් එතැනින් යුද කරන්ට පැමිණි සතුරු සේනාව සමග,

15. යුද්ධ කොට බොහෝ භටයින් මරවා ඉතිරි සේනාව ඉතිරි නොකොට ඔබ මොබ පලවාහැරියේය.

16. අන්තරභණ්ඩ නම් තොට රැකවරණයට සිටියා වූ කිසියම් ප්‍රමුඛ සාමාන්තයෙක් යුද පිණිස එතැනින් ආවා වූ,

17. සාමාන්තයන් සහිත සතුරු රජුගේ සේනාව සමග යුද්ධ කරන්නේ, මහා බලැතිව වීරයෙක් වූයේ, යුද්ධ භූමිය එක ම මස් කමතක් කොට,

18. සාමාන්තයන් සහිතව ඉතිරි වූ සේනාව හිස් ලූ ලූ අතර පලවාහැරියේ, හාත්පසින් එකට එක් වී ආ මහා ඝන වළාවක් විසුරුවන ලද මහා සැඩ සුළඟක් ලෙසිනි.

19. කණතල්වනය නමින් ප්‍රසිද්ධ පටුන රකින්ට යොදවා සිටි එක්තරා ප්‍රධාන සාමාන්තයෙක් යුද්ධ කිරීම පිණිස එතැනින් පැමිණි,

20. සතුරු සේනාව හා, සිය සේනා බලයෙන් යුතුව යුද්ධ කොට නැවතත් යුද්ධයක් පටන් ගැනීමට නොහැකි ලෙස මුඛය වැසුවේය.

21. යක්ෂ ඌරුතොට නම් පටුනෙහි රැකවල් භාරව සිටි කීර්ති නමැති අධිකාරී තෙමේ යුද්ධ කරන්ට එතැනින් ආ සතුරු සේනා සමග,

22. ඉතා දරුණු ලෙස යුද්ධ කොට බොහෝ යුද්ධ භටයන් පිළිබඳව කතාව පමණක් ඉතිරි කොට, ඉතිරි වූ භටයන් පලවාහැර ඒ පටුනෙහි ම වසමින්,

23. පැරකුම්බා මහරජු විසින් එවන ලද නොඉක්ම යා හැකි හසුනක් නිසා එහි එක් අමාත්‍යයෙකු යොදවා තෙමේ ආයේය.

24. එහි නවත්වන ලද අමාත්‍යයාත් එතැනට තුන් වතාවක් ම පැමිණි සතුරු සේනාව නැවත යුද්ධ කිරීමේ ආශාව නැතිවන අයුරින් බිඳ දැම්මේය.

25. විහාර වෙදහල නම් පටුනෙහි සිටි ජිතගිරිසන්න නමැති සෙනෙවියා එතැනින් ඇතුලු වෙන්ට ආ මහා සතුරු සේනාවක්,

26. උදාර බලවාහනයෙන් යුතුව මහා යුද්ධ කොට ඒ සතුරු සේනාව ඉතිරි නොකොට විනාශයට පත්කළේය.

27. අස්මඬල නම් පටුනෙහි සිටි කීර්තිනාමාධිපුස්තකී ඇමතියාත්, මහා සෙන් ඇති මහී නමැති ඇමතියාත්, මහා බලැති ලංකාගිරි ඇමතියාත්,

28. අන්‍ය වූ මහා බලසේනාත් යුද්ධ කරන්ට ආ සතුරු සේනාවන් මරා තුමූ ම පෙරලා පැරකුම්බා මහරජු වෙත පැමිණියාහුය.

29. සකුරල්ගඟ සමීපයෙහි සිටි වීර පුරුෂයෝ හෙය පැන සක්කුණ්ඩ නමැති උයනට පිවිස, එකෙණෙහි ම,

30. මහයුද්ධයක් කොට බොහෝ සතුරු යෝධයන් ජීවිතක්ෂයට පමුණුවා ඔවුන් හට යුද්ධ කරන්ට යළිත් ඒ පෙදෙසට එන්ට ඇති ආසාව සුන් කළේය.

31. ඉක්බිති විල්ගම විසූ නාථ නමැති සංඛනායක තෙමේ එතැනින් යුද්ධ කරන්ට පැමිණි සතුරු රජසෙන් බිඳ,

32. තෙමේ ගඟෙන් එතෙර ව පැන්මඩුව නමැති ගමෙහි සිටි මහා සතුරු සේනාව නසා සිටි තැනට පෙරලා ආයේය.

33. එසේ ම සමීතොට නම් පටුනෙහි යොදවන ලද මහා සේනාවෝ එතැනින් ඇතුලු වෙන්ට ආ බොහෝ සතුරු සෙන්,

34. නසා, නැවත යුද්ධ කරන්ට ඒමේ ආසාව නැතිකළෝය. එසේ ම සුළුනාග නම් පටුනෙහි සිටි බොහෝ රාජසේනාවෝ,

35. තමන් සිටි පෙදෙසෙන් පැමිණි සන්නාහ සන්නද්ධ වූ සතුරු රාජසේනා සියල්ල නසා දැම්මෝය.

36. බුරුතගොඩ සිටි දණ්ඩනායක සොයුරන් දෙදෙනා ඒ දෙසින් පැමිණි සතුරු සේනාත් බිඳදැම්මෝය.

37. නිකවැලිතොට පටුන රකින්නා වූ රක්ඛ නමැති මහා වීර්යය ඇති අධිකාරී තෙමේ එතැනින් ගොඩවෙන්ට ආ,

38. මහා සතුරු බලය සමග දෙමසක් මුළුල්ලෙහි නිරතුරුව උත්සාහවත්ව මහයුද්ධ කොට මුලින් ම සිඳදැම්මේය.

39. එසේම යාචිතගමෙහිත් කඩක්කුඩ නමින් ප්‍රසිද්ධව සිටි ලංකාපුර නම් මහා වීර සෙන්පති මහයුද්ධ කරමින්,

40. මහත් බලසෙන් මුලිනුපුටා, මහත් උත්සාහයකින් යුතුව, බලවත්ව සිට, සතුරු සේනාවන්ගේ බලය නැතිකළේය.

41. බිල්පත්කඩෙහි රැකවල්කරුව සිටි සංඛනායක තෙමේ එතැනින් යුද පිණිස ආ සතුරු සේනා බිඳදැමීය.

42. තොටගමුවෙහි රැකවල් පිණිස යොදවන ලද මහාසෙන් ඇති එක්තරා මහාමාත්‍යයෙක් යුද කරනු පිණිස එතැනින් පැමිණි රාජසේනාව සමග,

43. පටන්ගන්නා ලද මහයුද්ධයේදී ඉතා උත්සාහයකින් යුතුව දරුණු ලෙස යුද්ධ කොට ඔවුන්ගේ යුද්ධ ආශාව නැතිකොට පලවාහැරියේය.

44. නන්දිගමෙහි යොදවන ලද බලවත් සෙන්පතියෙක් කරන ලද මහයුද්ධ ඇත්තේ එතැනට පැමිණි මහාසෙන් බිඳ දැමීය.

45. හිදලිකඩ ගමෙහි සිටි දේවසෙන්පති තෙමේ මහත් සේනා බලයක් ඇතිව යුද්ධ පිණිස ආ කල්හි,

46. සන්නද්ධ බලවාහනයන් සහිතව පැමිණි මහින්ද නමැති කුමාරයා සමග සිව් වතාවක් යුද්ධ කොට,

47. සතුරු සේනාවන්ගේ ඇටසැකිල්ලෙන් රණබිම පුරවා ඒ මහින්ද කුමාරයාව අංගයන්ගෙන් හීන කොට, හීන වූ බලවාහන ඇතිව,

48. සිය සේනා සමග පලායන්නා වූ ඔහු පසුපස ලුහුබැඳ ගොස් එකෙණෙහි ම බෙල්ගමු නමැති තොටට පැමිණියේය.

49. ඉක්බිති දෙමාසයක් මුළුල්ලේ භයානක ලෙස යුද්ධය පැවැත්තේය. දේවසෙන්පති තෙමේ එහි ම සිටිමින් සතුරු සෙන් පලවාහැරියේය.

50. මල්ගමු නමැති තොට භාරව සිටි ප්‍රධාන සාමාන්තයෙක් පටන් ගන්නා ලද මහා උත්සාහයකින් යුතුව දස වතාවක්,

51. එතෙර වෙන්ට ආ බලවත් සතුරු සෙන් බිඳ දැම්මේ උදාවන හිරු අන්ධකාරය නසා දමන සෙයිනි.

52. ගෝලබාහ නමැති තොට රැකවල් පිණිස යොදවන ලද මහා බලපරාක්‍රම ඇති එක්තරා ප්‍රමුඛ සාමාන්තයෙක්,

53. යුද කරනු පිණිස එතැනට ආ සාමාන්තයන් සහිත සතුරු සේනාව පලවාහැරියේ මුවරැලක් මැදට පනින කේශර සිංහයෙකු ලෙසිනි.

54. දීපාල නම් ප්‍රසිද්ධ තොටට රැකවල් පිණිස යොදවන ලද එක්තරා බලවත් සාමාන්තයෙක් එහි පැමිණි සතුරු සෙන් සමග යුද්ධ කොට බිඳ දැම්මේය.

55. මෙසේ යුද්ධ පවත්නා කල්හි රාජග්‍රාමණී වූ භීමපරාක්‍රම ඇති මහාපරාක්‍රමබාහු මහරජ තෙමේ,

56. "යුද්ධයේදී මෙහෙන් බිඳී ගිය මානාභරණ රජු හට රුහුණෙහි ද පිහිටක් නොදෙන්නෙමි" යි සිතා,

57. මහනියාම රටෙහි සිටි දේවිල නමැති කේශධාතුනායක හා පස්යොදුන් රටේ සිටි ලෝක නමැති කේශධාතුනායක යන දෙදෙනාත්,

58. ආරක්ෂක කර්මනාථයනුත්, එසේම කඤ්චුකී-නායකත් කැඳවා යුද්ධයේ උපන් දොළ ඇති ධීර වූ මහරජු යුද පිණිස රුහුණට යන්ට අණ කළේය.

59. චතුර වූ ඔවුහු සිව් දෙන සක්දෙවිඳුගේ අණින් යුද පිණිස නික්ම යන සතරවරම් දෙව් මහරජවරුන් සෙයින් නික්ම ගියෝය.

60. ඔවුහු නවයොදුන් නමැති රටට පැමිණ එහි සිටි මහත් රාජසෙන් සමග,

61. විසි වතාවක් මහා බිහිසුණු යුද්ධෝත්සවය කොට මහසෙන් මරවා නවයොදුන් රට ද අල්ලාගෙන,

62. එතැනින් නික්ම කාලගිරිහණ්ඩ නමැති තැනට පැමිණ එහි සිටි සතුරු සේනා සමගත් මහයුද්ධ විස්සක් කොට,

63. එය ද අත්පත් කරගෙන, එතැනින් නික්ම තවදුරටත් ගොස් එසේම යුද්ධ කොට දීගලමහකෙත ද අල්ලාගත්තේය.

64. මානාභරණ රජතෙමේ මෙපුවත අසා ස්වකීය සේනාංකයන් දෙකොටසකට බෙදා එක් කොටසක් එහි යුද කරනු පිණිස පිටත් කරවීය.

65. ඉක්බිති එක් කලෙක අනුරාධපුරයේ රැකවල් නියුතු නාරායන නමැති මහාමාත්‍ය දණ්ඩනායකත් වැරදි මතයක් ගෙන මෙසේ සිතීය.

66. "මම් මේ අනුරාධපුර රට අල්ලාගෙන බලකොටුවක් තනවමි. රජුන් යටතේ වසඟව නොසිට වසන්නෙමි" යනුවෙනි.

67. පැරකුම්බා මහරජු ඒ කතාව අසා "මුල් ලියලන්ට නොදී මොහු මුල් රහිත කරන්නෙමි" යි සිතා,

68. වීර්යවත් වූයේ ඉතා ඉක්මනින් ඡත්තගග්ගාහක නායකයෙකු එහි පිටත් කරවීය. කුඩා මුවෙකු වෙත හෝ ඇත්පැටවෙකු වෙත හෝ කඩා පනිනා අභීත වික්‍රම ඇති සිංහයෙකු සෙයින්,

69. ඒ මහාමාත්‍යයා ද එහි ගොස් ඔහු හා මහයුද්ධයක් කොට සේනාවත් සමග ම ඔහු නසා අනුරාධපුරය කටු රහිත කළේය.

70. පරාක්‍රමබාහු මහරජාණන්ගේ මහාමාත්‍යවරුන් විසින් එකල ප්‍රසිද්ධ පටුන් හාත්පසින් රැකවල් ලා තිබෙන කල්හි ඒවා සුරැකී තිබුණේ රාක්ෂසයින් අධිගෘහිත තැන් ලෙසිනි.

71. ඒ තොටුපලවල්වලින් ගොඩවී එන්ට අසමර්ථ වූ මානාභරණ රජුව රජරටවාසීහු විසින් ඔවුන්ගේ වසඟයට ගන්නා ලදුව,

72. ඔවුන් පවසන ලද එක්තරා අප්‍රසිද්ධ තොටුපලකින් මෙගොඩට පැමිණියේය. ඉක්බිති පරාක්‍රමබාහු මහනිරිඳු මානාභරණගේ පැමිණීම අසා,

73. ගංගා තොටුපලෙහිදී සේනා සහිතව ඔහු මුලින් ම සිඳලීමට සිතා මයුරපාසාණ හෙවත් මොණරාගල නම් ස්ථානයෙහි බලකොටු බැඳ,

74. යුද කරනු පිණිස බොහෝ භටයින් පිරිවරන ලදුව අත්‍යුදාර පරාක්‍රමයෙන් යුතු සේනාවාහන සහිතව,

75. රක්ඛාධිකාරී අමාත්‍යයා පිටත් කොට යැවීය. හේ වනාහී තමන් කෙරෙහි සතුරුව සිටි දේවසේනාධිනාථයන් විසින් කරන ලද මහයුද්ධයකදී,

76. පැහැදීමට පත් මහා පරාක්‍රමබාහු රජු විසින් කළගුණ සලකා ප්‍රදානය කරන ලද මහප්‍රසාද පිළිබඳ ඊර්ෂ්‍යාවෙන් ඇතිකරගත් නොඉවසීමෙන් යුතුව,

77. මහරජු කෙරෙහි කලකිරී සිටියේ යුද්ධයෙහිදී ආදර සහිත නොවූයේය. එකරුණ නිසාවෙන් ඊර්ෂ්‍යාවෙන් හටගත් මන්දබුද්ධික බව නිසා හේ වීර්යයෙන් කටයුතු නොකළේය.

78. ගජබා නිරිඳුගේ සාමාන්තයෙකුව සිටි එක්තරා අසත්පුරුෂයෙක් වරක් පැරකුම්බා රජුගෙන් ලබන ලද අභයදානය ඇත්තේ,

79. රක්ඛාධිකාරී සමග ගොස් ඔහුගේ අදහස් හොඳින් තේරුම් ගෙන කලින් ම මානාභරණ රජු විසින් කරන ලද කුමන්ත්‍රණ ඇතිව සිට,

80. පැරකුම්බා රජු මොණරාගල බලකොටුවෙහි වැඩ පටන් ගන්ට කලින් වහා එන්ට කියා දැනුම් දී මානාභරණ රජු වෙත හසුනක් යැවීය.

81. එපුවත ඇසූ මානාභරණ රජු ඒ ඒ තැන මහයුද්ධ කරනු පිණිස තමන්ගේ සේනාවන් යෙදවීය.

82. ඉක්බිති මහින්ද නමැති කුමාරයා අවුත් වැලිතොටදී දේවසේනාධිනායකගේ සාමාන්තයන් හා යුද කළේය.

83. මහබලැති ඔවුහු ඒ බිහිසුණු යුද්ධයෙහිදී බොහෝ යෝධයින් මරා ක්ෂණයකින් කුමාරයාව දුර්වල කොට පැරදවූවෝය.

84. මානාභරණ රජු තෙමේ ම රක්ඛාධිකාරී සමග කඩුවෙන් කඩුව ගැටීමෙන් ගිනි පුපුරු විහිදුවමින් මහයුද්ධයක් කළේය.

85. ඒ යුද්ධයෙහිදී දෙපක්ෂයට ම අයත් මහයෝධයෝ ඝාතනයට ලක්වූහ. ඉක්බිති රක්ඛාධිකාරීගේ පිරිස් බිඳී ගියේය.

86. එකල්හි රක්ඛාධිකාරී තෙමේ හුදකලාවේ ම සියතින් යුද්ධ කරමින් බොහෝ භටයන් මරුමුවට පමුණුවා එහි ම මියගියේය.

87. ඉක්බිති භීමපරාක්‍රම ඇති පැරකුම්බා රජු එපුවත අසා සිනහ සහිත වූ මුවපියුම ඇත්තේ,

88. "මා ජීවත්වන කල්හි ජීවත් වන්නා වූ හෝ මිය ගියා වූ හෝ ඔවුන්ගෙන් ඇති ඵලය කිම? හස්තීන්ගේ කුඹ පැලීමේදී සිංහයා වෙනත් සගයෙකුගේ ඕනෑකම ඇතියෙක් නොවේ.

89. බොහෝ කලක සිට උත්සාහවත්ව පැවති මේ බාහුයුග්මය තුළ තිබෙන, යුද්ධ කිරීමේ ආශාව නමැති මනෝරථය අද මම් යුද්ධයෙහිදී සම්පූර්ණ කරන්නෙමි.

90. දුරාචාරයෙහි ගැලී සිටිනා අන්‍ය වූ රජුන්ගේ ඇසුරින් දූෂිත වූ මේ මිහිකත සතුරන්ගෙන් ගලන රක්ත වර්ණ ජලයෙන් ස්නානය කරවා,

91. සංග්‍රාමය සම්පූර්ණ කළ සැණින් මම් මිහිකත හා අතිනත ගන්නෙමි. මා බඳු වීරයන් හට සිහනද කිරීමට ඕ තොමෝ ශාලාවකි.

92. හැමකල්හි සතුරන් නමැති අඳුරු කඳ වනසාලන සූර්යයා බඳු මා හට ගිනි පෙණෙල්ලක් බඳු අන්‍යයන්ගේ බලයෙන් ඇති අරුත කිම?"

93. මෙසේ සිතූ පැරකුම්බා මහරජු සතුරු රජසෙන් නමැති මහමුහුදෙහි පස්වැනි හිරුමඬලක් සෙයින් සංග්‍රාම භූමියට පැමිණියේය.

94. එසේ පැමිණ නොයෙක් ගාන්ධර්ව කාන්තාවන් (ගායිකාවන්) විසින් ගයන ලද රණ ගී අසමින්, ගී රස විඳින්නවුන් අතර අග්‍රේෂ්වර වූයේ එහි රස විඳිමින් සිටියේය.

95. එකල්හි බිඳීගිය මහසෙන් පසුපසින් හඹාගෙන ආ මානාභරණ රජු සහිත සතුරු සේනාව ඉදිරියට,

96. මහපැරකුම්බා රජුගේ මහාමාත්‍යවරු එහිදී ම අවුත් බදරවල්ලිය නම් ගමෙහිදී භයානක යුද්ධයක් පැවැත්තේය.

97. බිඳීගිය, දිනන ලද සේනාව ඇති කල්හි තෙමේ ම මහයුද්ධ කොට, ලබන ලද අවි ප්‍රහාර ඇතිව, බොහෝ භටයන් ද මරා,

98. බොහෝ වෙහෙසට පත් ඔවුහු සියරටට මුහුණ ලා

නැවතුනාහුය. එකල සතුරු මහඇමතිවරුන්ගේ උත්සාහය දෙගුණයක් ව පැවතුනේය.

99. එකල්හි පහර කෑ හටයන්ට ප්‍රතිකාර පිණිස වෙදුන් යොමුකොට, පලායන්නා වූ මහජනයා දෙස උපහාස ලීලායෙන් සිනාසී බලා,

100. වාහනය උසුලාගත්තවුන්ට නවතින්ට කියන්නා වූ ඇමතියන් දෙස බැම් බිඳීමෙන් හකුලා බැලූ පමණකින් ඔවුහු නැවතුනාහ.

101. යානය උසුලා යන්නවුන් යවා, තෙමේ ම සතුරු සේනාව ඉදිරියට ගියේ චතුර ලෙස වීර ශ්‍රී සංග්‍රාම මංගල්‍යය කරන්ට,

102. දක්ෂ අයුරින් කඩුව නමැති දූතාංගනාව යුද භූමියට පිටත් කරවනු පිණිස, තමන්ගේ අතට ගන්නා ආයුධ දරන සේවකයා හට "මට සිංහල කඩුවක් දීපිය!" යි,

103. යුද උත්සව කරනු කැමති වීර තෙමේ හඬ ගා කීය. එකල්හි කඩු දරන්නා එය නොදත් බැවින් ජම්බුද්වීප පාටව නමැති කඩුවක්,

104. සිංහල කඩුවක් ය සිතා ගෙනා කල්හි "නෑ... මේ සිංහලයාගේ දක්ෂකමින් නිපැයුවක් නොවෙයි. මෙය පසෙකින් තබා,

105. දඹදිව සියලු සතුරු රාජවංශය අවසන් කළහැකි සිංහල කඩුවක් වහා රැගෙන දීපං!" මෙසේ කියා දුටු පමණින් බිය ඇතිවන සිංහල කඩුවක් ගෙනා කල්හි,

106. යළි සතුරන් නමැති ඇතුන් බැඳීමෙහි සමත් යොවුන් ඇත්රජෙකු සෙයින් මහත් අභිමානයෙන් යුතු පැරකුම්බා රජු "මේ සිංහල රටේ,

107. මගේ අතින් මේ ආයුධය ගන්නවන්ට සමර්ථයෙක්වත් නැතැ" යි සිතා තමන් සමීපයෙහි සිටි රක්ඛ නමැති කේශධාතුනායකගේත්,

108. නාථනගරගිරි නම් අමාත්‍යයාගේත් මුහුණ බැලීය. එකල්හි ඔවුන් දෙදෙනා ද මහරජුගේ ඉඟිය දැන,

109. සිංහ පරාක්‍රම ඇතිව මහා සතුරු සේනා මැදට කඩාපැන්නෝය. අතුල්‍ය වූ වික්‍රමයෙන් යුතු ඒ දෙදෙනා සතුරු සේනාව හා,

110. යුද්ධ කරන්නාහු දහස් ගණන් සතුරන් සමග දහවල් සිට රාත්‍රිය දක්වා නොනැවතී මහයුද්ධයක් කළාහුය.

111. කඩුවෙන් නසන ලදුව දෙකඩ වී ගිය සතුරු සේනාවන්ගේ සිරුරු හාත්පස දිස්වූයේ බිහිසුණු අයුරිනි. ඉක්බිති මහාමාත්‍යවරු මහරජුට ඇඳිලි බැඳ වන්දනා කරමින් මෙසේ නිවේදනය කළාහුය.

112. "මහරජාණන් වහන්ස, මෙපමණකින් සියලු මහසේනාවෝ බිඳීගියාහුය. අපි කිහිප දෙනෙක් පමණක් සිටියෙමු. මෙපමණ සුළු පිරිසක්ව සිටත් අපගේ වීරශ්‍රීය,

113. සතුරන්ගේ අතට පත්වෙන්ට නොදී මහයුද්ධයක් කළෙමු. යුද්ධභූමියේ දර්ශනයෙන් බියට පත් හිරුමඬල පවා අස්තපර්වතයෙහි සැඟවුනේය.

114. දැන් පොළොන්නරු නගරයට ගොස් රැය පහන් වූ කල සතුරන් මැඩලීම කරන්නෙමු. දැන් සංග්‍රාමයට කාලය නොවේය" කියා මහරජාණන්ට සැලකළාහුය.

115. එයට සවන් දුන් රජ තෙමේ එහි ම රාත්‍රිය ගෙවා රැය පහන් වූ කල නැවත යුද්ධාරම්භ කරන්ට කැමති වූ හෙයින් එය නොපිළිගත්තේය.

116. එකල්හි භයක් නොමැති මහරජු මොහොතක් නින්දට වැටුනේය. ඒ අතරතුර අමාත්‍යවරු නින්දේ සිටි රජුව පොළොන්නරුව නගරයට රැගෙන ආවෝය.

117. ඉක්බිති මධ්‍යම රාත්‍රියෙහි පංච විහාරයට පැමිණි කල්හි පිබිදුණු මහරජු "මේ කවර ස්ථානයක් දැ" යි අසා සිටියේය.

118. "පංච වෙහෙර ය" යි ඇසූ කල්හි "නින්දේ සිටි මා මෙහි ගෙන ඒමෙන් තොප විසින් කරන ලද්දේ වරදෙකි" යි කියූ රජු,

119. කිපුණේ, සිය පිරිවරින් එක් අයෙකු හෝ ඉතුරු නොකොට ගෙනයනු කැමතිව එහි සිටියේය.

120. ඉක්බිති පංච මහා තූර්යනාදයෙන් හා සංඛනාදයෙන් ගම ආකූල කොට, තෙමේ ම පැමිණි සියලු පිරිස පරීක්ෂා කොට බලා,

121. පිරිවර සේනාවන් පෙරටු කොට තෙමේ පසුපසට වී යමින් රැය පහන්වන වේලායෙහි පොළොන්නරුවට පැමිණියේය.

122. එකල්හි ස්වකීය රාජවංශයේ ජ්‍යොෂ්ඨයා වූ හිරුමඬල උදා වූ කල්හි, තනි වික්‍රමයෙන් මුළු ලෝතලය තමා වෙත නතු කළ පැරකුම්බා රජුට,

123. බිල් නමැති තොටෙහිදී දේවසේනාධිනායකත්, කීර්ති අධිකාරීත් මහා භටසේනාවන් පෙරටු කොට සිටියදී,

124. ඒ දෙසින් යුද පිණිස ආ නාථ නමැති අධිකාරීත්, මහින්ද නමැති කුමාරයාත්, සුබ සේනාපතිත්,

125. නාථලංකාගිරි ආදී සෙන්පතිවරුන් සමග සතුරු සේනා පැමිණි කල්හි ඔවුන් හා යුද වැදී, නොනවත්වා ඊ වර්ෂා හෙළමින්,

126. සුබ සේනාපතිත්, එසේම නාථලංකාගිරිත් ඇතුලු බොහෝ යෝධයින් ජීවිතක්ෂයට පමුණුවා,

127. සිය සේනාංගයන් සමග පලායන්නා වූ නාථාධිකාරීත්, මහින්ද යෝධයාත් පසුපස ලුහුබඳිමින් යන්නාහු,

128. 'ඔවුන් රට මැදට පිවිසි කල්හි, සතුරු සේනාවන් සහිත සියලු රටවැසියෝත් මාර්ගයෙහි හාත්පසින් යා නොහැකි ලෙස වටලා,

129. හරස් කොට ගත්තෝය' යි ඇසූ සතුරන් මැඬලන, හැමකල්හි සැහැසි බව එක ම රසය කරගත් රජ තෙමේ ඔවුන් බේරාගන්ට යන්ට ආරම්භ කළේය.

130. එකල්හි මහාමාත්‍යවරු ඇඳිලි බැඳ වැඳගෙන යුද්ධයෙහි උත්සාහවත් වූ මහරජු නවත්වා ගැනීමට මෙසේ කීහ.

131. "මහරජාණන් වහන්ස, නුඹවහන්සේ තුළ පවත්නා සාතිශය තේජස හැර අන්‍ය වූ කිසි බලයක් අපට නැත්තේය.

132. රටවාසීන් හා සියලු සේනාත් සතුරන්ගේ වසඟයට පත්වූවාහුය. එහෙයින් අප මෙතැනින් නන්දමූලයට ගොස් එතැන් සිට යුද්ධ කරන්ට පටන් ගත යුත්තේය."

133. මේ ආදී ව්‍යාජ වචනයන් කියමින් නරදේවයන් යුද පිණිස යෑම නවත්වා, එතැනින් නික්ම රජුන් සමග මාර්ගයට පිළිපන්නෝය.

134. නන්දමූල සමීපයෙහි සිටි රටවැසි පිරිස ස්වල්ප වූ පිරිස සහිතව එන්නා වූ රජු දැක,

135. හාත්පසින් ඊ වර්ෂාවක් වස්සවන්ට පටන් ගත්තෝය. එකල්හි කරවාලගිරි නම් ස්ථානයෙහි සිටි රජු,

136. වීරසම්මත ඇමතියන් කිහිපදෙනෙකු එතැනින් යවා, ඊ විදි පිරිසට ද යුද්ධයෙහි ඇති ආසාව නැති කරවා,

137. පිරිවර පෙරටුකොට තෙමේ පසුවට යමින්, මහා වීර වූ මිහිපල් තෙමේ දඹකොළ නම් තැනට පැමිණියේය.

138. එතැනින් නික්ම දේවසේනාපතිනායක මුදවා ගැනීම පිණිස යන්නේ නවගම්පුර නමැති ස්ථානයට පැමිණියේය.

139. එකල්හි දේවසේනාපති තෙමේත්, කීර්ති නම් අධිකාරී තෙමේත් මහරජු විසින් පවසන ලද උපදෙස් වරදවා,

140. ක්ලාන්ත වූ සේනාවත් සමග තමන් ඒ යුද්ධය අත්හැර හුරුලු නම් ගමෙහිදී සතුරන්ගේ වසඟයට පත්වූවාහුය.

141. තමන්ව රැකගනු පිණිස රජතුමා එන බව දැනගත් ඔවුහු, නවතනු කැමති සිතින් යුතුව රජුට හසුනක් යැවීය.

142. "අපි මෙහි මහරට මැද සතුරන්ට වසඟ ව සිටිමු. ස්වාමිදේවයාණන්ගේ සාතිශය වික්‍රමය විනා වෙනත් බලසේනාවක් අපිට නැත්තේය.

143. නොමග ගිය රටවැසියෝ සතුරු පක්ෂය ගත්තාහුය. අත්‍යුදාර තේජසින් විරාජමාන වූ අප ස්වාමිදේවයාණන් වැඩසිටින කල්හි,

144. මහාසයුර කුණ්ඩලාභරණයක් කොට ඇති මේ මහා පොළොව එක්සේසත් කොට ලෝකයත්, බුදු සසුනත් දියුණුව පිණිස විධාන කිරීමේ සැකයක් නැත්තේය.

145. නුඹවහන්සේගේ පාදපද්මයන් දැකීමෙන් ආශ්වාදය ලැබීමට කාරණ වූ භාග්‍යයක් අප තුළ තිබෙන්නේ නම්,

146. ඒ අපි නිදහස් වන්නෙමු. ක්ෂත්‍රිය, බ්‍රාහ්මණ, වෛශ්‍ය, ශුද්‍ර යන සිව් වැදෑරුම් වර්ණයන් ද ශ්‍රමණයන් වහන්සේලා ද පාලනය කරන්නා වූ නුඹවහන්සේ මෙහි පැමිණෙන්නා වූ ගමනට නොකැමතිව නවතින සේක්වා!"

147. එය ඇසූ දුර දක්නා නුවණැති රජු එහිලා තමන් යෑමෙන් වන්නා වූ විනාශය පළමුකොට දැන,

148. සියලු අමාත්‍යයන් විසින් බද්ධාඤ්ජලීව ඉල්ලන ලදුව, එහි ගමන නවත්වා මහා ප්‍රාඥ වූ රජ තෙමේ වික්‍රම නම් නගරයට ගියේය.

149. එකල්හි සමගි වූ සේනා ඇති මානාභරණ රජු පොළොන්නරුවට අවුත්, යළි එතැනින් නික්ම,

150. ගිරිතලේ නම් ස්ථානයට පැමිණි බව ආදී තොරතුරු සත්‍ය වශයෙන් ම දැනගත් මහාමාත්‍යවරු,

151. තමන් අසන ලද ආකාරයෙන් ම සැබෑ තතු රජුට නිවේදනය කොට ඒ ඒ තැන හටගත් යුද්ධයන්හිදී නැසීගිය සේනාවන් ගැන ද දන්වා,

152. "පැරකුම් පුරයට හෝ එසේත් නැත්නම් කැළණි-ගමට හෝ ගොස් යළි සේනාවන් සමගි කොට යුද්ධ කරන්ට,

153. වටනේය" කියා දන්වා සිටියාහුය. එය ඇසූ රාජ කේශර තෙමේ ඇහි බැම බිඳීම පමණකින් දැනගත හැකි වූ කෝපාග්නි භාවයෙන් යුතුව,

154. "යම් කෙනෙක් භීතියට පත්ව සිටිත් ද, ඔවුන්ගෙන් අපට වැඩක් නැත්තේය. ඔවුහු වනාහී කැමති පරිදි ආපසු යත්වා! මා බඳු වූවෝ බාහු බලයෙන් මඬනා ලද මහා සේනා ඇතියෝ ය.

155. මා සිටිනා අවස්ථාවෙහි මාගේ රාජ්‍ය සීමාව ඉක්මවා එන්ට සක්දෙවිඳු ආදී කොට සමත් වූවෙකු තුන්ලොවෙහි නොදකිමි.

156. සිංහයෙකුගේ අධිපති බව ඇති ගුහාවට එන්ට සමත් ඇත්රජෙකු නැති සෙයින් මා විසින් අධිපතිබව

දරන රාජ්‍යයට එන්ට කිසි සතුරු රජෙකුට අවකාශ නැත්තේය.

157. මාගේ බැල්ම ලබන්නා වූ කවරෙක් නම් වීරයෙක් නොවන්නේ ද? ඉදින් මා කැමති වුවහොත් කිරි බොන සිඟිත්තෝ පවා යුද්ධයට සැරසෙන්නෝය.

158. දෙතුන් මසක් ඇතුලත මානාභරණ රජුට රජරට පමණක් නොවේ. තමන්ගේ රටෙහි ඉන්ටත්,

159. මම තැනක් නොදෙන්නෙමි. හැම දෙයින් ම හිස් වූ මෙබඳු තැන්හි මා වැනි වීර පුරුෂයින්ගේ බාහු වික්‍රම සම්පත්තිය පමණක් දිස්වේ."

160. මෙසේ මහරජ තෙමේ වීර රසය කැටි වී ගිය අහංකාර පරවශ වචන ප්‍රකාශ කිරීම නිසා යුද්ධයෙහි උත්සාහ රහිතව සිටි සේනාවන් තුළ මහත් උත්සාහයක් ජනිත වූයේය.

161. ඉක්බිති රාජනීතියෙහි දක්ෂ වූ රජු රක්ඛ අධිකාරීත්, ආදීපුස්තකී සාමාන්තයාත් මංගලබ ගමෙහි සිටින්ට පිටත් කොට යැවීය.

162. එමෙන්ම ධානාන්තර ලැබීමට යෝග්‍ය වූවන් හට සුදුසු පරිදි තනතුරු ප්‍රදානය කොට රක්ඛ නමැති මහලේඛකත්, මන්දජීවිතපුස්තකීත්,

163. සංඛධාතුනායකත්, කීර්තිඅධිකාරිත්, දණ්ඩනායක දෙසොයුරනුත්, මහයසස් ඇති විධානයන් දරන රජු විසින් මෙසේ වගකීම් පවරා,

164. කලාවැව හා ඒකාබද්ධ වූ මහා ජනපදයන් අල්ලා

ගනු පිණිස මහාබලැති මහාසේනාවක් පිලවිට්ටියට පිටත් කරවීය.

165. එසේම නිග්‍රෝධමාරගිරි නමැති සෙන්පති උඩවැවේ රැකවල් පිණිස තැබ්බවීය.

166. මෙසේ නා නා දිසාවන්ගෙන් මහා යුද්ධ පවත්වනු පිණිස සාමාන්තයන් සහිත මහා සේනාවක් ඒ ඒ තන්හි යෙදවීය.

167. එකල්හි මානාභරණ රජුගේ මෙහෙයවීමෙන් ජනපද නමැති තැනට යුද්ධ කරන්ට මහින්ද නමැති මහාලේඛකයා පැමිණියේය,

168. ඒ ජනපදයෙහි සිටි රණකෙළියෙහි විශාරද වූ සේනාවෝ යුද්ධ කොට මහාලේඛකයාට යළි යුද්ධ කිරීමේ ආසාව නැතිකොට පලවා හැරියෝය.

169. නිරන්තරයෙන් පවත්නා ලද අනේක වූ යහපත් කටයුතු රැසින් යුතුව, සක්දෙවිඳු සෙයින් නොයෙක් ක්‍රීඩාවෙන් යුතුව,

170. නාලන්දායෙහි වාසය කරන්නා වූ පරාක්‍රමබාහු නිරිඳුට ඒ පුවත් පිළිබඳ පවත්නා සැබෑ තොරතුරු දන්වා හසුනක් යැවීය.

171. එකල්හි පිලවිට්ටියෙහි රක්ඛ මහලේඛකයා ප්‍රමුඛ කොට තබන ලද සාමාන්තයින්,

172. බුද්ධනාථ සෙන්පති, මහලාන සෙනෙවි, දේවසේනාධිනායක සමග අට දිනක් පුරාවට අති බිහිසුණු ලෙස යුද්ධ කොට,

173. සැණෙකින් බොහෝ යෝධයින් මරා, බොහෝ දෙන පලවාහැර, කලාවැවත් කටුකොහොල් හරවා වහා අත්පත් කරගත්තේය.

174. පැරකුම්බා රජු විසින් පවසන ලද නියෝගයන්ට අනුව එහි බලකොටුවක් පිහිටුවා සේනාව සමග එහි ම වාසය කළේය.

175. උඩවැවෙහි නවත්වන ලද නිග්‍රෝධමාරගිරි තෙමේ තුන් වතාවක් යුද්ධ කොට සතුරු සේනා බිඳ,

176. තන්රුක් නමැති ගමෙහි උද්‍යානයක බලකොටුවක් කොට මහරජුගේ මෙහෙයවීම පරිදි සේනාව සමග එහි වාසය කළේය.

177. එකල්හි මානාභරණ රජු ද මහින්ද කුමාරයාට තනතුරු දී බොහෝ ජනපද ද දී,

178. "තෝ මහා බලසේනා ඇතිව මෝරවැව රට දෙසට කෙලින් ම ගොහින් දක්ඛිණ දේශය අල්ලාගනු පිණිස උතුම් අනුරාධපුරයෙහි,

179. හිඳුව. බුද්ධගම මුණගැසෙන පරිදි යන්ට මාත් පල්ලවවාලයට යමි" කියා මහසේනාවක් ලබාදී,

180. ඔහුව පළමුකොට රම්‍ය වූ අනුරාධපුරයට යවා තෙමේ රජරටට ම ගොස් ගිරිතලෙහි හුන්නේය.

181. මහත් සේනා බලයෙන් යුතු මහින්ද කුමාරයා අනුරාධපුරයට ගිය බව ඇසූ,

182. කලාවැවෙහි යොදවා සිටි පැරකුම්බා මහරජුගේ මහාමාත්‍යයෝ ඔහු එහි මුල්බැසගන්ට පළමු මුලින් සිඳලනු පිණිස,

183. රක්ඛ මහලේඛකත්, කීර්තිබණ්ඩාරපුස්තකී අමාත්‍යයන් ද කලාවැව රැකීම පිණිස යොදවා තුමූ ම බලසෙන් සහිතව,

184. කණ්ණමූල නම් තැනට ගොස් බලකොටුවක් බැඳ හුන්නාහුය. ඔවුහු තනි මතයට කලාවැවෙන් නික්ම ගිය බවත්,

185. එසේ ගිය ආකාරය ගැනත් ඇසූ පරාක්‍රමබාහු රජු නොබිඳිය හැකි උපාය කෞශල්‍යයෙන් යුතු වූයේ පරීක්ෂා කටයුතු දෙයෙහි පරීක්ෂ්‍යකාරී වූයේ,

186. "ඒ ඒ ප්‍රදේශයන්ගේ ඇති තතු දැනීමේ අසමර්ථ වූ තෙපි මාගේ උපදේශයකින් තොරව රට මැදට පිවිස යුද්ධ කරන්ට,

187. නොයව්" කියා මෙසේ දුර දක්නා නුවණින් යුතු රජ තෙමේ සක්දෙවිඳුගේ බඳු වේගවත් ගමනින් ඔවුන්ට හසුනක් යැවීය.

188. කලබල ගති ඇති ඔවුහු දුර දිග නොබලා රජුගේ හසුනට අනුව කටයුතු නොකොට 'වහා අනුරාධපුරයට යන්නෙමු' යි අදිටන් කොට,

189. රජුගේ අවවාදයෙහි පිහිටා සිටීමෙහි ප්‍රයෝජනය නොවිදිමින්, නිසි ආරක්ෂාවක් නැතිව, පින් මඳ ඔවුහු කටුවන්දූ නම් තැනට,

190. තැන - නොතැන හඳුනාගැනීමෙහි අදක්ෂ ව පැමිණියෝය. මහරජුගේ අවවාදය උල්ලංඝණය කිරීමේ ප්‍රතිඵල භුක්ති විඳීම පිණිස,

191. වැරදි දේ කරන්නා වූ ඔවුහු රට මැදට පිවිස ඒ ඒ අත විසිර ගියාහුය.

192. ඔවුන් පැමිණි ක්‍රමය දැනගත් මහින්ද කුමාරයා සිය ඇමතියන් සමග සාකච්ඡා කොට, පිරිවරාගත් සෙන් ඇතිව ඔවුන් හා යුද්ධ කරන්ට පටන් ගති.

193. සේනාවන්ගේ සමගිය විකලව ගිය හෙයින් මහින්ද කුමාරයා රණබිමෙහිදී ඔවුන්ගේ සියලු බල බිඳ දැම්මේය.

194. ඒ සාමාන්තයන් යුද්ධයේදී බිඳීමට පත්ව කලාවැවට පැමිණියෝ තමන් ගරු නොකළ රජුගේ අවවාදය යළි සිහිපත් වූ කලෙක මෙනි.

195. මහින්ද කුමාරයාත් යළි අනුරාධපුරයට පැමිණ සිය රටවැසි සේනාංගයන් ඉක්මනින් රැස්කරවා,

196. වහා සේනා බලයෙන් යුතු වූයේ කලාවැවට සේනාව පිටත් කරවීය. එපුවත ඇසූ මහනුවණැති රජ තෙමේ,

197. වීරංග ස්වරූපෙන් යුතු අනල්ප වූ සේනාවන් ද පවරා දී භූතබණ්ඩාරපුස්තකී සාමාන්තයා වහා කලාවැවට පිටත් කරවීය.

198. ඒ සියලු මහා වීර භටයෝ දිනපතා අත්‍යන්තයෙන් දරුණු යුද්ධ කරමින් තුන් මාසයක් මුළුල්ලෙහි යුද්ධය පැවැත්වූවාහුය.

199. රජහු විසින් දෙන ලද අණ දූෂණය නොකරන, චතුර වූ ඔවුහු මහින්ද කුමාරයාගේ චතුරංගිනී සේනාව බිඳ දැම්මෝය.

200. කලාවැව හා ඒකාබද්ධ වූ මහා ජනපද අල්ලාගත් ඔවුහු මහරජුගේ අවවාදය පුදමින් එහි ම නවාතැන් ගත්තෝය.

201. පෙර කී පරිදි මහරජුගේ ආඥාව උල්ලංඝණය කළ ඇමතිවරුන් සමග කරන ලද කූඨ යුද්ධයෙන් උද්දාමයට පත් මහින්ද කුමාරයා සතුටු ව තෙමේ ම යුද පිණිස ආයේය.

202. මෝරවැව නම් තැන යොදවන ලද එක්තරා සාමාන්තයෙක් දුර දක්නා නුවණැති මහරජුගේ ආඥාව බැහැර නොකරමින්,

203. මාර්ගයෙහි දෙපස තමන්ගේ පිරිස යොදවා සතුරු සේනාව එහි පිවිසි කල්හි කොණක් ඉතුරු නොකොට,

204. හාත්පසින් ම වටකොට බිහිසුණු යුද්ධයක් කරන්නේ බොහෝ ප්‍රමුඛ සාමාන්තයන් ජීවිතක්ෂයට පමුණුවා,

205. මහින්ද කුමාරයා පලවාහැර යුද්ධ භූමියේදී මරණ ලද බොහෝ සතුරු සාමාන්තයන්ගේ හිස් මහරජු වෙත පිටත් කරවීය.

206. එකල්හි භීමපරාක්‍රම ඇති පරාක්‍රමබාහු රජු ඒ ඒ තැන යොදවන ලද සේනාංකයන් රැස්කරවා,

207. මානාභරණ රජු රජරටින් පලවාහරිනු පිණිස රක්ඛ නමැති මහාලේඛකයාත්, අංජන නමැති කර්මනායකත්,

208. ක්‍ෂානගමට යොදවා, කීර්තිනාමාධිපුස්තකීන්, රක්ඛාධිකාරීන් මංගලබ ගමට පිටත් කරවා,

209. වන පර්වත දුර්ගයන්හි රාත්‍රී සංචාරයෙහි දක්ෂ වූ වැදි, සොර ආදී පිරිසක් ද පිටත් කරවීය.

210. ඔවුහු ඒ ඒ තැන දිවා රාත්‍රී දෙකෙහි මහාජනයා නසන්නාහු පොළොන්නරුවාසී මිනිස්සුන් කූඩුවකට කොටු වූ පක්ෂීන් මෙන් සිරවී ගියාහුය.

211. ඒ මිනිස්සු දහවල් කාලයෙහි පවා සිය නිවසින් පිටත් වෙන්ට භයට පත්වූවාහු, දර, දිය, පලා ආදිය රැස් කරන්ට ඕනෑකම තිබියදීත් බොහෝ කලක් කිසිවක් කරගන්ට නොහැකිව,

212. දරවලින් කටයුතු දේ කරනු පිණිස තමන්ගේ නිවෙස්වල සෙවිලි කොට තිබූ තෘණ ආදිය ගැනීම නිසා ඒ සියලු නිවෙස් ද සර්වප්‍රකාරයෙන් ම ගරාවැටුනෝය.

213. එමෙන්ම නගරසීමා කෙළවරෙහි ඒ ඒ තැන පිහිටි වෙළඳසැල්වල සියලු වෙළඳාම් සර්වප්‍රකාරයෙන්ම නැසී ගියේය.

214. නගරප්‍රවේශ මාර්ගයන්හි මහරජුගේ පිරිස විසින් නිරතුරුව පවත්වනු ලබන කලකෝලාහලයන් හේතුවෙන් මුළු නගරය ම සැලී ගියේය.

215. එහෙයින් රාජමිදුල දක්වා ම උපද්‍රවයෙන් යුක්ත කොට මානාභරණ රජු හට මහත් පීඩාවක් ඇති කළේය.

216. එයින් දැඩි ලෙස පීඩාවට පත් මානාභරණ තෙමේ සිතේ හටගත් බලවත් අසහනයෙන් යුතුව මෙසේ සිතීය.

217. "අදෝමැයි! ඉදින් අපි රුහුණ බලා යන්නෙමු නම් මග සිටින්නා වූ සතුරෝ අපට යන්ට නොදෙන්නාහ. එමෙන්ම මේ රජරටවාසීහු,

218. පලායන්නා වූ අපගේ දුර්වලතාව දැනගෙන පරාක්‍රමබාහු රජුහට ඔවුන්ගේ පක්ෂපාතී බව දක්වන්නාහ.

219. මෙහි වාසය කරන්ට යුතුය කියා සිතුවත් දිවා රාත්‍රී මෙබඳු වූ දුක් අනුභව කරන එකත් ඒකාන්තයෙන් අපට දුෂ්කර ම ය.

220. සතුරන් සමග දරුණු යුද්ධ කොට එයින් ලැබෙන්නා වූ සැප හෝ දුක හෝ අනුභව කිරීම අපට යුතු ය" යි සිතා,

221. තමන්ගේ මහත් වූ චතුරංගිනී සේනාව සන්නද්ධ කොට, යුද්ධය පිණිස බඳින ලද කැහැපටින් යුතුව හේ පල්ලවවාලකයට ගියේය.

222. එකල්හි නුවණින් විමසා කටයුතු කරන, සිංහ පරාක්‍රම ඇති පැරකුම්බා මහරජු සියලු තොරතුරු තත් වූ පරිද්දෙන් අසා,

223. ලංකාපුර අමාත්‍යයාත්, දණ්ඩනායක සොයුරන් දෙදෙනාත්, ලොග්ගල අමාත්‍යයාත් ආදී අමාත්‍යවරුන්ට බොහෝ වූ යුද්ධෝපායයන් උගන්වා,

224. මහනුවණැති රජ තෙමේ ඒ පෙදෙසින් එන්නා වූ සතුරු සේනාවන්ගේ මුඛය කණපිට හරවනු කැමතිව තුන් පෙදෙසකින් පිටත් කරවීය.

225. මහබල ඇති ඔවුහු එහි ගොස් දිනක් දිනක් පාසා අත්‍යුදාර ලෙස යුද්ධ කරමින් මාසයක් ම ගෙවා දැමූහ.

226. ඉක්බිති දෙගුණයක් කොට පාඩු සිදුකරගත් මානාභරණ රජු "යුද්ධ කරන්ට කැමති වූ අපි කඳවුර අත්හැර ආවෙමු.

227. එහිදීත් අපට අස්වැසිල්ලක් නම් නැත. දිවා රෑ දෙක්හි ම නැවත නැවත අපගේ දුක ම මුල් අදිමින් වැඩෙයි.

228. ඒ රුහුණු වනයෙහිදී අප ලද සැප හෝ දුක අනුභව නොකොට මෙහි ආ අපට මෙවන් නොඉවසිය හැකි දුකක් විඳින්ට ලැබීම යුතු ම ය.

229. නැවත එහි යන්නෙමු නම් දැන් එයත් අතිශයින් ම දුෂ්කර ය. මහමාර්ගයෙහි පලින් පල සතුරු මහා බලසෙන් ඉන්නවා නොවැ.

230. අතිශයින් ම අනතුරුදායක වූ මෙහි වාසය කිරීමත් යුතු නැත. සතුරු සේනා මැදට එහෙන් මෙහෙන් පිවිසීමෙන් ලත්,

231. බොහෝ පුරුද්ද ඇති මිනිසුන්ගෙන් අසා ඔවුන් විසින් කියන ලද කිසියම් අප්‍රසිද්ධ මාර්ගයකින්වත්,

232. යන්ට ඕනෑ" යැයි සිතා රටවාසීන්ගෙන් අසා ඔවුන් විසින් කියන ලද මාර්ගයෙන් කෝඳුරුවා නම් ගමට ගියේය.

233. එකල්හි රක්ඛඅධිකාරී තෙමේ ද මහරජුගේ ආඥාවට ගරු බුහුමන් ඇතිව මිහිරණ බිබිල නමැති ගමෙහි වසන්නේ,

234. ඇතුන් විසිනුත් සොලවාලිය නොහැකි පරිදි, තියුණු ලෙස තුඩ සහිතව සකසන ලද දැවකණු, භූමිය කැණ එහි සිටුවා,

235. එයින් පිටත එයටත් වඩා ප්‍රමාණයකින් හුල් සිටුවා, කණුවෙළුම්වලින් තරයේ වෙළන ලද සිදුරු රහිත මහදැවකණු සිටුවා,

236. ඒ මැද විසි තිස් රියනක් පළලට පුරුෂයින් සියයක පමණ දිග ඇළක් කැණවා,

237. එහි තියුණු හුල් මෙන් ම කටු ද අතුරා, එයට බැහැර ප්‍රදේශයන්හි පයට ඇණෙන හුල් සිටුවා,

238. ඒ හා බද්ධ කොට සිදුරු රහිතව කටුවැටක් කරවා, එහි මැදත් පෙර පරිදි ම දියඅගලක් කැණවා,

239. එතැනත් පයේ ඇණෙන හුල් ද කටු ද අතුරා, වැටෙන් පිටත ජලය කෙළවර තෙක් අගල් කැණවා,

240. එහි ද තියුණු උල් මෙන්ම කටු ද අතුරා, දියඅගලින් පිටත ඊතලයක් වැටෙන ප්‍රමාණයේ දෙතුන් දුරක් ගිය තැන,

241. එකහෙළා මහවනය කප්පවා, එයින් පිටත රහසේ යන මාර්ගයන්හි මහවළවල් කැණවා,

242. එහි ද තියුණු කටු අතුරා, එය වටා නිරතුරුව දිරූ කොළ හා වැලි අතුරා,

243. එය දකින්නන් හට ගමන් යන්ට තිබෙන යහපත් මාර්ගයක් සේ පෙන්වා, ඒ මාර්ගයෙන් පැමිණෙන සතුරු සේනාවන් ඉතුරු නොකොට,

244. නැසීම පිණිස එයට හාත්පස සොර මාර්ගයන්හි තියුණු ලෙස විදින්නා වූ දුනු හී ගත් හටයන් තබ්බවා,

245. බලකොටුවෙහි සිව් මහල් ප්‍රාසාදයක් කරවා, ඒ ප්‍රාසාදයෙහි උඩත් ඒ ඒ තැන දුනු හී ගත් හටයින් තබ්බවා,

246. ඉක්බිති සතුරු සේනා පොළඹවා ආසන්නයට ගෙන්වනු පිණිස අකුණු එළියෙන් ඊ විදිය හැකි ධනුර්ධරයන් දෙතුන් දහසක් යැවීය.

247. එකල්හි ඊ වර්ෂා එහෙන් මෙහෙන් ඇදහැලෙද්දී නොවැළැක්විය හැකි ආකාරයෙන් සතුරු සේනා පැමිණි කල්හි,

248. තමන් බිදී ගොස් පසුබැස යන ආකාරයේ බොරු ප්‍රයෝගයක් දක්වා, නැවතී ආපසු පලායන කල්හි සතුරු සේනා ඔවුන් පසුපස ලුහුබැද තමා අසලට ආ විට,

249. යුද්ධයෙහි දක්ෂ වූ සාහසික වීරයෝ යුද්ධ ක්‍රීඩායෙහි සන්නද්ධ ව සිටි දහස් සංඛ්‍යාත සමර්ථ හටයෝ වෙන් වෙන්ව ආ හස්තීන් සෙයින්,

250. සතුරු සෙන් ඉදිරියට දිව ආවාහු යමරාජයාගේ සේනාව දක්වන්නාක් බදුව යුද්ධ කරන්නාහු,

251. එකල හාත්පසින් ඊ වර්ෂාවන් වසින්ට පටන් ගත්තේය. ප්‍රාසාදය මත සිටි ඔවුහු බිම සිටින්නවුන්ට විදින්ට උපක්‍රම කළෝය.

252. ඉක්බිති යන්ත්‍රානුසාරයෙන් ඔබ මොබ විදිනු ලබන අධික ප්‍රමාණයෙන් යුතු විශාල ගල්වලින් සතුරු සේනාවන්ට විදින විට බිහිසුණු හඬ නැගින.

253. කැබලිවලට කපන ලද උණදඬු චණ්ඩ ලෙස ගිනි අවුලුවා සතුරන් වෙත විදිනු ලැබූ කල්හි නොඉවසිය හැකි දාහයක් ඔවුන්ට ඇතිවූයේය.

254. ගිනි අවුළුවන ලද බොහෝ යකඩ හුල් දම්වැලින් බැඳ අදිමින් සතුරන් වෙත හෙළන්නාහු සතියක් පුරා කෘෑර යුද්ධයක් කළාහුය.

255. මෙසේ මහරජුගේ නුවණැති අමාත්‍යයෝ රජු-ගෙන් ලද අවවාද පරිදි යුද්ධය සාර්ථකව කරගෙන ගියාහුය.

256. එකල්හි සයුරු වෙරළේ වැදී බිඳී යන රළ මාලාවන් සෙයින් එකෙණෙහි ම සතුරු රජුගේ සේනාවෝ බිඳී විසිරී ගියාහුය.

257. හිරු නැගෙන වේලායෙහි ක්‍රමයෙන් නොපෙනී යන සඳ හා තාරකාවන් සෙයින් එකල්හි මානාභරණ රජු සහිත වූ සේනාව පරාජය හමුවේ හැකිළී ගියේය.

258. ඉක්බිති රිදී කුඹුරෙහි සය මසක් පුරාවට දිනපතා කරන ලද ඝෝර යුද්ධයෙන් සතුරු සේනාවන්ගේ බලය දුර්වලව ගියේය.

259. මානාභරණ රජු තමාට වාසය කිරීම පිණිස ඉඩකඩ සහිත බලකොටුවක් අවට කටු අතුරා කරවන්ට පටන් ගත්තේය.

260. එකල්හි උදාර වූ ප්‍රඥා ඇති, නිලුපුල් බඳු නෙත් ඇති, මහා නුවණැති පැරකුම්බා මහරජු ඒ ක්‍රමය සකස්කොට අසා,

261. සිතීමෙහි දක්ෂ වූ රජු මෙසේ සිතීය. "ඉදින් දැන් හේ බලකොටුවක් පිහිටුවන්ට ගන්නේ නම් එය උපායකි.

262. හීන වී ගිය සේනාංගයෙන් යුතු හේ යන්ට නික්මුනේ යැයි හඟිමි. මානාභරණ අල්ලාගන්ට ඒකාන්තයෙන් මේ කාලය යි.

263. මා විසිනුත් එහි යා යුත්තේය. යන්නා වූ තැනැත්තා විසින් එය නොදැනගන්නේ යම් සේ ද, එසේ යාම යුතුය. නැතහොත් මොහු පලායන්නේය."

264. මෙසේ නිශ්චය කොට වික්‍රම නමැති පුරයෙන් නික්ම, මුවදඩයමේ යනු කැමතියෙකු සේ එක්තරා ව්‍යාජයක් දක්වා,

265. ක්‍යානගමට පැමිණ වීණා, වස්දඬු, ගී ගැයුම් ආදියෙහි ප්‍රවීණ වූ නොයෙක් සංගීතඥයින් පෙරටු කොට,

266. මියුරු ගී රස දන්නා, ප්‍රාඥ වූ රජ තෙමේ සක්දෙවිඳු සෙයින් එහි ම වෙසෙමින් රක්ඛ අධිකාරී වෙත හසුනක් යැවීය.

267. "සේනාංගයන් වහා සන්නද්ධ කරගෙන අවුත්

මානාභරණ රජුගේ බුද්ධනායක නමැති සෙන්පතියා හා යුදසැණකෙළි පවත්වාවා!" යි යනුවෙනි.

268. මහරජාණන් වහන්සේ විසින් කියන දේ කරන අධිකාරී තෙමේ රජතුමා විසින් කියා යවන ලද සියල්ල මනාකොට අසා,

269. සැණෙකින් යුද්ධයෙහි දක්ෂ සේනාංගයන් සන්නද්ධ කොට සතුරු නමැති පුළුන් පිඹහැරීමෙහි උඩට නැගෙන සුළඟක් ලෙසින් පිටත්කොට යැවීය.

270. ඒ සිව්රඟ සේනා රිදී කුඹුරට ගොස් හිරු බැස යන තෙක් ම බිහිසුණු සටන් කොට,

271. බුද්ධනායක ආදී සාමාන්තයන් මරවා ඉතිරි සේනාව පලවාහැර එහි ම රාත්‍රිය ගත කළේය.

272. එපුවත ඇසූ විචක්ෂණ වූ, චතුර වූ පැරකුම්බා මහරජු මිහිරණ බිබිල නමැති ගමට ගොස්,

273. අත්‍යුදාර පරාක්‍රමයෙන් යුතු කඩක්කුඩ සාමාන්තයාත්, එමෙන්ම ලංකාපුර සාමාන්තයාත්, දණ්ඩනායක සොයුරු දෙදෙනාත් ගෙන්වා,

274. "මේ මානාභරණයා නියත වශයෙන් ම අද රෑ මහා භයින් යුතුව, පරාධීන වූ සිතින් පලායනු ඇත්තේය.

275. තෙපි කලින් ම ගොස් පලායන්නා වූ ඔහුගේ මාර්ගය වළක්වව්" කියා ඔවුන් පිටත්කොට යැවීය.

276. 'ගල ගල' යන හඬ පවත්වමින් නිරන්තරයෙන් මහාවැසි ඇදහැලෙද්දී, ඒ කළුවර රැයෙහි ඝනාන්ධකාරය පවත්නා කල්හි යන්නා වූ ඔවුහු,

277. භයින් පෙළී පලායන්නා වූ මානාභරණයන්ගේ මාර්ගයට පැමිණෙන්ට අසමත් වූවාහුය.

278. එකල්හි මානාභරණ රජු මෙසේ සිතීය. "අද සතුරු සෙන් සිටින බලකොටුව තුළ,

279. මහා සයුරේ කැළඹීම බඳු භයානක ඝෝෂාවක් ඇසෙන්නේය. සතුරු රාජයා බලකොටුවට පැමිණියේ වනැයි හඟිමි.

280. ඉදින් රැයෙහි පලානොගොස් මා මෙහි ම උන්නෝතින් කිසිවෙකුගේ යටතට නොපත් මම් අලුයම් කාලය වන විට ඔහුගේ වසඟයට යන්නෙමි.

281. එනිසා සියලු පිරිවර ජනයාට හෝ වෙන කිසිවෙකුට හෝ නොදැනෙන පරිදි මෙතැනින් පහව යන්ට වටනේය" යි භයින් පීඩිත වූයේ,

282. මෙසේ සිතා තමන්ගේ පුත්‍රයන් ද අත්හැර දමා, ඉතා දැඩි ලෙස ඝන වර්ෂාව ඇදහැලෙද්දීත්, දැඩි අන්ධකාරයක් පවතිද්දීත්,

283. තනිවම පිටත්ව යන්නේ පලින් පල ඇති වළවල්වල වැටෙමින්, වන පඳුරුවල හැපෙමින්, නැවත නැවත මරබියෙන් සැලෙමින්,

284. භයින් ආකුල වී ගිය සිත් ඇතිව මහවැලි ගං තෙරට ගොස් "ඉදින් මම් ප්‍රසිද්ධ තොටුපලකින් පලායන්නෙම් නම්,

285. සතුරෝ මා පසුපසින් ලුහුබැඳ ජීවග්ග්‍රාහයෙන් අල්ලාගන්නාහුය" යි සිතා කිසියම් අප්‍රසිද්ධ තොටුපලකින්,

286. ඉතා දුකසේ ගංගාවෙන් එතෙර වී, එකෙණෙහි ලබන ලද අස්වැසිලි ඇත්තේ සියරටවැසි සේනාවන් කෙරෙහි ද අත්‍යන්ත සැකයෙන් යුතු වූයේ,

287. මහා භයකින් යුතුව හඳුනාගත නොහැකි වේශයෙන් ගමින් ගමට පලාගොස් වේගයෙන් යාම නවත්වා සියරටට පිවිසියේය.

288. ඒ ඒ තැන සැඟවී සිටි පැරකුම්බා මහරජුගේ යෝධයෝ මානාභරණ රජු පලාගිය බව දැන,

289. ප්‍රමුදිත ව, වස්ත්‍ර දහස් ගණන් අතින් උඩට ඔසොවා හිස සිසාරා බමවමින්, හාත්පස විලක්කු සිය දහස් ගණන් දල්වමින්,

290. බොහෝ දහස් ගණන් යෝධයන් ජීවිතක්ෂයට පමුණුවමින්, අත්පොළසන් දෙමින්, ප්‍රීතිසාද පවත්වමින්, හාත්පසින් එහෙට මෙහෙට පනිමින්,

291. මානාභරණ රජු සිටි මහා මාර්ගයට එක්පැහැර සියල්ලෝ හාත්පසින් කඩාවැදී,

292. එහි හුන් සිරිවල්ලභ නමැති පුත්කුමරාත් අන්‍ය වූ මහාමාත්‍යයිනුත් ජීවග්ග්‍රාහයෙන් අල්ලාගෙන,

293. ඒ ඒ තැන විසුරුවා තබන ලද සතුරු රජුගේ බොහෝ වස්තු ද ඇතුන්, අසුන්, සන්නාහයන් හා බොහෝ ආයුධ ද,

294. ගෙන, ඔවුන්ට දිය යුතු රැකවල් ද යොදවා සියල්ලෝ මානාභරණ රජු සොයා හඹාගියෝය.

295. සැණෙකින් මහවැලි ගඟ අසබඩට පැමිණ එහිදී කෙළවරක් නැති සතුරු සෙන් මරා,

296. සියලු සතුරු සේනාවන් මස් ලේ ගඟක් බවට පත්කොට "සමුද්‍රයෙන් හෝ ගොස් මානාභරණ රජු,

297. අල්ලාගෙන නවතින්නෙමු. අන් ක්‍රමයකින් නොනවතින්නෙමු" යි දැඩි අදිටනින් යුතුව නික්මුනෝය. ඉක්බිති පරාක්‍රමබාහු මහරජු,

298. ඉක්ම යා නොහැකි අවවාද ඇත්තේ "තෙපි ගංගාවෙන් එතෙරට නොයා යුත්තාහුය" යි කියා ඔවුන්ගේ ගමන නැවැත්වීය.

299. ඉක්බිති සතුරු සෙන් දිනූ පරාක්‍රමබාහු රජු සර්වාභරණයෙන් සැරසී සේනාංගයන් පිරිවරන ලදුව,

300. සිරිවල්ලභ නමැති කුමාරයා විසින් පෙරටුකරන ලදුව, දේවාසුර යුද්ධයෙන් ජයගත් සක්දෙවිඳු දෙව්ලොවට පිවිසෙන සෙයින්,

301. මහත් වූ ජයඝෝෂාවෙන් දස දිසාවන් පුරවමින් පුලතිසිපුර නමැති රම්‍ය වූ නගරයට පිවිසියේය.

302. ඉක්බිති මානාභරණ රජු, පරාක්‍රමබාහු මහරජු කෙරෙහි උපන් භයින් හටගත් දරුණු රෝගයෙන් ආයුෂ ගෙවී ගොස්,

303. අන්තඃපුර ස්ත්‍රීන් මැද හිස අත් බැඳ හඬමින්, අතිශයින් දුක්ඛිතව, මරණාසන්න ව යහනෙහි වැතිරී සිටියේ,

304. කිත්සිරිමේඝ නමැති කුමාරයා හා අන්‍ය වූ මහාමාත්‍යයන් ද කැඳවා මේ වචනය කීවේය.

305. "ශ්‍රී දළදා වහන්සේටත්, උතුම් පාත්‍රා ධාතුවටත් සැදැහැවත් කුලපුත්‍රයින් විසින් පුදනා ලද බොහෝ ධනයත්,

306. භික්ෂු සංඝයා වහන්සේ සන්තකව පැවති අන්‍ය වූ බොහෝ ගම් ද රාජ්‍ය ලෝභයෙන් මඩනා ලද සිත් ඇති මා විසින් වනසන ලද්දාහුය.

307. අහෝ! දැන් ඉතින් මම් නොනැගිටින සෙයයාවෙන් වැතිරී සිටිමි. මෙතැනින් මියගිය විට මට ද ඒකාන්තයෙන් නිරයෙන් නිදහස් වීමක් කොයින් ද?

308. මා මෙන් තෝ විනාශ නොවී පරාක්‍රමබාහු රජු කරා ගොස් ඒ රජාණන් විසින් දෙනු ලබන අවවාදත් පිළිපදිමින්,

309. ඒ රජාණන් විසින් කියන ලද ක්‍රමයට ම අවනත ව වාසය කරව" යි මෙසේ කියා බැගෑපත් ලෙස හඬමින්,

310. පරාක්‍රමබාහු රජුගේ සමර්ථ භටයන්ට ද ගෝචර නොවන ප්‍රදේශයකට යනු කැමතියෙකු සෙයින් යමපුර නිරය නමැති බලකොටුවට ගියේය.

311. නොයෙක් සත්පුරුෂයන් විසින් සතුටු කරවන ලද පරාක්‍රමබාහු රජු, මානාභරණ රජු මරණයට පත්වූ බව අසා,

312. කිත්සිරිමේඝ කුමාරයා එතැනින් කැඳවා ගත්තේය. එකල්හි රජු වෙත රැස්වූ මහාමාත්‍යවරු,

313. ඔටුණු පැළඳීමේ මෞලි මංගල්‍යය කරනු පිණිස ඇඳිලි බැඳ කරන ලද වන්දනාවෙන් යුතුව ආයාචනා කළාහුය. රජ තෙමේ ශුභ නැකතකින් හා මුහුර්තියකින්,

314. සතුරු රජුන්ගෙන් තොරව ප්‍රශස්ත වූ මෞලි මංගල්‍යය පැවැත්වූයේය. එකල්හි නා නා ප්‍රකාර වූ භේරී නාදයෙන් මහා හඬක් හටගත්තේය.

315. එය යුගාන්ත චණ්ඩ මාරුතයෙන් කැළඹුණු මහසයුරේ ඝෝෂාව ලෙසින් බිහිසුණු විය. රන් සන්නාහයෙන් සන්නද්ධ වූ හස්තීන්ගෙන්,

316. රාජවීදිය බැබළී ගියේ විදුලි කොටන වලාකුළු ලෙසිනි. එහිදී අශ්වයන්ගේ රැඟුම්වලින් හටගත් තරංගයන් ඇත්තේ විය.

317. සකල නගරය ම කැළඹී ගිය සයුර මෙන් දිස් විය. විචිත්‍ර වූ ඡත්‍ර මාලාවෙනුත්, රන් ධජ මාලාවෙනුත්,

318. හාත්පස අහස්කුස වැසී ගියාක් බඳුවිය. හිස මත සිසාරා රෙදිපට බමවමින් මුවින් අසුරු ගැසීම් ද පවත්වමින්,

319. නගරවැස්සෝ "ආයු බෝ වේවා!" යි හඬ නගා කීවාහුය. කෙසෙල් තොරණින් ද ගැවසී ගත්තේය. පුන්කළස් මාලාවෙන් ද පිරී ගියේය.

320. මුළු පොළෝ මඬුල්ල එක ම මංගල්‍යයක් බවට පත්විය. එහිදී වන්දි ජනයා විසින් ගයන්නා වූ සිය ගණන් ස්තුති ගීතිකාවෝ ද පැවැත්වුවාහුය.

321. ගගන තලය සුවඳ ධූපයෙන් වැසී ගියේය. විසිතුරු

වස්ත්‍ර හැඳගත්තෝ ද, නා නා ආභරණයෙන් ගැවසී ගත්තෝ ද,

322. අතින් නා නා ආයුධ ගත්තෝ ද, කෘතහස්ත මහා යුද භටයෝ ද, සූර වීරාංග ඇති මනා කඩවසම් කෘතහස්ත යෝධයෝ ද,

323. මද කිපී ගිය ඇත්රජ මුලක් සෙයින් එහි වැජඹී ගියෝය. සැරසී සිටි දහස් ගණන් ධනුර්ධරයෝ ද එහි දිස්වූවාහුය.

324. දිව්‍ය සේනාංගයන් ධරණීතලයට බැසගත්තාක් බඳු විය. නගරය දිස් වූයේ තරු එළියෙන් බැබළී ගත් ගගන තලය මෙනි.

325. මහානුභාව ඇති, නිලුපුල් මෙන් දිගු ඇස් ඇති රජ තෙමේ මෙසේ ආශ්චර්ය අද්භූත සන්තතියක් පවත්වමින්,

326. ස්වර්ණාභරණයෙන් සරසන ලද හස්තීන් දෙදෙනෙකු යොදවන ලද ස්වර්ණමය මණ්ඩපයට නැගී, නා නා ආභරණයෙන් සැරසුනේ,

327. උදාවන හිරුමඬල දරන උදය පර්වතය සෙයින් මැණික් රැසින් බබළන ඔටුන්න සිරසෙහි දරා,

328. තමන්ගේ කාන්ති බලයෙන් අනංගයා මඩිමින්, තුටු කඳුළු නමැති දිය පුරස්ත්‍රීන්ගේ නෙත් යුග ගල්වමින්,

329. නගරය ප්‍රදක්ෂිණා කොට, ශුභ ලකුණින් සුශෝභිත ව, සහස් නෙත් ඇති සක් දෙවිඳු සෙයින් සුන්දර රාජමන්දිරයට පිවිසියේය.

330. මෙසේ දිසානුදිසාවන් සියල්ල පූජාවෙන් කළ දෙයක් සෙයින් කොට, මධ්‍යම ලෝකපාලක උතුම් චක්‍රවර්ති පරාක්‍රමබාහු මහරජාණෝ ප්‍රථම අභිෂේකයෙන් දෙවර්ෂයක් ගිය තැන ද්විතීයාභිෂේකය කළෝය.

මෙසේ හුදී ජන පහන් සංවේගය පිණිස කරන ලද මහාවංශයෙහි 'අභිෂේක මංගල්‍යය 2' නමැති සැත්තෑවන පරිච්ඡේදය නිමාවට පත්විය.

71

සැත්තෑ එක්වන පරිච්ඡේදය

පොළොන්නරුව පිළිසකර කිරීම

01. ජීවිතාර්ථය දකින්නවුන් අතර උත්තම වූ, ප්‍රඥාවන්ත වූ පරාක්‍රමබාහු නරපති තෙමේ කරන ලද අභිෂේකෝත්ව‍යෙන් පසු මෙසේ සිතීය.

02. "ලෝකයේත්, බුද්ධ ශාසනයේත් අභිවෘද්ධියට කටයුතු කිරීමෙහි විධාන නොකොට ඉවත බලා සිටි, බොහෝ සෙයින් ජන්ද, ද්වේෂ, භය, මෝහ යන මෙයින් අගතියට ගොස්,

03. අසාධාරණ ලෙස ආදායම් බදු පැනවීම් ආදී මහ දුක් පිණිස විධාන කරමින් සිටි පෙර රජදරුවන් විසින් මෙයට පෙර මේ රට බොහෝ සෙයින් පෙළන ලද්දේය.

04. එසේ පීඩිත වූ ලෝකයා යම් අයුරකින් සුවපත් වන්නේ ද, එමෙන්ම මහ ඉසිවර සම්මා සම්බුදුරජුන්ගේ බුදු සසුනත් නොයෙක් මිථ්‍යා විශ්වාස සිය ගණනින් මිශ්‍ර ව ගොස් බොහෝ කලක් තිස්සේ අවුල් ව ඇත්තේය.

05. තුන් නිකායකට බිඳී ගොස් භේද භින්න වී සිටින නොයෙක් භික්ෂූන් විසින් හුදෙක් කුස පුරවා ගැනීම වෙනුවෙන් නිර්ලජ්ජී කටයුතුවලින් යුක්තව,

06. පන්දහස් වසරක් ඉක්ම නොයා තිබියදී ම පිරිහී ගොස් තිබෙන්නා වූ බුදුසසුන යම් අයුරකින් බොහෝ කල් ලොවෙහි පවතින්නේ ද,

07. එමෙන්ම තන්හි තන්හි විනාශයට පත්ව ගියා වූ ඉතා වැදගත් වංශවත් පිරිස ද ඔවුන්ට යෝග්‍ය තැන තබා යථාවිධීන්ට අනුව පාලනය කිරීමක් ද කොට,

08. එමෙන්ම සතර මහද්වීපයට ඇදහැලෙන මහා වර්ෂාවක් සෙයින් නිරතුරුව දානය නමැති මහා වර්ෂාව වස්සවමින් දුගී ජනයා ද පෝෂණය කිරීම ඇතිකොට,

09. මා විසින් මහත් දුකසේ පිහිටුවා කරන්නා වූ ලංකා රාජ්‍යය, මේ සියල්ල නොයෙක් අයුරින් අර්ථවත් ලෙස, සම්භාවනාවෙන් යුතුව,

10. යම් සේ ප්‍රාර්ථනා කරන ලද අයුරින් කරන්ට දැන් කාලය යැ” යි සිතා සුදුසු ධානාන්තරාදිය ප්‍රදානය කළයුත්තන්ට තනතුරු දුන්නේය.

11. ඉක්බිති අඬබෙර පතුරුවා දුගී මගී යාචකාදීන් රැස්කරවා, වර්ෂයක් පාසා, තමන්ගේ බර කිරා ඒ ප්‍රමාණයට සියල්ලන්ට ම දෙන්නා වූ තුලාභාර මහාදානයක් දෙවීය.

12. ඉන් පසු රජ තෙමේ බුද්ධ ශාසනයේ අභිවෘද්ධියට

කටයුතු විධාන කරන්නේ තුන් නිකායවාසී මහා සංඝයා රැස්කරවා,

13. එසේම ආපත්ති - අනාපත්ති පිළිබඳ විභාග කොට බැලීමෙහි දක්ෂ වූ බොහෝ උතුම් ආචාර්යවරුන් ද රැස්කරවා,

14. තැන - නොතැන පිළිබඳ මැනවින් දන්නා විනයධරයන්ට තෙමේත් අග්‍රේසර වූයේ, පිරිසිදු වූත්, අපිරිසිදු වූත් තපස්වී භික්ෂූන් වහන්සේලා,

15. රජු අපක්ෂපාතීව කටයුතු කරන බැවින් ඔවුන් කෙරෙහි ද ගැටීමක් හෝ හිතවත්කමක් නොකරමින්, අප්‍රමාදීව කටයුතු කරමින්, දිව රෑ දෙක්හි නොමැලි ව,

16. ශල්‍ය වෛද්‍ය විශේෂඥයෙකු සෙයින් පිළියම් කිරීමට සුදුසු වූත්, නුසුදුසු වූත් දෝෂයන් මනාකොට විමසා බලා, නුවණින් යුතුව, විනය නීති පිළිබඳ දක්ෂ වූයේ,

17. ඒ පැරකුම්බා රජු පිළියම් කොට සසුනට ගත හැකි භික්ෂූන්ට පිළියම් කරවමින්, පාරාජිකාදියට පත්ව පිළියම් නොකට හැකි භික්ෂූන්ව බැහැර කරවමින්, යහපත සැලසීමේ කල්පනාවෙන් යුතුව විනයෙහි කී න්‍යායෙන් ම,

18. වළගම්බා රජ දවසෙහි පටන් සර්වප්‍රකාරයෙන් ම මෙකල වර්තමානය (මේ මහාවංශය ලියන කාලය) දක්වා බොහෝ වූ පෙර රජදරුවන් විසින්,

19. මහත් සේ උත්සාහ කොටත් අඩාල වූ සංඝ සාමාග්‍රිය ඇති, ඔවුනොවුන්ට විරුද්ධ වූ හැසිරීම්

ඇති භික්ෂූන්ගේ නොයෙක් අර්බුදයන් පිළිබඳ යථා ස්වභාවය තේරුම් ගැනීමෙහි දක්ෂ වූ,

20. පෙර අතීත ආත්මයන්හි සිට ලක්දිව තුන් නිකායෙන් යුතුව පවතින බුදු සසුනේ ම මනා පිරිසිදු බව පතා ගන්නා ලද පින් බල ඇත්තේ,

21. රාජ්‍ය ලාභය පිණිස උසුලන ලද්දා වූ දුකටත් වඩා දෙගුණයක මහා දුකක් බොහෝ සෙයින් ම අනුභව කරමින් මහා ප්‍රාඥ වූ පැරකුම්බා රජු තුන් නිකාවැසි සංඝයා සමගි කරවා,

22. යම් සේ පන්දහසක් කල් බුදු සසුන පිරිසිදුව පවතින්නේ ද, එසේ ම කිරි හා දිය සෙයින් තුන් නිකායවාසී සංඝයා මෙත් සිතින් සමගිව කටයුතු කරන්ට සැලැස්වීය.

23. ඉන් පසු රජ තෙමේ පොළොන්නරු නගරය මැද නානා ශාලාවන්ගෙන් සුවිසල් වූ සතර දිසාවට දොරටු සතරක් ඇති චතුශ්ශාලාවන් කරවා,

24. සිල් ආරක්ෂා කරන්නා වූ නොයෙක් සිය ගණන් ජනයා හට දිනපතා දානයෙන් සංග්‍රහ කරනු පිණිස සියලු දානෝපකරණයන්ගෙන් යුක්ත කොට මහා දන්වැටක් තැබ්බවීය.

25. සතුටු සිතින් යුතු නරපති තෙමේ හැමකල්හි ඔවුන්ගේ වැඩිමහලු පිළිවෙළින්, වාර්ෂිකව හඳිනා පොරෝනා රෙදි පිළි දෙන්ට සැලැස්වීය.

26. එමෙන්ම නගරයේ සිව් දිශාවෙහි, ප්‍රමාණ කොට බෙදා සකස්කරන ලද දානශාලා සතරක් කරවා,

27. එහි නොයෙක් ලෝහමය බඳුන් ද, කොට්ට, මෙට්ට, පැදුරු, ඇඳන්,

28. මිහිරි කිරි ලබාදෙන දහස් ගණන් කිරි දෙනුන් ද තබ්බවා, එමෙන්ම ඒ දෙනුන්ගේ සමීපයෙහි පිරිසිදු දිය ඇති විලක,

29. නා නා මලින් ද පලවැලින් ද ගහණ රුක්පෙළින් ද බබළන ආනන්දය ඇතිකරවන තව්තිසායෙහි නන්දනෝද්‍යානය බඳුව රම්‍ය වූ උයන් ද කරවා,

30. එහි ශාලාවන්ගේ කෙළවර ධන ධාන්‍යයන් ද, තල් සකුරු, උක් සකුරු, මී ආදී සියලු උපකරණයන් යුක්ත කොට,

31. බොහෝ අටුකොටු කරවා, මසුරුකමක් නැතිව, එහි සීලාදී ගුණ පූරණයෙහි යෙදී සිටින නොයෙක් දහස් ගණන්,

32. සතර දිගින් වඩිනා සංඝයා වහන්සේට ද, බ්‍රාහ්මණයන්ට ද, ගුණ කියමින් ඉල්ලන්නා වූ යදියන් වන වණිබ්බකයන්ට ද, අන්‍ය වූ බොහෝ අධික යදියන්ට ද,

33. අකම්පිත සිත් ඇති, නොහැකිලුණු සිත් ඇති, ප්‍රීතියෙන් පිරුණු සිත් ඇති, ප්‍රඥා සම්පන්න රජ තෙමේ දිනපතා මහදන්වැට පැවැත්වීය.

34. ඉන් පසු දයාවෙන් යුක්ත වූ පැරකුම්බා නරනාථ තෙමේ නොයෙක් සිය ගණන් රෝගී ජනයාගේ වාසයට සුදුසු පරිදි මහාරෝග්‍ය ශාලාවක් කරවා,

35. එහි ද පෙර කියන ලද ක්‍රමයෙන් ම සියලු පරිභෝග භාණ්ඩයන් ද රැස්කොට තබ්බවා, සියලු රෝගීන්ට වෙන වෙනම,

36. ප්‍රමාණවත් බෙහෙත් ඖෂධ, සත්පාය ඛාද්‍ය භෝජ්‍ය ආදිය දිවා රාත්‍රී සම්පාදනය කොට දීම පිණිස වෙන වෙනම පිරිමි උපස්ථායකයෙකු හා ගැහැණු උපස්ථායිකාවක ලබාදී,

37. ඒ මහාරෝග්‍ය ශාලාවන්හි නා නා ඖෂධත්, ධන ධාන්‍යත් රැස්කරන ලද අනල්ප අටුකොටු කරවන ලද්දේ,

38. නානා රෝගයන් පිළිබඳ අවස්ථා තෝරා බේරා ගැනීමෙහි නිපුණ වූ, ඉතා නුවණැති, සියලු වෙද ශාස්ත්‍ර දන්නා වූ, කෘතහස්ත වෛද්‍ය විශේෂඥයන් හට,

39. වැටුප් දෙවා, සෑම දෙයක් පිළිබඳව ම විශේෂඥ වූ රජ තෙමේ ඒ ඒ වෛද්‍යවරුන් ලවා දිවා රෑ දෙක්හි රෝගීන්ට මනාකොට පිළියම් කරවූයේය.

40. සෑම මාසයක ම සතර පොහෝ දිනයන්හි පැරකුම්බා රජු තෙමේ ම සියලු ආභරණයන්ගෙන් සැරසීමෙන් තොරව, මනාකොට සමාදන් වූ අෂ්ටාංග උපෝසථ සීලයෙන් යුතුව,

41. පිරිසිදු වූයේ, සුදු උතුරු සළුව පොරවාගත්තේ, දයාවෙන් සිහිල් වූ මනසින් යුතු වූයේ, ඇමති පිරිස පිරිවරාගෙන ඒ මහාරෝග්‍ය ශාලාවට පිවිස,

42. ප්‍රසාද සෞම්‍ය නේත්‍රයෙන් රෝගීන් දෙස බලා

නරශ්‍රේෂ්ඨ වූ තෙමේත් ආයුර්වේදයෙහි නිපුණ බැවින්,

43. මහා ප්‍රඥාවෙන් යුක්ත වූයේ, එහි ප්‍රතිකාර පිණිස යොදවන ලද වෛද්‍යවරුන් කැඳවා ඔවුන් විසින් කරනු ලබන ප්‍රතිකාර ක්‍රමයන් පිළිබඳව සර්වප්‍රකාරයෙන් විමසා,

44. ඉදින් ඒ වෛද්‍යවරුන් විසින් වරදවා කරන ලද ප්‍රතිකාර ක්‍රමයක් ඇත්තේ නම්, කතා කරන්නවුන්ට උතුම් වූ නරපති තෙමේ ඒ වැරදි ප්‍රතිකාරයන් නුවණින් යුක්තව කරන පරිදි ඔවුන්ට අවබෝධ කරවා,

45. වෛද්‍ය ශාස්ත්‍රයන්හි යම් අයුරකින් දෙන ලද ප්‍රතිකාරයක් ඇද්ද, ඒ අනුව උපදෙස් දී, තෙමේත් දක්ෂ වූයේ, සියතින් ම රෝගීන් කිහිප දෙනෙකුට ප්‍රතිකාර ලබාදී,

46. සියලු රෝගීන්ගේ සුව දුක් විචාරා, රෝගාදියෙන් මිදී සුවපත් වූවන් හට අලුතින් වස්ත්‍රාදිය ලබාදී,

47. කුසල ධර්මයන්හි ඇලී සිටි රජ තෙමේ වෛද්‍යවරුන් විසින් තමන් වෙත අනුමෝදන් කරන ලද පින් ද අනුමෝදන් වී, තමන් රැස්කරන ලද පින් ඒ වෛද්‍යවරුන්ට ද අනුමෝදන් කොට සිය රාජභවනට යන්නේය.

48. දයාභරිත වූ මේ නීරෝග රජතුමා මෙකී උපායෙන් ම අවුරුදු පතා, රෝගීන් වැළඳ සිටි සියලු රෝග-යන්ගෙන් නිදහස් කරවීය.

49. මෙහිලා පෙර නුදුටු, නොඇසූ විරූ අන්‍ය වූ කරුණක් ද ඇත්තේය. එනම්, යහපත් ලෙස පවත්වන ලද කරුණා ගුණ රාශියෙන් යුක්ත වූ මේ රජුගේ,

50. ඒ ආරෝග්‍ය ශාලාවට දෙකොපුලෙහි හටගත් බලවත් රෝග රුජාවකින් පීඩිත ව, මහා දුකකින් වේදනා විඳින එක්තරා කපුටෙක් ආයේය.

51. ඉතා දැඩි වූ දයාව නමැති මලපුඩුවෙහි සිර වී සිටි එකක්හු සෙයින්, තටු සිඳීගිය එකක්හු සෙයින්, ඉතා බැගෑ ලෙස හඬමින් ඒ ශාලාවෙන් පිටත නොගියේය.

52. එකල්හි වෛද්‍යවරු කපුටා පත්වූ තත්වය මැනවින් තේරුම් ගෙන මහරජුගේ උපදෙස් පරිදි උ‍ෟ වෙදහල තුලට ගෙන ප්‍රතිකාර කළාහුය.

53. රෝගයෙන් සුවපත් වූ කල්හි ඒ කපුටාව ඇතෙකු පිට නැංවූ රජ තෙමේ පොළොන්නරු නගරය පැදකුණු කරවා උ‍ෟ මුදවා හැරීය.

54. තිරිසන් සතුන් කෙරෙහි පවා මෙබඳු වූ අත්‍යුදාර කරුණාවක් කවරදාක නම්, කොතැනක නම්, කවුරුන් නම් දකින ලද බවක් හෝ අසන ලද බවක් ඇද්ද!

55. සතුටු කරන ලද සත්පුරුෂ ජනයන් ඇති මේ පැරකුම්බා රජු දැනට පොළොන්නරු නගරය නමට පමණක් ඉතිරිව තිබෙන බව දැන,

56. වීර වූ මෙතෙමේ ඉතා සුවිසල් වූ රාජශ්‍රීයේ බැබලීමට එය ප්‍රමාණවත් නොවන හෙයින් රමණීය ලෙස සුවිසල්ව කරවන්ට පටන් ගත්තේය.

57. පෙර රජුන් විසින් කරවන ලද මහා නගර ප්‍රාකාර වළල්ලෙන් පිටත හාත්පස කඳවුරු පිහිටුවා,

58. උස් වූ නගර ප්‍රාකාර වළල්ල සරත් කාලයෙහි වළාවෙහි සුදු පාටින් බබළන ලෙස සුණු පිරියම් කරවීය.

59. ඒ මහා ප්‍රාකාරය වටා අනුක්‍රමයෙන් කුඩා ප්‍රාකාර තුනකින් ද වටකොට නොයෙක් ආකාරයේ වීදීන් කරවීය.

60. එමෙන්ම තමාගේ රාජ මන්දිරයන් ද ඇතුලු සියලු අන්තඃපුරයන් වටකොට අනුප්‍රාකාර වළල්ලක් තැනවීය.

61. එහි ද නොයෙක් කැටයමින් විභූෂිත ස්ථම්භයන් සිය ගණනකින් යුක්ත කොට, දහසක් කාමරයන්ගෙන් ප්‍රතිමණ්ඩිත කොට, සත් මහලකින් යුක්ත කොට,

62. කෛලාශකූට පර්වතය බඳුව මුදුන් වහලින් එකට මුසු වී ගිය, නොයෙක් ආකාර වූ මල්කම්, ලියකම් කැටයමින් බබළන්නා වූ,

63. රනින් නිමවන ලද මහා ද්වාරයකිනුත්, කුඩා දොරකවුළුවෙනුත් යුක්ත කොට, මනාකොට බෙදන ලද භිත්තීන්ගෙන් ද පියගැටපෙළින් ද යුක්ත කොට, සියලු ඍතුවලට සැප ලබාදෙන,

64. රනින් ද ඇත්දළින් ද කැටයම් කළ ආසන මත මාහැඟි ඇතිරිලි අතුරා, නොයෙක් නොයෙක් දහස් ගණන් සයනයන්ගෙන් ද නිතර අලංකෘත වූ,

65. ආකාශ ගංගායෙහි සෞභාග්‍යයට සිනහසෙන්නාක් බඳු බැබළීමක් ඇති, සඳරැස්හි ඇති සුදු පැහැයෙන් සිව්කොණ එල්ලෙමින් තිබෙන,

66. සුවිසල් මුතුකළඹින් නිතොර අත්‍යන්ත ශෝභා ඇති, රනින් නිමවන ලද පහන් මාලාවෙන් ද එකළු කළ,

67. මාලාදාමයන්ගෙන් විහිදෙන උතුම් සුගන්ධය හැමකල්හි හමා යවමින් පැතිරෙන සිරියහන් ගැබෙන්,

68. උස්හඬින් යුතුව නැගෙන පංචාංගික තූර්යනාදයන් බඳු රාවයන්, එහි තන්හි තන්හි එල්බෙමින් තිබෙන රන් කිකිණි දැලෙන් නැගෙන,

69. සෝෂාවන්ගෙන් යුක්ත වූ අනල්ප වූ පුණ්‍යානුභාවය වනාහී විස්කම් දෙව්පුතු විසින් කිසිවෙකුට නොකළහැකි පරිදි මවන ලද දෙයක් බඳුව,

70. ප්‍රසාදය ඇතිකරවන ඒ සත්මහල් උතුම් ප්‍රාසාදය වෛජයන්ත ප්‍රාසාදය නමින් සියලු රජුන්ට අග්‍ර රජ තෙමේ අග්‍රාකාරයෙන් කරවීය.

71. එමෙන්ම බ්‍රාහ්මණයන් ලවා සෙත් ශාන්ති කරවන්ට රනින් කැටයම් කළ මන්දිරයක් ද, මන්ත්‍රයන් ජප කරවනු පිණිස ධාරණීසරය නමින් සිත්කලු මැදුරක් ද,

72. මහසෘෂි වූ අප බුදුරජාණන් වහන්සේ විසින් වදාරන ලද ජාතක කතා එහි සිටින්නා වූ ආචාර්යවරුන් ලවා අස්සවන්ට රම්‍ය වූ කුණ්ඩලාකාර මන්දිරයක් ද කරවීය.

73. කාෂාය වස්ත්‍රධාරී බෞද්ධ භික්ෂූන් විසින් දෙනු ලබන පිරිත් පැන් හා පිරිත් නූල් ලබාගනු පිණිස මන්දිර සැත්තෑ පහක් කරවීය.

74. හාත්පසින් විසිතුරු ලෙස තිරරෙදිවලින් වටකරන ලදුව මාහැඟි උඩුවියනින් සරසන ලද,

75. නා නා වර්ණයෙන් යුතු සුගන්ධවත් මලින් තන්හි තන්හි පුදන ලද එක ම මල්ගුලාවක් මෙන් විරාජිත වූ,

76. සුවඳ තෙල් පහනින් හැමකල්හි ආලෝකවත් වූ කුටිය ඇති, කළුඅගිල් දුමින් හාත්පස සුවඳ කවන ලද,

77. රනින් මෙන්ම නොයෙක් දෙයින් කරවන ලද බුද්ධ ප්‍රතිමා වහන්සේලාගෙන් අලංකෘත වූ, වස්ත්‍රයන් පොරවන ලද සර්වඥ පිළිම මාලාවෙන් විරාජමාන වූ,

78. සම්බුදුරජුන්ගේ පිළිම වහන්සේට සියතින් ම නේත්‍රා තබන්ටත්, තථාගතයන් වහන්සේට වන්දනා හා පූජාවන් පවත්වන්ටත්, අනුත්තර වූ ධර්මය අසන්ටත්,

79. රාජ මන්දිරයට රජු පිවිසි කල්හි දිව්‍ය සංගීතය හා සමාන ළයාන්විත මියුරු ගී ගයා නටන්නා වූ,

80. නාටිකාංගනාවන් සමග කෙකාසන් හඬ නගමින් නිතර නටමින් සිටින, එහි පැමිණි ජනයා පුදුමයට පත්කරවන,

81. උතුම් වූ මොණරෙකුගෙන් ද විරාජමාන වූ ධර්මාගාරයක් සදා ධර්මයට අනුව පවතින රජ තෙමේ කරවීය.

82. සඳලුතලයේ සමීපයෙහි නොයෙක් අයුරින් ගාන්ධර්ව ගී ළයාන්විත සරින් අස්සවන්ටත්, එහි සුන්දරත්වය දකින්ටත්,

83. හාත්පසින් ස්වර්ණමය ස්ථම්භයන්ගෙන් බබළන, එමෙන්ම තමන්ගේ ජීවිත කතාව පිළිබඳ කරවන ලද මනහර චිත්‍රකර්මයන් ද,

84. කුණ්ඩලාහරණ, අංගාහරණ ආදී නා නා ආභරණාදියෙන් සරසන ලද කොමුපිළි, කසිසළු, චීනපටසළු හැඳවීම් ආදියෙන් ද සොභමාන කරවන ලද,

85. ස්වර්ණමය මහකඳින් හා අතුපතරින් යුතු රුකෙක්හි සරසන ලද නොයෙක් පක්ෂි සමූහයාගෙන් උපලක්ෂිත,

86. සිතු පැතු සම්පත් දෙන කල්පවෘක්ෂයෙන් ශෝභමාන වූ සරස්වතී නමැති මණ්ඩපයක් ද නරේන්ද්‍ර තෙමේ කරවීය.

87. තව්තිසා දෙව්ලොව පිහිටි සුධර්මා නම් දිව්‍ය ශාලාව මිහිමඬලට බැසගත් සෙයක් දිස්වන මෙන්, සකල ලෝකයන්හි ඇති චාරිත්‍රයන් එකට පිඬු වී ගිය කලක සෙයින්,

88. යුක්ත කොට, විසිතුරු සිත්තමින් ප්‍රතිමණ්ඩිත, සිත්කලු වේදිකාවෙන් වටකරන ලද තුන් මහල් මන්දිරයක් කරවීය.

89. එමෙන්ම ගී ගයන්නවුන්ට සිතූ පැතූ සම්පත් දෙන කල්ප වෘක්ෂයාගේ සෙවණෙහි මාහැඟි ආසනයෙක්හි, විභූෂිත වූ,

90. සිය බාහුබලයෙන් කරන ලද යුද්ධයේදී ලංකාංගනාව ලැබීම හේතුවෙන් උජ්වලිත වූ, නා නා රත්නයන්ගෙන් ශෝභමාන ඔටුන්න බඳු,

91. නරලොව තනි පාලකයාගේ ජටාමඬුල්ල බඳු, රාජවේශී භුජංග නමින් රම්‍ය වූ මණ්ඩපයක් කරවීය.

92. පොළොව පලාගෙන උඩට මතු වූවක් බඳුව මකර රුවින් නිමවන ලද ඉතා රම්‍ය වූ ඒකස්ථම්භ ප්‍රාසාදයක් කරවීය.

93. ස්වර්ණමය ස්ථම්භයක් මතුයෙහි අලංකාර ලෙස පිහිටුවන ලද එය වනාහී සිංහරාජයෙකුගේ වාසය ඇති රන්ගුහාවක සිරිය ගත්තේය.

94. රන්වන් බිමින් හෙබියා වූ, රන් පහන් රුකින් හෙබියා වූ එය මනෝඥ ආකාරයෙන් රන් රිදී කැටයමින් සරසන ලද්දේය.

95. පෘථිවිපාලක රජ තෙමේ රාජභවන ආසන්න පෙදෙසෙක්හි ගෘහෝද්‍යානයක් ද කරවීය.

96. ඒ උද්‍යානය වනාහී සුන්දරත්වයෙන් තව්තිසායෙහි නන්දනෝද්‍යානය බඳු විය. ජනයාගේ නේත්‍රයන්ට ආනන්දය දෙමින් සතුටු කරවන්නේය යන කරුණින්,

97. නමින් ද නන්දනෝද්‍යානය වූ ඒ උයනෙහි කොඳවැල් වෙලාගත් රුක් ඇත්තේය. නානා මල් මකරන්ද රසයෙන් ලද ආශ්වාදයෙන් මත් වූ භෘංග සමූහයාගේ ගුමු ගුමු නද ගැවසුනේය.

98. සපුමල්, අසෝකමල්, තිලකමල්, නාමල්, දොඹමල්, දුනුකේමල්, සල්මල්, පළොල්මල් මෙන්ම අඹ, දඹ, බක්මී,

99. මූණමල්, පොල්, කෙලිඳ, රත්කරව්, දෑසමන්, මලිගිය, තමලුමල්, පෙහෙඹු ආදී,

100. මෙවැනි පුෂ්පයන්ගෙනුත්, ඵලයන්ගෙනුත් හරිත වෘක්ෂයෝ එහි යම් මැ තැනකට ආ ජනයාගේ හෘදය උද්දාමයට පත්කරවන්නාහුය.

101. මොණරුන්ගේ කෙකාසන් නාදයෙන් ද කෝකිලයන්ගේ කූජනයෙන් ද රම්‍ය වූ නාදයෙන් හැමකල්හි ලෝවැස්සා පොළඹවමින්,

102. මහනෙල් මලිනුත්, නෙළුම් මලිනුත් ගැවසීගත් විල්හි හැසිරෙන විල්ලිහිණියන් සමූහයාගේ මියුරු නාදයෙන් ද,

103. ඇත්දළින් නිමවන ලද අනන්ත රූපපෙළින් විරාජිත ස්ථම්භයන්ගේ දැඩි බව තවත් මහත් කොට බබළවන්නා වූ,

104. යන්ත්‍ර නළ මාර්ගයන්ගෙන් විදිනු ලබන ජල දහරාවන්ගෙන් හැමකල්හි වැසි ඇදහැලෙන මහවළාවන්ගේ අලංකාරය ගත්තේය.

105. උද්‍යානශ්‍රීයෙන් මෞලි සැරසීමක ආකාරය දරන්නේ නෙත් පැහැරගන්නා වූ දියඇළි මණ්ඩපයකින් සැරසුනේය.

106. නොමඳ වූ සඳුන් අරටුයෙන් කරන ලද ස්ථම්භයෙන් අලංකෘත වූ භූමි මණ්ඩලය ඉතා අලංකාර ලෙස බබළවන්නේ,

107. දිලිසෙන දිව්‍ය විමානයක සිරි දරමින් බැබළෙමින් අටැස් මණ්ඩපයෙනුත් මුදුන්මල් කළඹක ආකාරය ගත්තේය.

108. අනන්ත නාගරාජයාගේ දරණවැලේ සිරි ගත් මනෝඥ වූ සිරියාවෙන් හෙබි මහත් වූ මණ්ඩපයක් ද කරවීය.

109. යම් උද්‍යානයක පිහිටුවූ ගල්පොකුණක් ඇද්ද, එය අනන්ත සද්ජනයන් විසින් සතුටු කරවන ලද මිහිපල් රජුගේ සිරස බඳුව පැරකුම් රජුව සතුටු කරවීය.

110. යම් මංගල පොකුණක් නිසා වඩාත් රමණීය වූ උද්‍යානයක් ඇද්ද, එය හැමකල්හි නන්දා පොකුණෙන් යුතු නන්දන උයන සෙයින් බබළයි.

111. එමෙන්ම සුගන්ධ ජලයෙන් පිරීගිය පොකුණ බබළමින් භූපාලචන්ද්‍ර වූ රජුව සතුටු කරවයි.

112. ගුහාවෙක්හි වසන හැඟීම ඇතිකරවන පොකුණුවලින් ද යුක්ත වූ ඒ උද්‍යානය හැමකල්හි නොමඳ ශ්‍රී සෞභාග්‍යයෙන් සිත්කලුව පෙනුනේය.

113. සතුරන් මැඬලන රජ තෙමේ දෙපසින් දිය ගලන දූපතක් බඳු බිමක ජලෝද්‍යානය නමින් තවත් උද්‍යානයක් කරවීය.

114. මුළුමනින් ම සුදෝ සුදු ලෙස සුණු පිරියම් කොට නිමවන ලද විස්මයජනක ධවලමන්දිරය ද කෛලාශකූටයේ මුදුන බඳුව දිස්විය.

115. නා නා විජ්ජා විශේෂඥයන් විසින් පෙන්වා දෙනු ලබන විජ්ජාවන් උදෙසා විජ්ජා මණ්ඩප නමින් විමානයක් ද උයන සැරසවීය.

116. රන් කිකිණි දැලෙන් සරසන ලද අලංකාර ඔන්චිල්ලා ඇති ඉතා සුන්දර වූත්, අලංකාර වූත් ඔන්චිල්ලා මණ්ඩපයක් ද එහි තිබුණේය.

117. කවට කතා රසයෙන් ක්‍රීඩා කරන්නා වූ ඇමතියන් විසින් පෙරටු කරගත් රජ තෙමේ යම් තැනක සිට සතුටු වෙයි ද, එහෙයින් එතැන ක්‍රීඩා මණ්ඩපය නම් වූයේය.

118. එමෙන්ම ඇත්දළින් කරවන ලද සාණිමණ්ඩප නමින් බබළන්නා වූ විමානයක් බඳු මණ්ඩපයක් ද මයුර මණ්ඩප නමින් වෙනත් මණ්ඩපයක් ද,

119. කැටපත් භිත්තියෙන් කරන ලද කණ්ණාඩි සවිකළ කැටපත් මණ්ඩපය නමින් ද උතුම් මණ්ඩපයක් කරවීය.

120. අනන්ත නාගරාජයාගේ දරණවැල සෙයින් බඳිනා ලද ගලින් යුතු අනන්ත නම් පොකුණ එහි පැමිණි ජනයා සතුටට පත්කරවීය.

121. විචිත්‍ර වූ කැටයමින් සමලංකෘත වූ චිත්‍රා නම් පොකුණ ද සතුරන් මැඩලන්නා වූ රාජඍෂි පරාක්‍රමබාහු නරේන්ද්‍රයන් සතුටු කරවීය.

122. යම් උයනක නොයෙක් විසිතුරු කැටයමින් හෙබුවා වූ සිව් මහල් උතුම් විමානයන් ශෘංගාර නම් නාටක රසයෙන් යුක්තව පැවතුනේ ද,

123. ඒ උයන තල්, කිතුල් රුකින් ද නා, දොඹ රුකින් ද කෙසෙල්, කිණිහිරි රුකින් ද එමෙන්ම යොහොඹු රුකින් ද සැදුම් ලද්දේය.

124. සියලු රජවරු නමැති පර්වත පන්තියට මහාමේරු පර්වතය බඳු වූ ඒ රජුගේ හදගැබෙහි වසන තුනුරුවන් තමාගේ යැයි සලකන්නේ,

125. යහපත - අයහපත විසඳීමෙහි දක්ෂ, නුවණැති, පිරිසිදු මනසින් යුතු, අනේක පුණ්‍ය කර්මයන් පිළිබඳ විධානයෙහි දක්ෂ වූ,

126. අත්‍යර්ථයෙන් ම ඡන්ද, ද්වේෂ, භය, මෝහ යන අගතියට නොයන්නා වූ, ජලයෙන් අතෘප්තිමත් සයුර සෙයින් කුසල් ඕසයෙන් අතෘප්තිමත් වූයේය.

127. පවට ඇති ලැජ්ජා හයෙන් යුක්ත වූ, නිරතුරුව හටගත් වීරිය ඇති, සීල පාලනයෙන් යුතු, විචක්ෂණ වූ මහින්ද නමැති එක්තරා අමාත්‍යයෙක් මේ රජුට සිටියේය.

128. හේ අසුහාරදහසක් ධර්මස්කන්ධ නමැති අමාත්‍යයෙන් ලත් අභිෂේකයෙන් පවිත්‍ර වූ ශ්‍රී දළදා වහන්සේගේ දියුණුව පිණිස,

129. කරන ලද සියලු කටයුතුවලදී හැමකල්හි උපස්ථම්භක වූයේ, ශ්‍රීමත් පරාක්‍රමබාහු නරේන්ද්‍රයාගේ අනුග්‍රහයෙන්,

130. රන් උළු සෙවිලි කළ, රන් දොරටු, රන් කවුළුවෙන් සුසෝභිත, ඇතුලතින් පිටතින් කරවන ලද නොයෙක් චිත්‍ර කර්මයෙන් සමුජ්වලිත වූ,

131. විදුලිය නමැති දැලින් වැළඳගත් රන්මය පර්වතයක් සේ නා නා විචිත්‍ර වියනින් බබළවන ලද,

132. නා නා ප්‍රභාව පැතිර යන තිරරෙදිවලින් ශෝභමාන වූ, එමෙන්ම මාහැඟි බුමුතුරුණු අතුරන ලද යහන්පෙළින් සැදි,

133. ශ්‍රියා කාන්තාවට නිවාසයක් බඳු, සිත්කලු වූ සියල්ල එකට පිඬු කළාක් බඳු, බබළන දේහධාරී,

134. ඉතා අලංකාර හංස පන්තීන්ගෙන් ද හිමවළාවක් සේ සුදු පැහැයෙන් යුක්ත වූ මනෝඥ සඳලුතලායෙන් ද හෙබි,

135. ඔසොවන ලද අලංකාර ධජ ඇති, රන්මුවා කොත් කැරලි ඇති, දුටුවන්ගේ පැහැදීම ඇතිකරවන විචිත්‍ර වූ සොඳුරු ප්‍රාසාදයක් කරවීය.

136. එමෙන්ම කිත්සිරිමේඝ මහරාජ නමැති මහාසයුරින් උපන්නා වූ සඳරේඛාවක් බඳු, ලෝවැස්සන්ගේ නේත්‍රයට මනහර වූ,

137. ක්ෂත්‍රීය රාජවංශයෙහි එකම ලකුණ බඳු, ඒ පැරකුම්බා රජුගේ ප්‍රිය මෙහෙසී තොමෝ සිය

සැමියාගේ මුදුන්මල්කඩ බඳුව, රාමාට ආදරය කරන සීතා සෙයින්,

138. නොයෙක් සිය ගණන් අන්තඃපුර ස්ත්‍රීන් මැද අත්‍යන්තයෙන් ම තුනුරුවන් ස්වාමියා කොට සිටින්නා වූ,

139. සිය ස්වාමිදේවයන් හැර, රූපයෙන් සක්දෙවිඳු හා සමාන ව සිටිනා වෙනත් කිසිවෙකු හෝ තණපතක් තරමටවත් නොතකන්නී,

140. නිරිඳුන්ගේ මතය අනුව හැසිරෙන්නී, ප්‍රියබස් දොඩන්නී, ශ්‍රද්ධා සීලාදී අනේක ගුණාභරණයන්-ගෙන් බබළන්නී,

141. නැටුම් ගැයුම් ආදියෙහි දක්ෂ වූවා, කුශාග්‍ර බුද්ධියෙන් යුක්ත වූවා, කරුණා ගුණ යෝගයෙන් හැමකල්හි සිහිල් වූ සිතැත්තී,

142. රූ ඇති ස්ත්‍රීන් අතර උතුම් වූ, නුවණැත්තී වූ, පුණ්‍යවන්තිනී වූ, පිරිසිදු පතිවත නිසාවෙන් පැතිරී ගිය යශෝරාව ඇත්තී වූ රූපවතී දේවී තොමෝ,

143. මෙසේ සිතුවාය. "මිනිසුන්ගේ ආයුෂ ස්වල්ප වේ. එනිසා ඒ පිළිබඳ ලජ්ජා වෙමින් සත්පුරුෂ තෙමේ හිස ගිනිගත්තෙකු සෙයින් යහපතෙහි හැසිරිය යුත්තේය. මාරයාගේ නොපැමිණීමෙක් නැත්තේය."

144. යනාදී වශයෙන් අනිත්‍ය ප්‍රතිසංයුක්ත වූ උතුම් බුද්ධ වචනය මෙනෙහි කරන්නී ශ්‍රේෂ්ඨ මුනිඳුන්ගේ භාෂිත මනාකොට අසන්නී, සිතින් දරන්නී,

145. සත්වයන්ගේ තිබෙන්නා වූ අල්පායුෂ්ක බවත්, භව සයුරෙහි මං මුළාව හැසිරෙන්නා වූ සත්වයන්ගේ පිහිටට පින හා සමාන වෙනත් කිසිවක් නැති බවත් දන්නී,

146. අනලස් වී නා නා ප්‍රකාරයෙන් කුසල් රැස්කරන්නී, තමාව වහා සසර සයුරෙන් එතෙර කරවා,

147. අමා මහ නිවන නමැති පරතෙරට පමුණුවන රන්මය නැවක් බඳුව නගර මධ්‍යයෙහි රන්මුවා මහාසෑයක් (රන්කොත් වෙහෙර) කරවූවාය.

148. එකල්හි ඒ රම්‍ය වූ පොළොන්නරු නගරයෙහි නොයෙක් සිය ගණන් දෙමහල්, තෙමහල් ආදියෙන් ද යුක්ත වූ නොයෙක් දහස් ගණන් නිවාසයන්-ගෙන් බබළන්නා වූ,

149. සියලු අතුරු වෙළඳසැලෙන් යුක්ත වූ, සියලු උපකරණයන්ගෙන් යුක්ත වූ, එමෙන්ම ඇත්, අස්, රථ සංචාරයෙන් අවිච්ඡින්න ව පවතින,

150. තන්හි තන්හි නිතොර පටන් ගන්නා ලද මහා සැණකෙළියෙන් යුත්, ජනයාගෙන් ගැවසී ගත් නානාප්‍රකාර වීදීන් ද මහනුවණැති රජු විසින් කරවන ලද්දේය.

151. එමෙන්ම රජ තෙමේ සකල සම්පත් වැගිරෙන, සකල ශ්‍රීය වෑහෙන තුන් මහල් ප්‍රාසාදයන් තුනකින් සමලංකෘත කොට කරන ලද,

152. වේළුවනය, ඉසිපතනය, කුසිනාරාව යන නමින් තුන් විහාරයකින් ද යුක්ත කොට අවසානයේදී,

153. රාජවේශී භුජාංගණය ද රාජකුලාන්තකය ද විජය නගරය ද වශයෙන් ශාඛා නගර තුනක් ද කරවීය.

154. එමෙන්ම රාජ මාලිගාවත්, නගරයත් අතර ප්‍රදේශයෙහි ගව්වක් ගව්වක් ගානේ රම්‍ය වූ සද්ධර්ම ප්‍රතිමාඝරයන් තුනක් ද කරවා,

155. මිහිපල් තෙමේ ඒ උතුම් විහාරයන්හි සිව් දිසාවෙන් වඩින භික්ෂූන් වහන්සේලා උදෙසා ගිමන්හල් ද කරවීය.

156. මෙසේ සියලු අංගයන්ගෙන් සම්පූර්ණ වූ, කැමති සියල්ල දෙන්නා වූ, වසන්ත ශ්‍රීයෙන් හොබනා වූ, අමරාවතිය බඳු වූ,

157. සතර ගව්වක් දිග, සත් ගව්වක් පළල, තමා විසින් ම දියුණු කරන ලද, තමන්ගේ නාමයෙන් ම හඳුන්වන, සොඳුරු වූ,

158. සිත්කළු ප්‍රාකාර වළල්ලෙන් හෙබි, රම්‍ය වූ ප්‍රාසාදයෙන් බබළන, කුඩා වීථි - මහා වීථීන්ගෙන් යුක්ත වූ, නේත්‍රරසායන වූ,

159. දන් දීමෙහිදී සක් දෙවිඳු වැනි හේ පුලතිසි නම් පුරවරයෙහි හැම කල්හි ලැබූ, නොලැබූ සියල්ලන්ගේ ලාභ පාලනය පිළිබඳ දක්ෂ වූයේය.

160. විශිෂ්ඨ වූ රාජද්වාරය ද මනෝරම්‍ය වූ සිංහද්වාරය ද සුවිසල් හස්තිද්වාරය ද එමෙන්ම ඉන්ද්‍ර නමැති ද්වාරයක් ද,

161. හනුමන්ත නමැති ද්වාරයක් ද ඉතා උස්කොට කුවේර නමැති ද්වාරයක් ද විචිත්‍රාකාරයෙන් චණ්ඩි නමැති ද්වාරයක් ද රාක්ෂස් නමැති ද්වාරයක් ද,

162. ඉතා උසැති භුජංග නමැති ද්වාරයක් ද බබළන්නා වූ පානීය ද්වාරය නමින් ද්වාරයක් ද උද්‍යාන ද්වාරය නමින් ද්වාරයක් ද එමෙන්ම මායාද්වාරය නමින් ඉතා අලංකාර ද්වාරයක් ද,

163. මහාතොටුපල නමින් ද්වාරයක් ද ගාන්ධර්ව නමින් උතුම් ද්වාරයක් ද වශයෙන් මේ නරපති තෙමේ පොළොන්නරු නගරයට ප්‍රධාන දොරටු දහහතරක් කරවීය.

164. මෙසේ පෙර ඉතා කුඩා වූත්, නොයෙක් යුද්ධයන් නිසාත් නටබුන් ව ගිය පොළොන්නරු නගරය අග්‍රේසර වූ, දියමන්ති තුඩ බඳු ප්‍රඥා ඇති පරාක්‍රමබාහු මහරජ තෙමේ තව්තිසා දෙව්ලොව බඳු කොට, සිත්කළු මහා නගරයක් ලෙසින් අලංකාර කරවීය.

මෙසේ හුදී ජන පහන් සංවේගය පිණිස කරන ලද මහාවංශයෙහි 'පොළොන්නරුව පිළිසකර කිරීම' නමැති සැත්තෑ එක්වන පරිච්ඡේදය නිමාවට පත්විය.

72

සැත්තෑ දෙවන පරිච්ඡේදය

දළදා වහන්සේ පිදීම

01. මේ පරාක්‍රමබාහු නරශ්‍රේෂ්ඨ තෙමේ දකුණු ඉන්දිය සොළී සේනාව විසින් සර්වප්‍රකාරයෙන් ම සියල්ල නසන ලද, තමන්ගේ මුල් රාජධානිය වන අනුරාධපුරය වනාහී,

02. ජීවමාන ශාස්තෘන් වහන්සේ විසින් සිය නිම්වළලු සහිත දහස් අරයකින් හෙබි චක්‍ර ලක්ෂණයෙන් සැරසුණු ශ්‍රීපාද පද්මයෙන් පවිත්‍ර කරන ලද භූමියක් හෙයින්,

03. ඒ මහර්ෂීන් වහන්සේගේ ජය ශ්‍රී මහා බෝධි දක්ෂිණ ශාඛාව හා ද්‍රෝණයක් සර්වඥ ධාතූන් වහන්සේලා පිහිටි ප්‍රදේශය හෙයිනුත්,

04. අත්‍යන්තයෙන් ම පූජනීය වූ භූමියකි යි සිතමින් මහපැරකුම්බා රජු එහි ප්‍රතිසංස්කරණ කටයුතු කරවන්ට පටන් ගත්තේය.

05. ඉක්බිති විචක්ෂණ නුවණැති රජ තෙමේ එක්තරා මහාමාත්‍යයෙකු කැඳවා තමන් කැමති යම් අයුරකින් ද, ඒ අයුරින් කිරීමට ඔහුට පැවරීය.

06. එකල්හි ඒ අමාත්‍ය තෙමේ තමා වෙත පවරන ලද රාජාඥාව සියලු අයුරින් නුගුළුවා, හිසින් ඇඳිලි බැඳ පිළිගෙන,

07. විධීන් පිළිබඳ දක්ෂ වූ තෙමේත් අනුරාධපුර නගරයට ගොස් සම්පූර්ණ රාජාඥාව ප්‍රකාර පිළිසකර කටයුතු සම්පාදනය කරන්ට පටන් ගත්තේය.

08. එකල්හි ප්‍රඥාවන්ත ඇමති තෙමේ පෙර රජකළ රජුන්ගේ රාජධානි සීමාවෙහි තිබූ ප්‍රාකාරයන්, අනුප්‍රාකාරයන්, වීථි, ප්‍රාසාදයන්, තොරණ,

09. මනහර පොකුණු ද ඉතා දර්ශනීය උයන්වතු ද පෙර තිබූ පරිදි ම නොබෝ කලකින් කරවීය.

10. එමෙන්ම රුවන්වැලි මහාසෑය ආදී කොට තුන් නිකායට අයත් චෛත්‍යයන් ද ලෝවාමහාප්‍රාසාදය ආදී කොට අනල්ප වූ වෙහෙර විහාරයන් ද,

11. තමන් වාසය කරන ලද, ද්වාර - අට්ටාල - ගෝපුර තොරණ සහිත, රාජ මන්දිරය සහිත, මනරම් චන්ද්‍රිකා ශාලා සහිත,

12. රුසිරු ප්‍රාසාදය ද මෙබඳු සමෘද්ධියකින් සමුපේත කොට අනුරාධපුර නගරය පෙර තිබූ පරිදි ම කරවීය.

13. මෙසේ ඒ රජ තෙමේ පෙර රජදරුවන් විසින් කරවන ලද බොහෝ නොයෙක් කර්මාන්තයන් තමන්ගේ එක් ඇමතියෙකු ලවා වහා කරවීය.

14. එය එසේ ම ය; නොයෙක් ආත්මභාවයන්හි රැස්කරන ලද කුසල් උදාවීමෙහි හිමිකරු වූ නුවණැතියන්ගේ සියලු මනෝරථයෝ මැනවින් සමෘද්ධ වන්නාහුය.

15. එමෙන්ම පරාකුම නමින් නගරයක් ද දොරටු තොරණ සහිතව, ප්‍රාකාර - දිය අගල් - වීථි - ප්‍රාසාදයන්ගෙන් ප්‍රතිමණ්ඩිතව,

16. නොයෙක් සිය ගණන් සීලාදී ගුණ යෝග ඇති භික්ෂු සංසයාට වාසය පිණිස කරන ලද ප්‍රාසාදයන්ගෙන් හා විහාර මන්දිරයන්ගෙන්,

17. ශෝභමාන වූ, වෙසමුණි දෙවියන්ගේ ආලකමන්දාව බඳු, ධන සම්පතින් පිරී ගිය, සුවසේ දන්පැන් ලැබෙන, හැමකල්හි මිනිසුන්ගෙන් ගැවසීගත් ලෙසින් ඒ නගරය මහා නුවණැති රජ තෙමේ කරවීය.

18. මේ සිංහලද්වීපයෙහි ඒ ඒ ජනපදයෙහි සිටියා වූ මහාමාත්‍යවරු ඒ ඒ ජනපදයන්හි සිටි මහජනයා නොපෙළා,

19. ඒ ඒ ජනපදයෙන් උපදනා අයබදු ද විනාශ නොකොට, යම් යම් පරිදි ඔවුහු අයබදු ගනිත් ද, ඒ ඒ අයුරින් කටයුතුවල යෙදවීය.

20. එසේම මසක් පාසා සතර පොහෝ දිනයන්හි ලක්දිව පුරා තිබෙන්නා වූ වැව් ආදී කොට ඇති,

21. ගොඩබිමත්, ජලාශයන්හිත් සියලු තන්හි හැසිරෙන මෘගයින් මත්ස්‍යයින් ආදී ප්‍රාණීන්ට, කිසි අයුරකින් බියක් නැති, ප්‍රඥා සම්පන්න රජ තෙමේ අභයදානය දුන්නේය.

22. එකල රුහුණු රටෙහි සිටි බොහෝ සාමන්තයෝ මානාභරණ රජු අභාවයට පත්වූයෙන් තමන්ට පිහිටක් නැතිව සිට,

23. පරාක්‍රමබාහු රජුගේ සැබෑ ස්වභාවය නොදැන, භයින් තැතිගත් සිතින් යුතුව, ඒ රජු ඉදිරියෙහි තමන්ව නොදක්වා,

24. සිය අතින් සිදුවූ අපරාධ ක්ෂණයක් ක්ෂණයක් පාසා සිහිකරමින් කල් ගෙවන කල්හි ඔවුන්ගේ භීතිය දෙගුණ තෙගුණ වී ගියේය.

25. ඒ රාජේන්ද්‍ර සිංහයාණන්ගේ අන්‍යයන්ට ඉක්මවා නොගිය හැකි උදාර වික්‍රමයන් පිළිබඳ සියලු අයුරින් දැන දැනත්,

26. "තමා උපන්, හැදුනු වැඩුණු රටේ එක් දවසක් වුව ද ජීවත් වීම උතුම්" යැයි සිතා යා යුතු අන් මගක් සිතාගත නොහැකිව,

27. "නදී, පර්වත, ගිරිදුර්ග ආදියෙන් යුක්ත මේ ජනපදය නම් කිසි කලෙක සතුරු සේනාවකට බලන්ටවත් නොදෙන්නෙමු" යි,

28. මේ ආකාර කතිකාවක් කොට රුහුණු රටවැසි සියලු ජනයා තමන්ගේ වසඟයට ගෙන සුගලා රාජමාතාව වෙත එළඹියාහුය.

29. "මානාභරණ රජුගේ අභාවය හේතුවෙන් බැඳී ගිය යම් සෝක දුකක් ඇද්ද, දේවී... ඒ සෝකය නුඹවහන්සේගේ සිත නොපෙළාවා!

30. ඒකාන්තයෙන් අප ජීවත්වන කල්හි අනේක ගිරිදුර්ගයන්ගෙන් සමන්විත අපගේ මේ ජනපදයට කවරෙක් නම් පිවිසෙත් ද?"

31. මේ ආදී වශයෙන් රාජිනිය දැනුවත් කොට, සියල්ලෝ ම සමගි ව, සියලු දුර්ගම ස්ථානයන්හි,

32. රටෙහි සීමාව දක්වා, බොහෝ හස්තීන් විසිනුත් නොබිඳිය හැකි පරිදි බලකොටු තනවා, ඒ වටා දිය අගල් කැණවා,

33. එහි යකඩ කටු බඳු තියුණු කටු අතුරවා, කපා හෙළන ලද ගස්වලින් මාර්ගයන් අමාර්ගයන් කොට,

34. ඒ සියලු රටවාසීහු දාමරිකයෝ වී, එක්තරා මහා බලකොටුවක නොයෙක් දහස් ගණන් යෝධයන් ඇතිව,

35. යුද්ධය පිණිස කැහැපට බඳිමින්, බොහෝ කොට ආයුධයන් ඇතිව, මහා බලසෙන් ඇතිව, මහා සාහසික ව හිඳගත්තාහුය.

36. සුගලා රාජිනිය ද නුවණින් කල්පනා කළහැකි බුද්ධියක් නැති හෙයිනුත්, තමා ප්‍රකෘතියෙන් ම දුෂ්ට හෙයිනුත්,

37. තියුණු ව්‍යසනයක් කරා කැඳවාගෙන යන ඔවුන්ගේ වචනය පිළිගෙන, තමා සන්තක බොහෝ මුතු මැණික් ආදියත්,

38. දළදා වහන්සේත්, පාත්‍රා ධාතූන් වහන්සේත් සන්තක වූ බොහෝ ධනය ගින්නෙහි හෙළන්නියක බඳුව සියල්ල ම ඔවුන්ට බෙදා දී,

39. තැන - නොතැන පිළිබඳ අඥාන වූ ඕ තොමෝ ඔවුන්ට ධානාන්තරයන් ප්‍රදානය කොට, ඔවුන් ලවා පරාක්‍රමබාහු රජුගේ පාලනයට විරුද්ධව කැරලි ගස්සවමින් දාමරිකකම් කරන්ට පටන් ගත්තාය.

40. අන්‍යයන් විසින් ඉක්මවා යා නොහැකි වික්‍රම ඇති මහා පැරකුම්බා රජු ද එපුවත අසා ලීලෝපේත වූ මිහිරි සිනහයෙන් සිනාසී,

41. යුද්ධයෙහි දක්ෂ වූ රක්ඛ නම් ප්‍රධාන සෙන්පතියා කැඳවා තමා විසින් එපුවත අසන ලද්දේ යම් අයුරින් ද ඒ අයුරින් ම ඔහුට පවසා,

42. "තෝ වහා ගොස් සතුරු සේනා නමැති ලැව් ගින්නක් මතුවී ඇති හෙයින් ඊතල වර්ෂාවකින් සියලු අයුරින් ඒ ගින්න නිවා දමා,

43. රුහුණු දනව්ව රැකිය යුත්තන්ව රැකවල් පිණිස තබා වහා ආපසු එව" යි කියා මහා සේනාබලයක් ඇතිව ඔහුව පිටත්කොට යැවීය.

44. එකල්හි කොටුසර ප්‍රදේශයෙහි වාසය කරන සිංහල කේරළයෝ දෙමළ වේලක්කාර හමුදාව සමග එක්වී,

45. "පැරකුම්බා රජු විසින් රුහුණු රට අල්ලාගනු පිණිස ඇමතියන් සහිත බොහෝ ප්‍රසිද්ධ යෝධයෝ යවන ලද්දාහු ලූ.

46. ඒ අවසරයෙන් අපිත් රජරට අල්ලාගන්නෙමු" යි කුමන්ත්‍රණය කොට සියල්ලෝ ම ඒකමතිකව මහයුද්ධයක් පටන් ගත්තාහුය.

47. අවනත වූ රජවරු ඇති පැරකුම්බා මහරජු සේනා බලවාහනයන්ගෙන් යුක්ත වූ, වීර වූ අමාත්‍යවරු කිහිප දෙනෙකු,

48. එහි යවා නැසිය යුතු ජනයන් මරවා, එහි තිබූ බොහෝ ගම්මාන ගණවැසි භික්ෂූන්ට ලබාදී,

49. අනෙක් ගම් රාජසන්තක කරවා, කිසි අයුරකින් බියක් නැති රජු එහි තිබුණු සතුරු බිය සංසිඳුවාලීය.

50. එකල්හි රක්ඛ නම් ප්‍රධාන සෙන්පති තෙමේ ඒ මහාරාජයාගේ ආඥාව නමස්කාර පෙරටුව හිස් මුදුනින් පිළිගෙන,

51. වීර්යවත් වූයේ, මහයසස් ඇත්තේ පොළොන්නරු නගරයෙන් නික්ම බරබ්බල නමැති ප්‍රදේශයට ගොස් එහි වාඩිලා ගත්තේය.

52. රුහුණු රටවැසියන් සහිත වූ සියලු මහසේනාවෝ ඔවුන් ආ ක්‍රමය තත් වූ පරිදි අසා,

53. "අපි ජීවත්වන තුරා අපගේ රාජ්‍ය සීමාව උල්ලංඝණය කොට ඔවුන්ට මෙහි එන්ට ඉඩ නොදෙන්නෙමු" යි මෙසේ කරන ලද නිශ්චය ඇතිව,

54. අතිශයින් සාහසිකව, සිය ජීවිත පිළිබඳව හෝ අපේක්ෂාවක් නැතිව, යුද්ධය පටන් ගැනීමට ඉතා කැමතිව එතැනට එළඹියෝය.

55. එකල්හි රක්ඛ සෙන්පති තෙමේ ඒ සේනාව සමග බිහිසුණු යුද්ධයක් කොට ඔවුන්ගේ බොහෝ භටයින් මරමින්,

56. ඔවුන් විසින් මාර්ගයේ බාධක වශයෙන් කපා හෙළන ලද ගස් සිඳලමින්, මහත් සේනාබල ඇතිව කණ්ඨකවන නමැති තැනට පැමිණියෝය.

57. එහි බලකොටු කොට හුන්නා වූ සතුරු සේනාවන් සමග යුද්ධ කොට ඒ බලකොටුව බිඳ එහි පිවිසි රක්ඛ සෙන්පති තෙමේ,

58. නොයෙක් දහස් ගණන් භටයින් ජීවිතක්ෂයට පමුණුවා එතැනින් නික්ම අම්බල නම් තැනට ගියේය.

59. ඉන් පසු හේ එතැන සිටි සතුරු සෙන් සමගත් යුද්ධ කොට එහි පිහිටි බලකොටුවත් බිඳ සමස්ත රණභූමිය ම,

60. ලේ මසින් පුරවා, එතැනින් ද නික්ම ගිය හේ සවන්නාම නමැති මහා දුර්ගයත් බිඳ, අනල්ප භටයන්,

61. මරවා, ඒ ඉදිරියෙහි පිහිටි දිවාචන්දන්තබාටව නමැති බලකොටුවෙහි ද එහි කෙළවර දෙපැත්තේ පිහිටි මහා පර්වත ගහණයෙහි,

62. මැදින් මැදින් කපා හෙළන ලද නොයෙක් මහරුකින් මිනිසුන්ට යාමට ඉතා අසීරු ලෙස මාර්ගය ද දොරටුව ද වසා ඇති හෙයින්,

63. වනයෙහි ගව්වක් දෙකක් පමණ දුරකට මත්ත හස්තීන්ටවත් නොබිඳිය හැකි මහා දොරටු ඇති, ළං විය නොහැකි බලකොටු සතක්,

64. පිළිවෙළින් කරවා, එකක් එකක් පාසා තමන් විසූ බලකොටුවට වදින්ට ඒකාන්තයෙන් ඉඩ නොදෙන්නෙමු යි සර්වප්‍රකාරයෙන් ම,

65. කරන ලද දැඩි ප්‍රතිඥාවෙන් සිටි සතුරු සෙන් සමග මාස කිහිපයක් රෑ දවල් දෙකෙහි ම බිහිසුණු යුද්ධ කොට,

66. ඇමතියන් සහිත නොයෙක් දහස් ගණන් යුදභටයන් මරමින්, මහත් බල ඇති ඒ රක්ඛ සෙන්පති තෙමේ මහා බලසෙන් ඇතිව එහි ම සිටියේය.

67. පොළොන්නරුවෙහි වසන්නා වූ වීර පැරකුම්බා නිරිඳු තෙමේ රක්ඛ සෙන්පතිගේ මේ යුද්ධ ක්‍රමය ගැන දූත මාර්ගයෙන් අසා,

68. "මෙපමණ කාලයක් ඒ දාමරික කැරලිකරුවන් සමග සමව යුද්ධ කිරීම කිසිසේත් නොහොබී.

69. මවිසින් කියන ලද උපදේශයන්ට අනුව දොරටුව සහිත මුළු මහත් බලකොටුව ම බිඳ හෙළා අනල්ප වූ සියලු සෙන් මරවා,

70. ඒ කතාව තත් වූ පරිදි පවසා මා වෙත එවව" යි කියා මේ අයුරින් ආඥා කොට සිය මැදුරෙහි වසන නිරිඳු තෙමේ,

71. බොහෝ යෝධයන් ද ලබාදී යුද්ධෝපායයෙහි අතිශයින් දක්ෂ වූ භූතාධිකාරී සෙන්පති යුද්ධ භූමියට පිටත් කරවීය.

72. මහබලැති භූතාධිකාරී තෙමේ උතුම් පුලතිසි පුරයෙන් නික්ම රක්ඛ සේනාධිනායක සමග එක්ව,

73. ශ්‍රීමත් මහරජාණන් විසින් දෙන ලද ආඥාව නොඉක්මවා, මීගව සමින් කරවන ලද සන්නාහයන් ද සකසවාගෙන,

74. මහාසේනා සන්නද්ධ කොට, මහායුද්ධ කොට, නොයෙක් සිය ගණන් බොහෝ සතුරු භටයින් මරවමින්,

75. පිළිවෙළින් කරවන ලද බලකොටු සත ම බිඳ, එයින් නික්ම, කැලවත්ත නමින් ඇති ගම්මානයට ගියෝය.

76. එහිදීත් ඉතා දරුණු ලෙස ඝෝර යුද්ධයක් කොට, එයින් නික්ම වටරකගොඩ නමැති තැනට ගොස්,

77. එහිදී නානා දිසාවන්ගෙන් ආ සතුරු සෙන් මරවා, දාඨාවඩුන්න නම් ගමෙහි මහයුද්ධයක් කොට,

78. එතැනින් නික්ම සහෝදර නමැති ගමට ගොස් එහිදීත් මහයුද්ධයක් කොට, ඉන් පසු රක්ඛ සෙන්පති තෙමේ සේනා බලවාහන යවා,

79. ලොග්ගල සිටි සතුරු සේනා නැසීම පිණිස ඔවුන් යොදවා, තමා සමීපයෙහි දහස් ගණන් යෝධයන් තබාගත්තේය.

80. "මේ උදාවූ අවස්ථාවෙහි සෙනෙවි අධිකාරී අල්ලාගන්නෙමි" යි පැමිණි මහා සේනාවත් මැරවූ හෙතෙමේ ඉතිරි වූවන් පලවාහැරියේය.

72 වන පරිච්ඡේදය 223

81. ලොග්ගලට ගිය මහත් චතුරංගිනී සේනාව ද එහි සිටි සතුරු සේනා, කතා මාත්‍රයකට පමණක් ඉතිරි කොට,

82. ඔවුන් සන්තකව තිබූ සියලු ධනයත් සර්වප්‍රකාරයෙන් ම පැහැරගෙන රක්ඛ සේනාධිනාථයන් විසූ තැනට පැමිණියේය.

83. ඉක්බිති රක්ඛ සෙන්පතිගේත්, භූතාධිකාරීගේත් සේනාවෝ එක්ව මැදගමට ගොස් එහිත්, ලොග්ගල සිටි සෙනෙවි අධිකාරීන් හා,

84. "දළදා ස්වාමීන් වහන්සේත්, උතුම් පාත්‍රා ධාතූන් වහන්සේත් ගන්ට නොදෙන්නෙමු" යි කරන ලද දැඩි ප්‍රතිඥාවෙන් යුතුව,

85. කටුදොරවක නම් ගමෙහි සිටි සතුරු සේනාවන් සමග මහා යුද්ධයක් කොට සතුරු සෙන් මරවා,

86. උඳුන්දොරට ගොස් එහි බලකොටු තනා හුන් සතුරු සෙන් සමග බිහිසුණු ලෙස යුද්ධ කොට,

87. දොරටු සහිත බලකොටු දුර්ගය බිඳ, එහි පිවිස බොහෝ සතුරන් නසා, බලවාහන සන්නද්ධ කොට ඒ ගමෙහි හුන්නාහුය.

88. එකල්හි සුගලා රාජිනිය දළදා වහන්සේත්, පාත්‍රා ධාතූන් වහන්සේත් ගෙන උරුවේල ගමට පැමිණියාය.

89. එකල්හි දීඝවාපියෙහි සිටි සතුරු සෙන් මඩිනු පිණිස පැරකුම් රජු විසින් සේනා සහිතව එවන ලද,

90. කීර්ති නමැති අධිකාරීත්, කීර්තිජීවිතපුස්තකී නමැති සෙනෙවියාත්, අන්‍ය වූ මහාමාත්‍යවරුත් බලවාහනයෙන් සන්නද්ධ ව,

91. ඒරාහුලු (එරාවූර්?) දිසාවෙන් ගොස් රවුලබ නමැති ගමෙහි හුන් සතුරු සෙන් සමග බිහිසුණු ලෙස යුද්ධ කොට,

92. එහි බලකොටුව ද බිඳ බොහෝ සතුරන් නසා එයින් නික්ම උඩුගමට ගොස්,

93. එහි බලකොටුවක් කරවා තුන් මසක් මුළුල්ලේ නිරතුරු මහයුද්ධ කොට සතුරු සෙන් පලවාහැර,

94. එමෙන්ම හීහොඹු නම් තැනත් බලකොටු බැඳ, දියඅගල් කැණ, කටු අතුරා,

95. සෙනඟ රැස්කරවාගෙන හැමකල්හි යුද්ධය පිණිස සැදී පැහැදී සිටි සතුරු සෙන් සමග මහයුද්ධයක් කොට,

96. ද්වාරයන් සහිත ඒ සියලු බලකොටු බිඳ එහි ඇතුළු වී, ළංවිය නොහැකි පරිදි ඊ වර්ෂා හෙළීමෙන් යුද්ධ කොට,

97. එයින් ද නික්ම කිරින්ද නම් ගමෙහි ගව්වක් දුරින් පෙර පරිදි ම බලකොටුවක් කොට,

98. හුන්නා වූ සතුරු සෙන් පෙර පරිදි ම බිඳ, මහබල ඇති ඔවුහු දීඝවාපි නමැති තැන නවාතැන් ගත්තෝය.

99. දුර දක්නවුන් අතර උතුම් වූ පරාක්‍රමබාහු නිරිඳු තෙමේ එහි සිටි අමාත්‍යයන් හට මේ හසුන යැව්වේය.

100. "සංග්‍රාමයෙන් පරාජයට පත්ව පලායන්නා වූ සතුරෝ වනාහී උත්තම පාත්‍රා ධාතු, දන්ත ධාතු ස්වාමීන් වහන්සේලා රැගෙන,

101. භයට පත්ව මුහුදින් එතෙර යන්නාහ' යි මවිසින් අසන ලද්දේය. මෙබඳු දෙයක් සිදුවූවෝතින් මේ ලංකාද්වීපය හිස් වන්නේය.

102. එමෙන්ම මේ සිංහල ද්වීපයෙහි මුතු, මැණික් ආදී විවිධත්වයෙන් යුක්ත වූ මාහැඟි අනේකවිධ රත්නයන් විද්‍යමානව තිබෙනා නමුත්,

103. සර්වප්‍රකාරයෙන් එබඳු කිසිවක් හා සාධාරණ නොවූ රත්නයන් වනාහී ධර්මස්වාමී වූ අප භාග්‍යවතුන් වහන්සේගේ දන්ත ධාතු, පාත්‍රා ධාතු ස්වාමීන් වහන්සේලා ය.

104. තවද මා විසින් බොහෝ සාරවත් ධනය විසුරුවා, නිරන්තරයෙන් සන්නාහ ආයුධ සහිත යෝධයන් රැස්කොට,

105. මේ උතුම් ලංකාද්වීපය නිරාකූල කොට ගොඩ-නගමින් කරනු ලබන මහත් දැඩි උත්සාහය ඒකාන්තයෙන් නිෂ්ඵල වන්නේය.

106. අනේක වූ රත්න රශ්මියෙන් දිදුලන මාහැඟි වූ කිරීටයකින් මා සිරස මුදුන අලංකාර කරන ලද්දේ නමුත්,

107. මහර්ෂී වූ අප සම්මා සම්බුදුරජුන්ගේ දන්ත ධාතු, පාත්‍රා ධාතු ස්වාමීන් වහන්සේලාගේ උතුම් ස්පර්ශය ඒ කිරීටයට යෙදීමෙන් පමණක් එහි පවිත්‍ර භාවය ඇතිවන්නේය.

108. එහෙයින් සේනා බලවාහන සහිත සියල්ලෝ ම එක් පාර්ශවයකට පැමිණ මවිසින් දෙනු ලබන උපදේශයන් නොවරදවා,

109. සතුරු සෙන් පරදවා, උතුම් දළදා වහන්සේත්, පාත්‍රා ධාතූන් වහන්සේත් වහා මෙහි වැඩමවව්" කියා ය ඒ හසුනෙහි සඳහන් වූයේ.

110. කීර්තිනාමාධිකාරී සෙනෙවියා දීඝවාපි මඩුල්ලෙහි වසන්නේ මහාපරාක්‍රමබාහු රජු විසින් එවන ලද හසුන හිස් මුදුනින් පිළිගෙන,

111. සේනාංගයන් සහිතව බොහෝ අමාත්‍යවරුන් රැස්කරවා සේනාධිකාරී සිටි තැනට පැමිණියේය.

112. හැකි ඉක්මනින් වෙන් වෙන්ව සිටි මහසේනාවත්, සියලු අමාත්‍යයනුත් කැටුව බොහෝ සන්නාහයන් හා ආයුධයන් ද ගෙන,

113. ශූර වීරාංග රූපයෙන් යුතු ව, යුද්ධ කරනු කැමතිව, සන්නාහ සන්නද්ධ ව උඳුන්දොර නමැති ගමට පැමිණියෝය.

114. "අපගේ රට මැදට පැමිණි සතුරන් අතුරෙන් එක සතුරෙකුටවත් නිදහසේ පැනයන්ට ඒකාන්තයෙන් නොදෙන්නෙමු.

115. සතුරන් පලායන්නා වූ මාර්ගයෙහි බලකොටු පිහිටුවා, දෙතුන් ගව්වක් පමණ දුරට මාර්ගයෙහි ගමන් නොකළ හැකි සේ කරවා,

116. සතුරන් විසින් නවාතැන් ගත් ප්‍රදේශ හාත්පසින් නොයෙක් ලෙස ආහාර පිණිස ධාන්‍ය ගෙනයන්නා වූ මාර්ගාදිය වළකා,

117. සියලුම සතුරු සේනාවන් දුර්වල කොට, ළංවිය නොහෙන පරිදි ඊ වර්ෂා වස්සවමින් මහයුද්ධයක් කොට,

118. සියලු සතුරන් මරන්නෙමු" යි පෙර කී ආකාරයට අනුව මහබලකොටු බැඳගෙන යුද්ධයට ලොල් වූ සිතින් හිඳගත්තෝය.

119. එකල්හි භූතාධිකාරීත්, රක්ඛ සේනාපතිත්, කීර්තිනාමාධිකාරීත් රණභූමියෙහි ශූරයෝ ව,

120. මහයුදසෙන් සන්නද්ධ කරවා, සතුරු සෙන් මඬින මහරජු විසින් දෙන ලද උපදෙස්වලට අනුව සියල්ලෝ ම එක්ව නික්ම ගියාහුය.

121. එකල්හි ඉතා දරුණු ලෙස යුද්ධ කොට බොහෝ හටයින් මරා, ඉතිරි වූවන් පලවාහැර එතැනිනුත් නික්ම ගියෝය.

122. ඒ මහා බලවන්තයෝ මහරීවර නමැති බලදුර්ගයත් බිඳ, සියල්ලෝ ම එතැනිනුත් නික්ම වෝයලගමුව නමැති තැනට,

123. එක්රැස්ව යුදයෙහි සුරවිරුවෝ එහි වාඩිලා ගත්හ. ඔවුන් සිටි තැනෙහි ඉදිරියෙහි වූ සමන්ගල නම් පෙදෙසෙහි,

124. හුන් සතුරු සේනාවනුත් සමග යටකී ප්‍රකාරයෙන් ම සෝරතර යුද්ධයක් කොට ඔවුන් මරා එතැනින් බදගුණ නම්,

125. තැන සිටියා වූ සියලු සතුරු සෙන් නසා, උරුවේල මණ්ඩල නමැති ස්ථානයෙහි බලකොටුවක් පිහිටුවාගෙන,

126. හුන්නා වූ සියලු සතුරු සෙන් නසා මහයුද්ධයක් කොට, උත්තම වූ දළදා වහන්සේත්, පාත්‍රා ධාතුන් වහන්සේත් රැගෙන,

127. මහසෙන් පෙරටුව, ඔවුහු එහි ම වාඩිලා ගත්තෝය. එකල්හි අභාවයට පත් මානාභරණ රජුගේ එක්තරා සාමාන්තයෙක් වන,

128. නුවණින් තොර සූකරභාතුදේව නමැති සෙනෙවියා පැරකුම්බා මහරජු විසින් මාංචු දමා බඳිනා ලද්දේ ම සිට,

129. මාංචු බිඳගෙන පලගොස් රුහුණට වැදුනේය. ඉක්බිති නරාධිපති තෙමේ මංජු නමැති අධිකාරී කැඳවා කියන්නේ,

130. "සූකරදේවයා තමන්ගේ රුහුණු රටට පැන ගියේය. හේ යම්තාක් එක් තැනක සිට දැඩිව මුල් නොහටගන්නේ වේ ද, ඒ තාක්,

131. තොප විසින් ඔහුව අල්ලාගත යුත්තේය" යි කියා නරපති තෙමේ මංජුඅධිකාරීව පිටත් කොට යැවීය. හේ පොළොන්නරුවෙන් නික්ම සාපත්ගමු නම් තැනට ගොස්,

132. එහි සිටි සතුරු සෙන් සමග මහයුද්ධයක් කොට බොහෝ සතුරු යෝධයන් මරවා එහි බලකොටුව ද බිඳ,

133. මහසේනා පෙරටුකොට තෙමේ එහි ම වාඩිලා ගත්තේය. එකල්හි සූකරභාතුදේව තෙමේ සිය රටෙහි සියල්ලෝ ද බොහෝ කැරළිකරුවෝ ද,

134. බාල දරුවන්ගේ සිට සියලු රටවැස්සෝ ම නොමග යවා "අපි ජීවිත පූජාවෙන් දළදා වහන්සේත්, පාත්‍රා ධාතූන් වහන්සේත්,

135. කිසිම අයුරකින් අත්නොහරින්නෙමු" යි මෙසේ කරගන්නා ලද ප්‍රතිඥා ඇතිව, දැඩි මාන්නයෙන් වශීකෘතව, දූෂිත කරගත් චිත්ත සංකල්පනා ඇතිව,

136. ඒ සියල්ලෝ ම හත්තසූප නම් ගමට රැස්වූවාහුය. එකල්හි රක්ඛ සේනාපතිත්, කීර්තිනාමාධිකාරීත්,

137. එමෙන්ම භූතාධිකාරීත්, අන්‍ය වූ බොහෝ සාමාන්තයෝත් සතුරු සේනා සමග බිහිසුණු යුද්ධ කොට,

138. යුද්ධයෙහි දක්ෂ වූවාහු, එක් මගක දෙදෙනෙකුට යන්ට නොදෙමින් දළදා වහන්සේත්, පාත්‍රා ධාතූන් වහන්සේත් රැගෙන රාජ්‍ය ගෞරවයෙන් යුතුව,

139. මහා පූජාවන් පවත්වමින් කිසි ලෙසකිනුත් නොබියව නික්මුනාහුය. ඉක්බිති දෙමටමල් නමැති ස්ථානයෙහි සියලු සතුරු සෙන්,

140. සන්නාහයෙන් සන්නද්ධව, සැහැසි ලෙස ගත් ආයුධ ඇතිව, වාපී නම් තැන වසමින් හාත්පසින් පැමිණ,

141. බිහිසුණු ලොමුඩහගැනුම් ඇති මහයුද්ධයක් කළාහුය. සේනා සෙනෙවි ආදී ඇමතිවරු විසින් ඒ දරුණු යුද්ධයේදී,

142. මරණ ලද මිනිසුන්ගේ සිරුරෙන් ද අත්හැර දමන ලද ආයුධයෙන් ද නිසාවෙන් හාත්පසින් පයක් තබන්ට හෝ ඉඩක් නොමැතිව තිබියදී,

143. උතුම් වූ දළදා වහන්සේ හා පාත්‍රා ධාතූන් වහන්සේ වඩමවාගෙන සප්පනාරුකෝකිල (නයාරුකෝකිලායි?) නමැති ගමට පැමිණියාහුය.

144. එකල්හි රක්ඛ සෙන්පති තෙමේ අතීසාර රෝග-යෙන් පීඩිතව කර්මානුරූපව මිය පරලොව ගියේය. සියලුම සංස්කාරයෝ නැසෙන ස්වභාව ඇත්තෝය.

145. ඉක්බිති මංජු අධිකාරීත්, කීර්තිනාමාධිකාරීත් යන අධිකාරීහු දෙදෙන රක්ඛ සෙන්පතිගේ තනතුරට සුදුසු වූ ගෞරව විධි විධාන නොපිරිහෙලා,

146. අවසාන කෘත්‍යය කොට, ප්‍රඥා සම්පන්න වූ ඒ රක්ඛ සෙනෙවි මියගිය කල්හිත්, රජතුමා තමන් අසල නොව දුර සිටියදීත්,

147. භීම වික්‍රමාන්විත වූ මහපැරකුම්බා රජහුගේ ප්‍රභාවාතිශය හේතුවෙන් සියලු සේනාවන් එකට එක්ව,

148. කිසිවෙකුගේ හෝ කිසිදු කලබලයකට ඉඩ නොදී ධාතූන් වහන්සේලා දෙනම උදෙසා මහා පූද පවත්වමින්,

149. ශ්‍රීමත් නරේශ්වරයාණන් හට රක්ඛ සෙන්පතිගේ අභාවය පිළිබඳ හසුන යවා, වීර වූ ඔවුහු කිහිප දිනක් එහි ම නැවතුනෝය.

150. එපුවත ඇසූ පැරකුම්බා මහරජු "යම් ප්‍රදේශයෙක්හි ධජිනීනාථ වූ රක්ඛ සෙන්පතිගේ ආදාහන කෘත්‍යය සිදුකළාහු ද,

151. එහි සතර පැත්තෙන් පැමිණිය හැකි ලෙස මහා දානශාලාවක් කරවා, සිව් දිසාවෙන් පැමිණෙන දිළින්දන් හට අනල්ප වූ දන්වැටක්,

152. පිහිටුවාලව්" කියා කළගුණ දන්නවුන් අතර උතුම් වූ, ප්‍රවිවේකීන් අතර ප්‍රථමයා වූ රජ තෙමේ රක්බ සෙන්පතියා පිදීම පිණිස පිළිතුරු හසුනක් යැවීය.

153. සතුටට පත් සෙන්පති ප්‍රධානීහු දෙදෙන රාජාඥාවෙහි කී පරිද්දෙන් ම කළයුතු දෑ සම්පූර්ණ කොට රාජනීතිය දන්නාහු එහි ම වාඩිලා ගත්තෝය.

154. එකල්හි දාමරිකයෝ රක්බ සෙන්පතිගේ අභාවය හේතුවෙන් ද, සුකරභාතුදේවගේ නැවත පැමිණීම හේතුවෙන් ද,

155. "මේ අතරවාරයෙහි ජය අත්කරගන්ට උත්සාහ කරන්නෙමු" යි කියා ඒ සියල්ලෝ ගුත්හල මණ්ඩලයට රැස්වූවාහුය.

156. එපුවත ඇසූ මහපැරකුම්බා නිරිඳුගේ ඇමතියන් සහිත වූ සතුරු බල මඩින්නා වූ මහා සේනාවෝ,

157. නොයෙක් ප්‍රදේශයන්හි මහයුද්ධ කරමින් හාත්පසින් ගුත්හල මණ්ඩලයට මුහුණලා පැමිණියාහුය.

158. එකල්හි සියලු දාමරික කැරලිකරුවෝ භීතියෙන් තැතිගෙන ගුත්හලගම අත්හැර මාගම මණ්ඩලයට පලාගියාහුය.

159. එපුවත ඇසූ මහපැරකුම්බා රජ තෙමේ "දළදා වහන්සේත්, පාත්‍රා ධාතුන් වහන්සේත් වැඩමවාගෙන එන්නවුන් විසින් ගමක් ගමක් ගානේ,

160. කරන්නා වූ යුද්ධය නම් මා හට ඒකාන්තයෙන් කිසිසේත් රුචි නොවන්නේය. එහෙයින් මේ ධාතූන් වහන්සේලා හැකිතාක් ඉක්මනින් මා සන්තකයට පමුණුවව්" කියා,

161. ළංවිය නොහැකි තෙද ඇති පරාක්‍රමබාහු රජ තෙමේ දූතයන් මගින් දැනුම් දුන්නේය. එකල්හි සේනා ප්‍රධානීහු රජුගෙන් ආ සංදේශය අසා,

162. දළදා වහන්සේත්, පාත්‍රා ධාතූන් වහන්සේත් පුලතිසි පුරයට වඩමවනු කැමති ව, රැකවල් පිණිස එක් සාමාන්තයෙකු යොදවා,

163. කිතුල්වල නම් ගමින් නික්ම ගොස් කිරිගමෙහිදී පැමිණි සතුරු සෙන් සමගත් යටකී පරිදි,

164. බිහිසුණු ලෙස යුද්ධ කොට ඔවුන්ව ද ඒ මේ තැන පලවාහැර, කිරිගමට පිවිස එහි ද මහායුද්ධයක් කොට,

165. බොහෝ සතුරන් මරා ඒ කිරිගමෙනුත් නික්ම තණගල ද, උඹුසුබගිරිය ද, කටදොර ද, දඹගල්ල ද,

166. හාල්පතගමෙහි ද එසෙයින් ම මහා යුද්ධ කොට දළදා වහන්සේත්, පාත්‍රා ධාතූන් වහන්සේත් මහා පුද පෙළහරින් වඩම්මාගෙන අවුත්,

167. මංජු අධිකාරී වෙත යවන ලද්දාහුය. ඉක්බිති ශාඛාපත්ත නම් ගමෙහිත්, ලොග්ගල නම් ගමෙහිත්,

168. අනල්ප වූ සතුරු භටයන් මරා, දුනුමඬලාවෙහි සිටි සියල්ලන් ද තමා වසඟයට ගත් මංජු සෙන්පති

තෙමේ එහි සිට දළදා වහන්සේත්, පාත්‍රා ධාතුන් වහන්සේත්,

169. පෙර ගමන්කොට පිළිගෙන දිව රෑ දෙක්හි මහා පුද පෙළහර පවත්වමින් ධාතුන් වහන්සේලාට රැකවල් පිණිස අංජන කර්මනාථයන් යොදවා,

170. ධාතු දෙනම වහන්සේ පැරකුම්බා මහරජු වෙත පිටත් කරවා, එතැනින් නික්ම බෝකුසල නමැති ගම්මානයට ගොස්,

171. සාකච්ඡාවෙහි දක්ෂ වූ හේ සියලු අමාත්‍යයන් හා සාකච්ඡා කරන්නේ "මේ සියලු සතුරු සේනාවෝ සිය ප්‍රදේශය තුළ දක්ෂයෝ ය. ඔවුන්ගේ සමීපයෙන්,

172. අප බැහැර වූ කල්හි එතැනින් මෙතැනින් පලාගොස් අප විසින් යටත් කරගන්නා ලද තැනට පිවිස අපගේ වසඟයට පත් ජනයාව,

173. පීඩාවට පත්කරන්නාහුය. අපගේ ස්වාමී වූ ජගදීශ්වර මහරජු ද සිය උපදෙස් වරදවා, මනාකොට සාධන ලද රාජ්‍යය පවා,

174. දන්නා ලද යුද වික්‍රම ඇත්තේ තණපතක් තරමටවත් ගණන් නොගන්නේය. එහෙයින් ඒ ශ්‍රීමතාණන්ගේ උපදේශය පුදමින්,

175. අප වසඟයට ගත් ස්ථානයන්ට ඔවුහු යම් අයුරකින් යළි නොපිවිසෙත් ද, ඒ අයුරින් එහි වෙන් වෙන් වශයෙන් බොහෝ සාමාන්තයන්,

176. නවත්වා, සියලු සතුරන්ගේ මුලින් ම සිඳ දැමීම කොට අප ස්වාමි රජුන්ගේ පාද පද්මයන් හිස් මුදුනින් උසුලාගන්ට,

177. අපි යන්නෙමු" යි තීරණ ගැනීමේ නුවණින් යුක්තව නිශ්චය කළේය. ඉක්බිති ඔහුගේ වචනය පිළිගත් සියලු අමාත්‍යවරු,

178. යුද්ධයෙහි දන්නා ක්‍රම ඇතිව, මහත් යුදසෙන් ගෙන නික්ම, නොයෙක් මාර්ග ඇති වැලිවාසර නම් ප්‍රදේශයට,

179. පැමිණ, එහි සිටි බොහෝ සතුරන් ජීවිතක්ෂයට පමුණුවා, එතැනින් නික්ම බලගල්ල නම් තැනට පැමිණ,

180. එහි බලකොටුවක් පිහිටුවා කීර්ති ය, ලංකාපුර ය යන ඇමතිවරු දෙදෙනාත්, අන්‍ය වූ චතුරංගිනී මහාසේනාවත් නවත්වා,

181. මහබල පෙරටු කොට සියලු අමාත්‍යයෝත්, ප්‍රධානීහුත් දීසවාපි මණ්ඩලය නම් ස්ථානයෙහි සිටි බොහෝ කැරලිකරුවන්,

182. මැඩලනු පිණිස රජතුමාගෙන් ලද උපදෙස් පරිදි මහා බලැණි සහිතව පිටත් වූවාහුය. එකල්හි දිනන ලද සතුරු රජුන් ඇති මහපැරකුම්බා රජු,

183. සතුරු වියවුල් රහිත වූ පොළොන්නරු නගරයෙහි වසන්නේ, ශුද්ධා බුද්ධි ගුණයෙන් සමුපේත වූයේ, නා නා පුණ්‍යෝද්‍රාවෙන් උපලක්ෂිත වූයේ,

184. කලා රස විදින්නවුන් අතර අග්‍රේසර වූයේ, සොඳුරු ක්‍රීඩා විනෝදයෙන් යුතුව දවස් යවමින් සිට, ධාතුන් වහන්සේලාගේ වැඩමවීම අසා,

72 වන පරිච්ඡේදය 235

185. පරම සන්තෝෂ ප්‍රසාදයෙන් පිරීගිය සිත් ඇත්තේ "අසිරියෙකි! මට වූයේ මහත් මැ ලාභයෙකි. මාගේ දිවිය මනා වූ ලැබීමෙකි.

186. රාජ්‍ය සාධනය පිණිස මවිසින් ගන්නා ලද දැඩි වෑයමෙහි උතුම් ඵලය ලබන ලද්දේය. යම් බඳු මම අප මුනිරජාණන් වහන්සේගේ මේ ධාතූන් වහන්සේලා බැහැදකින්ටත්, සේවනය කරන්ටත්,

187. ලැබූයෙම් ද, එහෙයිනි!" යි මේ ආදී වදන් කියමින් සකසා ස්නානය කොට, මනා ලෙස පිළී හැඳ, මනා ලෙස සුවඳ විලවුන් ගල්වා, මනාකොට සැරසී,

188. අලංකාරයෙන් සැරසීගිය රාජකුමාරවරුන් ද අමාත්‍යවරුන් ද පිරිවරාගන්නා ලදුව ශරත් කාලයෙහි තරු රැස විසින් පිරිවරාගත් බබළන පුන් සඳ සෙයින්,

189. මහපිනැත්තේ යොදුනක් පමණ දුර පෙර ගමන්කොට ධාතූන් වහන්සේලා බැහැදුටු ප්‍රථම දර්ශනයේදී ම විචිත්‍ර වූ ආභරණයන්ගෙන් ද,

190. මිණි, මුතු ආදී නන් වැදෑරුම් මාහැඟි රත්නයන්-ගෙන් ද නානා සුවඳ දුමින් ද පහන් ආලෝකයෙන් ද සුගන්ධ පුෂ්පයෙන් ද,

191. අනේක සුගන්ධයන්ගෙන් ද පූජා පවත්වා සත්පුරුෂයින් විසින් පුදන ලද වීර නිරිඳු තෙමේ ජීවමාන සම්බුදු රජුන්ට සෙයින් දක්වන ලද මහත් ආදර ඇත්තේ,

192. නිරන්තරයෙන් සතුටු කඳුළු වගුරුවමින් සිත්හි හටගත් ප්‍රසාදයන් බැහැරට විසිරී ගියාක් බඳුව,

193. තමන්ගේ මුළු සිරුරෙහි රෝමෝද්ගමය ඇතිකරවමින්, සෝභමාන වූයේ, තමන්ගේ සිත මහා ප්‍රීති ප්‍රවාහයක් තුළ ගිල්වමින්,

194. අමා රස දහරින් තෙමාගන්නා ලද සිරුරක් ඇත්තෙකු සෙයින්, ධීර වූ උතුම් නිරිඳු තෙමේ දළදා වහන්සේ හිසින් උසුලාගන්නේ,

195. හිසින් අඩසඳක් දරාසිටින චන්ද්‍රසේකරයන්ගේ ලීලායෙන් යුතු වූයේ, තමන් සමග ආ සියල්ලන් හට ධාතූන් වහන්සේලා දෙනම දක්වාලනුයේ,

196. සංඝයා වහන්සේ වෙතින් මනාකොට අසනා ලද ධර්මය ඇත්තේ, ධාතූන් වහන්සේලාගේ මහා තේජස ප්‍රකාශ කරන්නේ, මහා ප්‍රාඥ රජු එහි සිටියවුන් ලවා මහා පූජාවන් කරවා,

197. ඒ ධාතූන් වහන්සේලා දෙනම එහි ම තබ්බවා, මැනවින් රැකගත් සියලු ඉඳුරන් ඇති රජ තෙමේ එයට මහත් රැකවල් යොදවා,

198. නා නා ප්‍රකාරයෙන් පූජා වන්දනෝපහාරයන් දක්වන්ට යොදවා, බලවත් පැහැදීමෙන් යුතු සිතින් අමාත්‍යවරු පිරිවරා,

199. මහා බ්‍රහ්මරාජයෙක් සිය බ්‍රහ්ම විමානයට පිවිසෙන සෙයින් හේ රජමැඳුරට පිවිසියේය. ඉන් පසු පොළොන්නරු නගර මධ්‍යයෙහි සොඳුරු ධාතු මන්දිරයක්,

200. තව්තිසායෙහි සුධර්මා දිව්‍ය මන්දිරය බඳුව ශෝභමානව කරවා, මනාකොට බෙදන ලද

රාජද්වාරයෙහි පටන් යොදුනක් ප්‍රමාණයට මාර්ගයක්,

201. කරවා ඒ මාර්ගය අත්තලක් සෙයින් මනාකොට සමතලා කරවා, හැමකල්හි සියලු සත්වයන්ගේ යහපතෙහි ඇලුණේ,

202. ලෝකයා චිත්තප්‍රීතියට පත්වන අයුරින් සිතුවම් දැරූ තොරණ් බඳවා, ඒ තොරණ පහළින් නොයෙක් මාලාදාමයන්,

203. එල්ලෙන්නා වූ විචිත්‍ර වියන් බඳවා, ඒ තොරණ-ස්ථම්භ එකක් පාසා අනේක වර්ණවත් වස්ත්‍රයෙන් සැරසිලි සහිත වෙලීම් කොට,

204. ඒ තොරණ් කණු මත අලංකාර කුඩ හා චාමර පෙළින් ද සරසා, නොයෙක් මල්මිටිවලින් ද, විචිත්‍ර ධජයෙන් ද සරසා,

205. පූජාවන් උදෙසා සුදුසු ම වූ අන්‍ය දෙයිනුත් සරසා, මාර්ගය දෙපස එල දරන්නා වූ,

206. තැඹිලි, කෙසෙල්, පුවක්, පොල් ආදී රුක්පෙළින් ද සරසා, නාමල් කළඹින් හා පුන්කලසින් ද සරසා,

207. නා නා ධජ පතාකාදියෙනුත්, පහන් ආලෝක සුවඳ දුම් ආදියෙනුත් සක් දෙවිඳුගේ තව්තිසායෙහි සුදර්ශන වීථිය ලෙසින් සරසා,

208. මාර්ගය අලංකාර කොට, මාර්ගයත් - අමාර්ගයත් වෙන් කොට දැකීමෙහි දක්ෂ රජ තෙමේ ආලකමන්දාව සෙයින් දළදා මන්දිර ද්වාර මළුව,

209. සරසා, සද්ජනයන් සතුටු කිරීමේ හැකියාව ඇති, චතුර වූ රජු එකෙණෙහි මාහැඟි වූ මහා මාණික්‍යයක් සාරවා,

210. එහි සුවඳ කුඩු පුරවා, රටේ දියුණුව සලසන නරපති තෙමේ ඒ මැණික තුළ උතුම් දළදා වහන්සේ වඩාහිඳුවා,

211. යළි ඒ මහා මාණික්‍යය රුවනින් කරන ලද කරඬුවක තැන්පත් කොට, යළිත් ඒ කරඬුව රනින් කරන ලද මාහැඟි කරඬුවක තැන්පත් කොට,

212. ඉක්බිති පාත්‍රා ධාතූන් වහන්සේ ඉතා මනහර වූ නා නා රත්නයන්ගේ රැසින් බබළන රනින් කරන ලද කරඬුවක,

213. සොඳුරු දේදුනු බඳු රෝද සතරක් මත පිහිටි, ළහිරු මඬලින් ගැලූ රැස් පිඬු වී ගිය කලක සෙයින් ඉතා මනහර වූ,

214. මණ්ඩපයක මාහැඟි වූ ඇතිරිලි අතුරා එහි මනාකොට පනවන ලද සුවඳ මල් අතුරන ලද ආසනයක වඩාහිඳුවා,

215. ඡත්‍රයන්, චාමර, කඩු ආදිය ගත් අත් ඇති ලම්බකර්ණවංශිකයන් ද අන්‍ය වූ මහ උසස් වංශිකයන් ද මණ්ඩපය හාත්පස,

216. රැකවල් පිණිස තබ්බවා, ලද දෙය රැකීමෙහි දක්ෂ රජ තෙමේ ඒ මණ්ඩපයට පරිවාර වශයෙන් නොයෙක් සිය ගණන්,

217. ඉතා වටිනා මණ්ඩපයන් කරවා, එහි සියලු ආභරණයෙන් සැරසී ගිය වීණා, වස්දඬු, මිහිඟු බෙර ආදිය අතින් ගත් ජනයා විසිනුත්,

218. දිව්‍ය ගාන්ධර්ව අප්සරාවන් බඳු ගී කියන්නා වූ ස්ත්‍රීන් වෙන් වෙන්ව සිටුවා, ඔවුන් ඉදිරියෙහි නළඟනන් නැටීමට තබ්බවා,

219. ඔවුන්ගේ නැටුම්වලිනුත්, ගැයුම්වලිනුත්, වාදනයෙනුත් පූජා පවත්වමින් නා නා කුසුමිනුත්, සුවඳිනුත්, විවිධ ධූපයෙනුත්,

220. මුළු පොළොන්නරු නගරයෙහි වසන ජනයා ප්‍රීතියෙන් සතුටු කරවමින්, නොයෙක් දහස් ගණන් ප්‍රදීපාලෝකයෙන් හාත්පස,

221. සියලු දිශා අනුදිශාවන් එක්පැහැර බබුළුවමින්, ඡත්‍ර චාමර පෙළින් ද, විචිත්‍ර වූ ධජ පෙළින් ද,

222. සියලු පතාකයන්ගෙන් මුළු අහස්කුස වසමින් හස්තීන්ගේ කුඤ්චනාදයෙන් ද, අශ්වයින්ගේ හේෂාරවයෙන් ද,

223. රථවලින් නැගි චක්‍ර ඝෝෂාවෙන් ද, බෙරවලින් නැගෙන වීරනාදයෙන් ද, මඟුල් සංඛනාදයෙන් නිකුත් වන මනහර නාදයෙන් ද,

224. කාහල නාදයෙන් ද, වන්දිභට්ට ජනයන්ගේ ජයඝෝෂා නාදයෙන් ද, පැතිර යන සාදුනාදයෙන් ද, අත්පොළසන් නාදයෙන් ද,

225. එසේම මහත් සෝෂාවෙන් දිශාවන් දෝංකාර කරවමින්, ධරණීපාල මහරජු තෙමේ ද සියලු ආභරණයෙන් සැරසී ගියේ,

226. රන් වස්ත්‍රයෙන් සරසන ලද උතුම් මගුල් ඇතු පිට නැගී, නොයෙක් වාහනයන්හි නැගගත් ඇමති ජනයා පිරිවරා,

227. මහත් රාජානුභාවයෙන් යුතුව, උතුම් දළදා ස්වාමීන් වහන්සේ වෙත, පාත්‍රා ධාතූන් වහන්සේ වෙත,

228. පැමිණ, හිස මත දෝත තබා සකසා වන්දනා කොට, සුවඳ මල් සියතින් ම මනා ලෙස පුදා,

229. ධාතු දෙනම වහන්සේ වඩමවාගෙන මාර්ගයට පිළිපන්නේය. එකල්හි පටහබෙරවලින් නැගුණු ස්වරය ගම්භීර නාදයෙන් දෝංකාර දෙමින්,

230. ගගන තලය දේදුනු කලාපයකින් සෝභමාන කරමින් ආලෝක සහිත විදුලිය ද ඔබමොබ විසිර යමින් බැබලෙමින්,

231. සිබණ්ඩි මණ්ඩලයේ අබණ්ඩ තාන්ඩවයට උපදේශක වූ අසුන්ගේ කුර ගැටීමෙන් උස්ව නැගෙන ධූලියත් සමග,

232. හිරුගේ රශ්මි ධාරාවන් නොපෙනී යාම කරණ කොටගෙන මුළු මහත් ගගන තලය කළුවර පටලයකින් වසාලමින්,

233. දිශාවන් පැතිරගෙන අකාල මහාමේසයක් පැන නැංගේය. එය දුටු සියලු අමාත්‍යයෝ මහා පූජා පෙළහර වලක්වන්නා වූ,

234. වර්ෂාවක් ඉතා දැඩි ලෙස වසින්ට යන්නේය යන අදහස නැවත නැවත සිතන්නාහු මහා ඛේදයට පත්ව අසරණ සිතින් යුතුව,

235. මහනුවණැති මිහිපල් වෙත එළඹ කුමක් කටයුත්තේ දැයි විචාළෝය. එකල්හි මහරජ තෙමේ තමන්ගේ සාතිශය තේජසින් යුතුව,

236. මහර්ෂී වූ සම්බුදු රජුන් තුළ එයටත් වඩා අචින්තනීය වූ තරම් තේජස් ඇති බව දන්නේ "තෙපි එය පිළිබඳව නොසිතව්. මෙබඳු ආකාර වූ,

237. දෙව් මිනිසුන්ගේ සිත් ඇදගන්නා ලෙසින් අද්භූත උත්සවයක් පවත්වන්නේ ම ය. ළං විය නොහැකි පරාක්‍රමයෙන් යුතු මමත් වනාහී,

238. මහා පින්වත් වූයෙම්, මහා පැණවත් වූයෙම්, මහා තෙදැති වූයෙම්, මහයසස් ඇත්තෙම් වෙමි. මෙහිලා කවර නම් දේවතාවෙක්, කවර නම් මාරයෙක් මා විසින් පවත්වනු ලබන,

239. අත්‍යුදාර වූ මහා ධාතු පූජා වන්දනාවට අන්තරායක් කරන්නේද? ධාතු දෙනම වහන්සේ වඩාහිඳුවාගෙන කිසි බියක් සැකක් නොසිතා,

240. ඒ තෙපි පෙරහැරට නික්මෙව්!" කියා නුවණැති රජ තෙමේ නික්මුනේය. එකල්හි පූජෝත්සවය සිදුවන තැනින් බැහැර මහා වර්ෂාවක්,

241. වසින්නා වූ මහවැසි දහරින් සියලු තැන් පුරවාලමින් වැස්ස නමුත්, මහා පූජාව වැඩමවන මාර්ගයට අභිමුඛව,

242. ළා පොද වැස්සක් පමණකින් ධූලි සංසිඳවමින් වැස්සේය. ඒ ආශ්චර්ය අද්භූතය දුටු එහි රැස්ව හුන් නුවර වැස්සෝත්,

243. නොයෙක් සිය ගණනින් වැඩසිටි ශ්‍රමණ පුත්‍රයන් වහන්සේලාත් "අහෝ! සතුරන් මැඩලන්නා වූ නරේශ්වර තෙමේ මහානුභාව ඇත්තේ නු!

244. ඒකාන්තයෙන් ලංකායෙහි ඇති මහත් මැ පිනකින් මෙතෙමේ පහළ වූයේය. මේ අපගේ ම පිනෙකි. මෙතෙමේ අප තථාගතයන් වහන්සේ කෙරෙහි මහා බැතිසිත් ඇත්තෙකි.

245. මේ යසසෙකි! තේජසෙකි! ප්‍රභාවාතිශයෙකි!" යනාදී වශයෙන් අතිශයින් විස්මිත වදන් බෙණෙමින්,

246. මහත් සේ ස්තුති ඝෝෂා කරමින් සකල දිශාවන් පුරවා දැම්මෝය. ඉක්බිති ඒ රජු පෙර නොදුටු නොඇසූ විරූ,

247. මෙබඳු වූ ආශ්චර්ය පැවැත්මක් කියමින් තමන්ගේ ආනුභාවයට යෝග්‍ය වූ මහාධාතු පූජෝත්සවය පවත්වමින්,

248. නුවණැති රජ තෙමේ දළදා මන්දිරයෙහි ධාතුන් වහන්සේලා දෙනම ම වඩාහිඳුවා, වීර වූ මෙතෙමේ පොළොන්නරු නගරයෙහි සත් රැයක් පුරාවට,

249. මුළු ලොවට එකම පහනක් බඳු වූයේ, පහන් ආලෝක පූජාවන් පැවැත්වීය.

250. මෙසේ පූජෝත්සවය බලන්ට ආ මහජනයාගේ ප්‍රමෝදයටත්, ප්‍රීති වේගයටත්, විස්මයටත්, විමතියටත් එකම හේතුව වූ උත්තම වූ සර්වඥ ධාතු මහා පූජාව අවනත රජුන් ඇති මහා පැරකුම්බා මහරජ තෙමේ මනාකොට කරවීය.

මෙසේ හුදී ජන පහන් සංවේගය පිණිස කරන ලද මහාවංශයෙහි 'දළදා වහන්සේ පිදීම' නමැති සැත්තෑ දෙවන පරිච්ඡේදය නිමාවට පත්විය.

73

සැත්තෑ තුන්වන පරිච්ඡේදය

රුහුණු රජය අත්පත් කරගැනීම

01. එකල්හි මහබලැති අමාත්‍යයෝත්, සෙන්පති ප්‍රධානීහුත් දීඝවාපි මණ්ඩල රට අල්ලාගැනීම පිණිස පොළොන්නරුවෙන් නික්මුණාහු,

02. සෘයවනවියල නම් ස්ථානයේදී මහයුද්ධයක් කොට එහි පිහිටුවාගෙන තිබුණු දොළොස් දොරටු සහිත මහ බලකොටුව සර්වප්‍රකාරයෙන් ම බිඳ,

03. එතැනින් නික්ම ගෝමගම නම් තැනට ගොස් සගමන නමැති බලකොටුවෙහිත්, බලගල්ලෙහිත් මහයුද්ධ කොට,

04. සතුරු සෙන් බිඳ, බලගල්ල බලකොටුවෙහි බලවාහන සහිතව සියල්ලෝ ම වාඩිලා ගත්තෝය.

05. එකල්හි ඇමතියෝත්, ප්‍රධානීහුත් එතැනින් නික්ම මල්වතු මණ්ඩලයෙහි මහායුද්ධ කොට,

06. වළගම්පහන නම් තැන ද මුළුත්ත නම් ගමෙහි ද සේනාගුත්ත නම් ගමෙහි ද බොල්ගම නම් ගමෙහි ද,

07. වඳුරාගම නම් ගමෙහි ද, ගල්ලැඹටාව නම් ගමෙහි ද ඒ ඒ තැන බිහිසුණු ක්‍රම ඇති මහයුද්ධ කරන්නාහු ඉන් පසු,

08. කිතුල්වල්ගම නමැති ගමට ගොස්, එහි තුන් ගව්වක පමණ හාත්පසින් බොහෝ ආවරණයන් සකසා,

09. මහා බලකොටු දුර්ගයක් පිහිටුවාගෙන සිටි සතුරු සෙන් සමග මහයුද්ධයක් කොට, අනල්ප වූ සතුරු සෙන් නසා,

10. සතුරන් තුළ භීතිය උපදවමින් මහපැරකුම් නිරිඳුගේ සේනාවෝ එහි ම වාඩිලා ගත්තෝය. එකල්හි කැරලිකරුවෝ "මුළු රට ම සිය වසඟයට පත්කොට,

11. ගන්නෙමු" යි දීඝවාපි මණ්ඩලය බලා නික්මුනාහුය. කිතුල්වල්ගම සිටි අමාත්‍යවරුත් ඔවුන්ගේ වැඩපිළිවෙළ,

12. තත් වූ පරිදි අසා බොහෝ භටසෙන් එහි යැවූහ. ඒ සියලු භටයෝ රැයක් ඇතුලත විසි ගව්වක ප්‍රමාණය වූ,

13. මගක් ගෙවා ගොස් මහයුද්ධ කොට සතුරන් නසා නැවතත් ඔවුන් තුළ යුද්ධයට ආසාවක් ඇති නොවන පරිදි භය තර්ජනය කොට,

14. දිනාගත් යුද්ධ ඇති ඔවුහු යළි කිතුල්වල්ගමට පැමිණියෝය. එකල්හි සියලු ඇමතියෝ ඒ ගමට ආසන්නයේ ඇති,

15. ඇපාදොඹකඩ නම් ස්ථානයෙහි බලකොටුවක් කරවා ගුත්හල මණ්ඩලයෙහි සිටි සතුරන් සමග,

16. මහයුද්ධයක් කොට, එසේම චෝරම්බ නම් ගමෙහි ද, එපරිදි ම මූලාන නම් ගමෙහි ද, යළි උදලු මණ්ඩලයෙහි ද,

17. වශයෙන් මේ කියන ලද ගම්වල මහයුද්ධ කොට, ඉන් පසු කිතුල්වල්ගමින් නික්ම,

18. කිත්රජවැල්ල නම් ගමෙහි ද මහයුද්ධයක් කොට, උලදා නම් ගමෙහි ද වැලිකසා නම් ගමෙහි ද,

19. බිහිසුණු යුද්ධ කොට අනතුරුව හූගල නම් ගමෙහි ද යුද්ධ කොට බොහෝ සතුරන් නසා එහි වාඩිලා ගත්තෝය.

20. පෙර රජදරුවන් විසින් පිහිටුවූ මහානාගකුලපුර හෙවත් මානාහුල නුවර රාජධානියක් කරනු පිණිස පැරකුම්බා මහරජු විසින් එහි යවන ලද,

21. රක්ඛ නමැති දෙමළ අධිකාරී ද රක්ඛකඤ්චුකීනායක ද යුද කරනු කැමතිව මහා භටසේනාවක් සන්නද්ධ කරවාගෙන මානාහුල නුවරින් නික්මුනාහුය.

22. රක්ඛකඤ්චුකීනායක තෙමේ පස්යොදුන් රටවැසි දේවරාජ නමැති කේශධාතුනායක ද මහා භටසෙන් ද,

23. පිටත් කරවා එහි සිටි බොහෝ සතුරන් විනාශයට පමුණුවා එතැනින් නික්ම ගිංතොට නම් නගරයෙහි රාජධානියක් කරන්ට,

24. නොයෙකුත් බලදුර්ගයන් තුළ වාඩිලාගෙන හුන් සතුරන් පිළිබඳ කතා, වචන මාත්‍රයකට සීමා කොට විධානයෙහි දක්ෂ වූ හේ,

25. යුද්ධයෙන් වෙහෙසට පත් සේනාවන් හට විවේකය දෙනු කැමැත්තේ ඒ වීර සෙන්පති තෙමේ කිහිප දවසක් එහි ම ගත කළේය.

26. ඒ ප්‍රස්ථාවේදී සියලු සතුරෝ මහත් දුකින් පීඩිතව සිටියාහු යළි මෙබඳු ආකාරයෙන් දැඩි ලෙස සිතූහ.

27. "පැරකුම්බා නිරිඳුගේ කල්පාන්තයෙහි හටගන්නා මහගින්නට සමකළ හැකි තේජස වනාහී ජම්බුද්වීපයෙහි සිටින්නා වූ සියලු රජුන්ටත් නොඉවසිය හෙන්නේය.

28. ගජබා නිරිඳුත්, මානාභරණ නිරිඳුත් යන සංග්‍රාමයෙහි දක්ෂ සිංහරාජයන් දෙදෙනාත්,

29. මහා භටසේනා සන්නද්ධ කොටත්, මහා ධනස්කන්ධයක් වියදම් කොටත්, දිව රෑ දෙක්හි නා නා ප්‍රකාරයෙන් යුද්ධ කරන්නාහු නමුත්,

30. පරාක්‍රම නරේන්ද්‍රයාගේ ජය භේරි නාදය දුරදී ම අසා බිඳී ගොස්, සූර්යෝදයෙන් නිෂ්ප්‍රභා වී යන්නා වූ කණාමැදිරියන් බඳුව,

31. භයින් තැතිගෙන තමන්ගේ රටෙහි පවා වාසය කරන්ට අසමර්ථව, යන්ට වෙන තැනකුත් නොදකිමින් යමරජු ම ඇසුරු කළෝය.

32. අපගේ බලකොටු හැර වෙනත් ආරක්ෂක ස්ථානයක් අපට ද පෙනෙන්ට නැත්තේය. මේ රට වනාහී සර්වප්‍රකාරයෙන් ම ගිරිදුර්ගාදියෙන් එකතුව ඇත්තේය.

33. එසේ හෙයින් සියලු බලදුර්ගයන්හි බොහෝ ආවරණයන් සකසා, සියලු ප්‍රසිද්ධ ගමන් මාර්ගයන් යා නොහැකි බවට පත්කොට,

34. ඒවා බොහෝ සොරුන් ගැවසෙන මාර්ගයන් බවට පත්කොට, රටට ඇතුලුවීමට බොහෝ දුෂ්කරතා ඇතිකළ කල්හි හැමෝම එක්රැස්ව අපි යුද්ධ කරන්නෙමු."

35. මෙසේ සියලු කැරලිකරුවෝ එක ම අදහසක් ඇතිව, යුද්ධ කරනු පිණිස ගාලු නදියෙහි මෝයකටින් මෙතෙරට පැමිණියාහුය.

36. එකල්හි රක්බකසැද්වුකීනායක තෙමේ එපුවත අසා එහි ගොස් මහයුද්ධයක් කොට ඔවුන් පලවාපීය.

37. යුද්ධයෙහිදී බිඳී ගිය ඒ සේනාවෝ මහාවැලිගමෙහි හුන්නාහු සතුරන් සමග හාත්පසින් ම එකතු වී ගියෝය.

38. රක්බකසැද්වුකීනාථ තෙමේ සිය සේනාවන්ට විවේකය ලබාදී මහවැලිගම සිටි සතුරන් සමග යුද්ධ කරන්ට,

39. නික්මුණේ ඒ සියලු සතුරු සෙන් මර්දනය කොට, රණබිම ගුරුලන් විසින් පහර දෙන ලද නාග ලෝකය මෙන් කොට,

40. එතැනිනුත් දිවියෙකු විසින් බොහෝ මුවන් පලවාහරින සෙයින් පලවාහැර යුද ජයග්‍රහණයෙන් යුතුව මහා බලැතිව එහි ම වාඩිලා ගත්තේය.

41. රක්ඛකණ්ඩචුකිනාථ තෙමේ මෙසේ වැලිගම ද සිය වසඟයට ගෙන, යහපත - අයහපත තෝරාබේරාගෙන සිතීමෙහි දක්ෂ වූයේ මෙසේ සාකච්ඡා කළේය.

42. "මේ සතුරෝ වනාහී ගින්නෙන් දැවෙන අයුරු නොදන්නා පළඟැටියෝ වැන්නහුය. මොවුහු බොහෝ සෙයින් ගින්නෙහි ම දැවෙමින් විනාශයට පත්වන්නෝය.

43. මොවුන් විනාශයට පත්වුන කල්හි රට ද වනාන්තරයක් වන්නේය. මොවුහු අප මහරජුන් තුළ තිබෙන්නා වූ දයාහරිත බව නොදනිත් ම ය.

44. මෙතැන් පටන් යම් සතුරෝ අපගේ යටතට එත් නම්, ඔවුන් හට අභය දානය දී ඔවුන්ට ආරක්ෂාව සැලසීම කටයුත්තේය" යනුවෙනි.

45. ඉක්බිති හේ රටවැසියන් කිහිප දෙනෙකුට සිය හසුන පිටත් කොට යැවීය. එනම්, "යම් යම් කෙනෙක් ජීවත්වනු කැමැත්තාහු ද, ඔවුහු මා සමීපයට පැමිණෙත්වා!" කියායය.

46. එය අසා සිය ප්‍රාණය හා ධනය රැකගනු කැමති වැලිගම්වැසි වෙළෙන්දෝ ද බොහෝ පටුන්ගම් වැස්සෝ ද,

47. අන්‍ය වූ රටවාසීහු ද හාත්පසින් එක්රැස්ව හයින් මිරිකෙමින් අවුත් රක්ඛකඤ්චුකීනායක බැහැදුටුවෝය.

48. ඉන් පසු හෙතෙමේ දෙවිනුවර ද එසේම කම්මාරගම හෙවත් කඹුරුගමුවෙහි ද මහාපනාලගමෙහි ද මානාගපිටියෙහි ද,

49. නිල්වලා නදී තොටුපලෙහි ද කෙහෙල්පත් නමැති ගමෙහි ද යන නොයෙක් තන්හි සිටි සතුරු ජනයා සමඟ,

50. සිය යෝධයින් යවා බොහෝ යුද්ධ කරවා, ඒ ඒ තැන ජය ලබා ආ කල්හි ඔවුන්ට සංග්‍රහ කළේය.

51. එකල්හි සියලු කැරලිකරුවෝ "සතුරන්ගේ ප්‍රබල බලයට මාකෙත නම් තැන නදියෙන් එතෙරව යුද්ධ කරන්ට,

52. නොදෙන්නෙමු" යි නිශ්චයකට පැමිණ නික්ම ආ ඔවුහු තුමූ ම මහත් සැහැසිව ගං තෙරට පැමිණියෝය.

53. එපුවත ඇසූ රක්ඛකඤ්චුකීනායක තෙමේ බලසෙන් සමඟ එහි ගොස් කැරලිකරුවන් හා යුද්ධ කරන්ට,

54. සිය සේනාවන් පිටත් කරවීය. ඉක්බිති දෙපක්ෂයේ ම සේනාවෝ ගංගා මධ්‍යයෙහි ඉතා බිහිසුණු ලෙස යුද්ධ කළාහුය.

55. උභය සේනාවන්ගේ යුද්ධය සමුද්‍රයෙන් මතු වී ආ දානව රාක්ෂසයන් විසින් දෙවියන් සමඟ කරන යුද්ධයක් බඳුව භයජනක වූයේය.

56. ඒ මහා වීර සේනාවෝ මහා සතුරු සෙන් සමග යුද්ධ කරන්නාහු මේ අයුරින් සිතුවාහුය.

57. "මොවුන් සමග කරන්නා වූ යුද්ධ වනාහී පරාජයක් වැන්න. අපගේ ස්වාමී මහරජුන් තබා රක්ඛකණ්ඩ්චුකීනායක පවා,

58. ඉදින් මෙපවත් ඇසුයේ නම් අපට මහත් නින්දාවෙකි. මේ සතුරන් කරටි කැබලි සෙයින් සිඳ හෝ,

59. නදී ජලයෙහි හෙළා මස්කැසුබුවන්ගේ ගොදුරු බවට හෝ පත්කරන්නෙමු. මොවුන්ගේ යුද පිපාසය දුරලන්නෙමු. නැතහොත් අපි හෝ නැසෙන්නෙමු" යි කියා,

60. රාම - රාවණ යුද්ධයේදී මහාසාගරය තරණය කළ වානර සේනාව සෙයින් අත්‍යන්තයෙන් ම බිහිසුණු වූ මහයුද්ධයක් කොට,

61. මොහොතකින් සතුරු සේනාව මහා ලේ ගංගාවක් කොට, දීගල අල්ලාගනු පිණිස මහබලැති ව නික්ම ගියෝය.

62. ඔවුහු එහි ගොස් කෙසෙල් වනයකට පිවිසි ඇත්රැලක් බඳුව සතුරු මුළු මුලින් ම සිඳ දැමුවෝය.

63. එහිදී බිඳී ගිය සතුරෝ සුවණ්ණමලය නම් තැනට රැස්ව යළි යුද්ධ කරන්ට පටන් ගත්තෝය.

64. රක්ඛකණ්ඩ්චුකීනාථ තෙමේ එහිත් බොහෝ භටසෙන් පිටත් කරවූයේය. ඔවුහු අඛණ්ඩව ඊ වර්ෂා වස්සවමින්,

65. වනයේ ඇවිදිනවුන් අතින් කැලෑ පාරවල් ගැන අසමින්, ඔවුන් විසින් කියන ලද මාර්ගයන් ඔස්සේ එහි පිවිසි සේනාවෝ,

66. සුවණ්ණමලය බලකොටුව ඇසුරු කොට සිටි බොහෝ සතුරන් මරා සුවණ්ණමලයත් සතුරු වියවුල් නැති තැනක් කළාහුය.

67. එකල්හි රක්ඛකඤ්චුකීනාථ තෙමේ ම මාලාවරත්ථලි නම් ගමට යන්නේ සුවණ්ණමලයට ගිය සේනාවන් වෙත,

68. "මමත් ඔය ප්‍රදේශයෙන් ම මාලාවරත්ථලි ගමට යමි. තෙපි දු ඒ යන මාර්ගය ම පිළිපදිව්" යනුවෙන්,

69. හසුනක් යැවීය. ඔවුහු එය අසා එසේ කළෝය. රක්ඛකඤ්චුකී සෙන්පති තෙමේ ඒ සියල්ලන් ද ගෙන මාලාවරත්ථලියට ගියේය.

70. රක්ඛ නමැති දෙමළ අධිකාරී තෙමේත් යුද්ධ කරනු කැමතිව මහා සෙන් බලයක් පෙරටුකොට දෝණිවගට පැමිණියේය.

71. එපුවත ඇසූ කැරලිකරුවෝ මහානාගකුලපුරයෙහි වසන්නා වූ රක්ඛලංකාපුර සෙන්පතිට,

72. තත් වූ පරිදි එපුවත් පවසා, ඔහුට වහා එනු පිණිස හසුනක් යැව්වාහුය.

73. "දෝණිවග පටන් යොදුන් නවයක් දුරට ඇති ගමන් මග ඉතා දුෂ්කර ගමනක් ඇත්තේය. එසේ හෙයින් ඒ මගින් රට තුළට පිවිසීම,

74. වළක්වන්නෙමු. ඔවුන්ව ඒ බලකොටුවල ම නවත්වන්නෙමු” යි සිතා මහත් සැහැසිව සියලු කැරලිකරුවෝ යුද්ධය පටන් ගත්තාහුය.

75. යුද ක්‍රමයන්හි දක්ෂ වූ රක්ඛ නමැති දෙමළ අධිකාරී ද විධානයට පෙර ම සතුරන් සමග කරන යුද්ධයට ඇති,

76. මුඛය බිඳින්ට කැමැත්තේ, බොහෝ භටයන් සමග ලෝක නම් කේශධාතුනායක ද සංඛ සෙන්පති ද,

77. මේ ආදී සාමාන්තයන් පිටත් කොට යැවීය. ඔවුන් ද සතුරන් සමග මහයුද්ධ කොට මහා ජය අත්පත් කරගත්තාහුය.

78. බිඳී ගිය සතුරු සේනාවෝ මහා භයකින් ව්‍යාකූලව ගරුළට්ඨකලංජ නම් තැනට රැස්වූවාහුය.

79. රක්ඛ නමැති දෙමළ අධිකාරී තෙමේ ඒ ස්ථානය අල්ලාගනු පිණිස මහා භටසේනාවක් පිටත් කළේය.

80. ඒ මහා සේනාවෝ එහි ගොස් බොහෝ වැටකඩොලු ආවරණ සිඳ දමමින්, දොරටු යෙදූ මහා බලකොටුව බිඳිමින්,

81. සතුරන් සිටි තැනට පැමිණ ජීවග්ග්‍රාහයෙන් අල්ලාගත යුතු වූවන් අල්ලාගෙන, අනෙක් බොහෝ,

82. සතුරන් වහා මරුමුවට පමුණුවා, ඉතිරි වූවන් පලවාහැර ඒ ස්ථානය සතුරු වියවුල් රහිත කොට,

83. ඒ යෝධයෝ රක්ඛ දෙමළ අධිකාරී වෙතට ම පෙරලා පැමිණියෝය. එකල්හි හේ යුද වීරයන්ට සුදුසු ලෙස ප්‍රසාදයන් ප්‍රදානය කළේය.

84. රක්ඛ දෙමළ අධිකාරී ද ග්‍රීස්ම කාලයෙහි හිරු තෙදින් දැවී ගත්තා වූ වනමේඝයක් සෙයින් පැරකුම්බා මහරජුගේ තේජසින්,

85. අළු පමණක් ඉතිරි වෙමින් යන්නා වූ සතුරන් ව සාමය නමැති ප්‍රයෝගයෙන් ආරක්ෂා කරගැනීම පිණිස, නුවණැති හේ දෝණිවගට යළි පෙරලා අවුත්,

86. බේරා බේරාගත් රටවල්හි නැවැත්විය යුත්තන් නවතා, යටත් වෙන්නන් යටත්කොට ඒ රටත් පිරිසිදු කළේය.

87. පුවක්දණ්ඩාවෙහි ද බලකොටුවක් කොට හුන් සතුරු සේනාවෝ යළිත් වරක් මහබලැතිව යුද්ධ කරන්ට පටන් ගත්තෝය.

88. දෙමළ අධිකාරී තෙමේ එහිත් රණ ක්‍රීඩාවෙහි විචක්ෂණ වූ සාමාන්තයන් සමග බොහෝ භටයන් පිටත් කරවීය.

89. ඒ මහා යෝධයෝ ද එහි ගොස් ඊ වර්ෂා වස්සවමින්, යුදබෙර නාදයෙන් ද කඩුවල ඔබ මොබ පෙරලීමෙන් ද,

90. විදුලි කෙටිලි සහිත අකාල මේඝ ගර්ජනා සෙයින් දක්වමින්, ස්වකීය වීර රසාස්වාදයෙන් යුද වෙහෙස දුරුකරමින්,

91. තමන්ගේ ජයභේරි නාදයෙන් ශ්‍රී වීරත්වය පිදූහ. එතැනින් පිටත් වූ ඔවුහු "තඹගම නම් තැනක බොහෝ සතුරු සේනාවෝ,

92. බලකොටුවක් පිහිටුවාගෙන සිටිති" යි අසා වීර සම්මත යෝධයෝ ස්වකීය එකම වික්‍රම රසය දක්වනු කැමැත්තෝ,

93. රාත්‍රියෙහි එහි ගොස් රණභේරි නාදයෙන් යුද්ධයට කැඳවන්නවුන් සෙයින් සතුරන් අතරට යුද පිණිස පිවිසියෝය.

94. බොහෝ කැරලිකරුවෝ යුද බෙර හඬ අසා හිසෙහි හෙණ වදින්නාක් මෙන් හඟිමින් කිසිවෙක් සිහිසුන්ව වැටුනාහ.

95. තව කිසිවෙක් පලාගියාහුය. තව කිසිවෙක් ආයුෂයේ අවසානයට පත්වූවාහුය. ඉක්බිති ඔවුහු බලකොටුව අළු වෙනතුරු දවා,

96. මහබල ඇත්තාහු පුවක්දණ්ඩාවට ම පෙරලා පැමිණියෝය. දෙමළ අධිකාරී තෙමේ නැවත සෙන් කැඳවා,

97. සියරටෙහි තන්හි තන්හි සැඟවී සිටින්නා වූ සතුරන් මැඩලීම පිණිස සාමාන්තයෙකු සමග චතුරංගිනී සේනාව පිටත් කරවීය.

98. ඒ සේනාවෝ බෝවලත්, කිතුල්වල්ගමත්, අතරන්දාමබෝකඳත් යන ගම්වල සිටි බොහෝ සතුරන් මරා,

99. එමෙන්ම රාත්‍රියෙහිත් යුද්ධ කොට පෙරලා ආවෝය. ඉක්බිති දෙමළ අධිකාරී තෙමේ මහා බලසෙන් පෙරටු කොට,

100. උඃරලටත්, බෙරලපනාතොට නම් තැනටත් ගොස් පරාක්‍රමබාහු නිරිඳුන් ලබාදුන් උපදෙස් අඩු නැතිව පිළිපදිමින්,

101. සතුරු නොවී ඒ ඒ තැන සැඟවී හුන් බොහෝ දෙනා සියරටෙහි කලින් සිටි තැන්වලට පෙර සේ ම පමුණුවා,

102. බේරාගත් රටෙහි තැබිය යුත්තන් නිසි තැන තබ්බවා, එයින් නික්ම නිර්භීත වූ මහාසේනා පෙරටුකොට යන්නේ,

103. සීමාතාලත්ථලි හෙවත් හීන්තල්ගොඩ නමැති තැනට පැමිණියේය. එහිදී ඒ ඒ තැන සැඟවී සිටි බොහෝ කැරලිකරුවෝ,

104. රටවැසි සේනාවන් ද කැඳවාගෙන මහබලැතිව, තමන් විසින් ම තමා හට සෙනෙවි තනතුර තබාගත් රක්බලංකාපුර නම් තැනැත්තාත්,

105. නොයෙක් සිය ගණන් යෝධයන් පෙරටු කොටගෙන, යුද බෙර කාහල නාදයෙන් දස දිශා පුරවමින්,

106. සිය සෙන් කැඳවාගෙන නදීභණ්ඩ හෙවත් නැබඩ නමැති ගමට පැමිණියෝය. ඔවුන්ගේ පිළිවෙළ ගැන ඇසූ දෙමළ අධිකාරී තෙමේ,

107. ස්වකීය භටයන් කැඳවා නුවණැත්තේ මේ වචනය පැවසුවේය. "මෙහිදී තම ස්වාමියා කෙරෙහි තොප තුළ පවත්නා පක්ෂපාතීත්වය පෙන්වාලව්.

108. තොප තුළ ඇති වීරත්වය මෙහි සිටිනා මම් ද බලන්නෙමි. 'මෙය අපට නොරටෙකි. මේ සතුරෝ ද මහ සැහැසියෝ ය' යනාදී වශයෙන්,

109. කල්පනා නොකොට 'අපගේ ස්වාමියාගේ තේජසින් යුද්ධයෙහිදී නිසැකව ම ජය අත්වන්නේ අපට ය' කියා හඟිමින්,

110. පළමුව ගන්නා ලද ප්‍රදේශයට යුද්ධ කරන්ට යව්" යි කීය. සේනාවෝත් මහත් උත්සාහ ඇත්තාහු, අති සාහසික වූවාහු එතැනින් නික්ම,

111. මහාසේනා නම් ගමෙහි යුද්ධ කරන්ට ස්ථානයක් ගත්තාහුය. දෙපක්ෂයේ ම සිටි යෝධයෝ රණබිමට පැන,

112. එකිනෙකාගේ ආයුධයන් ගැටීමෙන් විසිර ගිය ගිනි පුපුරු, සියලු අහසෙහි දවල් කාලයෙහි තරු නැංගා සේ කරමින්,

113. සියලු දිශාවන් ඊ වර්ෂාවන්ගෙන් පුරවමින්, වීර ගර්ජනාවෙන් ගර්ජනා කරමින් මහයුද්ධයක් පටන් ගත්තාහුය.

114. දෙමළ අධිකාරී තෙමේත් මහබලැතිව රක්බලංකාපුර නමැත්තාගේ වීරත්වය සමග ම ඔහුගේ හිස ද ගත්තේය.

115. ඉක්බිති පිටුවහලක් නැති සියලු කැරලිකරුවෝ වෙරළ කරා ආ සයුරු සැඩරළ බිඳීයන සෙයින් බිඳී ගියෝය.

116. එකල්හි රණබිම කපුටන් ගිජුලිහිණියන් ආදී සතුන්ගෙන් පිරී ගියේය. යුද්ධයෙන් ලබාගත් ජය ඇති දෙමළ අධිකාරී තෙමේ,

117. සේනාංගයන් පිරිවරාගෙන මහ විජයෝත්සව පවත්වමින්, මහයසස් ඇත්තේ මහානාගකුලපුරය ද අල්ලාගත්තේය.

118. රක්ඛකඤ්චුකීනාථ තෙමේත් මාලාවරත්ථලයෙන් නික්ම වහා මහානාගකුලපුරයට පැමිණ,

119. දෙමළ අධිකාරීව බැහැදුටුවේය. කල් - නොකල් දන්නා වූ, නුවණැත්තා වූ හේ ඔහු සමග මෙසේ සාකච්ඡා කරන්නේ,

120. "අප ස්වාමි රජාණන්ගේ උපදෙස් පරිදි මහානාග කුලපුරය අප විසින් අල්ලාගන්නා ලද්දේය. එසේ නමුදු නොමැරී සිටිනා බොහෝ සතුරෝ ද ඇත්තාහ.

121. ඔවුහු පිටුවහලක් නැති තැන කඩවකට ගොස් පිවිසියාහුය. ජය ලබාගෙන සිටි අපගේ යෝධයන් වහා එහි,

122. යැවීම ගැන මගේ නම් කැමැත්තක් නැත්තේය. ස්වාමීන්ගේ උපදේශ වචනය ම අපට ඇති සරණ ය" යනුවෙන් කීයේය. එහෙයින් එහි ම හිඳ,

123. තන්හි තන්හි සැඟවී ගත්තා වූ සතුරන් ගෙන්වාගෙන තම තමන්ගේ ගම්රටවල්වල තබ්බවා,

124. ඒ මහානාගකුලපුරයෙහි ම කල් ගෙව්වාහුය. එකල්හි කඩවකට ගිය බොහෝ සතුරු ජනයා,

125. සිය පිරිස පොළඹවාගෙන නැවතත් යුද කරනු කැමතිව සියලු දෙන කඩවක නම් තැනට රැස්වූවාහුය.

126. එකල්හි දමිළ අධිකාරී තෙමේ "මේ යුද්ධයට කාලය යැ" යි සිතා මහානාගකුලපුරයෙන් පිටත්ව,

127. කොග්ගල උඩවැවෙහිදී ඝෝර වූ යුද්ධයක් පටන් ගත්තේය. මහනුවණැති හේ ඒ සියලු සතුරන් පලවාහැර පෙරළා ගියේය.

128. ඉක්බිති කිසියම් සතුරු පිරිසක් සංඝභේද නම් ගමට පැමිණියෝය. සූකරභූතදේව නම් සෙන්පති තෙමේ තමන්ගේ භටසෙන්,

129. රැගෙන යුද කරනු පිණිස මාගමට පැමිණියේය. එවිට දෙමළ අධිකාරී තමන්ගේ භටයන් කැඳවා,

130. සංඝභේද නම් ගමට පළමුවෙන් පිටත් කරවීය. එහිදී ඒ මහා වීර භටයෝ යුද බිමට පිවිස,

131. ශ්‍රීමත් පරාක්‍රමබාහු නිරිඳුන්ගේ තේජස් අග්නියෙන් බොහෝ සතුරු සෙන් දවා මහානාගපුරයට ම,

132. පෙරළා පැමිණියාහුය. එහිදී මහා සැණකෙළි පවත්වමින් සිටියෝය. දෙමළ අධිකාරී තෙමේ සූකරභූතදේව අල්ලාගනු පිණිස,

133. දේවලංකාපුරත්, අන්‍ය වූ බොහෝ භටයෝත් එහි පිටත් කරවීය. ඔවුහු යුද භූමියට ගොස්,

134. නොනවත්වා යවන ලද ඊ වර්ෂාවලින් මුළු මහත් ගගන තලය වසාලමින්, ගර්ජනා කරමින් යුද්ධ භූමියට කඩාවදින්නාහු,

135. සෙනෙවියා මරා සතුරු බල බින්දාහුය. එකල්හි මහයෝධයෝ ජය බෙර නාදයෙන්,

136. දෙමළ අධිකාරී සතුටු කරවමින් මාගමට පැමිණියෝය. එහිදී යුද්ධයෙන් මිය ගිය රක්ඛලංකාපුර නම් තැනැත්තාගේ වැඩිමහල් සහෝදරයෙක්,

137. තමන්ගේ ප්‍රධානත්වය තෙමේ ම පවරාගෙන, මරණයට පත් සතුරන් අතරින් ඉතිරිව සිටි බොහෝ පිරිස් කැඳවාගෙන,

138. රහසේ ම යුද කරනු පිණිස මහානාගකුලපුරයට පැමිණියේය. එකල්හි දෙමළ අධිකාරී තෙමේ ද භටපිරිස් පිටත් කරවීය.

139. ඔවුහු එහිදී ඒ ව්‍යාජ ප්‍රධානියාවත්, බොහෝ සතුරන්වත් නසා ඔවුන්ගේ බල බින්දාහ.

140. එකල්හි රක්ඛ නමැති දෙමළ අධිකාරී මහානාගකුල පුරයෙන් නික්ම සතුරු මුළු බිඳ යළි පැමිණියේය.

141. ඉක්බිති වික්‍රම නමැති ලෝකගල්ල තෙමේත්, එසෙයින් ම වෙනත් බොහෝ සතුරෝත් මානමූලපුස්තකී සමග එක්ව,

142. මාගම යුද්ධ කරනු පිණිස භාත්පසින් පැමිණියෝය. ඒ මාන නමැති මූලපුස්තකී තෙමේ එහිදී,

143. ස්වකීය පක්ෂපාතයන් හා යුද්ධ කොට සැහැසි ලෙස ජයගත්තේය. එවිට දෙමළ අධිකාරී සහ අමාත්‍යවරුන් සාකච්ඡා කොට,

144. "එක් එක් මහයුද්ධයකදී සතුරන්ගේ විනාශයත්, හයින් තැතිගත් ඔවුන් ඒ ඒ තැනින් පලායන අයුරුත් දකිමින්,

145. නැවතත් ඒ සතුරෝ යුද්ධයක් සඳහා උත්සාහ රහිතව සිටිතැයි හඟිමු. එනමුදු සතුරු බලවේග-යන්ගේ මුල් සිඳී ගිය බවක් නම් නොපෙනේ.

146. රට මැද අත්හැර තැන තැන ගොස් සැඟවී සිටිය ද ඔවුන් යළි රට මැදට ආ කල්හි නසන්නෙමු" යි කියා නුවණැති වූ,

147. මහ යසස් ඇති හේ පුවක්දණ්ඩාවට ම පෙරළා ආයේය. ඔහුගේ මන්ත්‍රණය නොදත් ඒ කැරලිකරුවෝත්,

148. තමන් සැඟවී සිටි ඒ ඒ දුර්ගම ස්ථානයන්ගෙන් රට මැදට බැස්සෝය. දෙමළ අධිකාරී තෙමේ එපුවත් තත් වූ පරිදි දැන,

149. වීර හටයින් පෙරටු කොටගෙන එතනින් පිටත්ව බෝවල ගමෙහි හුන්නා වූ බොහෝ සතුරනුත්,

150. ඉන් පසු ඌරල බෙරගල නම් තැනත්, මීගොඩ නම් බලකොටුවෙහිත් යන සියලු තැන සතුරන් සමඟ,

151. මහා යුද්ධ කොට ඔවුන් ජීවිතක්ෂයට පමුණුවා, රට මැදට පැමිණ එහිදී තන්හි තන්හි,

152. සිය සේනාව පිටත් කරවා සියලු සතුරන්ගේ බල මුලිනුපුටා දමා, අනතුරුව හූගල නමැති ගමෙහි ප්‍රධානීන් වෙතින් පැමිණි,

153. හසුන අසා කුඩගමට ගියේය. එහිදී හූගල බලකොටුවෙහි සිටි මංජුනාමාධිකාරීත්,

154. කීර්තිභූතාධිකාරීත් යන අධිකාරීන් දෙදෙනා අනල්ප වූ වීරසාමාන්ත භටයින් විසින් පිරිවරන ලදුව,

155. මහඋත්සව පවත්වමින් එතැනට පැමිණියෝය. එකල්හි මංජුනාමාධිකාරී තෙමේ රක්ඛ නමැති,

156. දෙමළ අධිකාරී කැඳවා මෙවදන් කීය. "තොපගේ රටින් බිඳී අවුත් නානා දුර්ගස්ථානයන්හි සැඟවී ගත්තා වූ,

157. බොහෝ සතුරෝ යම්තාක් එහි පිහිටක් නොලබන්නාහු ද, ඒ තාක් ඒ සියලු සතුරන් මරා, අපි අටදහස් රටෙහි,

158. දුර්ගයන්හි සිටින සතුරන්වත්, සුගලා රාජිනියවත් අල්ලාගන්නෙමු. එමෙන්ම බොහෝ සතුරෝ දුර්ගයන් ඇසුරුකොට සිටින්නෝය.

159. ඉදින් තොප විසින් ඔවුන් මැඩලනු ලබන්ට අපහසු නම් අපි භටයන් එවන්නෙමු" යී කීය. එකල්හි දෙමළ අධිකාරී ඒ වචනය යහපත් ආකාරයෙන් පිළිගෙන එයින් පිටත්ව,

160. වහා සේනාවන් සමග වනාන්තර ගංගා ඇති ප්‍රදේශයට පිවිසෙමින් ගිරිදුර්ගයන්ට නගිනු පිණිස සීඝ්‍රයෙන් මාලාවරත්ථලියෙහි,

161. කැරලිකරුවන් වෙතට පැමිණියේය. ඒ සතුරෝ දෙමළ අධිකාරී තමන්ව අල්ලන්ට පිටත් වූ බව අසා භයින් තැතිගෙන,

162. මහා පර්වතයන්ගෙන් හෙබියා වූ මහාවනයට පිවිසියෝය. දෙමළ අධිකාරී වනයත්, පර්වතයත් වටලා,

163. ඔවුන් සමග මහා යුද්ධයක් පවත්වමින් ඉතිරි නොකොට සතුරන් නසා, ඒ දොළොස්දහස් රට ද අල්ලාගෙන,

164. සතුරු වියවුල් නැතිකොට, ජීවග්ග්‍රාහයෙන් අල්ලාගන්නා ලද සතුරන්ගෙන් තොරතුරු විචාරා ගම්වලත්, නියම්ගම්වලත් සිටියා වූ,

165. නොයෙක් සිය ගණන් සතුරන් උල හිඳුවා, මහානාග කුලගමෙහි හාත්පසින් ම බොහෝ වෛරී ජනයාත් උල හිඳුවා,

166. මහබල ඇත්තේ, කිසිවෙකු ඇහැල ගස්වලට නංවා, දවා අළු පමණක් ඉතිරි කොට,

167. මහානාගකුලගමෙහි ම වාඩිලාගෙන සුභ නැකතකින් ශ්‍රීමත් නරේන්ද්‍රයාගේ,

168. ආඥාභේරී හෙවත් අණබෙරය ගම්වලත්, නියම්-ගම්වලත් හසුරුවාලීය. මේ සියලු පුවත් පැරකුම්බා නරේන්ද්‍රයා වෙත හසුන් මගින් කියා යවා,

169. මහරජාණන් වෙතින් ප්‍රසාද ප්‍රදානයන් ද ලබාගෙන මහා නුවණැති හේ දොළොස්දහස් රටෙහි ම,

170. මහ යසස් ඇත්තේ, කළයුතු දෑ පිළිබඳ සොයා බලමින් වාසය කළේය. කුඹුගම හුන්නා වූ සියලු අමාත්‍ය ප්‍රධානීහුත්,

171. "යුද්ධ පිණිස අප විසින් රැහුණ බලා නික්මුනු තැන් පටන් ඒ ඒ තැන කෙරුණු මහයුද්ධයේදී අප විසින් යවන ලද හටයෝ,

172. මේ පොළෝතලය සතුරන්ගේ ඇටගොඩින් වසාලූහ. එමෙන්ම අපගේ හටයන්ගේ ජයග්‍රහණය වළක්වන්ට ජම්බුද්වීපවාසී,

173. සියලු යෝධයන් ආවද, කිසි කලෙකත් නොහැක්කේය. එහෙයින් තන්හි තන්හි සැඟවී සිටින්නා වූ සතුරන්,

174. කිසිවෙකු හෝ සමග යුද්ධ කරන්ට මින් මතු කුමට නම් සිතමෝ ද? මොවුන්ගේ දාමරික සතුරු බවට මූලික කාරණය වූ,

175. සුගලා නමැති රාජිනී තොමෝ තන්හි තන්හි දුර්ගයන් තුළට මොවුන්ව පිවිසවන්නීය. එහෙයින් ජීවග්‍රහයෙන් අල්ලාගත යුත්තී රාජිනී ය."

176. මෙසේ නිශ්චය කරගත් මහා නුවණැති ඔවුහු කුඹුගමින් නික්ම අරළුවාවට ගොස් ඒ පුරයෙහි නොයෙක් තැන,

177. යහපත් වීරසම්මත වූවන් තැබ්බවිය යුතු තන්හි තබ්බවා, එතැනින් කළවලට ගොස් යුද සන්නාහයන්ගෙන් සන්නද්ධව,

73 වන පරිච්ඡේදය 265

178. වල්ගම නම් තැනේදී සුගලා රාජිනිය ඇතුලු සතුරු සෙන් දැක අති බිහිසුනු යුද්ධයක් කොට,

179. ජයභේරි නාදයෙන් භූතලය බිඳින්නාක් මෙන් කොට, සුගලා රාජිනියවත්, අනල්ප වූ සියලු ධන සම්පත්තියත් ගෙන,

180. ධනය ආරක්ෂා කිරීම පිණිස තැබ්බවිය යුතු වූ රක්ඛකඤ්චුකීපුස්තකී තබා, පටන් ගන්නා ලද යුද ක්‍රීඩාව සමාප්තියට පත්කරවමින්,

181. වෛරීන්ගේ වෙන්ව ගිය අත්වලිනුත්, පාවලිනුත්, හිස්වලිනුත් මිහිතලය වසමින්, ජීවග්ග්‍රාහයෙන් අල්ලාගත යුත්තන් අල්ලාගෙන,

182. සර්වප්‍රකාරයෙන් ම රුහුණු රට සතුරු වියවුල් නැති බවට පත්කළේය. එකල්හි යම් කිසි අවස්ථාවකින් සතුරන්ගේ ග්‍රහණයෙන් මිදී,

183. කිසි භටකෙනෙකුන් ගෙන භයින් තැතිගෙන පලායන කල්හි ඵාලකාල නමැති තිදෙනාත් ආයුක්ෂයට පත්වූහ.

184. තන්ඩිගම නම් තැනැත්තාත්, පර්වත නම් දෙදෙනාත්, එමෙන්ම ලංකාපුර නමැතියාත්, එසේම කඩක්කුඩ යැයි ප්‍රසිද්ධ දණ්ඩනාථ දෙසොයුරෝ ද,

185. අන්‍ය වූ ලංකාපුර නමැති සෙනෙවියෙක් ද භටයන් සහිත බොහෝ සාමාන්තයෝ ද උඳුන්දොර නම් ගමෙහිදී එක්ව කළ මහයුද්ධයේදී,

186. බිඳීගොස් නිග්‍රෝධ මාරගල්ල නම් තැනට ආවාහුය. එහිදී සාමාන්තයන් සහිත ඒ අමාත්‍යයෝ සිය සතුරන්,

187. පසුපස ලුහුබඳින්නාහු ඵාලකාලයාගේ හිස ප්‍රධාන ඇමතියන් වෙත යවා,

188. ලංකාපුරත්, පර්වතත් ජීවග්ග්‍රාහයෙන් අල්ලාගෙන, සර්වප්‍රකාරයෙන් ම සියලු සතුරන් කතා මාත්‍රයක් බවට ඉතිරි කළෝය.

189. මංජු නමැති අධිකාරී තෙමේ සාකච්ඡා කරන්නේ "මේ රුහුණු රට ජයගන්ට යුද්ධ ආරම්භ කළ කාලයේ පටන්,

190. අපගේ ස්වාමි රජුගේ තේජසින් යුද්ධ භූමියෙහි ම සතුරන්ට කළ විනාශය හැර, අත්‍යන්තයෙන් භය ගෙන දෙන්නා වූ,

191. රාජාපරාධය වනාහී මෙබඳු වූ ආදීනව සහිත යැ' යි මහජනයා දැනුවත් කිරීම පිණිස සතුරන්ට කරන ලද නිග්‍රහයක් නැත්තේය.

192. එහෙයින් නිග්‍රහ කළයුත්තන්ට සර්වප්‍රකාරයෙන් ම නිග්‍රහ කොට, සෑම තැනකදී ම අල්ලාගත යුත්තන් අල්ලාගෙන,

193. ස්වාමි රජුගේ උපදෙස් පරිදි සංග්‍රහ - නිග්‍රහ කරන්නෙමු" යි කීය. සියලු දෙනා ම සාකච්ඡා කරන ලද මංජුඅධිකාරීගේ අදහස සාදරයෙන් පිළිගත්තෝය.

194. ඉක්බිති නිග්‍රහයට සුදුසු වූ බොහෝ සතුරන් කැඳවා ගම්වලත්, නියම්ගම්වලත් බොහෝ උල් හිඳුවා,

195. නොයෙක් සිය ගණන් කැරලිකරුවන් ඒ හුල්

මත නංවා, එමෙන්ම බොහෝ සතුරන් කිහිප දෙනෙකුන් ඇහැල ගස්වලට නංවා ගිනි තබ්බවා,

196. නොඉවසිය හැකි වික්‍රමයෙන් හෙබි පරාක්‍රමබාහු නිරිඳුන්ගේ, විස්මය දනවන තේජෝ ගුණ මහත්මය සර්වප්‍රකාරයෙන් ම පෙන්වා දුන්නාහුය.

197. එසේම අනුග්‍රහ ලැබීමට යෝග්‍ය වූවන් කැඳවා දැවෙන්නා වූ ලැව්ගිනි ඇති වනයක් බලවත් වර්ෂාවකින් නිවා දමන සෙයින්,

198. විධි වූ පරිද්දෙන් රුහුණු රට අල්ලාගත්තාහුය. එපුවත ඇසූ මහපැරකුම් නිරිඳු තෙමේ,

199. මහා ප්‍රසාද ප්‍රදානයන් කොට මේ හසුන එවන්නේ "ජීවග්ග්‍රාහයෙන් අල්ලාගන්නා ලද සියලු ඇමතිවරුත්,

200. සුගලා රාජිනියත් පළමුකොට මෙහි එවා, එහි සියලු කටයුතු භූතාධිකාරීන් වෙත පවරා,

201. රුහුණු රටවැසි බොහෝ භික්ෂූන් වහන්සේ පෙරටුකොට, මෙහි සිට එවන ලද සිව්රඟ සේනාවන් ද කැටුව,

202. ඒ ඒ ජනපදයන්හි ප්‍රධානත්වයෙහි තැබිය යුත්තන් තබ්බවා, සුභ මුහුර්ථි නැකතකින් සීඝ්‍රයෙන් මෙහි පැමිණ,

203. සියලු අමාත්‍යවරුන් විසින් මම් බැහැදැක්ක යුත්තෙම් වෙමි" කියා යැවීය. එකල්හි සියලු ඇමතියෝත් මහරජුගේ අවවාද පරිදි ඒ අයුරින් ම,

204. සර්වප්‍රකාරයෙන් ම එකඟ වෙමින්, රුහුණු රටින් නික්ම මහාසේනා පෙරටු කොට පොළොන්නරුවට පැමිණ,

205. බොහෝ සෙයින් වාදනය කරන්නා වූ, නාද කරන්නා වූ, අත්පොළසන් දෙන්නා වූ, සියලු අයුරින් දහස් ගණන් පිළී හිස මතින් ලෙලවන්නා වූ,

206. ජයඝෝෂා කරන්නා වූ පොළොන්නරු නගරවාසීන් විසින් අනුව යන්නා වූ, ප්‍රවර වූ රාජමන්දිරයට පිවිස,

207. මහත් වූ ශ්‍රී විභූතියෙන් විරාජිතව සිටින්නා වූ ඒ රාජාධිරාජයාගේ පාකමල් රේණුවලින්,

208. තමන්ගේ හිස් මුදුන් පවිත්‍ර කරගත්තාහුය.

209. මෙසේ රාජතන්ත්‍ර න්‍යායත්, විනයත් ක්‍රමානුකූලව පවත්වන්නා වූ, ලැව් ගින්නක් සෙයින් උග්‍රතර භීම තේජස් ඇති නරශ්‍රේෂ්ඨයාණෝ, වීරයන් සහිත වූවෝ, පහකරන ලද සතුරු වියවුල් ඇති රුහුණු රට ද යහපත් කළෝය.

මෙසේ හුදී ජන පහන් සංවේගය පිණිස කරන ලද මහාවංශයෙහි 'රුහුණු රජය අත්පත් කරගැනීම' නමැති සැත්තෑ තුන්වන පරිච්ඡේදය නිමාවට පත්විය.

74

සැත්තෑ හතරවන පරිච්ඡේදය

රාජින්ද්‍රපුර අල්ලාගැනීම

01. මෙසේ පැරකුම්බා නිරිඳු තෙමේ දිවා රෑ දෙක්හි අනලස්ව, ප්‍රඥාවෙන් යුක්තව ලෝකයේත්, ශාසනයේත් දියුණුව සලසන්නේ,

02. ශ්‍රීමත් ලංකේශ්වර නිරිඳුගේ ඔටුණු පළන් අටවෙනි වර්ෂයේදී සියලු රුහුණු රටවාසීහු එකට එක්ව,

03. ඉතා දරුණු වූ කිසියම් පාපී ක්‍රියාවකින් චෝදනා ලබන ලදුව, නැවතත් කැරලිකරුවන් බවට පත්ව තියුණු ව්‍යසනයකට පත්වූවාහුය.

04. පැරකුම්බා නරනිඳු තෙමේ ඔවුන්ගේ ක්‍රියාව පිළිබඳව අසා එහි ඇමතියන් සහිත මහසෙන් පිටත් කොට යවා,

05. පෙර කියන ලද සියලු ගම් නියම්ගම්හි ද, පෙර කී පරිද්දෙන් ම නිතර පටන්ගත් බොහෝ යුද්ධ කරමින්,

06. රජුගේ තේජස නමැති ගින්නට ඒ සතුරු සේනාව දර බවට පත්කොට, සාමාන්තයෝ රුහුණු රට සතුරු වියවුල් ඉක්මනින් බැහැර කරවූහ.

07. ඉන් පසු පැරකුම්බා රාජාධිරාජයාගේ ඔටුණු පළන් දහසයවෙනි වසරෙහි මහතිත්ථය හා සියලු අයුරින් ඒකාබද්ධ වූ රටෙහි (අනුරපුර?)

08. ජීවත් වීමේ ආයුෂ අවසන් වී ගිය ඒ රටවැසි කිසියම් ජනසමූහයක් නොමගට පෙරළී උතුම් යැයි සම්මත කොට යුද්ධයක් පටන් ගත්තාහුය.

09. ප්‍රඥාසම්පන්න නරනිඳු තෙමේ එහි ද චතුරංගිනී සේනාවන් පිටත් කොට යවා පොළෝ දූවිලි වනතුරු සතුරන් නස්සවාලීය.

10. එකල සම්‍යක් දෘෂ්ටියෙන් යුතු සමගි මිනිසුන්ගේ වාසස්ථාන හෙයින් ලංකාදීපයේත්, බුරුම රාමඤ්ඤ දේශයේත් කිසි කලෙක භේදයක් නොතිබුණේය.

11. ලංකාදේශාධිපති රජවරුත්, බුරුම රාමඤ්ඤ දේශාධිපති රජවරුත් දෙපාර්ශ්වයෙන් සමාන වූ, හැම කල්හි පරම සෞගතයෝ හෙවත් බෞද්ධයෝ ය.

12. එහෙයින් මේ රටවල් දෙකෙහි ම පෙර කල සිටියා වූ සියලු රජදරුවෝ දෘඪතර විශ්වාසයකින් යුතු සිතින් හිතවත් වූවෝය.

13. ඔවුහු එකිනෙකා වෙත නොයෙක් මාහැඟි තෑගිභෝග යවමින් චිරාත් කාලයක් පුරා සිය සමගි බව පැවැත්වූහ.

14. බුරුම රාමඤ්ඤ රට අධිපති තෙමේ ලංකාවෙහි පැරකුම්බා මහරජු සමගත් පෙර රජදරුවන් සෙයින් චිර කලක් පවත්වාගෙන ආ සමගිය පාලනය කරන්නේ,

15. එනමුදු මෑත කාලයක මේ ලක්දිවින් එහි ගිය කිසියම් දූතයන් විසින් කනට කොඳුරා කියන ලද වචනයක් අසා ලක්රජු කෙරෙහි වැරදි අදහස් ඇතිකරගත්තේය.

16. එනිසා ඒ රජු තමන්ගේ සමීපයට ආ ලක්රජුගේ දූතයන් හට පුරාණයේ සිට දෙන ලද ප්‍රකාර වූ සැලකිළි පිරිහෙළා දැම්මේය.

17. එමෙන්ම "බැහැර නොයෙක් තැන, නොයෙක් දෙනා විසින් විකුණනු ලබන හස්තීහු ලංකාව සඳහා මෙහි නොවිකිණිය යුත්තාහුය" කියා සම්මත කොට නිවේදනයක් ද නිකුත් කළේය.

18. හස්තියෙකු වනාහී එහි පෙර, රිදී රන් නික (කලං විසිපහක් බර කාසියකි) සියයකට හෝ දහසකට හෝ විකුණනු ලැබුවේ නමුත්,

19. "දැන් නික දෙදහසකට, නැතිනම් තුන් දහසකට වික්ක යුත්තේය" කියා මෙසේ හේ දුෂ්ට අදහසින් යුතුව ගණන් සීමා පැනවීය.

20. ලංකාවේ සිට තෑගිභෝග ගෙන යන නැවක් පාසා එරටින් පෙර සිරිත් පරිදි තෑග්ගක් ලෙස දෙනු ලබන හස්ති ත්‍යාගය ද හේ නවත්වා දැම්මේය.

21. එමෙන්ම තමන් උදෙසා ලක්දිව රජු විසින් එවන ලද රන්පතෙහි ලියන ලද ලිපිය දැක දැකත් "මේ

දූත මිනිස්සු රාමඤ්ඤ රටට නොව කාම්බෝජ රටට පැමිණියෝය" කියා,

22. මෙබඳු වූ කටට ආවක් කියමින් ඔවුන්ගේ සියලු ධනය පැහැරගෙන ලංකාරජුගේ දූතයන් එරට කඳුකර පෙදෙසක බලකොටුවක සිර කරවීය.

23. ඒ බුරුම රජු විසින් එවන ලද තපස්වී නමැති තමන්ගේ දූතයාට ලංකාධිපති රජු විසින් කරන ලද සියලු සංග්‍රහය පිළිබඳ සියලු අයුරින් අසමින් සිටත්,

24. ලංකේශ්වරයාගේ දූතයන් සතු ධනයත්, එසේම හස්තීනුත්, නැවත් යන සියල්ල ම පැහැරගෙන නීති ක්‍රම නොදන්නා ඒ රජු,

25. ඒ දූතයන්ගේ දෙපාවලට මුගුරුවලින් ඇඩිව පහර දී සිරගෙයි දිය ඇදීම පිණිස යෙදවීය.

26. තවත් කලෙක කාශ්‍යප නමැති දඹදිව නායකයෙක් විසින් රන් පත්ඉරුවල ලියන ලද ලියුම් සහිත වටිනා තෑගි භාණ්ඩ එවූ කල්හි,

27. ඒවා වළක්වා, ඒ මිනිසුන්ගේ රටට ගොඩබැසීම ද වළක්වා, පසුව අවමන් කොට ඒ රන්පත් ලියුම් සහිත පඬුරු සිය පුරයට ගෙන්වා ගත්තේය.

28. එක් කලෙක හේ සිංහල දූතයන් තමන් වෙත කැඳවා මෙසේ කීය. "මෙතැන් පටන් අප රටට සිංහල දේශයේ සිට නෞකා,

29. නොඑවිය යුත්තේය. ඉදින් සිංහලයෝ මෙහි නැව් එවත් නම් 'මෙහි පැමිණි ඒ දූතයන් සර්වප්‍රකාරයෙන් ම ඝාතනය කරන්නා වූ,

30. නුඹවහන්සේගේ වරදක් නැත්තේය' කියා අපට දැන් ලිපියක් ලියා දෙව්. ඉදින් තෙපි නොදෙන්නහු නම් තොපට තමන්ගේ නිවෙස් කරා යන්ට නොලැබෙන්නේය" කියා,

31. මෙසේ සිංහල දූතයන්ගේ නීති උල්ලංඝණය කරවා, සියරට එන්ට නොදී, ඔවුන් ලවා බලහත්කාරයෙන් ලිපියක් ලියවාගෙන ඔවුන් අතින් ගත්තේය.

32. වාගීශ්වරාචාර්යපාදයෝත්, ධර්මකීර්ති පඬිතුමාත් සිදුරු සහිත නැවකින් මුහුදට මුදාහැරියේය.

33. එමෙන්ම තවත් දිනක ඇතුන් විකිණීම පිණිස ලංකාධිපති රජු විසින් දූතයන් අත එවන ලද තෑගිභෝග හා බඩු භාණ්ඩ ගෙන,

34. "තොපට හස්තීන් දාහතර දෙනෙකු දෙමි. මුදල් හෝ දෙමි" කියා හේ සිංහල දූතයන්ට කිසිවක් නොදී හුදෙක් මුසාවක් ම කීයේය.

35. එමෙන්ම තවත් දිනක ලංකාධිපති රජු විසින් කාම්බෝජ රජු වෙත යවන ලද සිංහල රාජකන්‍යාවක බලහත්කාරයෙන් තමන් සතු කරගත්තේය.

36. එකල්හි පරාක්‍රමබාහු රජු මේ බුරුම රාමඤ්ඤ රජු විසින් කරන ලද අනේක ප්‍රකාර වූ විප්‍රකාරයන් අසා දැඩි ලෙස කෝපයට පත් සිතැත්තේ,

37. "මුළු මහත් ජම්බුද්වීපයෙහි කවර නම් රජෙක් මා අයත් දූතයන්ට මෙබන්දක් කරන්ට සමත් බවක් පෙනේද?

38. බුරුමයේ රාමඤ්ඤ රටේ අරිමද්දන රජු එක්කෝ අල්ලාගත යුත්තේය. නැතිනම් මැරිය යුත්තේය යන මේ කිරීම ඉක්මනින් කළයුත්තේය" යි කීය.

39. ඒ මොහොතේ එහි සිටි ආදිච්ච දෙමළ අධිකාරී නමැති එක් උතුම් ගණකාමාත්‍යවරයෙක් ඇඳිලි බැඳ නමස්කාර කරමින්,

40. තෙමේ ද යුද පිණිස රාමඤ්ඤ රටට යනු කැමතිව මෙවදන් කීය. "මේ කටයුත්තෙහි ලා ප්‍රධානව සිටින්නා වූ මහාමාත්‍යවරු නොයොදන සේක්වා!

41. නුඹවහන්සේ විසින් අප වෙත දෙනු ලබන උපදේශ මාර්ගයන් යටට හෙළීම නොකරන්නා වූ, නුඹවහන්සේගෙන් ලබන ලද නියෝගයන්ට අනුව මා තනිවම,

42. ස්වාමි රජුන්ගේ ආඥාව දුරු රටක ගිය පමණින් ඉක්ම නොයාදී, ඒ ආඥාව හිස් නොවන ආකාරයට කිරීම අපට බරෙක් නම් නොවේ."

43. එය අසා පැහැදුනු පැරකුම්බා රජු සිය හමුදා ප්‍රධානීන් ද ඔහුට පවරා දී වහා යන්ට අණ කළේය.

44. ඉක්බිති මහයසස් ඇති රජු "නොයෙක් සිය ගණන් විශේෂ නෞකා වහා සම්පාදනය කටයුත්තේ යැ" යි නියෝග කළේය.

45. එකල්හි මැනැවින් ආරම්භ කරන ලද නෞකා තැනවීමේ කටයුතුවලින් ආකූල වී ගිය ලංකාවෙහි මුහුදුබඩ පෙදෙස හාත්පස එකම කර්මාන්ත ශාලාවක සිරි ගත්තේය.

46. එහිදී පස්මසක් ඇතුලත සියලු නෞකාවන් මනාකොට නිමවා පල්ලවවංක නම් තොටුපළෙහි වහා එක්රැස් කරවීය.

47. එමෙන්ම අවුරුද්දකට සෑහෙන තරම් සහල් ආදී මාර්ගෝපකරණත්, සන්නාහ ආයුධ ආදී නොයෙක් යුද්ධෝපකරණත්,

48. තියුණු තුඩ ඇති ආයුධයන්ගේ ප්‍රහාරයන් වළක්වනු පිණිස පළඳින යකඩින් කළ සන්නාහයන් ද, එමෙන්ම නොයෙක් සියදහස් ගණනින් ගනිනා ලද ගෝණසමින් කරන ලද සන්නාහයන් ද,

49. විෂ පෙවූ තියුණු හී පහරින් ඇතිවන තුවාලයන් සුවපත් කරනු පිණිස ගව අංවල බහාලූ විශේෂ ඖෂධ ද,

50. එමෙන්ම නොයෙක් ජලාශයන්හි ඇති විෂ මිශ්‍ර ජලයෙහි විෂ නසන්නා වූ විශේෂ ඖෂධ ද,

51. එමෙන්ම විෂ පොවන ලද කන් සහිත ඊ විද්ද කල්හි, ඒවා සිරුරෙහි ගැඹුරට පිවිසිය විට ඉතා දැඩි දුක් දෙන්නේය. එවන් හී බැහැරට ඇදීමට විශේෂ යකඩ අඬු ද,

52. එවන් රෝගීන්ට ප්‍රතිකාර කිරීමෙහි අතිදක්ෂ වෛද්‍යවරුන් ද, උපස්ථායක හෙද කාන්තාවන් ද මහත් ඉර්ධි ඇති රජ තෙමේ නොඅඩු කොට සම්පාදනය කරවීය.

53. නොයෙක් දහස් ගණනින් ගනින ලද ප්‍රබල සේනාවන් නෞකාවන්හි නංවා, නොයෙක් සංවිධානයෙහි දක්ෂ වූ,

54. මිහිපල් තෙමේ විවිධ උපකරණයන්ගෙන් ගැවසී ගිය, මහයුද භටයන්ගෙන් පිරී ගිය ඒ සියලු නෞකාවන් දවසකින් පිටත් කරවීය.

55. මුහුද මැදට සමව ගමන් ගත් ඒ නැව් සමූහය ඉතා වේගයෙන් යන්නේ, මුහුදේ ගමන් ගන්නා ජංගම දිවයිනක් සේ දිස්වූයේය.

56. ඒ නැව්වලින් කිහිපයක් විරුද්ධව හමායන සුළඟින් වළක්වන ලදුව මුහුදෙහි ම නැසුණෝය. තවත් කිහිපයක් වෙනත් රටවලට පිවිසියෝය.

57. තවත් නැවක සිටි ඉතා දක්ෂ වූ බොහෝ භටයෝ කාක දිවයිනට ගොඩබැස්සාහුය. එහිදී යුද්ධ කොට,

58. ඒ දිවයින්වැසි නොයෙක් ජනයා ජීවග්‍රහයෙන් අල්ලාගෙනවුත් ලංකාධිරාජයා ඉදිරියෙහි දක්වා සිටියාහුය.

59. එකල්හි නෞකා පසෙක නැගගෙන සිටි මහා බලවත් යෝධයෝ රාමඤ්ඤ රටෙහි කුසුම් නමැති තොටුපලින් ගොඩබැස්සෝය.

60. කීර්තිනගරගිරි අමාත්‍යයා ප්‍රමුඛ ඒ භටයෝ නැවෙන් වරායට ගොඩබට අවස්ථාවේ පටන්, හැඳගත් කවචයන්ගෙන් හා අතට ගත් ආයුධයෙන් යුතුව,

61. රාමඤ්ඤ රටවාසී ඒ බලසෙන් හා ඇති වූ යුද්ධයේදී ඔවුන් නොයෙක් දහස් ගණන් මරවමින්, මද කිපී ගිය හස්තීන් සෙයින් අවට තිබූ,

62. පොල්ගස් ආදී කොට ඇති නොයෙක් ගස් සිඳලමින්, ගම්මානයන් ගිනි තබමින් බුරුම රජුගේ සම්පත් නැසුවෝය.

63. ආදිච්ච දෙමළ අධිකාරී සිටි නෞකාව බුරුම රාමඤ්ඤ රටේ පප්ඵාල නමැති වරායට සේන්දු වූවාය.

64. එහිදීත් දෙමළ අධිකාරී ප්‍රමුඛ භටයෝ සතුරු සේනා නසමින් ඉතා භයානක ලෙස ඝෝරතර යුද්ධයක් කරමින්,

65. ඒ ජනපදවැසි බොහෝ ජනයා ජීවග්ග්‍රහයෙන් අල්ලාගනිමින් යුද්ධ කරන කල්හි රාමඤ්ඤ දේශය බොහෝ සෙයින් භීතියෙන් සලිත ව ගියේය.

66. ඉක්බිති භීම වික්‍රමාන්විත ආයුධයෙන් කර්කශව හුන් සිංහල සේනාවෝ රාජ්‍ය න්‍යාය ධර්මයන් උල්ලංඝණය කළ අරිමද්දන නමැති රාමඤ්ඤාධිපතියා නැසුවෝය.

67. එකල්හි රාමඤ්ඤ වැසියන් යටත් කොට රාජ්‍යය සියතට ගත් මහාවීර සිංහල අමාත්‍යයෝ උතුම් වූ ධවල හස්තීන් පිට නැගී,

68. භය තැතිගැනීම් රහිතව රාමඤ්ඤ නගරය ප්‍රදක්ෂිණා කරන්නාහු ලංකා රජුගේ ආඥාවෙන් එහි අණබෙර හසුරුවාලීය.

69. භයින් කම්පිතව සිටි රාමඤ්ඤ රටවාසීහු තමන්ට වෙනත් ආරක්ෂාවක් නැති බව දකින්නාහු සියල්ලෝ රැස්ව සාකච්ඡා කොට,

70. "මෙතැන් පටන් අවුරුදු පතා අපගේ අතින් කැමති පරිදි අයබදු පිණිස බුරුම හස්තීන් ලංකාවට ගෙන යන්ට යුතුය.

71. මේ ආකාර වූ අපගේ ධන සම්පත් බලෙන් පැහැර ගැනීම වැනි අපට නොඉවසිය හෙන දෙයක් ලංකාරාජෝත්තමයාණන් යම් සේ නොකොට වදාරන සේක් නම්,

72. එලෙසින් ඒ රාජෝත්තමයාට අනුශාසනා කරන්නා වූ පින්වත් ඔබවහන්සේලා විසින් හැමකල්හි අපි සියලු දෙනා වෙත දයාභරිත බව දෙන්ට යුතුය."

73. මෙසේ කියා හසුන් ගත් අත් ඇති ස්වකීය රාමඤ්ඤ දූතයෝ ලංකාවාසී භික්ෂූන් වහන්සේලා වෙත පිටත් කොට එවූහ.

74. එකල්හි තුන්නිකායවාසී සංඝයා වහන්සේගේ වචනය අසා මොළොක් බවට පත් ලංකාධිරාජයන් හට ඒ බුරුමරටවාසීහු,

75. අවුරුදු පතා බොහෝ බුරුම හස්තීන් ලංකාවට එවන්නාහුය. මෙසේ ලංකාධිපති රජු බුරුම රජය සමග නැවත සමගි සන්ධානයක් ඇතිකරගත්තේය.

76. එමෙන්ම දකුණු ඉන්දියාවෙහි මධුරා පුරයෙහි පරාක්‍රම නමැති පඬිරජු ද යුද්ධය පිණිස තමන්ට එරෙහිව එන්නා වූ කුලසේඛර නමැති සතුරු රජු විසින්,

77. සිය හමුදා බලඇණි සමග අවුත් මධුරා පුරය වැටලූ

කල්හි, තමන්ට පිහිට විය හැකි රජෙකු දඹදිව් තලයෙහි නොදක්නේ,

78. "පිහිට ලබාදෙන්නානෙනි, සතුරන්ගේ බොහෝ තේජස් ගින්නෙන් තැවී සිටිනා පළඟැටියෙකු බඳු මා හට නුඹවහන්සේගේ පාසඟල නමැති දියමන්ති මැදිරිය ම පිහිට ය."

79. කියා ලංකාධිපති පැරකුම්බා නිරිඳු වෙත දූතයෙකු එවීය. ලංකේශ්වර තෙමේ ඒ දූතයන්ගේ වචනය අසා මෙවදන් පැවසීය.

80. "ඉදින් අපගේ පිහිට පතා පැමිණියහුගේ ආපදාව දුරුනොකරනු ලබයි නම් එය අපගේ පරාක්‍රමබාහු නාමයට කෙසේ නම් ගැලපේ ද?

81. මා ඇසුරින් සිටිනා තැනැත්තා පවා කිසිදු සතුරෙකු විසිනුත් නොමැඩලිය හැක්කේය. සඳ ඇසුරු කරන්නා වූ සාවා කවර නම් මෘග සතුරෙකු විසින් මඬිනු ලබන්නේ ද?

82. දණ්ඩනාථ ලංකාපුරයෙනි, තෙපි ගොස් සතුරු කුලසේඛරයන් මරා පරාක්‍රම පඬිරජු සිය රාජ්‍යයෙහි පිහිටුවා එව්."

83. සොඳුරු වික්‍රමයෙනුත්, යුද්ධෝපායයන්හිත් දක්ෂ වූ, සතුරු මහාවනයට ලැව්ගිනි බඳු ලංකාපුර දණ්ඩනායක හමුදා ප්‍රධානී තෙමේ,

84. "එසේය දේවයෙනි" කියා මහරජහුගේ ආඥාව සිරසින් මල් කළඹක් සෙයින් පිළිගෙන යුද්ධයෙහි දක්ෂ වූ බොහෝ සාමාන්තයන් ද කැටුව,

85. යුද්ධයෙහිදී නොමැඩලිය හැකි මහා බලසෙන් පෙරටු කොට නගරයෙන් නික්ම මහතිත්ථ වරායට පැමිණියේය.

86. ඒ අතරවාරයේ කුලසේඛර සතුරු රජු අඹුදරුවන් සහිත වූ පඬිරජු මරා මධුරා පුරය සිය ග්‍රහණයට නතුකර ගත්තේය.

87. එපුවත් ඇසූ මහපැරකුම් රජ තෙමේ "එසේ වී නම් පාණ්ඩියන් රජහුගේ පරම්පරාවෙහි උපන් අයෙකුට යළිත් මධුරා රාජ්‍යය ගෙන දෙව්" කියා නියෝග කරන ලද්දේ,

88. ලංකාපුර දණ්ඩනාථ තෙමේ මෙතෙර තලවිල් නම් වරාය බලා ගියේය. එහිදී නොයෙක් සිය ගණන් නෞකාවන්ට මහබලසෙන් නංවා,

89. මුහුදු මතින් එක් රෑ දවාලක් ගෙවා එතෙර දැක, එහි සතුරු සේනා සිටින බැවින්,

90. සියලු බලසෙන් නැවෙහිදී ම සන්නද්ධ කරවා, ගැඹුරු මුහුදෙහි නැව් නවත්වන බවින් යුතුව,

91. එහි බැසගත්තෝතින් සියලු සේනාවන්ගේ සන්නාහයන් තෙමේ ය යන භය ද ඇතිව දණ්ඩනාථ තෙමේ තනි කඳින් කරන ලද ඔරු සිය ගණනක හමුදාව නංවා,

92. ගොඩ සිටියා වූ දෙමළුන් විසින් එකදිගට විදින්නා වූ හී වර්ෂාවන්ට ද මැදිව, සමින් කළ සන්නාහයන් පෙරටුවෙහි තබාගෙන ඊ පහර වළක්වමින්,

93. පඬිරටෙහි තලවිල් නම් වරායට ගොඩබැස්සෝය. වරායෙහි සිටි දෙමළුන් පලවාහැර ඒ තලවිල් තොට ද සිය ග්‍රහණයට නතුකොට,

94. මහාබලැතිව එහි වාඩිලා ගත්තෝ, දෙමළුන් හා යුද්ධ සතරක් කළෝය. එසේම වඩවලතිරුක්කාදි- නාඩාලර් නමැති අයත්,

95. කඩගමුත්තුරායර් නමැති අයත්, පල්ලවාරායර් නමැති අයත්, අංචුකොට්ටනාඩාලවාර් නමැති අයත්, නරසිංහදේවන් නමැති අයත්,

96. යන මේ සාමාන්ත රජුන් පස්දෙනා යුද කරන්ට සැදී පැහැදී ආ කල්හි ඔවුන් හා යුද්ධ කොට බොහෝ දෙමළුන් මරා,

97. ඔවුන්ගේ අශ්වයන් අල්ලාගෙන මහසෙන් පලවාහරිමින්, ලංකාපුර දණ්ඩනාථ තෙමේ යුද්ධ පසක් කොට රාමේශ්වරම් නගරය අල්ලාගත්තේය.

98. එහි සිටියදී ඒ දණ්ඩනායක තෙමේ තවත් යුද්ධ නවයක් කොට දසවැනි යුද්ධයේදී සිලාමේස නමැති අයත්, නරතුංග බ්‍රහ්මරායර් නමැති අයත්,

99. ඉලංකීයරායර් නමැති අයත්, එසේම අංචුකොට්ට- රායර් නමැති අයත්, පලුදියරායර් නමැති අයත්, පණසියරායර් නමැති අයත්,

100. යන මේ සාමාන්ත රජුන් සයදෙනා, කලින් කී සාමාන්ත රජුන් පස්දෙනාත් සමග මහත් බලසෙන් ගෙන පැමිණි කල්හි, ලංකාපුර දණ්ඩනාථ තෙමේ,

101. යුද්ධ කොට ජය අත්කරගෙන, ඔවුන් සතු බොහෝ අශ්වයින් ද ගෙන දෙමළුන් මරමින්, රාමේශ්වරමේ සිට සතර ගව්වක් දුර,

102. සාගර දෙකක් මැද පිහිටි දූපත වන කන්දුකාල් (වර්තමානයේ සංගුමාල්) නම් තැනට ගියේය. එහි සිටි බොහෝ දෙමෙල්ලු භයෙන් පලාගොස් වනයෙහි සැඟවුනෝය.

103. පසුව ඔවුන්ගෙන් කිහිප දෙනෙකු අල්ලාගෙන උල තැබ්බවීය. "මීට පෙර දෙමළුන් විසින් ලක්දිව ආක්‍රමණය කොට ලංකාවෙහි බිඳින ලද චෛත්‍යයන් සියල්ල,

104. මොවුන් ලවා ම යළි බැන්දවිය යුත්තේ යැ" යි සිතූ ලංකාපුර දණ්ඩනාථ විසින් අණ දුන් කල්හි ඔවුන්ගේ කිසි කෙනෙකුන්,

105. ලංකාද්වීපයට ගෙනවුත් රුවන්වැලි සෑයෙහි කර්මාන්ත පිණිස යෙදවීය. ලංකේශ්වර තෙමේ ද දෙමළුන් විසින් බිඳින ලද රුවන්වැලි මහාසෑය,

106. යළි බන්දවා අවසානයෙහි කොත් පැළඳවීමේ පුණ්‍යෝත්සවය කරනු පිණිස ඇමතියන් හා පිරිවර ජනයා ද සහිතව අනුරාධපුරයට ගියේය.

107. ලක්දිව පුරා වැඩහුන් භික්ෂු සංඝයා ද රැස්කරවූයේය. එහි වැඩි සංඝයා උදෙසා සිව්පසයෙන් උපස්ථාන කරන්නේ,

108. තුදුස්වක දිනය පැමිණි කල අනුරාධපුර නගරයෙහි

බෙර හසුරුවා "නගරය අලංකාර කොට සරසත්වා! සුවඳ මල් ආදිය ගත්,

109. මහජනයෝ සෙට දිනයේ රුවන්වැලි මහාසෑ භූමියට පැමිණෙත්වා!" යි කලින් ම කළයුතු සියලු කටයුතු මැනවින් කරවා පුන් පොහෝ දවසෙහි,

110. නා නා මැණිකෙන් ගැවසීගත් ඔටුණු, මාලා ආදී මාහැඟි ආභරණයන්ගෙන් සැරසී දෙව්රජෙකුගේ ලීලායෙන්,

111. දිව්‍ය අප්සරාවන්ගේ විලාශය ගත්, සොඳුරු ලෙස සැරසුණු, නොයෙක් සිය ගණන් අන්තඃපුරාංගනාවන් ද පෙරටු කොට සිටියේ,

112. නා නා ආභරණයෙන් යුක්තව, විචිත්‍ර වේශ විලාශයන්ගෙන් සැරසී ගිය, මහයසස් ඇති නොයෙක් සාමාන්තයන් ද පිරිවරාගත්තේ,

113. සියලු අංගයන්ගෙන් පහන් පූජාවෙන් මහාසෑය පුදන්නාක් බඳුව, රන් සන්නාහයෙන් බබළන හස්තීගෙන් ද අශ්ව සමූහයෙන් ද යුතු,

114. ජනකායගේ බර හේතුවෙන් වසුන්ධරා නමැති පොළෝතලය ගිලෙන්නාක් මෙන් වූයේ, දිසාවන්ගෙන් පිවිසෙන දොරටු, ඡත්‍රයන්ගෙන් ද චාමරයන්ගෙන් ද ධජයන්ගෙන් ද වැසීගියාක් මෙන් වූයේ,

115. නා නා තූර්ය ඝෝෂාවන්ගේ නාදයෙන් ගිරි ගුහා බිඳී යන සෙයින් වූයේ, ශ්‍රී සම්පත්තියෙන් ලෝවැසියන්ගේ නෙත් සතුටු කඳුළු වගුරුවමින්,

116. කරඬු, ධජ, කෙණ්ඩි, වටාපත්, පුන්කලස් ආදී රන් භාණ්ඩයන්ගේ රශ්මි මාලාවන්ගෙන් ඒ ස්ථානය රතු පැහැගත් රන් වනින් යුක්ත බවට පත්කරවූ,

117. රජ තෙමේ රජ මැඳුරෙන් අවුත් ඡායා වැටෙන සන්ධ්‍යා සමයෙහි සක්දෙව්රජුගේ විලාශයෙන් රුවන්වැලි මහාසෑයෙහි පසෙක සිටියේය.

118. නොයෙක් සිය ගණන් භික්ෂූන් වහන්සේලා පබළු වේදිකාවකින් මහාසෑය වටකොට තැබුවාක් බඳුව සෑය පිරිවරා වැඩසිටියෝය.

119. ඉක්බිති පැරකුම්බා රජු රුවන්වැලි සෑ මුදුනෙහි රන්කොත වඩාහිඳුවා, කෛලාශ පර්වත මුදුනෙහි බබළන හිරු සෙයින් දිස්වූ ශ්‍රියාව මහජනයාට දැක්වීය.

120. රජුගේ දීපාලෝක පූජාවෙන් දෝ නොහොත් රුවන්වැලි මහාසෑය මුදුනෙහි පිහිටි රන්කොත නිසාවෙන් දෝ ඒ දිනයෙහි රාත්‍රියක් නොතිබුණේය.

121. මෙසේ පරාක්‍රමබාහු මහනිරිඳු තෙමේ උතුම් රුවන්වැලි මහසෑ රජුන් හට උදාර වූ මහපූජාවක් කොට පොළොන්නරු නගරයට ම ගියේය.

122. රාමේශ්වරමේ කුන්දුකාලයේ සිටි ලංකාපුර දණ්ඩනාථ තෙමේ බොහෝ කල් සිටිනු කැමතිව එහි පරාක්‍රමපුර නමැති බලකඳවුරක් පිහිටුවීය.

123. දෙදහස් හාරසිය රියනක් දිගු වූ, ඉතා උස් වූ, ගලින් කරන ලද ප්‍රාකාර තුනකින් වටකරන ලදුව, ගෝපුර දොළොසක් ද ඇති,

124. චතුශ්ශාලා ගෘහයක් ද කරවා, යම් සේ දෙපසට සාගරයෙන් සාගරයට ජලය යන්නේ ද එසේ දියඅගල් තුනක් ප්‍රාකාරය වටා කරවා,

125. ඒ බලකොටුවෙහි වසන්නේ, කඩක්කූඩිය රජු නමැති අයත්, චෝළගංගා ආදී කොට සිටිනා සාමාන්ත රජවරුන් ද තමාගේ යටතට ගෙන්වීය.

126. මෙසේ එහි සිංහලයන්ගේ බලය දිනෙන් දින වැඩෙන කල්හි කුලසේඛර රජු ඒ ප්‍රදේශයෙන් සිංහලයන් පලවාහරිනු පිණිස,

127. සුන්දරපාණ්ඩියන්රායර් නමැති අයත්, පාණ්ඩියන්-රායර් නමැති අයත්, අන්‍ය වූ බොහෝ බලවත් සාමාන්තයනුත් නැවතත් යුද පිණිස පිටත් කරවීය.

128. ලංකාපුර දණ්ඩනාථ තෙමේ ඔවුන් සමග යුද්ධ තුනක් කොට ඔවුන් පලවාහැර වරුක්කට්ට නම් ගම ද සිය ග්‍රහණයට නතුකර ගත්තේය.

129. එතැනිනුත් නික්ම එහි සාමාන්ත රජුන් හා එක්ව ආලවන්තප්පෙරුමාල් නමැති දෙමළා සමග,

130. බිහිසුණු ලෙස මහයුද්ධයක් කොට ජය අත්පත් කරගනිමින්, කොල්ලූර් ගමත් මරුප්පූපම් ගමත් සිය ග්‍රහණයට ගත්තේය.

131. කංකුණ්ඩිය නම් රටෙහි ද කෝලූර් නම් රටෙහි ද මරවර් නමැති භටයන් වාසය කරවීය.

132. එකල වීරගංගා නමැති රටෙහි කුනප්පු, නල්ලූර් යනාදී බොහෝ ගම් නියම්ගම් පැහැරගෙන මහා බලවත්ව සිටි,

133. මාලවරායර් නමැති බලවත් සාමාන්ත රජුන් දෙමළුන් දහසක් ද තමාගේ වසඟයෙහි තබාගෙන එහි වාසය කළේය.

134. ඉක්බිති ස්වකීය බලසේනාවන්ට බත්වැටුප් දෙනු පිණිස ලංකාපුර දණ්ඩනාථ තෙමේ පරාක්‍රම පුරයට හැරී ආයේය.

135. එසේ එන්නා වූ අතරමඟ වදලි නම් ගමෙහි සිටි ආලවන්දන් නමැත්තා සමග යුද්ධ කොට ඔහු මරා දැමීය.

136. එකල්හි බලවත් වූ සිංහ වික්‍රම ඇති, යුද්ධෝපක්‍රමයන් පිළිබඳ හසල දැනුමැති කුලසේබර රජු යුද්ධයට සූදානම් වූ මහා සේනාවක්,

137. බොහෝ බලවාහන සහිතව, මහාමාත්‍යයන් ද සහිතව එවා ජයගන්ට නොහැකි වූයේ, තෙමේ ම යුද්ධ කරනු පිණිස නික්මුනේය.

138. මාලවචක්‍රවර්තී ද, මාලවරායර් ද, පරිනික්කුඩායර් ද, තොණ්ඩමාරයර් ද,

139. තුවරටෙහි අධිපති වේලාර් ද, වීරජ්පනියරායර් ද, සොන්ඩිකුඩියරායර් ද, නිකලඩරායර් ද,

140. කුරුම්මලත්තායර් ද, එසේ ම නකුලරායර් ද, පුංකුණ්ඩනාඩලවාර් ද, කරම්බරායර් ද,

141. කංඩිහුරු, තලංදුරු යන නාඩාල්වාර් දෙදෙනා ද, තාංගරායර් ද, වීර්ගංග ද, මුටපරායර් නමින් සිටින දෙදෙනා ද,

142. අලත්තුරුනාඩල්වාර් ද, මන්නයරායර් තුන්දෙනා ද, කලවංඩියනාඩාල්වාර් ද, කේරළසීහමුත්තර් ද,

143. මේ ආදී ඉහතින් කියන ලද සාමාන්ත රජවරුන් ද ගෙන්වාගෙන පරාක්‍රම පඬිරජුගේ රටෙහි ඉතිරි භටසේනාවන් ද ගෙන්වාගෙන,

144. සිය මාමණ්ඩි දෙදෙනාගේ කොංගුරටවල් දෙකේ සිටි සියලු බලසෙන් ද ගෙන, එමෙන්ම තමන්ගේ තිරිණාවේලි රාජ්‍යයේ සියලු සේනාවන් ද,

145. නිත්‍යවිනෝදමානවරායර් ද, පට්ටිරායර් ද, තංකුත්තරායර් ද, තොම්පියරායර් ද,

146. ආලවන්දප්පෙරුමාල් ද, චෝළකෝණාර් ද, එමෙන්ම තංකිප්පෙරුමාල් ද, අලබියරායර් ද,

147. මානාභරණරාජ ද, අවන්දියරායර් ද, මූන්දියරායර් ද, විට්ටාර්තමිල්,

148. යනාදී මෙකී සාමාන්තයෝ ද මහත් වූ සේනා බලවාහනයන් රැගෙන පරාක්‍රම පුරය වෙත රැස්ව,

149. "සිංහලයන්ගේ හිස ගසා එයින් ගල ලෝහිතයෙන් මෙවර රාමේශ්වරම් කෝවිලෙහි කෙරෙන මාගේ දේව පූජාව සිදුවන්නේය" කියා,

150. මෙසේ සිංහනාද කරමින් එරුක්කෝට්ටෙයි නම් ගමෙහිත්, ඉංකලිප්පරෙයි යන ගමෙහිත් කඳවුරු පිහිටුවා ගත්තේය.

151. ඉක්බිති කුලසේඛර රජතෙමේ පරාක්‍රමපුර නමැති සිංහල සේනාවන්ගේ කඳවුර මංකොල්ල කන්ට ගොඩබිමෙනුත් මහාසේනාවන් යැවීය.

152. බොහෝ නෞකා නංවා මුහුද මතිනුත් යැවීය. මෙසේ නොයෙක් පැතිවලින් ආ මහා බලසෙන් යුද්ධ කරන කල්හි,

153. මුහුදු දෙකකින් ඉවුරු කඩාගෙන එන්නාක් බඳු මෙන් දිස්විය. එකල්හි ලංකාපුර නමැති සිංහල මහාසෙන්පතියා ද මනාව සන්නද්ධවීම් කොට,

154. කඳවුරින් බැහැරට නික්ම අවුත් ඔවුන් හා යුද්ධ කරන්ට පටන් ගත්තේය. ඒ මහා යුද්ධයෙහිදී යුද්ධ කරන දෙමළ සේනාවෝ,

155. සිංහලයන්ගේ කඩු පහරටත්, අනල්ප වූ ඊ ප්‍රහාරයටත් ලක්ව ක්ලාන්ත බවට පත්ව ආපසු හැරී සිය කඳවුරට ම ගියෝය.

156. මෙසේ පැමිණි ඔවුහු සිංහල සේනාවන් හා යුද්ධ පනස් තුනක් කළෝය. කුලසේඛර තෙමේ යුද්ධයක් යුද්ධයක් පාසා තමන්ට අත්වන පරාජය,

157. දැක දැකත් තෙමේ ම කඳවුරින් නික්ම යුද්ධයෙහි බලසෙන් මෙහෙයවීය. එකල්හි ලංකාපුර දණ්ඩනායක තෙමේ සිය කඳවුරේ සියලු දොරටු හැරීය.

158. මහා ශෛලයක් සෙයින් ස්වකීය සේනාවන් පෙරටු කොට නික්මුණේ ඔවුන් හා යුද්ධ කොට බොහෝ දෙමළුන් මරා අශ්වයන් ද අල්ලාගෙන,

159. විජයග්‍රහණය කොට, පැරදී යන දෙමළුන් ලුහුබඳිමින් කුරුම්බංබලියට ගියේය. එහි ද සිංහල කඳවුරක් පිහිටුවන්ට ගත් කල්හි කුලසේඛර තෙමේ,

160. යුද්ධයෙන් බිඳී ගිය තමන්ගේ මහා සේනාව යළි එකතු කරවාගෙන තමාගේ ප්‍රාණය වන් සාරවත් මහා හටයන් රැගෙන,

161. නැවත අවුත් සතුරන් හට බිය ඇතිකරවන්නේ යුද්ධ කළේය. එහිදී කඩු නමැති මත්ස්‍යයින් දහසක් විසින් ද, අශ්වයින් නමැති සයුරු ඇළි සියයක් විසින් ද,

162. පාබල සේනා නමැති මහා ජලබරින් ද, ජතු නමැති පෙණ මාලාවෙන් ද, හී සර නමැති ගංගා ඇදහැලීමෙන් ද, බෙර නද නමැති ගර්ජනාවෙන් ද,

163. එකල මහා සාගරය නමැති යුද භූමිය අතිශයින් භයජනක විය. මෙවන් යුද්ධයක් පවතින අවස්ථාවෙහි සිංහලයෝ,

164. මහා වික්‍රමයෙන් යුක්ත වූවාහු, සිය බාහුවල තිබූ අලසකම් දුරුකරගත්තෝය. එකල්හි විල්ලවරායර් ද චෝළකෝණාර් ද,

165. යාදවරායර් ද ඉතාම බලවත් වූ තවත් සාමාන්තයෙක් ද නොයෙක් සිය ගණන් හටයින් ද සියලු රාජ අමාත්‍යයින් ද මරාදැම්මෝය.

166. කුලසේබර නැගසිටී අශ්වයාටත් විද්දේය. සේනා සහිත කුලසේබර තෙමේ සිංහලයන්ගෙන් එල්ලවන බිහිසුණු කඩු ප්‍රහාරයට,

167. අවසර දෙන්ට සෙයින් පිට දැක්වීය. යුද්ධයෙන් පලායන්නා වූ කුලසේබර අත්හරින ලද්දේ හුදෙක් තමන්ගේ යුද වික්‍රමය පමණක් නොවේ.

168. සිංහාසනයත්, ඡත්‍රයත්, අලංකාර ආදියත් අත්හැර දැම්මේය. ලංකාපුර දණ්ඩනායක තෙමේ එතැනින් ඒරික්කවූර් නම් දුර්ගයට ගොස්,

169. සතුරු වූ කුලසේඛර රජු විසින් කලින් වාසය කරන ලද එය ගිනි තබ්බවා, එහි අලුතින් බලකොටුවක් කරවා තෙමේත් එහි,

170. කාලයක් වාසය කොට, එයින් පිටත්ව වඩලියට පිවිස එයිනුත් ගොස්,

171. දේවියපට්ටන් නමැති ගම ද බලහත්කාරයෙන් අල්ලාගත්තේය. එතැනින් නික්ම සිරියාවල් ගමට ගොස් කෝලුවුක්කෝට්ටන් නමැති,

172. බලකොටුවෙහි වාසය කරන්නේ, සින්නකංකුඩ-රායර් නමැති බලනායකයා සන්නද්ධව ඇවිත් දරුණු ලෙස යුද්ධ කරන ලද්දේ ඔහුව ද පිඹ හැරියේය.

173. එසේම කුලසේඛර රජුගේ බොහෝ ඇමතියන් ද ඒ යුද්ධයෙන් පලවාහැර ඔවුන්ගේ බලකොටුවත් අත්පත් කොටගෙන,

174. මහා ගම්මාන විස්සක් ද දවා, සේලුතුන්තික නම් ගම වෙසෙමින් වීර පරාක්‍රම ඇතිව සිටින්නේ,

175. පණ්ඩියාන්ඩර් නම් දෙමළා ද චෝළකෝණාර් ද යථාවරායර් ද එසේ ම විල්ලවරායර් ද,

176. එසේම කාලිංගරායර් ද සුන්දරපණ්ඩුරායර් ද නරසිංහදේවර් ද එසේම පණ්ඩිරායර් ද,

177. බ්‍රාහ්මණ ගමක වසන්නා වූ මේ ආදී නම් ඇතියවුන් සමගත් යුද්ධ කරන්නාහු, ඔවුන්ගේ බල බිඳ බොහෝ දෙමළුන් මරා,

178. බොහෝ අශ්වයන් ද ගෙන, බලවාහනයන්ගෙන් යුක්ත වූයේ, කුංඩයන්නේක නමැති තැන වාසය කරන්නේ,

179. කුංඩමුත්තුරායර් ද එසේම කංඩලිරායර් ද එසේම වරායර් යන දෙමළ සාමාන්තයන් තිදෙනා ද,

180. තමා යටතට ගෙන එතැන්හි වාසය කරන්නේ, අවස්ථාවන් පිළිබඳ හොඳින් දන්නා ලංකාපුර දණ්ඩනායක තෙමේ වික්‍රමචෝළප්පේරුම නමැති,

181. දුර්ගයෙහි සිටි පංඩිමංඩාල්වාර් ද වීරමංගරායර් ද කංගකෝඩප්පෙරායර් ද යන මේ සාමාන්තයන් තිදෙනාත්,

182. කාමන්දක්කෝට්ටන් රටේ වසන සියල්ලන් ද තමන්ගේ වසඟයට ගත් මහා වීර ලංකාපුර තෙමේ මහයුද්ධයක් කරනු කැමතිව මුරුතුක්කෝට්ටන් නමැති තැනට ගියේය.

183. එහි සිටි චෝළකෝණාර් ද තෝන්ද්‍රියන් ද එසේ ම අන්‍ය වූ සුත්තද්ධාර් ද වීරගංගාර් යන දෙමළා ද,

184. එසේම කුත්තද්ධාර් ද ආදී සාමාන්තයන් සමග මහයුද්ධ කොට ඒ යුදබිමෙහිදී තෝන්ද්‍රියන්ව ජීවිතක්ෂයට පමුණුවා,

185. ඔහුගේ අශ්වයන් ද ගෙන බොහෝ දෙමළුන් ද මරා, එමතු ද නොව ඔවුන් සතු කංගකෝට්ටාන් නමැති ප්‍රසිද්ධ බලකොටුව ද සියතට ගත්තේය.

186. එයිනුදු නික්මුණු හේ පනීව නමැති ස්ථානයෙහි වාඩිලාගත්තේ, අලංතුරුනාඩාල්වාර් දෙදෙනා ද පණ්ඩිරායර් ද,

187. විල්ලවරායර් මෙන්ම සින්නකංකුඩරායර් ද යන මේ ආදීන් සමග මහයුද්ධ කොට එහිදීත් ඔවුන්ගේ බල බිඳ,

188. පනිවකෝට්ටන් ගමත් ගෙන, එතැනින් හැරී කලින් සිටි තැන වූ කංගකෝට්ටනයට පැමිණ වසන්නේ,

189. එතැනින් නික්ම අනිවලක්කෝට්ටන් නම් තැනට යුද්ධ පිණිස ගොස් එහිදීත් බංගමාලවරායර් ද වීරගංගාර් දෙදෙනා ද,

190. චෝළකෝණාර් දෙමළා ද යන මොවුන් සමගත් මහයුද්ධ කොට ඔවුන්ගේ සියලු බල බිඳ දෙමළුන් මරා,

191. බොහෝ අශ්වයිනුත්, බලකොටුත් ගෙන ඒ සමග නෙට්ටූරුන් නමැති ස්ථානයත් අල්ලාගෙන තෙමේ එහි වසන්නේ,

192. කුංනාන්ඩන්, වීරගංගන්, තංකිප්පෙරුමාල් යන බලනායකයින් ඇසුරු කළ නොයෙක් සිය ගණනින් යුතු දෙමළුන් ද,

193. එසේම ඉලංකියරායර් ද අංචුකොට්ටරායර් ද වසඟ කොටගෙන ඔවුන් වෙත මිණිකොඩොල් අබරණ ආදී ප්‍රසාද දීමනා ප්‍රදානය කොට,

194. ඉක්බිති ඉලංකියරායර් හට 'රාජවේශී භුජංගාදි සිලාමේඝ' යන ගෞරව නාමය ද ප්‍රදානය කළේය.

195. මේ අතරෙහි පරාක්‍රම පඬිරජුගේ පුත්‍රයෙකු වූ සැමට බාල කුමාරයා වීරපාණ්ඩියන් නමින් ප්‍රසිද්ධව සිටියේය.

196. පියරජු සිය මෙහෙසිය හා දරුවන් සමග සතුරන්ගේ යටතට පත්ව ජීවිතක්ෂයට පත්වන අවස්ථාවෙහි,

197. එක්තරා උපක්‍රමයකින් සතුරන් අතින් මිදුනු මේ කුමරු සතුරන් කෙරෙහි භයෙන් සියරට නොපැමිණ මලෙයි නම් කඳුරටෙහි සිටිනා බව,

198. අසා ඒ වීරපාණ්ඩියන් කුමරු වෙත දූතයෙකු පිටත් කරවීය. "මම් මෙහි මහයුද්ධයේදී අමාත්‍යයන් සහිත කුලසේඛර රජු පරදවා විජයග්‍රහණය කොට,

199. රාජ්‍යයෙන් අඩක් පමණ අල්ලාගෙන මධුරාපුරයට දෙතුන් ගව්වක් දුර ඇති ප්‍රදේශයකට පැමිණ සිටින්නෙමි.

200. අපගේ ස්වාමිරාජයාණෝ තොපගේ පියරජුගේ ආරක්ෂාව පතන සේක්, සතුරු කුලසේඛර රජු ප්‍රධාන සතුරු සේනා විසින් ඒ පරාක්‍රම පාණ්ඩියන් රජුව නසන ලද්දේය යන,

201. පුවත අසා 'මා සරණ ගිය මෙතෙමේ වෛරී රජෙකු විසින් මරණ ලද්දේය. එහෙත් වෛරී රජු ද මරා,

202. ඉදින් පරාක්‍රම පාණ්ඩියන් රජුගේ පවුලට අයත් කවුරු හෝ සිටී නම් ඔහුටවත් නැවත රාජ්‍යය ලබාදෙව්' කියා අපි මෙහි එවන ලද්දෝ වෙමු.

203. එහෙයින් කිසි භයක් නොකොට සීඝ්‍රයෙන් මෙහි අවුත් තම පියා සන්තක වූ රාජ්‍යයෙහි ආඥාව

පවත්වනු මැනව" යි කියා සත්‍ය වදන් මොළොක් ලෙස ලියා යැවීය.

204. වීරපාණ්ඩියන් කුමාරයා කියන ලද ආකාරයෙන් ම ඒ සියල්ල අසා කල් ගෙවීමක් නොකොට වහා ලංකාපුර දණ්ඩනායකයන් වෙත පැමිණියේය.

205. එකල්හි සියරජ පවුලේ වෙනත් කිසිවෙකු නැතිව කුමාරයා පැමිණි බැව් කියා ලංකාපුර තෙමේ අප මහරජාණන් හට දෙනු පිණිස ලක්දිවට හසුනක් එවීය.

206. පැරකුම්බා මහරජු ද ඒ පුවතෙහි ඇති කරුණු තත් වූ පරිදි දැන බොජුන් වැළඳීමට සුදුසු රනින්, රිදියෙන් කළ නොයෙක් බඳුන් ද,

207. රනින්, රිදියෙන් කළ පහන් දල්වන බොහෝ ආධාරකයන් ද තමන්ගේ වස්ත්‍ර බඳු හඳින පළඳින වටිනා වස්ත්‍ර ද,

208. කුණ්ඩලාභරණ ද මුතුවැල් ද රුවන් වළලු ද ආදී කොට ඇති සතුටු පඬුරු ද සතුටට පත් මහරජ තෙමේ පිටත් කොට යැවීය.

209. ඉක්බිති වීරපාණ්ඩියන් කුමාරයාත් ඒ රාජකීය සියලු පඬුරු, ඉතා ආදරයෙන් යුක්තව නැගී සිට පැරකුම්බා මහරජු සිටි දිසාවට භය සම්ප්‍රයුක්තව වන්දනා කොට පිළිගත්තේය.

210. මහබලැති ලංකාපුර තෙමේ මුංඩික්කාරයෙහි බංඩදේවමාලවරායර් නමැත්තාව ද එතැනින් යුද්ධ කොට පලවාහැර,

211. කීලමංගල නමිනුත්, මේලමංගල නමිනුත් ඇති රටවල් දෙකත් තමා යටතට ගෙන එහි වාසය කරන්නේ,

212. භයින් පරාධීන වූ සිත් ඇතිව, මාන්නය බැහැර කොට පිහිට සොයාගෙන පැමිණි මලවරායර් හට වීර ලංකාපුර තෙමේ,

213. නැවතත් ඔහුට මුංඩික්කාර් රට ලබාදී ඔහු සිටි තැන ම තැබ්බවීය. මංගල රටවල් දෙකේ නායකයන්ට ද එපරිදි ම ප්‍රදානය කොට,

214. මුංඩාන්නාංකොංඩගතයෙහි වූ ගෝකර්ණනාඩු-නායකම් තනතුරු ලබාදී ලංකාපුර තෙමේ එකල්හි අනිවලක්කෝට්ටෙයි නම් තැන විසීය.

215. එතැනින් නික්ම ගිය හේ නෙට්ටූර් යන බලකොටුවට බලහත්කාරයෙන් පිවිස මානවීරමධුරායෙහි වාසය කරන්නා වූ සාමාන්තයින් සමගත්,

216. අලත්තූර්, උංඩාල්වාර් යන දෙදෙනා ද කාලිංග රායර් ද කලිකාලරායර් ද යන මොවුන් සමගත් මහයුද්ධ කොට,

217. බොහෝ දෙමළුන් ද කලිකාලරායර්ව ද මරා මහබලැති ලංකාපුර තෙමේ මධුරාපුරය සියතට ගෙන,

218. ඉන් පසු බොහෝ දෙමළුන්ව ද මුවරායර් ද කුලුම්බුත්තරායර් ද තමාගේ යටතට ගෙන,

219. අලුත්තූර් උංඩාල්වාර්ගේ බලකොටුවට ගොස් මහාබලැති හේ කාලිංගරායර් හා සින්නකංකුංඩ-රායර් ද,

220. ආදී කොට ඇති මොවුන් හා මහයුද්ධ කොට ඉක්ම යා නොහැකි වික්‍රම ඇති ලංකාපුර තෙමේ ඔවුන් එතැනින් පලවාහැර,

221. සතුරන් ලැගසිටි ප්‍රසිද්ධ ගම් කිහිපයකුත් ගිනි තබා මහා වීර ලංකාපුර තෙමේ නැවතත් නෙට්ටූර්වලට පැමිණියේය.

222. එකල්හි දකුණු දෙසින් ආ සින්නකංකුංඩරායර් ද අලුත්තූර් ද උංඩාල්වාර් ද මන්නයාරායර් ද,

223. පරිත්තිකුංඩියාර් ද එසේ ම සෙංකුංඩියාර් ද යුද්ධයෙහි දක්ෂ වූ වෙනත් බොහෝ දෙමෙල්ලු ද,

224. කුලසේඛර රජුගේ අභ්‍යන්තර සාමාන්තයෙකුව සිටි කාලිංගරායර් ද තෙන්නවපල්ලරායර් ද,

225. ආලවන්තප්පෙරුමාල් ද යන මේ නොපැරදවිය හැකි සෙන්පතිවරුන් සිය සේනා සමග සන්නාහ සන්නද්ධව පැමිණියාහු,

226. පාතපතන් නමැති තැනට පැමිණ බලහත්කාර සිත් ඇත්තාහු, ඒ වාරයෙහි සතුරන් පරදවා ජය ලබනු පිණිස කරන ලද අදිටන් ඇත්තාහුය.

227. එකල්හි යුද ක්‍රමයන් පිළිබඳව විශාරද වූ ලංකාපුර තෙමේ ඔවුන් ආ පිළිවෙළ අසා බොහෝ සේනාබලයෙන් යුක්ත කොට සාමාන්තයන් පිටත් කරවීය.

228. ඔවුහු එහි ගොස් ඒ බලදුර්ගය හාත්පසින් වටලා බලකොටුව ආසන්නයේ තිබූ මහාගම් විස්සක් ද ගිනි තබා,

229. දූතයෙකු මාර්ගයෙන් ලංකාපුර නායක වෙත එපවත් යවමින් "බලකොටුව පැහැරගන්නමෝ ද නොහොත් එසේ නොකරන්නමෝ දැ?" යි ඇසීය.

230. හෙතෙමේ එය අසා නැවතත් මහසේනාවක් යවා "බලකොටුව පැහැර ගනිව්" කියා දූතයන් අත පෙරලා හසුනක් යැවීය.

231. ඉක්බිති ඔවුහු ලංකාපුර නායක විසින් එවන ලද හසුනට සවන් දී සියල්ලෝ ම ඉතාමත් දරුණු වූ යුද්ධයක් කරන්ට පටන් ගත්තෝය.

232. කල්පාවසානයෙහි කැළඹී එන්නා වූ මහා සැඩසුළඟක් සෙයින් ඒ සේනා දෙක අතරෙහි ඉවසිය නොහෙනා මහයුද්ධයක් හටගත්තේය.

233. දහස් සංඛ්‍යාත දෙමළුන් ජීවිතක්ෂයට පත්කොට, එසේ ම කුලසේඛරගේ අභ්‍යන්තර අමාත්‍යව සිටි තෙන්නවප්පල්ලරායර් ද මරා,

234. ආලවන්තපප්පෙරුමාල් ද ඊ පහර කා පලාගිය කල්හි ඔහුව ද මරා, ඔහු නැගි අශ්වයාත්, තවත් බොහෝ අශ්වයිනුත්,

235. අල්ලාගෙන භීම වික්‍රම ඇති සිංහලයෝ වීර ලක්ෂ්මී දේවියගේ මුව කමලෙහි සිනහ නංවමින් දෙමළ බලය බින්දෝය.

236. පාතපතන් නම් ප්‍රදේශයත් තමන් යටතට ගෙන එහි සිටි සේනාවත් ලංකාපුර තෙමේ තමා වෙත ගෙන්වා ගත්තේය.

237. පසුව ලංකාපුර තෙමේ අනිවලක්කිකෝට්ටන් නමැති තැනට ගියේ, අංඩුකෝට්ටන් ද මාලවචක්‍රවර්තීන් ද සිය වසඟයට ගත්තේය.

238. මෙසේ තොංඩියත්, පාසයත් ගෙන, මධුරා පුරයෙන් උතුරු දිසාව ද සතුරන් රහිත කරනු පිණිස හේ කුරුංදන්කුංඩියට ගියේය.

239. එහි සිටි වලුට්ටිරායර් ද තමන්ගේ වසඟයට ගෙන ඔහුට කලින් සිටි පදවියත්, රන් වළලු ආදියත් ප්‍රදානය කොට,

240. එතැනින් නික්ම තිරිවේකම්බම් නම් පෙදෙසට ගොස් එහි සාමාන්තයාව සිටි සිලාමේඝරායර් ද කණ්ණයිරායර් ද,

241. අංචුකොට්ටනාඩාල්වාර් ද තමන්ගේ වසඟයට ගෙන මොවුන් සියල්ලන්ට ම පෙර තිබූ පරිදි පදවි ප්‍රදානය කොට ප්‍රසාදත් දුන්නේය.

242. පුංකොට්ටනාඩාල්වාර් ද තමාගේ වසඟයට පමුණුවා මොහුටත් කලින් තිබූ අයුරින් සියලු පදවි හා ප්‍රසාදයන් ප්‍රදානය කොට,

243. සත්‍ය වශයෙන් ම සමගි සන්ධාන ඇති මහාවීර ලංකාපුර තෙමේ මාලවචක්‍රවර්තීන්ට ද තමන්ගේ වසඟයෙහි පවතිනු පිණිස හසුනක් යැවීය.

244. එසේ නමුත් මාලවචක්‍රවර්තීන් ලංකාපුරයන් ඉදිරියේ පෙනී නොසිට එතැනින් නික්ම සෙංපොංමාරියට ගියේය. ලංකාපුර තෙමේ ද ඒ සෙංපොංමාරිය අල්ලාගනු පිණිස එහි ගියේය.

245. සෙංපොංමාරි බලකොටුව අල්ලාගන්ට, කලින් ම ඇවිත් සිටි සොළී සේනාවෝත් දෙවර්ෂයක් මුළුල්ලෙහි යුද්ධ කොටත් එය අල්ලාගන්ට බැරිව සිටියෝය.

246. එසේ යාමට දුෂ්කර වූ බලකොටු දුර්ගය සිංහ වික්‍රම ඇති සිංහලයෝ දවස් භාගයක කාලයක් වත් ඉක්ම නොයා තිබියදී,

247. ප්‍රාකාර දෙකත්, දොරටු ගෝපුර සතරත් බිඳ හස්තීන් බඳුව වෙන් වෙන්ව බලකොටු ඇතුලට ම පිවිසියාහුය.

248. එහි සිටි නොයෙක් සිය ගණන් දෙමළුන් මරා සිංහලයෝ ක්ෂණයකින් සෙංපොංමාරි බලකොටුව සියතට ගත්තාහුය.

249. එකල්හි කල්ලර් සේනාවනුත්, එසේම මරවර් සේනාවනුත්, එසේම ගෝලිහාලයෝත්, එමෙන්ම කුංඩරායෝත්,

250. වල්ලක්කුණ්ණාර් සේනාවත්, එසේම උඟඬේන් සේනාවත්, එසේම අංචකෝට්ටනයේ සිටි බලසම්පන්න සේනාවෝත්,

251. මෙසේ කියන ලද පනස්දහස්, හැටදහස් ගණනට ගියා වූ අත්‍යුදාර පරාක්‍රමයෙන් හෙබි මහා දෙමළ සේනාවෝ,

252. සිංහලයන් අල්ලාගෙන සිටි සෙංපොංමාරි බලකොටුව වැටලූහ. එහිදී ඔවුහු ඉතා දරුණුතර වූ යුද්ධයක් කරන්ට පටන් ගත්තෝය.

253. එකල්හි දකුණු ගෝපුර දොරටුවෙහි ද්වාරය විවෘත කොට දේවලංකාපුරත්, එසේම සෝණලංකාගිරිත්,

254. ස්වකීය සේනාව සහිතව, කිසිවෙකුට ළංවිය නොහැකි වික්‍රමයෙන් හෙබි සිංහලයෝ දහස් සංඛ්‍යාත දෙමළුන් ජීවිතක්ෂයට පත්කොට,

255. ඒ පෙදෙසින් ම ආවා වූ උද්දාමවත් දෙමළ බලය සිංහ පරාක්‍රම ඇති සිංහලයෝ ඇත්රැලක් මැදට වන් සිංහයන් සෙයින් බිඳ දැම්මෝය.

256. එසැණින් ම දකුණු ගෝපුර ද්වාරයෙන් නික්මුණු ගෝකර්ණ දණ්ඩනායකත්, ලෝකකේශධාතු සෙන්පතිත්,

257. යුද භූමියෙහි සිටි බොහෝ සතුරු භටයින් මරා, නසා ඉතුරු වූ සියලු සතුරු බල ද වැනසූහ.

258. මහබලැති කීර්තිකේශධාතු තෙමේත්, ජගද්වීප නමැති ළංවිය නොහැකි බල ඇති තවත් සාමාන්තයෙකුත් උතුරු ගෝපුර ද්වාරයෙන් නික්ම,

259. ඒ වීරයෝ සීඝ්‍රයෙන් දෙමළ සතුරු බල බින්දෝය. බොහෝ දෙමළ යෝධයන් ජීවිතක්ෂයට පත්කොට,

260. මෙසේ සිංහලයෝ එදවසෙහි ම සැණෙකින් දෙමළුන්ට අයත් සියලු සේනා මැරීමෙන් ද පලවාහැරීමෙන් ද ඔවුන් සතු බොහෝ අශ්වයන් ගැනීමෙන් ද,

261. විජයග්‍රහණය කොට, නොයෙක් වික්‍රමයන්ගෙන් ප්‍රසිද්ධ වූවාහු, ඒ ප්‍රසිද්ධ සෙංපොංමාරි බලකොටුවට පෙරලා පැමිණියෝය.

74 වන පරිච්ඡේදය 301

262. එකල්හි කුණ්ණවරායෝත්, එසේම කල්ලර් සේනාවෝත්, එසේම ගෝලිහල සේනාවෝත්, එසේම මරවර් සේනාවෝත්,

263. වල්ලක්කුත්තාර් සේනාවෝත්, උංචේන් සේනාවෝත්, එසේම ථලයුරුංඩාල්වාර් ද කංකයරායර් ද,

264. යන මේ දෙදෙනාගේ සේනාවෝත්, එසේම ථලයුරුංඩුවෙහි වසන සේනාවෝත්, කලහයිනාඩුවේ සේනාවෝත්, ථලයුංනාඩුවාසී සේනාවෝත්,

265. එසේම කාකණ්ණාඩුවෙහි වසන සේනාවෝත් වශයෙන් මෙසේ මේ දෙමළ සේනාවෝත්, චෝළ දේශ සීමාවෙන් මෙපිට චොල්ලාරුගම දක්වා,

266. මෙපෙදෙසහි වසන්නා වූ සියලු දෙනාත් තමන්ගේ යටතට ගෙන ආවෝය. ලංකාපුර තෙමේ පෙර පරිදි ම ඒ සියල්ලන්ට ප්‍රසාදයන් ප්‍රදානය කළේය.

267. එකල්හි වෛශ්‍යයන් විසිනුත්, අරාබි මිනිසුන් විසිනුත් ගෙනෙන ලද පඬුරු පාක්කුඩම් පිළිගෙන ඔවුන්ට බොහෝ ප්‍රසාද දීමෙන් සත්කාර කොට,

268. ඉක්බිති පෙරළා පිහිට සොයාගෙන ආ මාලවචක්‍රවර්තීන්ට සෙංපොංමාරිය දුන් ලංකාපුර තෙමේ ඔහු කලින් සිටි පදවියෙහි ම තැබුවේය.

269. ඉන් පසු එතැනින් පිටත්ව තිරුවේකම්බම්මයට නැවත අවුත්, එතැනින් නික්ම කුරුන්දන්කුංචියට පැමිණියේය.

270. ඉක්බිති කලවංඩිනාඩාල්වාර් තෙමේ බලවත් වූයේ මාලවරායර් හා යුද්ධ කොට ඔහුගේ මුංඩික්කාර් රට පැහැර ගත්තේය.

271. එකල්හි මාලවරායර් තෙමේ තමාට වෙනත් කිසි පිළිසරණක් නොදැක "නුඹවහන්සේ මා හට සරණ වනු මැනව" යි ලංකාපුර සෙන්පති සොයා පැමිණියේය.

272. ලංකාපුර තෙමේ ලෝකයෙහි උතුම් යැයි සම්මත කේශධාතුත්, කීර්තිලෝකනායකත් යන දෙදෙනා කැඳවා,

273. ගෝකර්ණ දණ්ඩනායකත් කැඳවා, කලවංඩි-නාඩාල්වාර් හා යුද්ධ කොට මුංඩික්කාර් රට නැවත රැගෙන මාලවරායර් හට දෙන ලෙස නියෝග කළේය.

274. ඔවුහු එහි ගොස් පරදවාලිය නොහැකි සේ යුද්ධ කොට බොහෝ දෙමළුන් මරා මුංඩික්කාරය ඔහු-ගෙන් බැහැර කොට,

275. නැවත මලවරායර් කලින් විසූ තැන ම තබා එතැනින් නික්ම, තුමූ ලංකාපුර දණ්ඩනායකයන් වෙතට ම ගියෝය.

276. එමෙන්ම පුංකොංඩනාඩාල්වාර් නමැති වෙනත් සාමාන්තයෙක් සිරියවලව නම් තැනට අවුත් එහි වසන්නේ,

277. මාලවචක්‍රවර්තීන් සමග මහයුද්ධයක් කොට ජයංකොට්ටාන් යන නමින් ප්‍රසිද්ධ වූ ගමට ඔහු පලවාහැර,

278. තෙමේ එකෙණෙහි ම අවුත් සෙංපොංමාරිය අල්ලාගත්තේය. එකල්හි ඒ විධික්‍රමය ගැන ඇසූ ධීරයන් අතර උතුම් වූ ලංකාපුර වීර තෙමේ,

279. තෙමේ ම එසැණින් අනිවලක්කී නම් බලකොටුවෙන් නික්ම සෙංපොංමාරිය ගනු පිණිස කිරිවේකම්බම්මයට ගියේය.

280. පුංකොංඩනාඩාල්වාර් හට ලංකාපුරයන්ගේ පැමිණීම ගැන අසන්ට ලැබී භයින් තැතිගෙන සෙංපොංමාරිය අත්හැර යළි සිරිවලයට ම පලාගියේය.

281. ලංකාපුර වීර තෙමේ සෙංපොංමාරියට පැමිණියේය. පුංකොංඩනාඩාල්වාර් ද ලංකාපුරයන්ගේ යටතේ සිටින්නෙමැ යි සිතා එහි පැමිණියේ නමුත්,

282. ලංකාපුරයන්ගේ ඉදිරියට නොගොස් තමාව නොදක්වා සිරිවලයට ම ගියේය. ලංකාපුර තෙමේත් සිරිවලය ගමට ගොස්,

283. හාත්පසින් ඉතා බිහිසුණු යුද්ධයක් කරන්ට පටන් ගත්තේය. එවිට පුංකොංඩනාඩාල්වාර් තෙමේ ලංකාපුරයන් වෙත හසුනක් එවමින්,

284. "ඉදින් මම් අභයදානය ලබන්නෙම් නම් නුඹවහන්සේට යටහත්ව සිටින්නෙමි. ඉදින් එසේ නොමැතිවුවහොත් මහත් භයකින් පරාධීන වූයෙම් එන්ට නොහැක්කෙමි" කියා දන්වා සිටියේය.

285. ලංකාපුර තෙමේ එය අසා "තෙමේ ම භය දුරුකොට පැමිණේවා" කියා පිළිතුරු හසුනක් පිටත් කරවීය.

286. එකල්හි සත්‍යයෙන් සත්‍යය ගලපන්නා වූ ලංකාපුරයන්ගේ හසුන ලැබූ හේ පහවූ තැති ගැනීම් ඇතිව ලංකාපුරයන් වෙතට පැමිණියේය.

287. ලංකාපුර තෙමේ ඔහුට ද අනල්ප වූ ප්‍රසාද ත්‍යාග දී මාලවචක්‍රවර්තීන් ද තමන් සමීපයට පමුණුවා,

288. ඔවුන් දෙදෙනාව ම මිත්‍රයන් බවට පත්කොට ඔවුන් කලින් සිටි පදවිවල ම තැබ්බවූ මහාවීර තෙමේ නෙට්ටූරුවට ගියේය.

289. එමෙන්ම ලංකාපුර තෙමේ රාජසිංහමහලෙයි යනුවෙනුත්, වල්ලිකාමම් යනුවෙනුත් ප්‍රසිද්ධව තිබී නැසී ගිය වැව් දෙක යළිත් බැඳ පිළිසකර කරවා,

290. එමෙන්ම සිරිවලයෙහිත්, පෙරුම්පාගල්වලත් වැව් දෙකක් බන්දවා එහි කෘෂිකර්මය දියුණු කරවීය.

291. කුලසේඛර රජු තිරිණාවේලියෙහි සිටි බලසෙනඟත්, තේංකෝම්බුවධකෝම්බුවෙහි සිටි මාමණ්ඩි රජුගේ බලසෙනඟත්,

292. එසේම තමන්ගේ වසඟයට පත් බොහෝ දෙමෙල්ලු ද රැගෙන, සාම දාන ආදී නොයෙක් රාජ්‍ය තාන්ත්‍රික න්‍යායන් දන්නේ, එකල්හි එය බිඳ,

293. සේනාවාහනයන්ගෙන් යුක්තව යුද පිණිස එන්ට සූදානම් වූයේය. එකල්හි නුවණැති ලංකාපුර තෙමේ ඔහුගේ ක්‍රියාවන් තත් වූ පරිදි අසා,

294. තම ස්වාමී වූ පැරකුම්බා නිරිඳුගේ අවවාදයෙහි පිහිටියේ, දුෂ්ට වූ, නිග්‍රහ කටයුතු වූ, කූඨ බුද්ධි ඇති දෙමළුන් මුලිනුපුටා දැම්මේය.

295. එකල්හි තමන්ට අනුග්‍රහ පිණිස පැරකුම්බා මහරජු විසින් එවන ලද ලෝකයාගේ සිතීම් විෂය ඉක්මවා ගිය වික්‍රම ඇති ජගද්වීප නමැති,

296. නායක තෙමේ පාබල සේනා හා අශ්වසේනා-වෙනුත් අනුගත වූයේ, තරණය කළ මහා සාගරය ඇත්තේ, වීරියෙන් යුතුව අනිවලක්කියට පැමිණියේය.

297. මහයසස් ඇති ලංකාපුර තෙමේ ද නෙට්ටූරුවෙන් නික්ම අනිවලක්කියට පැමිණ අලුතින් ආ ඔහු දැක,

298. වැළඳගෙන, මධුර කතාබහේ නියැලී සිට නැවතත් නිට්ටෝරුවට ම පැමිණ පරසතුරන් මඩිනා ලංකාපුර තෙමේ,

299. එතැනින් නික්ම මුද්රන්නන්ඩාන් යනුවෙන් ප්‍රසිද්ධ ස්ථානයට අවුත්, අවස්ථාවන් දන්නා හේ එහි සිට, පැතිර ගිය වික්‍රම ඇත්තේ,

300. කීලකොණ්ඩව නම් ස්ථානයෙහි ද මංගල නම් ස්ථානයෙහි ද දෙමළ සෙන් සමග යුද්ධ කොට බොහෝ සතුරු භටයින් නසා,

301. ජීවග්‍රාහයෙන් අල්ලාගත යුතු බොහෝ සතුරන් අල්ලාගෙන, යුද්ධ භූමියෙහි අත්හැර දමා ගිය බොහෝ අශ්වයන් ද ගෙන,

302. එතැනින් නික්ම ඔරුත්තයූර්තොණ්ඩමාන් නමැති තැනට ගොස් එහිදී පුංකොංඩනාඩාල්වාර් ද සිලාමේඝර් ද,

303. අංචුකොට්ටනාඩාල්වාර් ද යන මොවුන් සමගින් ද මහයුද්ධ කොට භීම උද්දාමයෙන් ද අතිශය වික්‍රමයෙන් ද යුතු වූයේ,

304. බොහෝ දෙමළුන් නසා එතැනින් සිරිවලයට ගියේය. පුංකොංඩනාඩාල්වාර් විසින් තමන්ගේ වසඟයට ගන්නා ලද,

305. දෙමහල් ප්‍රාසාදයත්, බලකොටුවත් ගිනි තබා තිරුක්කාගප්පේරයි යන තැනින් නික්ම ගියේය.

306. එකල්හි අනිවලක්කියේ සිට ජගද්වීප නායක තෙමේ නෙට්ටූරුවට පැමිණ එතැනින් නික්ම ගොස්,

307. මධුරා පුරයේ මානවීර් නම් ඇත්තා වූ ද, එසේම පත්තනල්ලූර් නම් ඇත්තා වූ ද, සෝරංඩක්-කොට්ටෙහි ද යන යන්ට අසීරු වූ බලකොටු බිඳ,

308. නැවත නෙට්ටූරුවට පෙරලා අවුත් එහි වාසය කරන්නේ අලත්තුරුනාඩාල්වාර් හා සින්නකංකුඩරායර් ද තමන්ගේ වසඟයට ගත්තේය.

309. මහබලැති වීර වූ හේ කිසි කලෙකදී පත්තනල්ලූරුවට පැමිණ එකල්හි ලංකාපුර නායකයන් වෙත හසුනක් යැවීය.

310. "සීතා නමැති නදිය වෙත ඔබතුමා විසින් ඉක්මනින් පැමිණෙන්ට යුතුය. අවශ්‍යයෙන් ම දැක පැවසිය යුත්තක් ඇත්තේය" යනුවෙනි.

311. එපුවත ඇසූ මහබලැති ලංකාපුර තෙමේ එතැනින් වහා නික්ම මගට පිළිපන්නේය.

312. තිරුප්පාලූර් නමින් ප්‍රසිද්ධ තැන සිටි සතුරු සේනාවෝ සන්නාහයෙන් සන්නද්ධව බොහෝ අශ්ව සේනාවන් ද සමග,

313. අවුදින් මාර්ගයෙහි අඩක් පමණ ගිය තැනේදී භයානක යුද්ධයක් ආරම්භ කළාහුය. යුද්ධයෙහි දක්ෂ දේවලංකාපුර ආදී ඒ වීරයන් විසින්,

314. ඒ මහාසෙන් බලය සැණෙකින් බිඳදැම්මෝය. ඒ වනාහී පැතිර යන හිරු රැසින් අඳුරු කඳ බිඳ දමන්නාක් බඳු ය.

315. මෙසේ ලංකාපුර තෙමේ මොහොතකින් තිරප්පාලුවට ගොස් කල්පාවසානයෙහි ගින්න බඳු පරාක්‍රම ඇතිව එහි වාසය කළේය.

316. සාකච්ඡාවෙහි දක්ෂ වූ ජගද්වීප නමැති සාමාන්ත තෙමේ ද පණ්ණට්ටක්කෝට්ටනයෙහි වසන දෙමළුන්ගේ මහ බලය බිඳ,

317. යුද්ධාරම්භයෙහි සමර්ථ වූ හේ යුද්ධභූමියේදී බලකොටු සියතට ගෙන එහි ම වාඩිලා ගත්තේය.

318. එකල්හි අතිශයින්ම සැහැසි වූ කුලසේඛර රජු තුවර රට අධිපති වේලාර් නම් තැනැත්තා ද තොණ්ඩමානාර් නම් තැනැත්තා ද,

319. වීරප්පෙරායර් බලනායක ද එසේම නිගධරායර් ද කලවණ්ඩිනාඩාල්වාර් ද එසේම කාංගයරායර් ද,

320. තම තමන්ගේ බොහෝ භටයින් ද සන්නද්ධ කරවා යුද්ධය පිණිස බැඳගත් කැසපට ඇතිව රාජින්ද්‍රපුරයට පැමිණියේය.

321. මහසෙන් ඇති, භීම පරාක්‍රම ඇති හේ ස්වකීය භයජනක සේනාවන් රැගෙන ලංකාපුරයන් සමග යුද්ධ කරන්ට මෙහෙයවීය.

322. ලංකාපුර වීර තෙමේ විධානයෙහි දක්ෂ වූයේ, ජගද්වීප නායක හට විධානයන්ගේ ආකාරය පිළිබඳ ක්‍රමවේදයන් කියන්නේ,

323. "කුලසේඛර රජු පලවාහැරීම පිණිස මාත් සමග එක් පෙදෙසකින් යුද්ධ කරන්ට සේනාවක් සන්නද්ධ කරවාගෙන,

324. තොප විසින් වහා මෙහි ආ යුත්තේය" කියා හසුනක් පිටත් කොට යවා වහා තමන්ගේ බලසෙන් සන්නද්ධ කොට,

325. එතැනින් නික්ම දෙමළුන් සමග මහයුද්ධයක් පැවැත්වීය. එහි යුද්ධ කළ දෙමෙල්ලු සැණෙකින් බිඳීගොස් රාජින්දපුරයට වැදී,

326. ඇසිල්ලකින් කුඩා ද්වාරයන් ද මහා ද්වාරයන් ද ගෝපුරයන් ද වසාගෙන කුලසේඛර ඇතුළු සියලු දෙන ඇතුලට වී සිටියාහුය.

327. එකල්හි ප්‍රධානතම වීරයන් වන ගෝකණ්ණ දණ්ඩනායක තෙමේත්, කේශධාතුනායකත්, ලෝකනායකත්, එසේම දේවලංකාපුරත්,

328. මේ ආදී කොට ඇති සිංහල සේනාවෝ බටහිර ද්වාරය ද ගෝපුර ද ප්‍රාකාරයන් ද බිඳහෙලන්ට පටන් ගත්තෝය.

329. ඉක්බිති දේවලංකාපුරත්, ගෝකණ්ණ දණ්ඩනායකත් ප්‍රාකාරත්, ගෝපුරත් බිඳ රාජින්ද බලකොටුව තුළට පිවිසියාහුය.

330. එකල්හි මානී වූ ලෝකනායකත්, මහා බල ඇති කේශධාතු නායකත් 'අන්‍යයන් විසින් ගිය මගින් නොයමි' යි සිතා,

331. බොහෝ දෙමළ වීරයන් මරමින්, බොහෝ අශ්වයන් බිම හෙළමින්, දකුණු දොරටුව බිඳගෙන මොහොතකින් ඇතුලට පිවිසියෝය.

332. එකල්හි භයින් පරාධීන වූ සිත් ඇති කුලසේඛර තෙමේ තමන් හැඳසිටි වස්ත්‍රයටවත් අධිපති වෙන්ට නොහැකිව,

333. නැගෙනහිර දොරටුව හැර ගෝපුරයෙන් නික්ම කිසියම් භාග්‍යයකට සතුරන් අතින් මිදී පැනගත්තේය.

334. සිංහලයෝ එහි සිටි දෙමළුන්ගෙන් බොහෝ පිරිසක් මරා අශ්වයින්වත්, බොහෝ ධන වස්තුවත් ගෙන,

335. ජයග්‍රාහී ලෙස පිළී හිස සිසාරා අතින් වනමින්, කණ්ඩායම් වශයෙන් ඔබ මොබ පනිමින්, අත්පොළසන් දෙමින්, සිනහ නගමින් විජයග්‍රහණයේ උත්සව පැවැත්වූවාහුය.

336. ඉක්බිති ලංකාපුර නායක මෙන් ම ජගද්විජය නායකත් අන්‍ය වූ වීර සිංහලයින් සමග රාජින්දපුරයට පිවිසියෝය.

337. මෙසේ පෙර භවයන්හි කරන ලද පින් ඇති, තියුණු වූ ප්‍රඥාවෙන් හෙබි, න්‍යාය හා විනය දත්, භයජනක තේජස නමැති ධනය ඇති, නොහැකිලී ගිය වීරිය ඇතියවුන්ගේ චිත්ත සංකල්පනාවෝ ග්‍රීස්ම කාලයෙහි වළා රහිත අහසෙහි පුර පස සඳමඬල සෙයින් සමෘද්ධියට පත්වන්නාහුය.

මෙසේ හුදී ජන පහන් සංවේගය පිණිස කරන ලද මහාවංශයෙහි 'රාජින්දපුර අල්ලාගැනීම' නමැති සැත්තෑ හතරවන පරිච්ඡේදය නිමාවට පත්විය.

75

සැත්තෑ පස්වන පරිච්ඡේදය

පසිරිට ජයගැනීම

01. භයට පත් කුලසේබර රජු එතැනින් පලා ගියේ තොණ්ඩමාන් නමැති තැනැත්තාගේ බලකොටුවෙහි නැවතුනේය.

02. වීරනුක්කාර්ගේ සේනාවෝ ද එසේම කක්කේල් නමැති සේනාවෝ ද මධුරක්කාර් සේනාවෝ ද රාජින්ද පුරයට පැමිණ,

03. කුලසේබර රජුගේ සියලු පුවත් පවසා මධුරා පුරයට යනු පිණිස ලංකාපුර නායකයා හට ඇරයුම් කළෝය.

04. ඉක්බිති ලංකාපුර දණ්ඩනායකත්, ජගද්වීප නායකත් මහත් වූ ශ්‍රීයෙන් යුතුව මධුරාපුරයට ගොස්,

05. වීරපාණ්ඩියන් කුමාරයා හට "මේ මධුරාපුරය වනාහී තොපගේ උපන් භූමියත්, තොප පියරජුගේ නිවාසයත් වෙයි" කියා පවරා දී ඔවුහු එහි විසූහ.

06. සිරිවල්ලභ නම් රජුත්, නාරායන නම් රජුත්, පරාක්‍රම පාණ්ඩියන් රජුත්, වීරප්පෙරියරාර් රජුත්,

07. එසේම මන්නරායර් සාමාන්තයාත්, සෙංකුංඩි-රායරුත්, අන්‍ය වූ වීරප්පෙරියාර් ද කේරළසීහ-මුත්තර් ද,

08. යනාදී මේ රජවරුත්, සාමාන්තයන්වත් කැඳවා ආභරණාදිය තෑගි කොට, පැමිණියා වූ චෝළගංගාර් නමැති සාමාන්තයා ද තමන්ගේ වසඟයට ගෙන,

09. තමන් කලින් අනුභව කරන ලද පරිත්තික්කුංඩි රටෙහි නායකත්වය අනුමත කරනු පිණිස ඔහුව සිය පදවියෙහි තැබූහ.

10. කලවඩිනාඩාල්වාර් නමැත්තා 'යටත් වන්නෙමි' යි මධුරාපුරයට පැමිණ තමාව දක්වන්ට භයයි කියා,

11. තමාව නොදක්වා ස්වකීය ස්ථානයට ම ගියේය. එකල්හි ලංකාපුර නායක තෙමේ ඔහුගේ රටට ම ගොස්,

12. පරදවාලිය නොහැකි වික්‍රම ඇති, වීර වූ හේ යුද්ධ කොට ඔහුව පලවාහැර, මහා බල පරාක්‍රම ඇත්තේ ආලග්වානගිරි නමැති රටත් ගත්තේය.

13. අන්‍ය වූ ශූරදේව නමැති කලවඩිනාඩාල්වාර් තෙමේ පිහිට සොයා පැමිණියේ ලංකාපුර නායකයාණන්ගෙන් තමන්ගේ රට ඉල්ලා සිටියේය.

14. ලංකාපුර නායක තෙමේ ඒ රට ඔහු විසින් ඉල්ලන ලදුව ඔහුට ම දී, පසුව කුරුම්බිරායර් නමැති බලනායකගේ රටට ගොස්, මහයසස් ඇත්තේ,

15. කුරුම්බිරායර්ව ද තමාගේ වසඟයට ගෙන, එසේම කංගයාර්ව ද තමාගේ වසඟයට ගෙන,

16. පසුව ලංකාපුර නමැති වීර තෙමේ නිකලධරාවර්ව ද සිය වසඟයෙහි ලා පවත්වනු පිණිස තිරිප්පුත්තූර් නම් ඇති තැනට ගියේය.

17. නිකලධරායර් ද සිය සේනා රැස්කරවාගෙන අකලංකනාඩාල්වාර් ද එසේම කණ්ඩම්බිරායර් ද,

18. මලයරායර් ද එසේම කිංචාරත්තායර් ද මේ ආදී සොළී සාමාන්තයන් ද අනල්ප වූ භටසේනාවන් ද,

19. ඔවුන්ට ම අයත් බොහෝ අශ්වයන් ද ගෙන නොදිනිය හැකි වූ යුද්ධයක් කරන්ට පටන් ගත්තේය.

20. එකල සියලු පාබලයන් සහිත වූ ඒ සතුරු සේනාව තිරුප්පුත්තූරුවේ පටන් පොංඅමරාවතිය දක්වා,

21. ඒ අතර මාර්ගයෙහි තුන් ගව්වක් පමණ තැන එක ම මස් කමතක් කොට මහා සතුරු බලය බිඳ,

22. අදීන වූ සිංහල සේනාවෝ මහඅමරාවතියට පැමිණ එහි ඔවුන් විසින් කරන ලද තුන්මහල් ප්‍රාසාදය ද ගිනි තබා,

23. වෙනත් බොහෝ ගෙවල් ද පිරී ගිය වී අටු ද ගිනි තබා රටවැසියාගේ භය නැතිකරනු පිණිස,

24. වීර තෙමේ අණ බෙර හසුරුවා රටවැසි ජනයා තමාගේ වසඟයට පමුණුවා පෙරළා මධුරා පුරයට ආයේය.

25. එකල්හි දැඩි ආඥා ඇති මහා පරාක්‍රමබාහු රජු වීරපාණ්ඩියන් කුමරුගේ ඔටුණු පැළඳීමේ මංගලෝත්සවය කරනු පිණිස විධාන කොට හසුනක් එවීය.

26. මහරජුගේ ඉක්මවාලිය නොහැකි හසුන අසා ලංකාපුර තෙමේ එකෙණෙහි ම අභිෂේක විධි සම්පාදනය කරන්ට පටන් ගත්තේය.

27. මාරවචක්‍රවර්තීන් ද එසේම මලවරායර් ද එසේම ඵලයුරුනාඩාල්වාර් ද ආදී කොට ඇති මේ ලම්බකර්ණ වංශිකයෝ,

28. ලම්බකර්ණ ධුරය කරන්ට මෙහෙයවා, පසුව අන්‍යයන් විසින් ඉක්ම නොහැකි ආඥාව අනුව මධුරා පුරයෙහි අණ බෙර හසුරුවා,

29. සියල්ලන්ව ම රැස්කොට, තමන්ගේ සේනාවන් ද පෙරටුකොට, නානා ආභරණයන්ගෙන් සැරසී ගත් පාණ්ඩියන් රාජ්‍යයෙහි සාමාන්තයන් ද පෙරටු කොට,

30. කලින් රාජමන්දිරයේ උතුරු දිසාවට වෙන්ට පිහිටි, පෙර ලබන ලද ජයභේරි නාදයෙන් හෙබියා වූ දේවාලයෙහිදී,

31. මහාපැරකුම්බා රජුගෙන් ලද විධානයන්ට අනුව වීරපාණ්ඩියන් කුමරුගේ අභිෂේක මංගල්‍යය කරවා මහා යසස් ඇති ලංකාපුර දණ්ඩනායක තෙමේ කුමරු ලවා මධුරා නගරය ප්‍රදක්ෂිණා කරවීය.

32. එකල්හි තොණ්ඩමාන්ගේ ගිරිදුර්ග බලකොටුවට පලාගිය කුලසේඛර රජු තොණ්ඩමාන්ව තමන්ගේ වසඟට ගෙන,

33. ඔහුගේ සේනාවත්, තමන්ගේ සේනාවත් ගෙන භීම වික්‍රම ඇති අනුජීවියමිණ්ඩ යන තැනැත්තාත් ගෙන,

34. ඒ පර්වත දුර්ග බලකොටුවෙන් නික්මී පැමිණ මංගල නමැති බලකොටුවට වැදී,

35. සිංහලයන් විසින් තමන්ගේ යටතේ සිටින්ට එහි යවන ලද මන්නයරායර් ද සෙංකුඩිරායර් ද සමග මහයුද්ධ කොට,

36. ඒ බලකොටුව පැහැරගෙන හේ එහි ම හුන්නේය. ඉක්බිති ලංකාපුර නායක තෙමේ එපවත් තත් වූ පරිදි දැන,

37. "කුලසේඛර වෛරී රජු එතැනිනුත් පලවාහැර පර්වත, වනාන්තර, දුර්ගයන්ගෙන් යුක්ත වූ රට පිරිසිදු කොට,

38. එන්ට යුතුය" යි සිතා මධුරාපුරයෙන් නික්ම මංගලකෝට්ටය ආසන්නයේ බලකොටුවක් කොට එහි වාඩිලා ගෙන,

39. වෙල්ලිනාබ නම් බලකොටුවෙහි මහත් බලසෙන් සමග සිටි තොණ්ඩමාන්ගේ බිරිඳගේ සොයුරන් තිදෙනා වන,

40. කල්ලක්ක නමැති වේලාර් ද මූනයධරායර් ද එසේම කාලිංගරායර් ද යනාදී මොවුන් සමගත් මහයුද්ධයක් කොට,

41. ඒ බලකොටුවට පහර දී බොහෝ දෙමළුන් මරා මහා තේජස් ඇති ලංකාපුර නායක තෙමේ සීවලී පුත්තුරුවට ද පහර දී,

42. එහි වාඩිලා ගත්තේය. එකල්හි වෛරී කුලසේඛර රජු තිරිණවේලියෙහිදී බලසෙන් රැස්කරවා,

43. තමාගේ මාමණ්ඩියන් දෙදෙනාට ද හසුන් යවා තේන්කොංගු හා වඩකොංගු යන දෙරට ද බලෙන් ගෙන,

44. මහා සේනාවෙන් යුක්තව, සකල සේනාවට අණ කොට සාන්තනේරි යැයි ප්‍රසිද්ධ බලකොටුවෙහි සිටින්ට අණ කළේය.

45. එකල්හි ලංකාපුර නායකත්, ජගද්වීප නායකත් ඒ බලකොටුව අල්ලාගනු පිණිස එකෙණෙහි ම මගට පිළිපන්නෝය.

46. උපායකුශල වූ වෛරී කුලසේඛර රජු ලංකාසේනාවන් එන මග වැළැක්වීම පිණිස මහා වැවක් බින්දවීය.

47. ලංකාපුර තෙමේ එපුවත් මැනවින් දැන "මහයුද්ධයක් කරන්ට යන්නවුන් විසින්,

48. අතරමගදී බිඳීගිය වැවක් දකින්ට යෑම අයුතු යැ" යි සිතා මහාබල ඇත්තේ, එකෙණෙහි ම ඒ මහා වැව බන්දවා,

49. මහා බලපරාක්‍රම ඇත්තේ, ඒ මහා බලකොටුවට ගොස් ක්ෂණයකින් පහර දී දරුණු යුද්ධයක් කොට,

50. කල්ලක්ක නමැති වේළාරයාත්, අන්‍ය වූ බොහෝ දෙමළුත් මරා බොහෝ දෙමළුන් ද අශ්වයන් ද ගෙන,

51. එතැනින් සිරිමලක්ක නම් වූ ද එසේම කත්ථලනාංකම් නම් වූ ද තොණ්ඩමාන්ගේ ගම් දෙකට මොහොතකින් කඩාවැදී,

52. සිරිමලක්ක නම් ගම, නම පමණක් ඉතිරිවන සේ ගිනි තබා "පරාක්‍රම පාණ්ඩියන් රජු මෙහි ආයේය" කියා,

53. එතැනින් ද නික්මී, චෝළකුලාන්තකම් නමැති ගමට ගොස් මහයසස් ඇති හේ කිසියම් කාලයක් එහි ම වාසය කළේය.

54. ඉක්බිති කුලසේඛර රජුත්, මාමණ්ඩියන් දෙදෙනාත්, ඔවුන් දෙදෙනාගේ සේනාවනුත්, බොහෝ අශ්වයිනුත්,

55. අකලංකනාඩාර් ද පල්ලවරායර් ද මලයප්පෙරියෝර් ද එසේම කන්ඩම්බරායර් ද,

56. මහා බලපරාක්‍රමයෙන් යුතු කිංචාරත්නරායර් ද යන මෙකී චෝළ සාමාන්තයන් ද ඔවුන්ගේ අනල්ප සේනාවන් ද,

57. කලංවඩිනාඩාල්වාර් ද තමන්ට අයත් බල-සේනාවනුත්, පුංකොංඩනාඩාල්වාර් ද තමන්ගේ බලසේනාවනුත් ගෙන,

58. මේ සියලු බලසෙන් සහිතව කුලසේඛර තෙමේ පලංකෝට්ටට නම් තැනට පැමිණියේය. එසේම පංඩානාංඩුකොට්ටානයෙහිත්, ඌරිපේරියෙහිත්,

59. මහබල ඇති හේ ඒ මහාසේනාවන් නවත්වන්ට අණ කළේය. "මේ වාරයේදී නම් සතුරන් පරදවා අනිවාර්යයෙන්ම ජයගන්නෙමි" යි කරන ලද අදිටන් ඇත්තේ විය.

60. ලංකාපුර තෙමේත්, ජගද්විජය නායකත් චෝළකුලාන්ත ගමෙන් යුද්ධ පිණිස නික්මෙන්නාහු,

61. මහාබලකොටු දෙකෙහි සිටි සතුරු සේනාවන්ට යුද්ධ භූමියෙහි යුද්ධය පටන්ගන්ට ඇති ආසාව නැතිකොට,

62. ඌරිපේරි නම් ගමෙහි වැවට උඩින් මහබල- කොටුවක් කොට එදා රාත්‍රියෙහි එහි වාඩිලා ගත්තෝය.

63. එකල්හි බලකොටු දෙකෙහි නවත්වන ලද සතුරු සේනාවෝ එහි බල බිඳීගිය හෙයින් කුලසේබර රජු සිටියේ යම් තැනක ද එතැනට ගියෝය.

64. ලංකාපුර නායකත්, ජගද්විජය නායකත් පලංකෝට්ට නමැති තැනට ගොස් තැන - නොතැන හැඳිනීමෙහි විචක්ෂණ වුවෝ,

65. වීර වුවෝ, වෛරී සතුරු රජුගේ සේනාවන් සමග බිහිසුණු යුද්ධයක් කොට බොහෝ යෝධයන් මරා බොහෝ අශ්වයින් ද ගෙන,

66. එසැණින් ම කුලසේබර පලවාහැර පලංකෝට්ටය ද අල්ලාගෙන එයින් නික්ම ගොස්,

67. "තුවර රට අධිපති වේලාර් නම් තැනැත්තා වෙත ගොස් ඔහු විසින් ම දෙන ලද අශ්වයන් හා හස්තීන් ද ගෙන,

68. කුලසේබර මධුරා පුරයට ආයේ යැ" යි අසා ඔහුව එතැනින් ද නෙරපා හරිනු පිණිස,

69. අදරට්ටේරියට පැමිණ, එහි සිටි නිකලධරායර් ද තමන්ගේ වසඟයට ගෙන, ඔහුට ද අනල්ප වූ ප්‍රසාද තෑගි දුන්නේය.

70. එතැනින් ඔවුන් නික්ම ගිය කල්හි කුලසේබර මිහිපල් තෙමේ සිංහල සේනාවන් කෙරෙහි බියපත්ව වහා සොළී රටට පලාගියේය.

71. එකල්හි ලංකාපුර තෙමේ ජගද්වීප නායක ඇමතියාව පත්තනල්ලූර් නම් තැන සිටින්ට යොදවා,

72. සිය සේනා බල පෙරටු කොට තිරුක්කානුප්පෙරුමයි නම් තැනට ගියේය. කුලසේබර තෙමේ ද නා නා ප්‍රකාර යාදිනිවලින්,

73. සොළී රජු පහදවාගෙන ඒ රජුගේ නියෝගය පරිදි පල්ලවරායර් නම් තැනැත්තාගේ බොහෝ සේනාවනුත්,

74. ඉනන්දපදනාන් යන තැනැත්තා ද එමෙන්ම තොණ්ඩමාන් නමැති තව අයෙක් ද රාජරාජකලප්පරායර් ද පත්තරායර් ද,

75. කංකොණ්ඩකලප්පරායර් ද එසේම තව අයෙක් වන නකාරානිබිලුපාතිරියාර් ද,

76. එසේම නිච්චවිනෝදමානවරායර් ද එසේම වීර වූ පතුමරායර් ද සේකීරපතුමරායර් ද,

77. රාජින්දමහාබ්‍රහ්මමහරාජන් ද මාධවරායර් ද එමෙන්ම නිකලධරායර් ද එසේම චෝළකෝණාර් ද,

78. චන්දබ්‍රහ්මමහරාජන් ද චෝළනීලක්කරායර් ද උච්චංකූට්ට නම් රටෙහි සිටි මෙකී හමුදා බල ප්‍රධානීන් ද,

79. ගෙන්වාගෙන, නීයරායර් නම් තැනැත්තා ද කම්පිංචිසේකුලම් තැනැත්තා ද මාධවරායර් ද එසේම වෙනත් කංචුංචෙට්ටි ද,

80. එසේම අන්‍ය වූ කොංගමංගල්නාඩාල්වර් ද අන්‍ය වූ අකලංකනාඩාල්වාර් ද එසේම කණ්ඩම්බරායර් ද,

81. කීලමංගලනාඩාල්වාර් ද එසේම විසාලමුත්තරායර් ද එසේම බොහෝ වූ අශ්වයන් ද රැස්කොට,

82. තොංඩිපාසය රටට ගෙන්වීය. ලංකාපුර නායක තෙමේ ඔවුන්ගේ ක්‍රමය ගැන හොඳින් අසා ඔවුන්ගේ නම් පමණක් ඉතිරි කළයුතුයි සිතා,

83. ජගද්වීප නායකයන් මධුරාපුරයට කැඳවා ලංකාපුර වීරයා තෙමේ ම ඒ තිරික්කානාප්පේරියෙන් නික්මී,

84. කීලෝනිලය නම් මධුරාන්තක පුරයට පැමිණියේය. ඉක්බිති සොළී මහාසේනාවෝ බිහිසුණු යුද්ධයක් කරන්ට පටන් ගත්තෝය.

85. සතර ගව්වක් පමණ දුරට ඒ මාර්ගය මළමිනීවලින් ආකූල වූයේ, මුහුදට පැනගත් බොහෝ සතුරු භටයින් ද මරවා,

86. සාගර ජලය සතුරන්ගේ රුධිරයෙන් රත් පැහැ ගන්වා, එසේම බොහෝ අශ්වයන් හා දෙමළන් ද ගෙන,

87. රාජින්දමහාබ්‍රහ්මරාජන් ද නන්දිපත්මරායර් ද නරසිංහ පත්මරායර් ද චෝළකෝණාර් ද,

88. ජීවග්‍රහයෙන් අල්ලාගෙන, අනතුරුව මහබලැති ලංකාපුර තෙමේ වඩමනමෙක්කුඩින් යන තැනත්, මනමෙක්කුඩි යන තැනත්,

89. මංචක්කුඩි යන තැනත් භූමිය පමණක් ඉතිරි වන සේ ගිනි තබා, සොළී දේශයේ සත් ගව්වක් පමණ තැන් ගිනි තබා,

90. මෙසේ ඒ සොළීන්ව ද සාධා එතැනින් ආපසු හැරී ආයේ, නිකලධරායර්ට අයත් ගමක් වූ වේලංකුඩි නමැති තැනට,

91. පිවිස, ඒ ගමට එනු පිණිස ඔහුට හසුනක් යැවීය. ඒ වනවිට ඔහු කුලසේබර රජු යටතේ සිටියේය.

92. කුලසේබර රජු ද සිලාමෙසරායර් ද අකලංක-නාඩාල්වාර් ද එසේම කම්බරායර් ද,

93. මලයප්පරායර් ද විසාලමුත්තරායර් ද කලවඩි-නාල්වාර් ද තිරිනවේලියෙහි බලසේනාව ද,

94. පුංකොංඩනාඩාල්වාර් ද ගෙන මහබලවත් වූයේ මහයුද්ධ කිරීම පිණිස මහඅමරාවතියට පැමිණියෝය.

95. මේ කතාව ඇසූ මහබල ඇති ලංකාපුර නායක තෙමේ සතුරු රජු පරදවාලීම පිණිස වේලංකුඩියෙන් නික්ම,

96. පස් දිසාවකින් පැමිණ කරන ලද මහා යුද්ධයේදී භීම වික්‍රම ඇති හේ සතුරු සෙන් බලය සැණෙකින් බිඳහැර,

97. දහසකට අධික දෙමළුන් මරා බොහෝ අශ්වයන් ද ගෙන කුලසේඛර රජුව පලවාහැරියේය.

98. ඉන් පසු නිකලධරායර් ද සිංහල සෙන්පති කෙරෙහි බියට පත්ව හසුනක් එවීය. "මා සතු බොහෝ වස්තු ද බොහෝ අශ්වයින් ද ගෙන,

99. මා අතින් සිදුවූ වරදට නුඹවහන්සේගෙන් සමාව ලැබෙන්ට ඕනෑය" කියා ය. එවිට ලංකාපුර නායක තෙමේ එය අසා ඔහු වෙත පිළිතුරු හසුනක් යැවීය.

100. "තොප විසින් අවශ්‍යයෙන් ම කළයුත්තේ මාගේ අවවාදය පිළිපැදීම යි. තොපගේ ධනයෙන්වත් අශ්වයින්ගෙන්වත් මට ප්‍රයෝජනයක් නැත්තේය.

101. භයක් නැතිව තමා ම ඇවිත් මා ඉදිරියෙහි පෙනී සිටුව" කියා ය. එය ඇසූ නිකලධරායර් තෙමේ සැණෙකින් ලංකාපුර නායකයාණන් බැහැදකිනු පිණිස පැමිණියේය.

102. ලංකාපුර නායක තෙමේ ඔහු දැක ඔහුට ප්‍රසාද පිරිනමා ඔහුගේ රට ආපසු දී ගින්නෙන් නැසී ගිය ගෙවල් කරවන්ට බොහෝ ධනය ද දුන්නේය.

103. එතැනින් නික්ම මහා යසස් ඇති ලංකාපුර තෙමේ සතුරු කටුකොහොල් නැතිකොට,

104. ඉක්බිති පරාක්‍රමබාහු මහරජාණන්ගේ නම කොටන ලද රන් කහවණු ද දෙමළ රටෙහි සෑම තැනෙහි ගනුදෙනු පිණිස මුදල් බවට පත්කරවා,

105. වීරපාණ්ඩියන් රජුට රට භාරදී, සොළී දේශයෙන් ද පාණ්ඩියන් දේශයෙන් ද ගන්නා ලද,

106. බොහෝ අශ්වයින් ද මිනිසුන් ද හස්තීන් ද වහා සිංහල දේශයට පිටත් කොට එවීය. එකල්හි රාජේන්ද්‍රකේශර මහා පරාක්‍රමබාහු රජු,

107. පාණ්ඩියන් රටෙහි ලද ජයග්‍රහණය ප්‍රකාශ කරන්නේ 'පාණ්ඩියන් විජය' නමින් හැමකල්හි සමෘද්ධිමත් වූ නව ගම්මානයක් මෙලක්දිව කරවා,

108. සදා දන්දීමෙහි ඇලුණු ඒ රජු ඒ ගම බ්‍රාහ්මණයන් හට දානයක් වශයෙන් දුන්නේය.

109. මෙසේ නොයෙක් විචිත්‍ර බවින් යුතු වික්‍රමයන්ගේ සාරය වූ පරාක්‍රමබාහු නමැති, ඒ රාජවංශයේ මුදුන්පත් මිහිපල් තෙමේ යුතු - අයුතු දේ පිළිබඳ මැනවින් දන්නා විවේක කල්පනාවෙන් යුතු වූයේ, අද්විතීය වූ රජ තෙමේ චිරාත් කාලයක් සාගරය අන්ත කොට ඇති මේ ලක් ධරණී තලය උසුලාවා!

මෙසේ හුදී ජන පහන් සංවේගය පිණිස කරන ලද මහාවංශයෙහි 'පඬිරට ජයගැනීම' නමැති සැත්තෑ පස්වන පරිච්ඡේදය නිමාවට පත්විය.

76

සැත්තෑ සයවන පරිච්ඡේදය

විහාරාදිය කරවීම

01. මෙසේ පැමිණි අභිෂේක ඇති, න්‍යායෙහි දක්ෂ වූ, ලංකේශ්වර වූ මහපැරකුම්බා නිරිඳු තෙමේ ලංකාද්වීපය නිරාකුල කොට,

02. තමන් ලංකා රාජ්‍යය භාරගැනීමේ මුඛ්‍ය ඵලය වශයෙන් ප්‍රාර්ථනා කරන ලද, එමෙන්ම තමන් විසින් කරන ලද ආදර ගෞරව ඇති සම්බුදු සසුනෙහි අභිවෘද්ධිය කරනු කැමතිව,

03. 'සඟ සතු කොට පූජා කරන ලද ගම්වල සංඝයාගේ අඹුදරු ආදීන් යැපීම ස්වභාවයකි. මෙබඳු ස්වභාවයෙන් බැහැර වූ වෙනත් සීලයක් ඒ උදවියට නැත්තේය.'

04. සමගිව කරන ලද සංඝ කර්මයන් කෙසේ වෙතත් නිකාය භේදය හේතුවෙන් ඔවුනොවුන්ගේ මුහුණ බැලීමත් නුරුස්නා භික්ෂූන් දෙස ද බලා, සුසිල්වත්ව සිටිනා භික්ෂූන් දෙස ද බලා,

05. සම්බුදු සසුනේ අභිවෘද්ධිය පිණිස පළමුවෙන් බුදු සසුනේ පවිත්‍ර භාවය ද ඇතිකොට, අනතුරුව මහා විහාරය ද අභයගිරික ධම්මරුචිකයන් ද ජේතවනික සාගලිකයන් ද යන තුන් නිකායික භික්ෂූන් සමගි කරනු කැමැත්තේ,

06. දඹදිව ධර්මාශෝක නරේශ්වර තෙමේ මොග්ගලීපුත්ත තිස්ස මහරහතන් වහන්සේ ප්‍රධානත්වයෙහි තබා කටයුතු කළ අයුරින්,

07. ත්‍රිපිටක විශාරද වූ, විශේෂ වශයෙන් විනය දන්නා වූ, ස්ථවිරවාදී මහා සඟපරපුරෙහි අසහාය ප්‍රදීපයක් බඳු වූ, බොහෝ කල් තිස්සේ සංඝයාගේ සමගිය බලාසිටින්නා වූ,

08. මහා කාශ්‍යප නමැති මහා ස්ථවිරයන් වහන්සේ ප්‍රධානත්වයෙහි තබා, අනුරාධපුර මහාවිහාරවාසී ස්වකීය ශිෂ්‍ය වූ ඤාණපාල ස්ථවිරයන් වහන්සේ ද සබරගමුවේ පලාබත්ගල අරණ්‍යවාසී භික්ෂූන් වහන්සේලා ද පොළොන්නරුවට කැඳවා,

09. එමෙන්ම මොග්ගල්ලාන ස්ථවිරයන් වහන්සේ ඇතුලු නාගේන්ද්‍ර පල්ලියෙහි වැඩවසන ස්ථවිරයන් වහන්සේ ද යුවරජුගේ දක්ඛිණ දේශයෙහි වසන්නා වූ සියලු භික්ෂූන් වහන්සේලා ද,

10. සේලන්තරාගත හෙවත් ගලතුරුමුල වෙහෙරවැසි උතුම් නන්ද මහ ස්ථවිරයන් වහන්සේ ප්‍රමුඛ කොට රුහුණු රටේ මහා විහාරික, ධම්මරුචික, සාගලික යන තුන් නිකායට අයත් භික්ෂූන් වහන්සේ ද පොළොන්නරු කැඳවා,

11. පරාක්‍රමබාහු මහරජු ඔවුනොවුන්ගේ සමගිය පිණිස මහවිහාරවාසී භික්ෂූන් හට ආයාචනා කර සිටියේය.

12. ලජ්ජා රහිත භික්ෂූන්ගේ අධික බව නිසාත්, බොහෝ කාලයක් නිකාය වශයෙන් භේදභින්නව සිටි නිසාත්, එකල්හි බොහෝ භික්ෂූන් වහන්සේලා සංඝයාගේ සමගියට අකැමති වූවාහුය.

13. ඇතැම් භික්ෂූන් වහන්සේලා විදේශගත වෙන්ට ද තවත් භික්ෂූන් වහන්සේලා සිවුරු හැරයන්ට ද පටන් ගත්තාහුය. තවත් භික්ෂූන් වහන්සේලා සංඝයාගේ පිරිසිදු බව සිදුකෙරෙන විනිශ්චය මණ්ඩලයෙහි ඉන්ට පවා අකැමති වූහ.

14. මෙසේ ඒ භික්ෂූන් වහන්සේලා ඉතාම දුකසේ සංසිඳවිය යුතු මහාධිකරණය පිහිටෙව්වාහුය. එකල්හි උන්වහන්සේලාට වැටහී ගියේ සංඝයාගේ සමගිය ඇති කිරීම වනාහී පෙරලී ඇති මහාමේරු පර්වතය කෙලින් කොට එසවීමක් බඳු බවයි.

15. මමත්වයෙන් ගැනීමක් නැති, ස්ථිර ලෙස පටන්ගත්, ධාර්මික වූ මිහිපල් තෙමේ ඒ භික්ෂූන් වහන්සේලා අස්වසා ඉතා දුකසේ පිළිගැන්වීය.

16. එකල්හි උපද්‍රවත්, අර්බුදත් සංසිඳුවාලීම පිණිස මහාකාශ්‍යප මහා ස්ථවිරයන් වහන්සේ ප්‍රධාන භික්ෂූන් වහන්සේ ලවා විනිශ්චය කරවන ලද්දේය.

17. සංඝයා විසින් දෙනු ලබන විනිශ්චය පිළිගැනුමෙහි ලා ත්‍රිපිටකධාරී ආචාර්යසිංහයන් වහන්සේලා සමග රජ තෙමේත් සමීපයෙහි සිට,

18. පිළියම් කළහැකි භික්ෂූන් උදෙසා ධර්මයෙහි දක්වා ඇති පරිදි පිරිසිදු බවෙහි පිහිටුවා මහාවිහාරික භික්ෂූන් වහන්සේලා සමගි බවට පත්කළේය.

19. "ලාභාපේක්ෂාවෙන් බුදු සසුන නොවනසත්වා!" යි කියා අලජ්ජී දුසිල් මහණුන් සිවුරු හරවා ඔවුන්ගේ දැන උගත්කම් පරිදි මහතනතුරු දුන්නේය.

20. මෙසේ මුළු මහවිහාරය ම මහත් උත්සාහයකින් පිරිසිදු කොට, වළගම්බා රජ දවස පටන් භේද භින්න වී ගිය,

21. අභයගිරිවැසි භික්ෂූන් වහන්සේලා ද, මහසෙන් රජුගේ කාලයෙහි භේදභින්න වී ගිය ජේතවන වැසි භික්ෂූන් වහන්සේලා ද,

22. වෛතුල්‍ය පිටකාදී අපවිත්‍ර වචනය ම අතිපිරිසිදු බුද්ධ වචනය ලෙස මතුකොට දක්වමින් ප්‍රතිපත්තිය කණපිට හැරවූවාහු,

23. පිරිපුන් සසුන් ගුණයෙන් යුතු මහවිහාරවාසී භික්ෂූන් වහන්සේලා සමග ඔවුන් සමගි කරවන්ට පටන් ගැනීම වනාහී මාණික්‍ය රත්නයන් සමග වීදුරු ගල් එකතු කිරීමක් බඳු විය.

24. සීලාදී සාරයෙන් හිස් වූ ඒ අභයගිරික, ජේතවනයික භික්ෂූන්, මහාවිහාරවාසී සංඝයාගේ තේජසින් ද මහපැරකුම්බා රජහුගේ තේජසින් ද බුදු සසුනෙහි සිත් අලවා සිටින්ට අකැමති වූවෝය.

25. එසේ නමුත් ධාර්මික වූ, න්‍යායන් දන්නා වූ මහරජු විමසා බැලීම් කරන්නේ සත්‍ය වශයෙන් ම

උපසම්පදා සීලය රැකගත් එකම ප්‍රකෘති භික්ෂුවක් වත් ඔවුන් අතරින් නොලැබුනේය.

26. එවිට රජ තෙමේ බොහෝ භික්ෂූන් හට නැවත සාමණේර පැවිද්ද ලබාදුන්නේය. දුස්සීල වූ දැන උගත් තෙරවරුන් පවා සිවුරු හරවා මහතනතුරු දුන්නේය.

27. මෙසේ පැරකුම්බා රජු මහත් උත්සාහයෙන් යුතුව නොබෝ කලකින් මහා සංඝයාගේ පිරිසිදු බවත්, සංඝ සාමග්‍රියත් ඇතිකොට බුද්ධ කාලයෙහි මෙන් සුසිල්වත් සංඝයා පැවැත්වූයේය.

28. මේ රජු වර්ෂයක් පාසා ගංගා තීරයට මහා සංඝයා වහන්සේ වැඩමවා එහි උයනෙහි ලැගුම් ගන්ට සලස්වා ඇමතියන් සහිත වූයේ උපස්ථාන කරන්නේ,

29. ගංගාව මැද මැනවින් නිශ්චල කොට ඔරු තබ්බවා ඒ මත ඉතා මනහර ලෙස, මැනවින් බෙදන ලද මණ්ඩපයක් කරවා,

30. ඉතා වටිනා සිවුරුත්, නොයෙක් පිරිකරත් පූජාකොට, මහා නුවණැති රජ තෙමේ උපසම්පදා කර්මය කරවීය.

31. ඉන් පසු බොහෝ නොයෙක් සිය ගණන් භික්ෂූන් වහන්සේලාගේ සැප විහරණයට සුදුසු වූ මහා විහාරයන් කරවනු කැමැත්තේ,

32. මේ රජු දඹදිව සැවැත් නුවර ජේතවනාරාමයෙහි සම්පත්තිය ඇස් පනාපිට පෙන්වන්නාක් බඳුව ජේතවනය නමින් මහා විහාරයක් කරවීය.

33. එහි වසන්නා වූ ස්ථිර සිල් ඇති භික්ෂූන් වහන්සේලා උදෙසා ඉතා වටිනා තුන් මහල් ප්‍රාසාද අටක් කරවීය.

34. සාරිපුත්ත නමැති ස්ථිර සීලයෙන් හෙබි ස්ථවිරයන් වහන්සේ උදෙසා සඳලුතල සහිත උඩුමහල ඇති, ඇතුල්කුටිවලින් යුතු, බබළන්නා වූ මහා ප්‍රාසාදයක් කරවීය.

35. එමෙන්ම විචිත්‍ර වූ පිළිම වහන්සේලාගෙන් යුතු සැත්තෑවක් පමණ තුන් මහල් ප්‍රතිමා මන්දිරයන් දිස්වූයේ පර්වතයන් සෙයිනි.

36. එහි පිරිවෙන් සැත්තෑ පහක් පමණ ද, එපමණ ම දිගු ප්‍රාසාදයන් ද දෙමහල් කොට කරවීය.

37. එසේම කුඩා ප්‍රාසාදයන් එක්සිය හැත්තෑ අටක් ද ගෝපුර ද්වාරයන් තිස් හතරක් ද මහා පුස්තකාලයන් දෙකක් ද කරවීය.

38. එමෙන්ම උස් මුදුන් වහල ඇති ගෙවල් ද ගුහාවන් ද ඇතුලත මල්කම්, ලියකම්වලින් සරසන ලද දිව්‍ය බ්‍රහ්මාදී රූපයන් ද සහිත බොහෝ ශාලාවන් ද කරවීය.

39. එසේම ගඩොල්වලිනුත්, සුණු ආලේපයෙනුත් නේත්‍රරසාංජනයන් දක්වා තිවංක පිළිම වහන්සේ උදෙසා තිවංක ප්‍රතිමා මන්දිරයක් කරවීය.

40. සිංහ, කිඳුරු, හංසාදී රූප පෙළින් බබළන්නා වූ නානා කවුළු දැලින් ද බොහෝ වටවේදිකාවන්-ගෙන් ද,

41. අලංකාර ස්ථම්භයන්ගෙන් ද පියගැටපෙළ, හිත්ති ආදියෙන් ද මැනැවින් සරසන ලද්දා වූ, සියල්ල ගලින් කරන ලද වෘත්තාකාර දළදා මන්දිරය ද (වටදාගෙය) කරවීය.

42. එමෙන්ම ධර්මශාලා තුනක් ද එක් චෛත්‍යයක් ද දිග සක්මන් මළු අටක් ද දිග පළල ඇති එක් දානශාලාවක් ද,

43. අසූපහක් ගිනිහල්ගෙවල් ද ගඩොල් හිත්තියෙන් වසන ලද වැසිකිළි එකසිය හැත්තෑ අටක් ද කරවීය.

44. බුදු සසුනේ පවිත්‍ර භාවය පිණිස භික්ෂූන් වහන්සේලාගේ අභ්‍යන්තර මල ද සෝදවා උන්වහන්සේලාගේ බාහිර මල ද සෝදාලීම පිණිස පැවිල්ල ඇතිවිට ස්නානය කරන්ට,

45. වෘත්තාකාර නානකොටුවක් ද, ගුහා නානකොටුවක් ද, පද්ම නමින් නානකොටුවක් ද, හඳ නමින් නානකොටුවක් ද,

46. මේ ආදී වශයෙන් ස්ථම්භ, පියගැටපෙළ, වේදිකාවෙන් අලංකාර කරන ලදුව ශෛලමය නානකොටු අටක් කරවීය.

47. පැරකුම්බා මහරජු එහි බොහෝ ප්‍රාකාරයන් බැන්දවීය. මෙසේ මේ රජු විසින් කරවන ලද ජේතවන විහාරයෙහි පන්සිය විස්සක් ආවාස ගෙවල් තිබුණේය.

48. නොයෙක් පිරිකර ද පූජා කොට ඒ ආවාසයන්හි සංසයා වැස්සවීය. රජ තෙමේ ආලාහන පිරිවෙණ ද එහි කරවීය.

49. ඉතා දුරින් නැතිව, සර්වාංග සම්පන්නව, ඉතා යහපතැයි සම්මත සුරම්‍ය වූ සඳලුතල සහිත ප්‍රාසාදයක් එහි මහා ස්ථවිරයන් උදෙසා කරවීය.

50. නා නා විධ උතුම් ඇතුල්ගැබින් යුතු, උස්මුදුන් වහලින් ශෝභමාන වූ, තුන්මහලින් යුතු දිගු ප්‍රාසාද සතළිහක් ද එපමණ ම වූ වැසිකිළි ද,

51. එමෙන්ම කුඩා ප්‍රාසාද අටක් ද ද්වාරකොටු සයක් ද ගිනිහල්ගෙවල් තිස් හතරක් ද ඉතා සනකමින් ප්‍රාකාර දෙකක් ද,

52. රූපවතී චෛත්‍යය නමින් ඉතා සොඳුරු චෛත්‍යයක් ද කරවීය. මල්කම්, ලියකම්වලින් ද දේවබ්‍රහ්ම රූපවලින් ද,

53. උස්මුදුන් වහල ඇති ගෙවල්, ගුහා, කුටි, ශාලා සහිත නිවෙසින් අලංකාර කරන ලද යම් ප්‍රතිමා මන්දිරයකට 'ලංකාතිලක' යන නාමය ඇත්තේ ද, ඒ නාමය පවා අර්ථයට අනුව තබන ලද්දකි.

54. ඒ පිළිමගෙය ම මනහර ලෙස පස්මහලකින් සැදුම් ලද්දේය. ඒ ගෙහි පිහිටුවන ලද පිළිම වහන්සේ නේත්‍රරසාංජනයක් බඳු ය.

55. ජීවමාන බුදුරජාණන් වහන්සේගේ උසින් යුක්ත වූ එය ලංකාවට තිලකයක් ය යන නාමය ඇත්තේය. උස්මුදුන් වහලින් හෙබි, නොයෙක් ඇතුලුශාලාවෙන් හෙබි ගෙවල් ද,

56. එසේම මැදිරිගෙවල්වලින් ද යුක්ත කොට, දොළොස් මහලකින් යුතුව බද්ධසීමා ප්‍රාසාද නමින් සීමා මන්දිරයක් ද කරවීය.

57. එහි සීමා බන්ධනය කරනු පිණිස සර්වාලංකාරයෙන් සැරසී සිටියේ, ඇමතියන් සහිතව, අන්තඃපුර ස්ත්‍රීන් සහිතව, වාහන සහිතව, මහා සේනාවෙන් යුතුව සිටියේ,

58. සක්දෙව් රජුගේ විලාශයෙන් ඒ වෙහෙරට පැමිණි මහරජු මහාකස්සප ප්‍රධාන මහස්ථවිරයන් ප්‍රමුඛ මහාසංඝයා වහන්සේ විසින් මෙහෙයවන ලද්දේ,

59. මංගල ස්තුති ගීයෙන් ද, තූර්යනාදයෙන් ද, සාධුනාදයෙන් ද සිව් දිසා පුරවමින්,

60. රන් ආදියෙන් කරන ලද කළස් ද, මල්පැසි ද, බොහෝ ධජයන් ද, ඡත්‍රයන් ද දරන්නා වූ ජනයා විසින් පිරිවරන ලදුව,

61. මහා සැණකෙළි පවත්නා කල්හි මංගල හස්තීන් යොදන ලද රන් නගුල අල්ලාගෙන භූමිය සාරවමින් රජ තෙමේ පැමිණියේය.

62. එහි වැඩහුන් සංඝයා වහන්සේ එහි පෙර බඳින ලද සීමාවන් පිළිබඳ සැක දුරුකරනු පිණිස නොයෙක් තැන තිබූ පැරණි සීමාව විනය කර්මයකින් ඉවත් කොට,

63. රජතුමා විසින් කරන ලද නගුල් පහර අනුසාරයෙන් සීමා නිමිති පවසා සර්ව සම්පත්තියෙන් යුක්ත වූ කර්මවාක්‍යයන් කියවා,

64. මනාකොට බද්ධසීමා තුනක් ද එක් මහාසීමාවක් ද රජ තෙමේ බැන්දේය. නැගෙනහිර ආදී අටදිසායෙහි නිමිතිගල් ද පිහිටුවන ලද්දේය.

76 වන පරිච්ඡේදය

65. ලංකාතිලක විහාරයෙහි සිට තිස්පස් යෂ්ටියකින් (එක් යෂ්ටියක් රියන් සතකි) ඈත ද, හතළිස් හතක් වූ යෂ්ටියකින් ද හතළිස් නව යෂ්ටියකින් ද තිස් අට යෂ්ටියකින් ද,

66. තිස් හය යෂ්ටියකින් ද තිස්පස් යෂ්ටියකින් ද පනස් හත් යෂ්ටියකින් ද සතළිස් පස් යෂ්ටියකින් ද අටසැට යෂ්ටියකින් ද දුර ඇති ලෙස ක්‍රමානුගත අයුරින් නිමිති ගල් පිහිටුවන ලදී.

67. දකුණු දිශා භාගයෙහි පිහිටි නිමිති ගල ගෝපාල පර්වතයේ සිට පනස් අට යෂ්ටියක් දුරින් ඇත්තේය.

68. උතුරු දිශා භාගයෙහි යම් නිමිති ගලක් පිහිටියේ ද එය විද්‍යාධර ලෙනෙහි සිට පනස් යෂ්ටියක දුර ය.

69. ඒ ගල් මහාසීමාවේ නිමිති බවට පත්වූයේය. බද්ධසීමා ප්‍රාසාදයෙහි පසළොස් යෂ්ටියක් ද දහතුන් යෂ්ටියක් ද,

70. දිගින් පළලින් යුක්ත කොට බද්ධසීමාව බඳින ලදී. බද්ධසීමා මාලකයෙහි පසළොස් යෂ්ටියක් දිගින් ද,

71. පළලින් සය යෂ්ටියක් ද කොට සීමාව බඳින ලදී. එසේම මහස්ථවිරයන්ගේ ප්‍රාසාදයෙහි ඇති බද්ධසීමාව ද දිගින්,

72. දහඅට යෂ්ටියක් ද පළලින් විසි යෂ්ටියක් ද විශාල කොට බඳින ලදී. රජ තෙමේ ඒ විහාරය පිරිකරත් සහිතව සංසයාට දුන්නේය.

73. එසේම නරපති තෙමේ පශ්චිමාරාමය ද කරවීය. එහි විසි දෙකක් පමණ පිරිවෙන්හි එපමණ ම වූ,

74. දෙමහල් දිගු ශාලාවන් ද ගිනිහල්ගෙවල් විස්සක් ද දෙමහල් කුඩා ප්‍රාසාද හතළිස් එකක් ද,

75. වැසිකිළි තිස් පහක් ද සක්මන් මළු දෙකක් ද එක් ධර්මශාලාවක් ද ද්වාරකොටු දහයක් ද කරවීය.

76. ඒ විහාරය ද පිරිකර සහිතව සංඝයාට පිදීය. එසේම නරාධිපති තෙමේ උත්තරාරාම නමින් විහාරයක් ද කරවීය.

77. එහිදී මහා ස්ථූපය ආසන්නයේ තිබූ කන්ද බිඳවා එකී විහාරය කරවන ලදී. සියලු කැටයම් කර්මාන්තයන් දක්වා විද්‍යාධර ලෙණ ද,

78. වැඩහිඳින පිළිමලෙණක් ද සැතපෙන පිළිම ලෙණක් ද වශයෙන් මෙසේ දක්ෂ ගල්වඩුවන් ලවා පිළිම ලෙණ් තුනක් කරවීය.

79. පාණ්ඩියන් රට අල්ලාගත් සිංහල නායකයන් විසින් ඒ රටින් ගෙනා දෙමළු ලවා කරවූ බැවින් දෙමළ මහාසෑය නමින් සෑයක් ද කරවීය.

80. එක්දහස් තුන්සිය රියනක් විශාල වූ, සියලු සෑයන්ට වඩා විශාල වූ දෙමළ මහාසෑය දෙවැනි කෛලාශකූටය බඳු විය.

81. රහතුන්ගේ ඉර්ධියක් ද දෙවියන්ගේ ඉර්ධියක් ද නැතිව රජ තෙමේ මහත් රාජ ඉර්ධියෙන් මෙකී මහා ස්ථූපය කරවීය.

82. එසේම රාජවේශීභුජංග නමැති ශාඛා නගරයෙහි භික්ෂූන්ගේ සිතෙහි සතුට උපදවන ඉසිපතන නම් විහාරයක් ද මේ රජු කරවීය.

83. ඒ ඉසිපතනයෙහි එක් ධාතු මන්දිරයක් ද, තුන්මහල් පිළිමගෙයක් ද, චිත්‍රකර්මයෙන් හොබනා මාහැඟි පිළිමවහන්සේලා තුන් නමක් ද,

84. ප්‍රසාදජනක කැටයමින් යුතු දෙමහල් ප්‍රාසාදයක් ද, දිගු ප්‍රාසාද දෙකක් ද, ද්වාරකොටු සතරක් ද,

85. සුළු ප්‍රාසාද අටක් ද, ධර්මශාලාවක් ද, සක්මන් මළුවක් ද, එසේම ගිනිහල්ගෙවල් අටක් ද, වැසිකිළි සයක් ද,

86. සියල්ල ගලින් කරවන ලද රම්‍ය වූ නහනකොටුවක් ද, එක් සීමා පවුරක් ද, සංඝයා සතු කොට උයනක් ද කරවීය.

87. එසේම සිංහපුර නමැති ශාඛා නගරයෙහි සිංහ වික්‍රම ඇති පරාක්‍රමබාහු රජු කුසිනාරා නමින් විහාරයක් කරවීය.

88. ඒ විහාරයෙහිත් ධාතුමන්දිරයක් ද, තෙමහල් පිළිමගෙවල් තුනක් ද, දිගු ප්‍රාසාද සයක් ද, ධර්මශාලාවක් ද, සක්මන් මළුවක් ද,

89. සුළු ප්‍රාසාද දහයක් ද, ද්වාරකොටු තුනක් ද, වැසිකිළි එකොළොසක් ද, ගිනිහල් ගෙවල් සයක් ද කරවීය.

90. විජිත නමැති ශාඛා නගරයෙහි මේ රජ තෙමේ වේළුවන නමින් විහාරයක් ද කරවීය.

91. ඒ විහාරයෙහි චිත්‍ර කැටයමින් බබළන මනෝඥ වූ ප්‍රතිමාවක් ද තුන්මහල් පිළිමගෙවල් තුනක් ද, ස්තූපයක් ද, සක්මන් මළුවක් ද,

92. දෙමහල් ප්‍රාසාදයක් ද, ද්වාරකොටු සතරක් ද, දිගු ප්‍රාසාද සතරක් ද, සුළු ප්‍රාසාද අටක් ද කරවීය.

93. එක් දානශාලාවක් ද, එසේම එක් ධර්මශාලාවක් ද, ගිනිහල්ගෙවල් සතක් ද, වැසිකිළි දොළසක් ද,

94. ගව්වක් ගව්වක් පාසා අලංකාර පිළිමගෙවල් ද, ද්වාරකොටු, ප්‍රාකාර, ධර්මශාලාවන් යුක්ත කොට කරවීය.

95. ඒ මනුජාධිපති රජ තෙමේ ගව්වක් පාසා විහාරයන් කරවීය. එමෙන්ම විවේකකාමී වූ, සියලු ධුතාංග සමාදන්ව සිටින්නා වූ,

96. සංඝයාගේ පහසු විහරණය උදෙසා කපිලවාස්තු නමින් විහාරයක් කරවීය. එහි දෙමහල් ප්‍රාසාදයක් ද, දිගු සක්මනක් ද,

97. දිගු ප්‍රාසාද සතරක් ද, දෙමහල් ප්‍රාසාද සතරක් ද, නා නා විධ සිතුවමින් යුතු උස් මුදුන්වහලින් හොබනා අයුරින් කරවීය.

98. එහි කපිල ඍෂිවරයාට ද ගිජුලිහිණියෙකුගේ හැඩය ගත් වහලින් යුතු ආවාසයක් කරවීය. සුළු ප්‍රාසාද සතරක් ද, වැසිකිළි තුනක් ද,

99. කරවන ලදුව, පිරිකර සහිතව මේ විහාරයන් සංඝයාට දුන්නේය. පෙර දෙමළුන් විසින් අනුරාධපුරයෙහි නසන ලද්දා වූත්,

100. දුෂ්කරතා හේතුවෙන් නොයෙක් රජුන් විසින් නොකරන ලද්දා වූත් විහාරයන් කරවනු කැමතිව එක් ඇමතියෙක් එහි යොදවා,

76 වන පරිච්ඡේදය

101. එක්සිය විසි රියනක් උස රුවන්වැලි මහා ස්ථූපය කරවා, එසේම එක්සිය සතළිස් රියනක් උස අභයගිරි ස්ථූපය ද කරවා,

102. එසේම එක්සිය සැටරියනක් උස ජේතවන ස්ථූපය ද කරවා, අසූරියනක් උස මිරිසවැටි මහා ස්ථූපය ද කරවා,

103. පෙර දෙමළුන් විසින් බිඳින ලදුව, මහරුක්වලින් ගැවසීගන්නා ලද, කොටි වගවලසුන් විසින් ගැවසී ගන්නා ලද,

104. ගඩොල් හා මැටිපිඬු හේතුවෙන් දුකසේ ඇවිද යා යුතු භූමිය ඇති වනය සින්දවා, මෙසේ මනාකොට තුන් මහා ස්ථූපයන් කරවා,

105. ඒවායෙහි සුණු පිරියම් ද කරවා, චෛත්‍ය මළුව ද පිරිසිදු කරවීය. එක් එක් පසෙකින් සියක් යෂ්ටි දිගු, සියක් යෂ්ටි පළලැති,

106. එබඳු ම උසැති ලෝවාමහාප්‍රාසාදය ද සොළීන් විසින් නසනු ලැබූ සයදහසක් ගල්කණු සිටුවා,

107. නොයෙක් සිය ගණන් ඇතුල්කුටිවලින් යුක්ත කොට, උතුම් මුදුන්වහලින් යුක්ත කොට, සීමැදුරු කවුළුපෙළින් අලංකාර කොට, නොයෙක් මහල් ගණනින් යුතුව,

108. විස්මය දනවන කැටයම් සහිත කොට කරවීය. එමෙන්ම මහා ප්‍රාසාද සැටකින් යුක්ත සේපණ්ණිපුෂ්ප නමැති මහත් වූ ප්‍රාසාදයක් ද නැසීගොස් තිබුණෙන් එය ද කරවීය.

109. එමෙන්ම මහින්දසේන නමැති ප්‍රාසාදයත් නැසී ගොස් තිබුණෙන්, එය ද සීමා පවුරෙන් යුතුව, අනල්ප පිරිවෙනින් යුතුව කරවීය.

110. දිගු දානශාලාවක් ද කරවා දන්වැට තැබ්බවීය. ථූපාරාමාදියෙහි පැරණි පිරිවෙන් ද,

111. කැඩී බිඳීගිය තැන් ද පිළිසකර කරවීය. එසේම මේ රජු මිහින්තලේ අටසැට ස්ථූපයන් ද කරවීය.

112. එහි තිබූ පුරාණ ආවාසයන්හි කැඩී බිඳීගිය තැන් ද පිළිසකර කරවීය.

113. මෙසේ පිරිසිදු නුවණැතියෝ මහත් වස්තු සම්පත්තියෙහි පිහිටා සිටත්, පින් කිරීම ම එකම රසය කොට සිටින්නෝය යි දැන, සියලු සැප සලසන්නා වූ පුණ්‍යක්‍රියාවන්හි ලෝකයෙහි කවර නම් නැණවතෙක් ප්‍රමාදයට පැමිණේ ද!

මෙසේ හුදී ජන පහන් සංවේගය පිණිස කරන ලද මහාවංශයෙහි 'විහාරාදිය කරවීම' නමැති සැත්තෑ සයවන පරිච්ඡේදය නිමාවට පත්විය.

77

සැත්තෑ සත්වන පරිච්ඡේදය
උයන් ආදිය කරවීම

01. එකල්හි පැරකුම්බා රජ තෙමේ නගරවැසියන්ට දුර්ලභ වූ සියලු උපකාරයන් කරනු කැමතිව තන්හි තන්හි උයන් කරවීය.

02. ජනනන්දන වූ රජතුමා මල්, ගෙඩි දරන්නා වූ නොයෙක් සිය ගණන් වෘක්ෂයන්ගෙන් අලංකාර කොට නන්දන නම් උයන කරවීය.

03. පොල්, අඹ, කොස්, පුවක්, තල් ආදී වෘක්ෂයන්ගෙන් එක් එක් ජාතියෙන් පැල ලක්ෂය බැගින් රෝපණය කරවීය.

04. එයට අනුගත වූ නම් ඇති බැවින් ඒ උයන 'ලක්ෂ උයන' නමින් සම්මත වූ මහා උයනක් කොට, බොහෝ උත්සාහ ඇති රජු විසින් සඟ සතු කොට කරවන ලද්දේය.

05. මේ ලක්ෂ උයනෙහි පායන කාලයෙහි සංඝයාට ස්නානය පිණිස මනරම් වූ ගල්ගුහා පොකුණු දෙකක් කරවීය.

06. රජ තෙමේ දහවල් කාලය ගත කිරීම පිණිස තමන් විසින් නිතර සම්භාවිත වූ, ශ්‍රීයෙන් බබළන 'දීප' නමැති උයනක් කරවීය.

07. එසේම මහමෙව්නාව නමින් උයනකුත්, එසේම චිත්‍රලතා වනය නමින් උයනකුත්, මිස්සක නමින් උයනකුත්, රාජනාරායන නමින් උයනකුත්,

08. ලංකාතිලක නමින් උයනකුත්, තිලෝකනන්දන නමින් උයනකුත්, වනරාකර නමින් උයනකුත්, නයනෝත්සව නමින් උයනකුත්,

09. මනෝහර නම් උයනකුත්, නිර්මිතපුර නමින් උයනකුත්, ජංඝාභාර නමින් උයනකුත්, පුණ්‍යවර්ධන නමින් උයනකුත්,

10. සංසාරඵල නමින් උයනකුත්, එමෙන්ම ඵාරුසක නමින් උයනකුත්, සාලිපෝත නමින් උයනකුත්, සෝමනාථ නමින් උයනකුත්,

11. ඨානකොංකණ නමින් උයනකුත්, උතුරුකුරු නමින් උයනකුත්, භාරුකච්ඡ නමින් උයනකුත්, පුලච්චේරි නමින් උයනකුත්,

12. කීලාකර නමින් උයනකුත්, පණ්ඩවාවන නමින් උයනකුත්, රාමේශ්වර නමින් උයනකුත්, ස්වාමිසන්තෝෂ නමින් උයනකුත්,

13. එසේම චින්තාමණී නමින් උයනකුත්, පචුර නමින් උයනකුත් වශයෙන් මේ උයන් කරවීය. එමෙන්ම මේ රජු රජරට ගම් නියම්ගම්වල,

14. නොයෙක් ස්ථානයන්හි අලුතින් චෛත්‍ය අනු නවයක් කරවීය. එසේම සැත්තෑ පහක් පමණ වූ ධාතු මන්දිරයන්හි,

15. කැඩී බිඳීගිය ගොඩනැගිලි යළි ප්‍රකෘතිමත් කරවා හයදහස් එක්සියයක් ප්‍රතිමා මන්දිරයන් ද පිළිසකර කරවීය.

16. එසේම දිරාගිය පිළිමගෙවල් තුන්සියයක් අලුතින් ම කරවීය. නොයෙක් ආකාර ප්‍රතිමාවන් හාරසිය හැත්තෑ පහක් කරවීය.

17. අනු එකක් බෝධීන් වහන්සේලා ද රෝපණය කරවීය. සිව් දිශාවෙන් වඩින සංසයාගේ ගමනාගමන පහසුව පිණිස,

18. දෙසිය තිහක් ආවාසගෘහයන් කරවීය. ධර්මශාලා පනස් හයක් ද, සක්මන් මළු නවයක් ද කරවීය.

19. එක්සිය හතළිස් හතරකට අධික වූ ද්වාරකොටු කරවීය. එක්සිය අනු දෙකක් මළසුන් ගෙවල් කරවීය.

20. ප්‍රාකාර හැට හතරක් ද, දේවාල දහතුනක් ද, ආගන්තුකයන්ට ප්‍රයෝජන පිණිස උයන්වතු දොළසක් ද කරවීය.

21. එමෙන්ම දෙසිය තිහක් ආගන්තුක ශාලා ද කරවීය. දිරාගිය ධර්මශාලා විසිනවයක් පිළිසකර කරවීය.

22. එසේම මේ රජ තෙමේ තිස් එකක් ලෙණ් ද, උයන්වතු පහක් ද, එසේම පනස් එකක් ආගන්තුක ශාලාවන් ද කරවීය.

23. දිරාගිය දේවාල සැත්තෑ නවයක් අලුතින් ප්‍රකෘතිමත් කරවීය. එසේම සත්පුරුෂ මනුෂ්‍යයෙක් වන මේ නිරිඳු තෙමේ සත්වයන් මුහුණ දෙන දුර්භික්ෂ දුක නැසීම පිණිස,

24. තන්හි තන්හි වැව් මෙන්ම ඇළ මාර්ග ද කරවීය. රජ තෙමේ කාරගඟ මහත් ගල්බැම්මකින් අවුරා,

25. ඒ ගඟින් ගලන සුවිසල් ජල ප්‍රවාහය ආකාශ ගංගා නමැති විශාල ඇළ මාර්ගයකින් ගෙනවුත්,

26. බබළන්නා වූ උතුම් රාජ ප්‍රාසාදය ඇති දූපතක් තිබෙනා 'පරාක්‍රම සමුද්‍රය' නමින් ප්‍රසිද්ධ වූ, මහා ජලයෙන් සශ්‍රීක වූ,

27. දෙවන මුහුදක් බඳු මහවැව් රාජයා කරවීය. ගලින් කරන ලද, දුර්ගම වූ, සියක් රියන් පමණැති සොරොව්වකින් යුතු,

28. පරාක්‍රමතඩාග නමැති තවත් මහවැවක් කරවීය. එමෙන්ම හේ මිහින්තලා නමින් වැවක් ද, දවසකින් නිමකරන ලද 'එක්දවස් වැව' නමින් වැවක් ද කරවීය.

29. පරාක්‍රම සාගර නමින් තවත් වැවක් ද, කොටුබද ඇල්ල නමින් වැවක් ද, නොයෙක් ස්ථානයන්හි කුඩා වැව් ද,

30. එක්දහස් හාරසිය හැත්තෑ එකක් කරවීය. එසේම තුන්සියයක් පමණ වැව්වල,

31. එපමණට ම ගලින් කරවන ලද සොරොව්වන් කරවීය. විනාශ වී ගිය බොහෝ පැරණි වැව් ද අලුතින් බැන්දවීය.

32. එමෙන්ම මේ රජු මින්නේරි මහවැවත්, මහාදාරගල්ලක වැවත්, සුවණ්ණතිස්ස වැවත්, දූරතිස්ස වැවත්,

33. කලාවැවත්, බ්‍රාහ්මණගම වැවත්, පොල්මහටැම් වැවත්, රෙහෙරවැවත්,

34. එමෙන්ම ගිරිතලා වැවත්, කිඹුල්හෙබ වැවත්, කාණවැවත්, පදියවැවත්, කටිගම වැවත්,

35. පත්පාසාණ වැවත්, මහණ්ණවැවත්, මහාතම්මත වැවත්, වඩුන්නා වැවත්,

36. මහදැත්තා වැවත්, කාණගම් වැවත්, වීරවැවත්, වළස්වැවත්, සුරමාන වැවත්,

37. පහන්ගම වැවත්, කළුවැල් වැවත්, කාහල්ලිය වැවත්, අංගගම් වැවත්,

38. හිල්පත්කඳ වැවත්, මදංගු වැවත් යන මේ වැව් දිරාගොස් තිබූ හෙයින් රජ තෙමේ මේවා යළි ප්‍රකෘතිමත් කොට කරවීය.

39. විනාශ වී ගිය කුඩා වැව් හාරසිය හැට අටක් ද පිළිසකර කරවීය. එමෙන්ම එක්දහස් තුන්සිය අනූපහක් වූ නොයෙක් වැව්වල ද,

40. කැඩී බිඳීගිය තැන්, නිසි තැන් දන්නා වූ රජ තෙමේ ස්ථිර කොට බැන්දවීය. මහාපරාක්‍රම සමුද්‍රයෙහි මකර නමැති සොරොව් කටින්,

41. නික්මුණා වූ ජලය සඳහා ගම්භීර නමින් ඇළමාර්ග යක් ද කරවීය. ඒ මකර සොරොව්වෙන් ම මහමෙව්නා උයනට මුහුණ ලා නික්මුණා වූ,

42. ජලය සඳහා හේමවතී නමින් ඇලමාර්ගයක් කරවීය. එසේම මාලතීපුෂ්ප නමැති සොරොව්වෙන්,

43. නික්මුණු ජලය සඳහා නීලවාහිනී නමින් ප්‍රසිද්ධ ඇලමාර්ගය කරවීය. එසේම කීලාකර උයන දෙසට මුහුණ ලා නික්මෙන සොරොව්වෙන්,

44. ගලන ජලය සඳහා සලලවතී නමින් ඇලමාර්ග-යක් කරවීය. එසේම වේත්‍රවතී නම් සොරොව්වෙන් නික්මුනු ජලය සඳහා,

45. වේත්‍රවතී නම් ඇල මාර්ගය කරවීය. දකුණු සොරොව්වෙන් නික්මෙන ජලය සඳහා තුංගභද්‍ර නමින් ඇලමාර්ගයක් කරවීය.

46. එසේම මංගල නම් සොරොව්වෙන් නික්මෙන ජලය සඳහා මංගල ගංගා නමින් ඇලමාර්ගයක් කරවීය. එසේම චණ්ඩී නමැති සොරොව් දොරින් නික්ම යන ජලය සඳහා චම්පා නමින් ඇලමාර්ග-යක් කරවීය.

47. තෝය වැවෙන් නික්ම යන ජලය පූර්ණවර්ධන වැවට ගෙන යන්නා වූ සරස්වතී නම් ඇලමාර්ග-යක් ද,

48. පූර්ණවර්ධන වැවෙන් බටහිරට යොමුව ජලය ගෙන යන යමුනා නම් ඇලමාර්ගයක් ද උතුරු දෙසට ජලය ගෙන යන සරභූ නමින් ඇලමාර්ග-යක් ද කරවීය.

49. එසේම ලක්ෂ උයන මැදින් ජලය ගෙන යන ඇලමාර්ගය චන්ද්‍රභාගා යන නමින් ද, ජේතවන

කෙළවරින් ජලය ගෙන ඇලමාර්ගය නර්මදා යන නමින් ද,

50. ඒ වැවෙන් උතුරට මුහුණලා ජලය ගෙන යන ඇලමාර්ගය නේරංජරා යන නමින් ද එසේම අනෝතත්ත නම් වැවෙන් ජලය නික්මෙන ඇල මාර්ගය භාගීරථී යන නමින් ද,

51. ඒ අනෝතත්ත වැවෙන් ම දකුණුට මුහුණ ලා ජලය ගෙන යන ඇලමාර්ගය ආවර්තගංගා නමින් ද කරවීය. එසේම අම්බල වැව්දිය උතුරට ගෙනයෑමට තම්බපණ්ණි නම් ඇලමාර්ගය ද කරවීය.

52. මහවැලි ගඟෙන් බටහිර දෙසට මුහුණලා ගියා වූ, බොහෝ කල් දුර්භික්ෂ නසන්නා වූ ඇලමාර්ගය අචිරවතී නමින් කරවීය.

53. මහවැලි නදියෙන් නැගෙනහිරට මුහුණලා ගෝමතියට ගියා වූ මලඅපහරණී නම් ඇලමාර්ග- යක් ද, එසේම උතුරට මුහුණලා දිය ගෙන යන මලඅපහරණී නම් ඇලමාර්ගයක් ද කරවීය.

54. අචිරවතී ඇලමාර්ගයෙන් ම නැගෙනහිරට මුහුණලා ජලය ගෙනයෑමට සතරුන්දා නමින් ද, එසේම නිර්බින්දා නමින් ද, ධවලා නමින් ද, සීද නමින් ද ඇලමාර්ග කරවීය.

55. එමෙන්ම මින්නේරි වැවේ දකුණුට දිය ගෙන යන මාර්ගයෙන්, දකුණට මුහුණලා ජලය ගිය ඇලමාර්ගය කාලින්දි නමින් ද,

56. එසේම ගිරිතලා නමැති වැවෙන් කදුරුවඩමන් නමැති වැවට ජලය ගෙනයෑම පිණිස කාවේරි නමින් ඇළමාර්ගයක් ද කරවීය.

57. එසේම කදුරුවඩමන් වැවෙන් අරිමද්දවිජය නමැති බ්‍රාහ්මණගමට ජලය ගෙනයෑමට සෝමවතී නමින් ඇළමාර්ගයක් කරවීය.

58. මේ පැරකුම්බා මහරජු කරගඟින් නික්ම පරාක්‍රමසාගර වැවට ජලය පිවිසීම පිණිස ගෝධාවරී නමින් ඇළමාර්ගයක් කරවීය.

59. එසේම කලාවැවෙන් නික්ම අනුරාධපුරයට ජලය ගෙන ගිය ජයගංගා නමැති ඇළමාර්ගය කැඩී බිඳී තිබූ හෙයින් එය ද ප්‍රකෘතිමත් කරවීය.

60. එසේම කුඩා ඇළමාර්ග පන්සිය තිස් හතරක් ද කරවීය. කැඩී බිඳී ගිය ඇළමාර්ග තුන්දහස් තුන්සියයක් ප්‍රකෘතිමත් කළේය.

61. නුවණින් විමසාලන මේ රජු යුවරජුගේ දක්ඛිණ දේශ රටෙහිත් නොයෙක් තන්හි නා නා ප්‍රකාර වූ කර්මාන්තයන් කරවීය.

62. එසේම මේ රජු පුංඛගම නමැති තමන් උපන් තිඹිරිගේ මැදුර තිබූ තැන සූතිඝර නමින් එක්සිය විසිරියනක් උස්කොට චෛත්‍යයක් කරවීය.

63. එසේම දාගැබ් විසි දෙකක් ද බෝධිරෝපණ තිස් හතක් ද, ප්‍රතිමා මන්දිර සියයක් ද, ලෙණ් පසළොසක් ද කරවීය.

64. සිව් දිශාවෙන් වඩිනා සංඝයා උදෙසා ආවාස විසි එකක් ද එසේම අසූ හතක් ආගන්තුක ශාලා ද කරවීය.

65. එසේම විසි නවයක් පමණ මලසුන් ගෙවල් ද ධර්මශාලා සතක් ද පවුරු සතක් ද කරවීය.

66. නා නා විධ ප්‍රතිමාවන් ද හතළිස් තුනක් කරවීය. එසේම දිරාගිය පිළිමගෙවල් විසිහතරක් ද පිළිසකර කරවීය.

67. එසේම මහගල්වැව ද, තල්ගල වැව ද, රාජිනී නම් ඇල්ල ද, තෙල්පිසි ඇල්ල ද,

68. විලත්තකණ්ඩ ඇල්ල ද බැන්දවූයේය. එසේම මේ රජු දක්ඛිණ දේශයෙහි වගාවන් දියුණු වීම පිණිස,

69. තුන්සිය පනස් අටක් වැව්වල කැඩී බිඳීගිය තැන් පිළිසකර කොට බැන්දවූයේය. එසේම වැව් දහතුනක ගලින් කළ සොරොව්වන් ද බැන්දවීය.

70. එසේම එක්සිය හැට අටක් වූ කුඩා වැව්වල ස්ථිර ආවරණයන් කරවීය. බිඳීගිය වැව් තිස් අටක් අලුතින් බැන්දවීය.

71. රජ තෙමේ පින්කම් කරනු කැමතිව රුහුණු රටේ ගම් නියම්ගම්වල නා නා විධ කර්මාන්ත කරවීය.

72. රජ තෙමේ කිරිගමෙහි, සිය මෑණියන් වන රත්නාවලී දේවිය ආදාහන කළ ස්ථානයෙහි එක්සිය විසි රියනක් උසට 'රත්නාවලී' නම් සෑයක් කරවීය.

73. එසේම ධාතු මන්දිර දහසයක් ද, බෝධි රෝපණ සතක් ද, රත්නාවලී නමින් මහාබෝධිසරයක් ද බෝකොටුවක් ද කරවීය.

74. හතළිස් තුනක් පමණ දෙමහල් විහාර මන්දිරයන් ද, ධර්මශාලා දෙකක් ද, පිළිම සැත්තෑ පහක් ද කරවීය.

75. සිව් දිගින් වඩින සංසයා උදෙසා තිස් හතක් ආවාසයන් ද පවුරු සතළිස් සතක් ද ද්වාරකොටු විස්සක් ද කරවීය.

76. එසේම ආගන්තුක ශාලා පනස් නවයක් ද උයන්වතු සතරක් ද මෛත්‍රෙය බෝධිසත්ව රූප තුනක් ද කරවීය.

77. එමෙන්ම නෘත්‍යශාලා පහක් ද කරවා තන්හි තන්හි කැඩී බිඳීගිය ගොඩනැගිලි පිළිසකර කරවීය.

78. එසේම තිස්හතරක් ස්තූපයන් ද විසි දෙකක් බෝකොටු ද දෙසිය සැත්තෑ සතරක් මහපිළිම-ගෙවල් ද,

79. එසේම එක් ධාතු මන්දිරයක් ද සැතපෙන පිළිමගෙවල් සතක් ද ලෙණ සතළිහක් ද ගඩොලින් කළ ගෙඩිගෙවල් සතරක් ද,

80. දිගු ප්‍රාසාද සතරක් ද, තුන් මහල් ප්‍රාසාද සයක් ද, ධර්මශාලා විසිනවයක් ද, සක්මන් මළු තුනක් ද කරවීය.

81. වාසාගාර එක්සිය විසි හයක් ද, පුස්තකාල මන්දිර එක්සිය විසිඅටක් ද, ආගන්තුක ශාලා සතරක් ද කරවීය.

82. දේවාල විසිහතරක් ද, ගෝපුරද්වාරයන් එක්සිය තුනක් ද, පවුරු එක්සිය විසි හයක් ද නරේශ්වර තෙමේ පිළිසකර කළේය.

83. උරුවේල මහවැව ද, පණ්ඩු වැව ද, කොළොං වැව ද ආදී කොට ඇති දෙසිය දහසක් වූ බිඳීගිය සඟ සතු වැව් ද පිළිසකර කරවීය.

84. මෙසේ දිරාගිය වැව් ආවරණ දහඅටක් ද, එසේම බිඳීගිය කුඩා වැව් දෙසිය පහක් ද පිළිසකර කරවීය.

85. වැව් දහයකට ගලින් කළ සොරොව්වන් කරවීය. තන්හි තන්හි ඇලමාර්ග හතළිස් හතරක් කරවීය.

86. මෙසේ මනරම් ලෙස විහාර, උද්‍යාන, වැව් ආදිය කරවා නොයෙක් ලෙසින් මුළු ලක්දිව ම අලංකාර කළේය.

87. මෙසේ කරන ලද විචිත්‍ර වූ නොයෙක් පුණ්‍ය විශේෂයන් ඇති, ශාස්තෘන් වහන්සේගේ ශාසනය කෙරෙහි ඉතාමත් පැහැදීම ඇති, උතුම් වූ දරාගත් ප්‍රඥාවෙන් යුතු මහා පරාක්‍රමබාහු මහරජ තෙමේ ද තිස් තුන් වසරක් ලංකා රාජ්‍යය පාලනය කළේය.

මෙසේ හුදී ජන පහන් සංවේගය පිණිස කරන ලද මහාවංශයෙහි 'උයන් ආදිය කරවීම' නමැති සැත්තෑ සත්වන පරිච්ඡේදය නිමාවට පත්විය.

78

සැත්තෑ අටවන පරිච්ඡේදය

රජවරු දහසය දෙනා

01. ඉක්බිති පරාක්‍රමබාහු මහරජාණන්ගේ අභාවයෙන් පසු, ඒ මහරජුගේ සහෝදරියකගේ පුත්‍රයෙකු වන කවීශ්වර පණ්ඩිත තෙමේ විජයබාහු නමින් ලංකාවෙහි රජ බවට පත්වූයේය.

02. පැමිණි රාජාභිෂේක ඇති මෙතෙමේ මහා කාරුණික බවකින් යුතු විය. තම මාමණ්ඩිය වූ මහපැරකුම්බා රජු විසින්,

03. බන්ධනාගාරයන්හි සිරකරවා, වධ බන්ධනයන්ගෙන් පීඩාවට පත්කරන ලද ලක්වැසි ජනයා ඒ දුකින් නිදහස් කරවා සුවපත් කරවීය.

04. ඒ ඒ තැන්වල සිටි ඔවුන් සියලු දෙනා හට තම තමන් සතු ගම්කෙත් ආදිය යළි ලබාදී සර්වප්‍රකාරයෙන් ප්‍රීතිය දියුණු කරවීය.

05. වෙසමුණි රජුගේ ආලකමන්දාව සෙයින්, සක්දෙව්

රජුගේ අමරාවතිය සෙයින් මොහුගේ රාජධානිය ද පොළොන්නරුව වූයේය.

06. තෙමේ ම පාළි භාෂායෙන් උතුම් සංදේශයක් කොට බුරුම රට අරිමද්දන පුරයෙහි වසන රජතුමා වෙත යවා,

07. තමන්ගේ මීමුත්තා වන කීර්තිවිජයබාහු නිරිඳුන් කළ පරිදි ඒ රජුන් සමග සෞම්‍ය වූ මිත්‍ර සම්බන්ධයක් ඇතිකරගෙන,

08. ලංකාවෙහි මෙන්ම බුරුම රට අරිමද්දනයෙහි ද වසන්නා වූ සංඝයාගේ ප්‍රීතිය වඩවමින් මහයසස් ඇති හේ සම්බුදු සසුන මනාකොට බැබළවීය.

09. මේ විජයබාහු රජු බ්‍රාහ්මණයන්ගේ 'මනුස්මෘති' නමැති දේශපාලන න්‍යාය ග්‍රන්ථයෙහි දැක්වෙන මනුනීති ක්‍රමයෙහි කිසිවක් නොඉක්මවා සතර සංග්‍රහ වස්තුවෙන් මහජනයා සන්තර්පණය කළේය.

10. මහජන මතයට ඇහුම්කන් දෙනසුළු මේ රජු චරිතයේ පිරිසිදු බවට ප්‍රමුඛත්වය දී ගුණයන්ගෙන් යුතු වූයේ, පවිත්‍ර වූ බුද්ධාදී රත්නත්‍රයට ද මනාකොට පැහැදුනේය.

11. මැනැවින් හික්මුණු හේ හැමකල්හි සතුටු සිතින් යුතුව සංඝයා උදෙසා ප්‍රණීත වූ සිව්පසයෙන් උපස්ථාන කළේය.

12. බුද්ධිමත් වූ මේ රජු දැඩි උත්සාහයකින් යුතු වූයේ, සියලු සත්වයන් හට බෝධිසත්වයෙකු සේ සියලු අයුරින් යහපත සැලසීය.

13. මහනුවණැති මෙතෙමේ සතර අගතියෙන් බැහැරව විනිශ්චය කරන්නේ, සත්පුරුෂ ජනයාට අනුග්‍රහයත්, අසත්පුරුෂයන්ට නිග්‍රහයත් කළේය.

14. මෙසේ ලෝකයේත්, ශාසනයේත් ප්‍රසිද්ධියට පත් මිහිපල් තෙමේ විවිධාකාරයෙන් පින් කරමින් ලංකා රාජ්‍යය කළ හැකි වූයේ වසරකි.

15. කාලිංග වංශයෙහි උපන් මිත්‍රද්‍රෝහියෙකු වූ මිහිඳු නමැති අයෙක් දීපනී නමැති එක්තරා ගොපලු දියණි සහයිකාවක ලවා,

16. දුෂ්ට අදහස් ඇත්තේ, දුෂ්ට උපක්‍රමයකින් විජයබාහු නිරිඳුන් ඝාතනය කොට, සෙන්පතිවරුන්ගේත්, හමුදා භටයන්ගේත්, කිපුණා වූ රටවැසියන්ගේත්,

17. ඇමතිවරුන්ගේත් සියල්ලන්ගේ ම සම්මුතියක් නොලබා ඉතා දුකසේ පස් දිනක් ලංකා රාජ්‍යය විචාළේය.

18. එකල්හි විජයබාහු රජුගේ යුවරජු වන කාලිංග රාජවංශයෙහි උපන් කීර්ති නිශ්ශංක නමැති කුමාරයා මිහිඳු නමැති මිත්‍රද්‍රෝහියා ඝාතනය කොට ලංකාවෙහි රජබවට පත්වූයේය.

19. රාජාභිෂේකයට පත් මෙතෙමේ පොළොන්නරුවෙහි රම්‍ය වූ දළදා මන්දිරයක් ගලින් කරවීය.

20. ඉතා උසැති උතුම් චෛත්‍යයට රනින් කරවන ලද කොතක් පළඳා අලංකාර කළේය.

21. තමන්ගේ නමින් ප්‍රාසාද සියයකින් හෙබි විහාරයක් කරවා භික්ෂු සංඝයාට පූජා කොට උපස්ථාන ද කළේය.

22. පණ්ඩිත වූ මේ රජු රන්, රිදී කැටයමින් බබළන භිත්තියෙන් ද ස්ථම්භයෙන් ද යුක්ත වූ, රතුගලින් කළ බිමක, රනින් කළ උළුවලින් වසන ලද,

23. දඹකොළ නමැති විහාරයක් කරවා, එහි රනින් කළ බුදුපිළිම වහන්සේලා සැත්තෑ තුනක් තැන්පත් කරවීය.

24. එසේම මේ කීර්තිනිශ්ශංක රජු බැති පෙරටුව චතුරංගිනී සේනාව සමගින් සමන්තකූට පර්වතයට නැග භාග්‍යවතුන් වහන්සේගේ ශ්‍රීපාද පද්මය සකසා වැන්දේය.

25. තම්බපණ්ණි නමැති මේ ලංකාද්වීපයෙහි නොයෙක් සොඳුරු ස්වභාවයෙන් යුතු මල් උයන් ද පළතුරු උයන් ද සෑම තැන ම මැනවින් කරවීය.

26. දිනෙන් දින මෙසේ බොහෝ ආකාර වූ පින් රැස්කරන්නා වූ රජ තෙමේ නව වසරක් සිය රාජ්‍යය මනාකොට කළේය.

27. ඉක්බිති කීර්තිනිශ්ශංක මහරජුගේ පුත්කුමරා වන වීරබාහු යැයි ප්‍රසිද්ධ වූ රජු හුදෙක් එක් රැයක් පමණක් රාජ්‍යය කොට මරහුගේ වසඟයට ගියේය.

28. අනතුරුව ඒ කීර්තිනිශ්ශංක මහරජුගේ මලණුවන් වන වික්‍රමබාහු කුමාරයා රජබවට පත්ව තුන් මාසයක් රාජ්‍යශ්‍රීය භුක්ති වින්දේය.

29. කීර්තිනිශ්ශංක රජුගේ සහෝදරියකගේ පුත්‍රයෙකු වන චෝළගංග නම් කුමාරයා මේ වික්‍රමබාහු රජු ඝාතනය කොට රජ බවට පත්ව නව මසක් රජ කළේය.

30. ඉක්බිති මහාබලැති කීර්තිසේන නමැති හමුදා ප්‍රධානියා චෝළගංග නිරිඳු අත්අඩංගුවට ගෙන ඇස් උපුටා නසා දමා,

31. මහාපරාක්‍රම නරේන්ද්‍රයාගේ මෙහෙසියක ව සිටි ලීලාවතී දේවිය ලවා තුන්වසරක් උපද්‍රවයකින් තොරව ලංකා රාජ්‍යය කරවීය.

32. එකල්හි ඔක්කාක නමැති සූර්ය වංශයෙහි උපන්, කේශර සිංහයෙකුට බඳු වික්‍රම ඇති සාහසමල්ල නම් ක්ෂත්‍රියයෙක් රජබවට පත්ව දෙවසරක් ලංකා රාජ්‍ය භාරය ඉසිලීය.

33. අනතුරුව ඉක්ම යා නොහැකි වික්‍රම ඇති, සිය රාජවංශය දියුණු කරන ආයස්මන්ත නම් හමුදා ප්‍රධානියා මේ සාහසමල්ල රජු බලයෙන් පහකොට,

34. කීර්ති නිශ්ශංක මහරජුගේ මෙහෙසිය ව සිටි කල්‍යාණවතී දේවිය ලවා ධර්ම නීතියට අනුව සය වසරක් ලංකා රාජ්‍ය කරවීය.

35. බුද්ධ ශාසනයෙහි මමත්වය ඇති මේ කල්‍යාණවතී දේවී තොමෝ පන්සල නමැති ගමෙහි සිය නමින්,

36. විහාරයක් කරවා ඒ විහාරයට ගම් පැවරීමෙන් ගම්, කෙත්, පිරිකර, මෙහෙකරු, උයන් ආදිය ද පූජා කළාය.

37. දේවියගේ අනුමැතිය අනුව සකල ලංකා රාජ්‍යයෙහි අනුශාසක වූ, කඳවුරු කුලයෙහි උපන් ආයස්මන්ත හමුදා ප්‍රධානී තෙමේ,

38. දේව අධිකාරී පිටත් කොට වැලිගම නම් ගමෙහි

මනරම් විහාරයක් කරවා සංඝයා උදෙසා පූජා කරවීය.

39. හෙතෙමේ එහි ම රාජකුලවඩන යන සිය නමින් පිරිවෙණක් ද කරවා ඊට ආරක්ෂාදිය සලසන්නේ,

40. ඉතා දුකසේ ඉක්මවා යා යුතු දුර්භික්ෂ කාලයෙහි එහි උයන් ආදිය පිළියෙල කොට ගම්කෙත්, දැසිදස්සන් ද දුන්නේය.

41. කුසලයෙන් ප්‍රයෝජනය ඇති මේ ආයස්මන්ත බලප්‍රධානී තෙමේ ක්ෂත්‍රිය, බ්‍රාහ්මණ, වෛශ්‍ය, ශූද්‍ර යන කුලයන් එකිනෙකට කලවම් ව තිබූ හෙයින්, නැවත ඒ වංශ හතර වෙන් වෙන් වශයෙන් තබා අසංකීර්ණ කොට, ධර්මාධිකරණ නම් නීති ශාස්ත්‍රයක් පිළියෙල කරවීය.

42. අනතුරුව ධර්මාශෝක යන නම ඇති එක් රාජකුමාරයෙක් රාජ්‍යය ලබා වර්ෂයක් රජකළේය. මේ දම්සෝ කුමරු රජවන විට උපතින් තුන් මස් වියෙහි සිටියේය.

43. මහසේනාවක් විසින් පෙරටු කරගන්නා ලද අණීකංග නම් ආදිපාදයෙක් දකුණු දඹදිව සොළී රටෙන් අවුත්,

44. ආයස්මන්ත හමුදා ප්‍රධානියා ඇතුලුකොට ධර්මාශෝක කුමාරයාත් ඝාතනය කොට දාහත් දිනක් ලංකා රාජ්‍යය විචාළේය.

45. අනතුරුව අණීකංගගේ ම වික්‍රමාන්විත වූ චමූනක්ක නම් හමුදා ප්‍රධානියෙක් දුෂ්ට අදහස් ඇත්තේ, අණීකංග රජු මරා,

46. මෙයට පෙර රාජ්‍ය කළා වූ ලීලාවතී නම් අග්‍ර රාජදේවිය ලවා වර්ෂයක් රාජ්‍යය කරවීය.

47. අනතුරුව හුලකින් පහර කා අහිමි වී ගිය අතක් ඇති ලෝකේශ්වර නම් රජෙක් දකුණු ඉන්දියාවේ සිට මහත් දෙමළ හමුදාවක් ගෙන,

48. මෙහි අවුත් සකල ලංකාද්වීපය ම තමා යටතට ගෙන පොළොන්නරු නගරයෙහි වෙසෙමින් නව මාසයක් ලක්රජය විචාළේය.

49. ඉක්බිති මහා ධාරණබල ඇති, ශ්‍රේෂ්ඨ වූ මහබලපරාක්‍රම ඇති, පරාක්‍රම නමැති කාලනාගර හෙවත් කලුන්නරු වංශයෙහි උපන් හමුදා ප්‍රධානියෙක්,

50. චන්ද්‍ර (කාලිංග) සූර්ය (ඔක්කාක) යන වංශද්වය එක්වීමෙන් උපන්, රාජ තේජස් විලාශී ලීලාවතී රාජමහේෂිකාව රාජ්‍යයෙහි අභිෂේක කළේය.

51. මෙසේ ඒ ලීලාවතී රාජිනී තොමෝ රාජ්‍යය ලබා සත් මසක් ගෙවුනු තැන පාණ්ඩියන් දෙමළ රටෙන් මහත් වූ පාණ්ඩියන් යුද හමුදාවක් ගෙන,

52. තේජස්වී වූ පරාක්‍රම ඇති, පාණ්ඩියන් නම් රජෙක් මේ ලක්දිවට ගොඩබැස ලීලාවතී දේවියත්, පරාක්‍රම සෙන්පතිත් බලයෙන් පහකොට,

53. ලංකාද්වීපයට උපද්‍රව නැතිකොට මනුස්මෘති නමැති බ්‍රාහ්මණයන්ගේ ශාස්ත්‍රය අනුව මනුනීතිය නොඉක්මවා තුන් වසරක් පොළොන්නරුවෙහි සිට ලක්රජය විචාළේය.

54. අනතුරුව මේ ලංකාවාසී මහජනතාවගේ අතිශයින් ම උත්සන්න වූ, සසරෙහි කරන ලද කිසියම් රෞද්‍ර පාපකර්මයක් නිසාවෙන් ද,

55. ලංකාද්වීපය ආරක්ෂා කිරීමෙහි තන්හි තන්හි නියුක්තව සිටින්නා වූ දේවතාවුන් ආරක්ෂක විධීන් අනුව කටයුතු කරන්ට උපේක්ෂා සහගත වීමෙන් ද,

56. හින්දු මිත්‍යාදෘෂ්ටියෙන් යුක්තව, අවනීතියට ම නිබඳ ඇලුණු සිත් ඇති, දානාදී කුසලකර්ම නමැති නිල්වනගහණ ගිනි තැබීමෙහි ලැව්ගින්නක් බඳු,

57. සද්ධර්මය නමැති කුමුදු මල් පෙළ හකුළුවන්නා වූ සූර්යයා බඳු, ඉවසීම නමැති පියුම් විලෙහි කාන්තිය වනසන චන්ද්‍රයා බඳු,

58. මහා මෝහාන්ධකාරයෙන් තුච්ඡ වී ගිය ඇස් ඇති 'මාඝ' නමැති කාලිංග රාජවංශයෙහි උපන් එක්තරා අධාර්මික පව්ටු රජෙක්,

59. තමාගේ විසිහතර දහසක් දෙමළ යෝධයන්ට ප්‍රධානව, දකුණු ඉන්දියාවේ කලිඟු රටෙන් අවුත් බැස ලංකාද්වීපය ස්වකීය ග්‍රහණයට ගත්තේය.

60. මේ කාලිංග මාඝ නමැති දරුණු නියඟය ලංකා රාජ්‍යය නමැති නිල් වනය පෙළන්ට බොහෝ දෙමළ හමුදා නමැති ලැව්ගින්න මෙහෙයවීය.

61. එකල්හි ලෝකයට විපත් පමුණුවන, ක්‍රෑරතර වූ ඔහුගේ බොහෝ දෙමළ හමුදාවෝ "අපි කේරළ

හමුදාකාරයෝ” යි කියමින් මහ හඬින් ගුගුරුවමින් තැනින් තැන යමින්,

62. මිනිසුන්ගේ වස්ත්‍රාභරණාදිය පැහැර ගත්තෝය. බොහෝ කල් මැනවින් රැකගෙන ආ ඒ ඒ වංශයන්ගේ කුලසිරිත් නසාලූහ.

63. ලක්වැසියන්ට කර්මාන්ත කටයුතු කිසිදා නොකළ හැකි පරිදි අත්පා කැපූහ. බොහෝ මන්දිර බිඳ කොල්ල කෑහ. ගව මහීෂාදීන් තමා අයත් කොට ඩැහැගත්තාහුය.

64. ආඪ්‍ය වූ මහාධනය ඇති ජනයා බැඳ, වධ හිංසා කොට ඔවුන් සතු සියලු වස්තුව පැහැරගෙන ඔවුන් දිළින්දන් කළාහුය.

65. පිළිමගෙවල් බිඳ වස්තුව පැහැරගත්හ. බොහෝ චෛත්‍යයන් ද වැනසුවෝය. විහාරයන් අත්පත් කොට එහි වාසය කළෝය. උපාසකවරුන්ට පහර දී හිංසා කළෝය.

66. සිඟිති දරුවන්ට ද පහර දුන්නෝය. බුදු දහම පමණක් අදහමින් සිටි භික්ෂූන් වහන්සේලා, ක්ෂත්‍රිය, බ්‍රාහ්මණ, වෛශ්‍ය, ශූද්‍ර යන පස්මහධැමියන්ව ද පීඩාවට පත්කළෝය.

67. ජනයා ලවා බර උසුලවන වැඩ ගත්තෝය. බොහෝ වැඩකටයුතු ඔවුන් ලවා කරගත්තෝය. ඉතා වටිනා, ප්‍රසිද්ධ වූ බොහෝ පුස්කොළ පොත් එහි ලණුවෙන් මුදා තැන තැන විසිරෙව්වෝය.

68. මෙලක්දිව පෙර රජකළ සැදැහැවත් රජවරුන්ගේ

78 වන පරිච්ඡේදය

කීර්ති නමැති ශරීරය බඳු රත්නාවලී සෑය ආදී කොට ඇති උතුම් වූ මහාසෑයන්,

69. කඩා බිම හෙළමින්, ඒ මහාසෑයන්ගේ ප්‍රාණය වැනි වූ බොහෝ සර්වඥ ශාරීරික ධාතූන් වහන්සේලා අතුරුදහන් කළෝය. අදෝමැයි!

70. මාරයා විසින් මෙහෙයවන ලද මාරහමුදාවක් වැනි, දුෂ්ට අදහස් ඇති මේ ආක්‍රමණික දෙමළ හමුදාවෝ මෙසේ ලෝකයත්, බුද්ධ ශාසනයත් නසා දැමමෝය.

71. අනතුරුව පොළොන්නරු නගරය හාත්පසින් වටලා මෙකල ලක්රජය විචාරමින් සිටි පරාක්‍රම පාණ්ඩියන් රජු අල්ලාගත්තෝය.

72. ඉක්බිති ඒ රජහුගේ දෑස් උපුටා, මුතු වෙරෝඩි ආදී වටිනා සියලු වස්තුව පැහැරගත්තෝය.

73. අනතුරුව ඒ මානාභරණාදී හමුදා ප්‍රධානීන් මුල් වී ලංකා රාජ්‍යශ්‍රීයෙහි කාලිංග මාසයාව අභිෂේක කළාහුය.

74. මෙසේ කාලිංග මාස තෙමේ ලක්දිව තමාගේ වසඟයට ගෙන රාජාභිෂේකය ද ලබා පොළොන්නරුවෙහි වාසය කළේය.

75. අනතුරුව මාස රජු ලක්වැසි සැදැහැවත් මහජනයා හින්දු මිසදිටුවට හරවා ගත්තේය. කලවම් නොවී සිටි ක්ෂත්‍රීය, බ්‍රාහ්මණ, වෛශ්‍ය, ශූද්‍ර යන ජනයා බොහෝ සෙයින් කලවම් කොට, මිශ්‍ර කොට දැමමේය.

76. ගම්කෙත්, ගෙවල්, උයන්වතු, කම්කරුවන්, ගවමහිෂාදී සියල්ලක් ම සිංහලයන්ට අහිමි කොට ඒවා කේරළ දෙමළුන්ට දුන්නේය.

77. විහාරයන් හා පිරිවෙන් ද වෙනත් බොහෝ ආයතනයන් ද දෙමළ හමුදාවන්ට වාසස්ථාන පිණිස දුන්නේය.

78. මේ මාඝ තෙමේ බුදුරජාණන් වහන්සේට අයත් වූ, ධර්මයට අයත් වූ, සංඝයාට අයත් වූ බොහෝ ධනය පැහැරගෙන මහා නිරයෙහි උපදිනු පිණිස බිහිසුණු පව් උපදවාගත්තේය.

79. මෙසේ කාලිංග මාඝ රජ තෙමේ දැඩි සැහැසි අයුරින් විසි එක් අවුරුද්දක් ලංකා රාජ්‍යය පාලනය කළේය.

80. මෙසේ ලංකාද්වීපයෙහි ඒ ඒ රජවරු මහත් වස්තු ලෝභයෙන් යුතුව, ඒ ඒ රජුන් ඝාතනය කොට, තුමූත් ඒ ක්‍රමයෙන් ම ආයුෂ නැත්තෝව සිට, ලංකා රාජ්‍යය ලබාගන්නා නමුත් චිරාත් කාලයක් ලංකා රාජ්‍ය ශ්‍රී අනුභව කරන්ට නොහැකි වූවාහුය. අහෝමැයි! එහෙයින් නුවණැත්තා ප්‍රාණඝාතයෙන් වළකීවා! තමාට අයත් නැති ධනයට ආසාව අත්හරීවා!

මෙසේ හුදී ජන පහන් සංවේගය පිණිස කරන ලද මහාවංශයෙහි 'රජවරු දහසය දෙනා' නමැති සැත්තෑ අටවන පරිච්ඡේදය නිමාවට පත්විය.

79

සැත්තෑ නවවන පරිච්ඡේදය

එක් රජෙකුගේ පාලනය

01. කාලිංග මාස රජු රාජ්‍ය විචාල කාලය තුළ මහපින් ඇති බොහෝ ජනයෝ ලංකාවෙහි තැන තැන මහාදුර්ග පර්වතයන් කරා ගොස්, එහි මනරම්,

02. නගර, ගම් ආදිය කොට තන්හි තන්හි වසන්නාහු ලෝකයත්, බුදු සසුනත් අවුල් නොකොට පාලනය කළෝය.

03. සතුරන් විසින් ඉතා දුකසේ නැංග යුතු වූ සුභ පර්වතය (යාපහුව) මුදුනෙහි වෙසමුණි රජුගේ ආලකමන්දා පුරය බඳුව සොඳුරු නගරයක් කරවා,

04. සුභ නමැති හමුදා ප්‍රධානී එහි වසමින් කේරළ දෙමළන් නමැති රාක්ෂසයින්ගේ පැමිණීම වළක්වමින් ඒ ප්‍රදේශයත්, බුදු සසුනත් පරිපාලනය කළේය.

05. එසේම සතුරන්ට ළං විය නොහැකි වූ ගෝවින්ද පර්වත මුදුනෙහි නගරයක් කොට වසන්නා වූ, ලෝකයෙහි ප්‍රසිද්ධ වික්‍රම ඇති,

06. බුවනෙකබාහු නමැති ආදිපාද මිහිපල් තෙමේ රුහුණු රටත්, භික්ෂු සංඝයාත්, බුදු සසුනත් පාලනය කළේය.

07. එසේම මණිමේඛලා නම් රටෙහි ගංගාදෝණී (ගංදෙණිය) නම් පර්වත මුදුනෙහි උතුම් නගරයක් කරවා,

08. එහි වාසය කරන්නා වූ සංඛ නමැති හමුදා ප්‍රධානී තෙමේ එතැනින් යොදුන් දෙකක පමණ දුරින් වසන ඒ දුෂ්ට මාඝ රජුගේ දෙමළ සේනාව,

09. තණපතක් තරමටවත් ගණන් නොගනිමින් මණිමේඛලා රටත්, බුදුසසුනත් ආරක්ෂා කළේය.

10. එකල්හි වනාහී සිරිසඟබෝ රාජවංශයෙන් පැවත එන්නා වූ, සොඳුරු වික්‍රමයෙන් හෙබි විජයබාහු නමින් ප්‍රසිද්ධ වූ රජ තෙමේ,

11. සතුරන් කෙරෙහි භයට පත්ව ඒ ඒ මහාවන දුර්ගයට පිවිස බොහෝ කල් වාසය කොට වන්නි රජු (වනයේ රජු) බවට පත්වූයේ,

12. සියලුම සිංහල අමාත්‍යයන් තමන්ගේ වසඟයට ගෙන මහත් බලසෙන් ඇතිව සිංහල හමුදාව සමග නික්මී,

13. අන්ධකාරය නසන මහා ගිනිකඳක් සෙයින් චතුරංගිනී සේනාවෙන් යුක්තව, යුද පිණිස සැදී සිටි සියලු සතුරු දෙමළ සේනා බලය නසා දැම්මේය.

14. මේ විජයබාහු වන්නි රජු කැමති පරිදි ගමක් ගමක් පාසා, ගෙයක් ගෙයක් පාසා වාසය කරමින් සියලු ම දෙමළ හමුදාවන් ඒ ඒ තැනින් පලවාහැරියේය.

15. ඉක්බිති හේ උතුම් මායා රට (කඳුරට) සතුරු කටුකොහොල් බැහැර කරවා ඉතා උස් වූ දඹදෙණි පර්වත මුදුනේ,

16. සුන්දර ප්‍රාකාර, ද්වාර ගෝපුරයන්ගෙන් යුක්තව මනරම් පුරයක් කරවා එහි සැපසේ වෙසෙමින් මේ නුවණැති රජු රාජ්‍ය විචාලේය.

17. කෝලාහල පිළිබඳ කිසිවක් නැවත කීමට පෙර, අප ශාස්තෘන් වහන්සේගේ පාත්‍රා ධාතූන් වහන්සේත්, දළදා වහන්සේත් පොළොන්නරුවෙන් රහසේ ම පිටතට වැඩමවා,

18. නික්ම වැඩි වාචිස්සර මහස්ථවිර ආදී සියලු මහතෙරුන් වහන්සේලා මායාරටට පැමිණ කොත්මලේ නැති පර්වත ප්‍රදේශයෙහි,

19. එක්තරා ආරක්ෂක ස්ථානයක ආදර සහිතව ධාතූන් වහන්සේලා දෙනම පොළොව සාරා නිධන්ගත කොට සඟවාලූහ.

20. **ඉක්බිති ඒ සංඝයා අතුරෙන් වාචිස්සර මහස්ථවිර ආදී කොට ඇති මහතෙරුන් වහන්සේලා කීප නමක් බුදු සසුනේ පැවැත්මට එකම කාරණය වන 'ලංකාද්වීපයෙහි ආරක්ෂාව' සොයන්නාහු,**

21. රළ ගෙඩි පෙළින් අතිශයින් ම කැළඹී ගිය මහසයුර පවා තරණය කොට පාණ්ඩ්‍ය, චෝළ ආදී දකුණු ඉන්දීය රටවල්වලට රජෙකු සොයා ගියාහුය.

22. කරුණාවට ආකර වූ දඹදෙණි විජයබාහු මහරජු මහාමාත්‍යවරුන් දකුණු ඉන්දියාවට වහා පිටත් කරවා ඒ සියලු මහතෙරුන් වහන්සේලා නැවත ලක්දිවට වැඩමවා ගත්තේය.

23. මහතෙරුන් වහන්සේලා වැඩි කල්හි දැක වන්දනා කොට "ස්වාමීනී, දළදා වහන්සේත්, පාත්‍රා ධාතූන් වහන්සේත් කොහි වැඩසිටින සේක් දැ?" යි අසා සිටියේය.

24. 'අසවල් ස්ථානයේ' යැයි උන්වහන්සේලා කී කල්හි දඹදෙණි විජයබාහු රජුගේ මුළු සර්වාංගය ම පස්වනක් ප්‍රීතියෙන් පිණාගියේය.

25. අනතුරුව මිහිපල් තෙමේ මහතෙරුන් වහන්සේලා සමූහය ද පෙරටු කොටගෙන භටසේනාවන් සමග කොත්මලේ කන්දට නැගගත්තේය.

26. පර්වතය හාත්පස මහා පූජා පවත්වා සතුටු සිත් ඇත්තේ දළදා වහන්සේත්, පාත්‍රා ධාතූන් වහන්සේත් බැහැදැක්කේය.

27. මේ රජ තෙමේ එකල්හි සක්විති රත්නයක් හෝ මහා නිධානයක් හෝ ලබාගත්තෙකු සෙයින් ද අමා නිවනට පත්වූවෙකු සෙයින් ද අතිශයින් ප්‍රමුදිත වූයේ,

28. මහාමන්ධාතු රජුට බඳු සම්පත් ඇත්තේ, ඒ ධාතූන් වහන්සේලා දෙනම වැඩමවාගෙන මහත් උත්සවාකාරයෙන් ගමින් ගමට, නගරයෙන් නගරයට අවුත්,

29. සාධුජනයා විසින් සංවිධානය කළ මහෝත්සවයෙන් යුතුව රම්‍ය වූ දඹදෙණි පුරයට පැමිණියේය.

30. අනතුරුව නුවණැති රජ තෙමේ ධාතූන් වහන්සේලා උදෙසා දිනක් දිනක් පාසා මහත් සේ පුද පූජාවන් පවත්වන්නේ මෙසේ සිතීය.

31. "අනාගතයෙහි පහළ වන්නා වූ රජවරුන් අතරතුර පවා මුනිධාතූන් වහන්සේලාට හැම අයුරින්ම පරසතුරන්ගෙන්,

32. විය හැකි පීඩාවෝ යම් ආකාරයකින් නොවන්නාහු ද, ඒ අයුරින් වඩාත් දුර්ගම වූත්, ස්ථිර වූත්, ආරක්ෂා සහිත වූත් ස්ථානයක් පිළියෙල කරවන්නෙමි" යි සිතා,

33. අහසින් දෙවියන් හැර පොළොවෙහි කිසිදු සතුරු නරයින් විසින් යාගත නොහැක්කේ යම් අයුරකින් ද, බෙලිගල හාත්පස,

34. ඒ අයුරින් ප්‍රාකාර, දොරටු, ගෝපුර, දියඅගල් ආදියෙන් මැනවින් ආරක්ෂා කොට ඒ බෙලිගල මුදුනෙහි උතුම් දළදා මන්දිරයක් කරවීය.

35. දෙව්ලොවින් ආ දිව්‍යවිමානයක් බඳුව මනරම් ලෙස කරවා ඒ වටා ප්‍රාසාද, මණ්ඩප,

36. රාත්‍රිස්ථාන, දිවාස්ථාන, අංගණ, ශාලා ආදියෙන් ශෝභමාන කොට, වැව් පොකුණු ආදියෙන් යුක්ත කොට සංඝාරාමයක් ද කරවීය.

37. මේ නැණවත් රජු මහා උත්සවාකාරයෙන් යුතුව ඒ ධාතු මන්දිරයෙහි දළදා වහන්සේත්, පාත්‍රා ධාතූන් වහන්සේත් සාදරයෙන් වඩාහිඳෙව්වේය.

38. ධාතූන් වහන්සේලා රැකබලාගන්නා ස්ථිර සිල් ඇති ස්ථවිරයන් වහන්සේලාට ඒ සංඝාරාමය ද පූජා කොට දන්වැට ද තැබ්බවීය.

39. දවසක් දවසක් පාසා ධාතූන් වහන්සේලා උදෙසා උතුම් පූජා විධි මහෝත්සව පවත්වනු පිණිස නියෝගයක් ද පැනවීය.

40. අනතුරුව මේ රජ තෙමේ ඉතා ශ්‍රද්ධාවෙන් යුතුව බුද්ධ ශාසනයට උපකාර කරන්ට පටන් ගත්තේය. ඉදින් ඒ කවරාකාරයෙන් දැයි දැන් කියනු ලැබේ.

41. දකුණු ඉන්දියාවෙන් කඩාවැදුණු ආක්‍රමණික දෙමළ සතුරන් විසින් ලංකාවෙහි තිබුණු සද්ධර්මය පිළිබඳ බොහෝ පුස්කොළ පොත් නසන ලද බව දැන සංවේගයට පත් සිත් ඇත්තේ,

42. ධාරණ ඥාණ සම්පන්න වූ, ශ්‍රද්ධාවන්ත වූ, බහුශ්‍රැත වූ, කුසීත බවෙන් තොර වූ, අලංකාර ලෙසත් වේගවත් ලෙසත් ලිවීමෙහි දක්ෂ වූ,

43. උපාසකවරුන් ද, එසේම පොත් ලියන්නා වූ අන්‍ය බොහෝ ලේඛකයින් ද එක් තැනකට රැස්කරවූයේය. ඉක්බිති රජ තෙමේ ඒ සියල්ලන් ලවා,

44. අසූහාර දහසකින් ප්‍රතිමණ්ඩිත ධර්මස්කන්ධය සාදරයෙන් යුක්තව යහපත් සේ ලියවූයේය. ඒ ධර්මස්කන්ධයේ ගණනට ම,

45. ලියන සියලු දෙනා හට රන් කහවණු ලබාදී, ධර්ම පූජාවන් ද කොට පුණ්‍ය සම්භාරයක් රැස්කළේය.

46. රුහුණු, මායා, පිහිටි යන ත්‍රිසිංහලයෙහි සීලාදී ගුණයෙන් යුතු ස්ථවිර, මධ්‍යම, නවක භික්ෂූන් වහන්සේලා ද යම් සාමණේරවරුන් සිටිත් ද,

47. බුද්ධ ශාසනය පාලනය කරන්නා වූ ඒ සියලු දෙනා වහන්සේ රැස්කරවා අසමගි වූවන් සමගි කරවීය. ඉන් පසු,

48. "බුද්ධ ශාසනයෙහි අභිවෘද්ධිය පිණිස හේතු වන්නේ 'උපසම්පදාව' යි. එහෙයින් මම් ද ඒ උපසම්පදාව මනාකොට කරවන්නෙම් නම් මැනවැ" යි සිතා,

49. රජ තෙමේ සමගි වූ සියලු මහා සංඝයා වහන්සේ උදෙසා අටපිරිකර පුදා, අධික වූ සතුටින් පිරීගිය සිත් ඇත්තේ,

50. මැනවින් පටන් ගත් පූජා සත්කාරයන් පෙරටු කොට සත් දිනක් පුරා උපසම්පදා මංගල්‍යය කරවීය.

51. එසේම මේ මිහිපල් තෙමේ ලෝකයෙහි ප්‍රසිද්ධ වූයේ තමන්ගේ නමින් ද යුක්ත කොට 'විජයසුන්දර' නම් ආරාමයක් කොට සංඝයා උදෙසා සඟසතු කොට පූජාකරගත්තේය.

52. එසේම "භික්ෂූන් වහන්සේලා වෙත්වා, සාමණේරයෝ වෙත්වා යම් සඟකෙනෙක් ශ්‍රද්ධාවෙන් යුතුව ත්‍රිපිටක ධර්මය ඉගෙන ගනිත් ද, වාචෝද්ගත කොට කටපාඩම් කරත් ද,

53. උන්වහන්සේලා සිව්පසය හේතුවෙන් දුක් අනුභව නොකරත්වා! කරුණාකර මාගේ රජගෙහි දොරටුව වෙත වැඩමකොට කැමති පරිදි,

54. පිළිගනිත්වා!" යි සංඝයාට වචනයෙන් පවරා තමන්ගේ මන්දිර ද්වාරය වෙත වැඩි,

55. බොහෝ භික්ෂූන් වහන්සේලා උදෙසා දානයෙහි විශාරද වූ මේ රජු උතුම් පිණ්ඩපාත දානය සකස්කොට දුන්නේය.

56. එසේම මහාස්ථවිර තනතුරට පත් සියලු සංඝයා උදෙසා දානය පිණිස රජ තෙමේ වියහියදම් ද ප්‍රදානය කළේය.

57. මේ ආකාරයෙන් මේ රජු බුදු සසුනට සංග්‍රහ කොට ඒ සංග්‍රහයෙන් ම සැබෑ ලෙස බුද්ධාදී රත්නත්‍රය පිදීය.

58. ඉක්බිති වත්තල නමැති ගමෙහි වැඩහුන් භික්ෂූන් වහන්සේලා උදෙසා රජ තෙමේ ස්වකීය නාමය යොදා විජයබාහු නමින් විහාරයක් සකසා කරවීය.

59. මේ රජු කාලිංග මාඝගේ දෙමළ සේනාව විසින් වනසන ලද කැළණි විහාරයෙහි උතුම් මහාසෑය,

60. බන්දවා, රනින් කරන ලද කොතක් ද පළඳවා, ඒ සෑයෙහි නැගෙනහිරට වෙන්ට ගෝපුර ද්වාරයක් ද කරවීය.

61. එසේම ඒ කැළණි විහාරයෙහි ම ප්‍රතිමා මන්දිරය, ප්‍රාකාර වළල්ල ආදියත් අනෙක් සියලු ගොඩනැගිලිවලත් දිරාගිය තැන් පිළිසකර කරවීය.

62. මායා රටෙහි තිබෙන්නා වූ යම් පිළිමගෙවල්, ප්‍රාසාද, විහාර, පිරිවෙන් ඇද්ද, එසේම චෛත්‍ය මණ්ඩප,

79 වන පරිච්ඡේදය 369

63. ප්‍රාකාර, ගෝපුර ආදියත් ඇද්ද, ඒ ඒ සියල්ල කලින් පැවති අයුරින් අලුතින් කරවන්ට රජ තෙමේ නියෝග කළේය.

64. ඉක්බිති ලෝකයේත්, බුදු සසුනේත් අභිවෘද්ධිය අධික ලෙස කරන්ට කැමති රජ තෙමේ මෙසේ සිතීය.

65. "ගෙවී ගිය යොවුන් බව ඇති, මහලු බවට පත්ව සිටියදී, මා විසින් රජසැප ලබන ලද්දේය. එහෙත් දැන් එයත් අනුභව කරන ලද්දේය.

66. ජයග්‍රහණය කොට ඉතිරි වූ යම් දුෂ්ට සතුරෝ වෙත් ද, ඒ සියලු සතුරන්වත් මැඩපවත්වා ලෝකය පාලනය කරන්ට ද,

67. නටබුන් වී ගිය විහාරයන් අලුතින් කරවා ලෝකයේ අභිවෘද්ධිය සලසන්ට ද මට කාලය මඳ ය" යි සිතා,

68. නුවණැති රජු තමන්ගේ ඖරස පුත්කුමාරවරුන් වන පරාක්‍රමබාහු කුමාරයා ය, බුවනෙකබාහු කුමාරයා ය යන දෙදෙනාගේ ශරීර ලක්ෂණ,

69. බලා, අනාවැකි කියන්නන් සමග තෙමේත් විමසා බලන්නේ, එකල්හි පරාක්‍රමබාහු කුමාරයා හට මේ මේ ලකුණු ඇත්තේය.

70. යම් ලක්ෂණයකින් යුක්ත වූ මේ කුමර තෙමේ තමන්ගේ බල තේජසින් ආක්‍රමණික දෙමළ සතුරන් මර්ධනය කොට සකල ලංකාද්වීපය එක්සේසතක් යටතට ගෙන,

71. උතුම් බුද්ධ ශාසනයත් අතිනිර්මලව දියුණුවට පමුණුවා, දිසානුදිසාවන්හි සිය කීර්තිය ද පතුරුවා,

72. නා නා රටවලින් අන්තඃපුර රාජකන්‍යාවන් ආදී පඬුරු ද ලැබ, බොහෝ කලක් දීපචක්‍රවර්තී වන්නේ ද, එබඳු ලක්ෂණ මේ කුමරු තුළ තිබුණේය.

73. මෙය දැනගත් රජ තෙමේ සතුටු කඳුළින් පිරී ගිය නෙත් ඇතිව, පැරකුම් නමැති සිය පුත්‍රයා ඇකයෙහි හිඳුවා, හිස සිඹ,

74. තමා ළඟින් සිටියා වූ බාල බුවනෙකබා කුමාරයා දෙසත් ස්නේහයෙන් නැවත නැවතත් බලමින් ඒ කුමාරවරුන් දෙදෙනාට ම,

75. නා නා ප්‍රකාර උතුම් අවවාදයන් දී සියලු ශිල්ප කලාවන්හි හික්මවා කුමාරවරු දෙදෙනාව ම පණ්ඩිත කරවූයේය.

76. ඒ දෙදෙනා අතුරින් පරාක්‍රමබාහු නමැති ශ්‍රේෂ්ඨ පුත්‍රයාව සංඝරක්ඛිත නමින් ප්‍රසිද්ධ වූ මහා ස්වාමීන් පෙරටු කොට,

77. එහි රැස්ව සිටි භික්ෂූන් වහන්සේලා වෙත භාරදී අනතුරුව මුනිරජුන්ගේ දළදා වහන්සේත්, පාත්‍රා ධාතුන් වහන්සේත්,

78. මහාසංඝයා වහන්සේත්, ලංකාවාසී සෙසු ජනයාත් ඒ අයුරින් ම පරාක්‍රමබාහු කුමාරයාට භාරදී මිහිපල් තෙමේ සිය පුත්කුමරුට සංඝයා ඉදිරියෙහි හොඳාකාර ලෙස අනුශාසනා කළේය.

79. මෙසේ නරනිඳු තෙමේ ලංකාද්වීපය නමැති මහා කුඹුරෙහි යහපත් රජබිජුවක් රෝපණය කොට, සිව් අවුරුද්දක් රාජ්‍ය කොට දෙව්ලොව ගියේය.

80. මේ විජයබාහු නරශ්‍රේෂ්ඨ තෙමේ සියලු ලෝකයත්, බුද්ධශාසනයත් පාලනය කළේ යම් ආකාරයකින් ද, අනාගතයෙහි ලක්දිව පහළ වන රජවරු ද ඒ අයුරින් ම ලෝකයත්, බුදු සසුනත් දෙක ම රැකවල් දෙමින් පාලනය කරත්වා!

මෙසේ හුදී ජන පහන් සංවේගය පිණිස කරන ලද මහාවංශයෙහි 'එක් රජෙකුගේ පාලනය' නමැති සැත්තෑ නවවන පරිච්ඡේදය නිමාවට පත්විය.

80

අසූවන පරිච්ඡේදය

දළදා වහන්සේ පෙළහර දැක්වීම

01. සිය පියරජුගේ අභාවයෙන් පසු පරාක්‍රමබාහු නමැති කුමාරයා රුහුණු, මායා, පිහිටි යන තුන් සිංහලයට ගිය සියලු මහජනයා රැස්කරවා,

02. රම්‍ය වූ දඹදෙණි පුරය අලංකාර කොට, සක්දෙව්රජ බඳුව, පළමු අභිෂේක මහෝත්සවය කරවීය.

03. මේ පරාක්‍රමබාහු රජු මහාපාණ්ඩිත්‍යයෙන් යුතු හෙයින් 'කලිකාලාදී සාහිත්‍ය සර්වඥ පණ්ඩිත' යන ප්‍රසිද්ධ නාමය ද ලැබුවේය.

04. එසේම තමාට බාල සොයුරු බුවනෙකබාහු කුමාරයාට යුවරජ තනතුර භාරදී රාජ්‍යයෙන් අඩක් ද දුන්නේය.

05. ඉක්බිති මේ රජු "මම් ලංකාංගනාව මා සතු කරගන්නෙමි. අන් සතුරෙක් හට අයත් කරගන්ට නොදෙන්නෙමි" යි යනුවෙන් විදේශීය ආක්‍රමණික සතුරන් මැඩලීමෙහි අභිමාන උපදවා ගත්තේය.

06. "මම් පළමුකොට දළදා වහන්සේට පූජාවන් පවත්වා ඉන් පසු දෙමළුන් සමග යුද්ධයට යන්නෙමි" යි අදිටන් කොට,

07. බෙලිගල පර්වතයෙහි වැඩහුන් දළදා වහන්සේ මහත් පූජෝත්සව මධ්‍යයෙහි දඹදෙණිය නමැති උතුම් පුරයට වැඩමවාගෙන ආවේය.

08. මේ රජු "උදේ, දවල්, රාත්‍රී තුන්වේලෙහි ම සිතු සිතු කෙණෙහි වන්දනා කරනු පිණිස මා තුළ සාදර කැමැත්ත ඇත්තේය" යි සිතා,

09. තමන්ගේ රාජභවන අසලින් ම මාහැඟි මනරම් දළදා මන්දිරයක් කරවීය.

10. එහි මැද ඉතා වටිනා ආසනයක් කරවා, ඉතා වටිනා ඇතිරිල්ලක් අතුරා,

11. මහාමාණික්‍යයකින් ධාතූන් වහන්සේට ආධාරයක් කරවා, ඉන් පසු නැවත එයට ආධාරකයක් ලෙස රජ තෙමේ,

12. විචිත්‍ර වූ මාහැඟි මාණික්‍යයන්ගෙන් මනරම් වූ, විශාල වූ උතුම් මැණික් කරඬුවක් කරවීය.

13. ඉක්බිති රන් නික පන්දහසකින් බබළන්නා වූ දෙවැනි රන් කරඬුවක් එයට ආධාර පිණිස කරවීය.

14. අනතුරුව රිදී නික විසිපන්දහසකින් නැවතත් තුන්වැනි කරඬුවකුත් කරවීය.

15. අනතුරුව ධාතු මන්දිරයේ පටන් දඹදෙණි පුරය දක්වා අලංකාර කොට, සාදරයෙන් යුක්තව මහා දළදා වන්දනාවක් කරවා,

16. මේ දඹදෙණි පරාක්‍රමබාහු රජු තමන්ගේ දෝත නමැති නෙළුමෙහි දළදා වහන්සේ වඩාහිඳුවා මහාසංඝයා මැද සිට මෙසේ සත්‍යක්‍රියාවක් කළේය.

17. "දේවාතිදේව වූ, මහාඉර්ධිමත් වූ, මහාමුනීන්ද්‍ර වූ අපගේ භාග්‍යවත් සම්මා සම්බුදුරජාණන් වහන්සේ මේ ලංකාද්වීපයට තුන් වරක් වැඩමකොට,

18. උතුම් සොළොස්මස්ථානයන්හි ඒ ඒ තැන වැඩහිඳ, බුද්ධපරිභෝග වස්තුවක් බවට පත්කොට, දඹදිවට නැවත වැඩි නරෝත්තමයාණන් වන සේක.

19. එහෙයින් මිථ්‍යාදෘෂ්ටික රජුන්ගේ වසඟයෙහි මේ ලක්දිව නොපවතින්නේ ම ය. සම්‍යක් දෘෂ්ටියෙන් යුතු රජුන්ගේ වසඟයෙහි පමණක් මෙසිරිලක මනාව පවත්නේය.

20. පෙර කාලයෙහි මේ ද්වීපයෙහි මුටසීව මහරජහුගේ පුත්‍ර, න්‍යායෙහි දක්ෂ වූ අසේල මහරජු,

21. අශ්වනායකයෙකුගේ පුත්‍රයන් දෙදෙනෙකු වන සේන හා ගුත්තික යන අය සමග යුද්ධ කොට දිනා බුදු සසුන පාලනය කරන්නේ රාජ්‍ය විචාළේය.

22. නැවත දුටුගැමුණු නමින් ප්‍රසිද්ධ වූ අභය මහරජ තෙමේ ආක්‍රමණික දකුණු ඉන්දීය එළාර සොළියා පරදවා, ලෝකයත් බුදු සසුනත් පාලනය කළේය.

23. එසේම අතිකර්කශ වූ දෙමළුන් පස් දෙනෙකු හා යුද්ධ කොට ඔවුන් පරදවා වළගම්බා රජ තෙමේ ලෝකයත්, බුදු සසුනත් පාලනය කළේය.

24. එසේම ධාතුසේන නරේශ්වර තෙමේ නොයෙක් මහා දෙමළ භටයන් ඇති, දෙමළ රජුන් පස්දෙනෙකු පරදවා ලෝකයත්, බුදුසසුනත් පාලනය කළේය.

25. එසේම කීර්ති විජයබාහු මහරජ තෙමේ යුද්ධ කොට සොළී දෙමළුන් පලවාහැර ලෝකයත්, බුදු සසුනත් පාලනය කළේය.

26. දැන් වනාහී විහාරාරාමයෙන් යුක්ත වූ බුද්ධ ශාසනයත් වනසා අප ලංකාද්වීපයෙහි පිහිටි රට වසන්නා වූ,

27. උඩඟු දෙමළුන් ද, කාලිංගමාඝ හා ජයබාහු යන දෙදෙනා ද පරාජය කොට ලෝකයත්, බුදු සසුනත් දියුණු කරන්ට මම ප්‍රාර්ථනා කරමි ය යන,

28. මේ වචනය ද සත්‍යයි. තව වෙනත් දෙයකුත් පවසමි. මහයසස් ඇති, පින්වත් වූ කොසොල් මහරජු ප්‍රමුඛ රජදරුවෝ,

29. එදා අපගේ ශාස්තෘන් වහන්සේ දඹදිව් රටෙහි ජීවමානව වැඩසිටියදී, උන්වහන්සේගේ සිරිමුවමඬලින් උතුම් බුදුබණ අසා, අනේක වූ ප්‍රාතිහාර්යයන් ද දැක, කරන ලද යහපත ඇත්තෝ වූහ.

30. අප සම්බුදුරජාණන් වහන්සේ ජීවමානව වැඩනොසිටි කාලයෙහිත් මහත් ඉර්ධි ඇති ධර්මාශෝකාදී රජවරු විශේෂයෙන් මවන ලද සම්බුද්ධ රූපය ආදී,

31. විවිධ ප්‍රාතිහාර්ය දැක තම තමන්ගේ ජීවිත මනාකොට අර්ථවත් කරගත්තාහුය.

32. අප ලෝකනායකයාණන් වහන්සේ බුද්ධ කෘත්‍යය නිමවා මල්ල රජදරුවන්ගේ උපවර්තන නම් සාලවනෝද්‍යානයෙහි පිරිනිවන් යහනෙහි සැතපී සිට,

33. අනාගතයෙහි ප්‍රාතිහාර්ය දක්වනු පිණිස මහා අධිෂ්ඨාන පහක් කරනා සේක්, අප භාග්‍යවතුන් වහන්සේ කුඩා අධිෂ්ඨානයන් නොකළ සේක් ද!

34. එතැන් පටන් අද දක්වාත්, යම් ශාරීරික ධාතුන් වහන්සේලා වෙත් ද, යම් පාරිභෝගික ධාතුන් වහන්සේලා වෙත් ද,

35. ඒ සියලු ධාතුන් වහන්සේලා බුද්ධානුභාවයෙන් ම මෙහි ප්‍රාතිහාර්යයන් දක්වන සේක. එහෙයින් මුනිරජාණන් වහන්සේ ඒ ඒ අධිෂ්ඨානයන් කරන කාලයෙහිත්,

36. තමන් වහන්සේගේ බුදු සසුන පන්දහසක් කල් පවත්නා, අනාගතයෙහි ශ්‍රද්ධා, සීලාදී ගුණ දරන්නා වූ රජදරුවන්,

37. දක්නා සේක්, අප භාග්‍යවතුන් වහන්සේගේ උතුම් බුදු ඇසින් ඔවුන් අතර සිටිනා මාව ද නොදුටු සේකැයි නොසිතමි.

38. ඉදින් එබඳු වූ මම් දක්නා ලද්දෙම් නම්, ඉදින් පෙර වාසය කළ මහාවීර වූ, ශ්‍රද්ධාවන්ත වූ රජුන් අතරට මමත් සර්වප්‍රකාරයෙන් ම ඇතුලත් වූයෙම් නම්,

39. ඉදින් විදේශීය ආක්‍රමණික සතුරන් මැඩලන්නා වූ භයානක යුද්ධ කොට, ලෝකයෙහිත් බුදුසසුනෙහිත් දියුණුව සලසන්නෙම් නම්,

40. මේ දළදා වහන්සේ දැන් මා හට සොඳුරු ප්‍රාතිහාර්යයක් දක්වන සේක් නම් මැනවැ' යි කියා සත්‍යක්‍රියා කළේය.

41. එකෙණෙහි ම සර්වඥ දළදා වහන්සේ රජුගේ දෝත නමැති පියුමෙන් නැගුණු දේදුන්නක් සෙයින් අහසට පැන නැගී,

42. මනරම් බුද්ධරූපයක් මැවී ෂඩ් වර්ණ ඝන බුදුරැස් විහිදුවමින් මුළු දඹදෙණි පුරය ම බබුළුවා,

43. අද්භූත වූ ප්‍රාතිහාර්යයක් කොට දඹදෙණි පරාක්‍රම නිරිඳු සතුටු කරවා නැවත අහසින් පහළට වැඩ තමන්ගේ අත්ළෙහි වැඩහුන් සේක.

44. මේ ආශ්චර්ය අද්භූත වූ ප්‍රාතිහාර්යය දැක ප්‍රමුදිත වූ මහා ජනකායත්, මහා සංඝයා වහන්සේත් අධික ලෙස වේගවත් ව,

45. සාදුකාරයෙන් නින්නාද කෙරෙමින් සර්වප්‍රකාර-යෙන් ම ස්තුති ඝෝෂා කළෝය. එවේලෙහි මුළු පුරය ම එක ම ප්‍රීති කෝලාහලයක් බවට පත්වූයේය.

46. ඉක්බිති පැරකුම්බා රජු "අද ය මා හට ජීවිතය ලැබුණේ. අද ය මා හට උතුම් ජීවිතයක් ලැබුණේ. අහෝ අසිරියෙකි! අද මාගේ ජීවිතය මනාකොට සඵල වූයේය.

47. මාගේ පුණ්‍ය බලයෙන් අද මෙබඳු වූ ඉර්ධි ප්‍රාතිහාර්යයක් දැක මහාජන තෙමේත් පුණ්‍ය සම්භාරයක් රැස්කරගත්තේය.

48. මේ බුදු සසුනෙහි යම් කෙනෙක් ගුණ සමූහයෙන් ප්‍රසිද්ධ වූවාහු ද, ඒ පෙර සිටි රජදරුවන් අතරට මමත් දැන් ඇතුලත් වූයෙමි."

49. මෙසේ පවසා මහා පණ්ඩිත වූ, මහා ඉර්ධිමත් වූ පරාක්‍රමබාහු මහරජ තෙමේ මහපිරිස මධ්‍යයෙහි සිට මැනවින් සිංහනාද කළේය.

50. ඉක්බිති රජ තෙමේ තමන්ගේ ඔටුන්න, වළලු ආදී සිව්සැට ආභරණයෙන් දළදා වහන්සේ පුදා,

51. මැණික් කරඬුවෙහි දළදා වහන්සේ සීරුවට වඩාහිඳුවා, ඉනික්බිති මැනවින් ඔපදැමූ ඒ මැණික් කරඬුව රන් කරඬුවෙහි බහා,

52. අනතුරුව රිදියෙන් නිමවන ලද මාහැඟි අලංකාර කරඬුවෙහි ඒ රන් කරඬුව බහා සාදරයෙන් වඩාහිඳෙව්වේය.

53. මෙසේ ක්‍රමානුගත ලෙස තුන් කරඬුවෙක්හි මැනවින් වඩාහිඳුවන ලද දළදා වහන්සේ, ඉක්බිති ඒ දළදා මාලිගයෙහි තැන්පත් කළේය. මේ රජු සත් රුවනින් ද මහා මල්මාලාවෙන් ද සුවඳින් ද නා නා ඛාද්‍ය භෝජ්‍යයෙන් ද සත් දිනක් පුරා මහා පූජා සත්කාර කරවීය.

මෙසේ හුදී ජන පහන් සංවේගය පිණිස කරන ලද මහාවංශයෙහි 'දළදා වහන්සේ පෙළහර දැක්වීම' නමැති අසූවන පරිච්ඡේදය නිමාවට පත්විය.

81

අසූ එක්වන පරිච්ඡේදය

සතුරු රජුන් පරදා ජයගැනීම

01. එදා පටන් ලක්වැසි සියලු ජනයෝ ඒ දඹදෙණි පැරකුම්බා මහරජුගේ පුණ්‍ය බලය දැක ඒ රජාණන් කෙරෙහි ගෞරව සම්ප්‍රයුක්තව,

02. භය සම්ප්‍රයුක්තව, ප්‍රමෝද සම්ප්‍රයුක්තව, ස්නේහයෙන් යුක්තව හැසිරුනෝය. මේ රජහුගේ ආඥාව කිසිදු අවස්ථාවක උල්ලංඝණය කරන්ට නොහැකි විය.

03. මේ රජුගේ ප්‍රතාපානුරාගයට අවනත වූ සිතින් යුක්ත නානා දේශවාසී සියලු රජදරුවෝ පඬුරු පාක්කුඩම් එව්වෝය.

04. මේ රජ තෙමේ හිස සිදීමේ දඬුවමට ලක් වූ ජනයා බන්ධනාගාරගත කිරීම් පමණකින් දැඩි ලෙස නිග්‍රහ කොට නැවත ඔවුන් නිදහස් කරවීය.

05. එසේම බන්ධනාගාරගත කිරීමේ දඬුවමට ලක්වූ ජනයා හට කිසියම් නිග්‍රහයක් කොට කරුණාවෙන් යුක්තව අවවාද දුන්නේය.

06. සියරටින් නෙරපිය යුතු දඬුවමට ලක්වූ ජනයා හට මනුරජු හා සමලෙසින් සිට දහසක පමණ දඩයක් නියම කළේය.

07. සාමාන්‍ය දඬුවම් ලැබිය යුතු සියලු ජනයා දෙස කිපී බලන්නේ, නොයෙක් වචනයෙන් නිග්‍රහ කොට ඔවුන් වඩාත් හොඳින් හික්මුනවුන් බවට පත්කළේය.

08. වීරයෙක් වූ මෙතෙමේ සතුරුසෙන් මැඩලූ සිය පියරජාණන් විසින් නොපැරදිය හැකි බවට පත්, වනගත දුර්ගයන් ඇසුරුකොට සිටි,

09. සියල්ලන් ද සිය තේජස් බලයෙනුත්, එසේම මෛත්‍රී බලයෙනුත් ලංකාවෙහි පරසතුරු බලය පරදා ජයගන්ට පටන් ගත්තේය.

10. මේ රජ තෙමේ සිංහාසනයෙහි වැඩහුන්නේ ම සේනාවාහනයන්ගෙන් යුක්ත සියලු වන්නි රජවරුන් හැම අයුරින් ම තමාගේ වසඟයට ගත්තේය.

11. එසේම ත්‍රිසිංහලයෙහි සිටින්නා වූ සිංහ වික්‍රමයෙන් යුතු සියලු සිංහලයන් රැස්කරවා ඔවුන් සියලු දෙන සතුටට පත්කරවීය.

12. එසේම ඒ ඒ තන්හි කඳවුරු බැඳගෙන පදිංචිව සිටි ආක්‍රමණික දෙමළ මහයෝධයන්ට නිග්‍රහ කරන්ට උත්සාහවත් වීය.

13. යුද්ධයෙහි හැසිරෙන්නා වූ මද වැගිරෙන වෛරී හස්තීන් මැදට පනිනා කේශර සිංහයන් බඳු වූ,

සන්නද්ධ වී සිටි සියලු සිංහලයන් තන්හි තන්හි පිටත් කරවීය.

14. මහායෝධ සිංහලයෝ ඒ ඒ තැන ගොස් සියලු දෙමළ යෝධයන්ට පීඩා කළාහු, නාගයන් පෙළන්නා වූ ගුරුළන් සෙයිනි.

15. එකල සකල සම්පත්තියෙන් ප්‍රසිද්ධ වූ පොළොන්නරුව නගරයෙහි ද, කොටුසර ගමෙහි ද, ගන්තලායෙහි ද,

16. කාකාලය ගමෙහි ද, පදීරටෙහි ද, කුරුන්දියෙහි ද, මානාමතෙහි ද, මහාතීර්ථයෙහි ද, මන්නාරම් පටුනෙහි ද,

17. පුලච්චේරි නම් තොටෙහි ද, වැලිගම ද, විපුල වූ ගෝණරටෙහි ද, එසේම ගෝනුසු රටෙහි ද,

18. එසේම මීපා තොටෙහි ද, හූරාතොටෙහි ද යනාදී තැන්වල කඳවුරු බැඳ,

19. බොහෝ කාලයක් තිස්සේ බලහත්කාරයෙන් ප්‍රදේශය අල්ලාගෙන පදිංචි වී සිටින මාඝ හා ජයබාහු යන දෙමළ ආක්‍රමණික රජවරුන් දෙදෙනාත්,

20. සතළිස් දහසක් වූ කේරළ දෙමළ හමුදා භටයෝත්, කුන්තායුධ ගත් අත් ඇති සිංහල හමුදා භටයන් විසින් දැඩි ලෙස,

21. පෙළන ලද්දාහු, තවදුරටත් ඉන්ට නොහැකිව භීතියෙන් ත්‍රස්තව ඒ ඒ තැනින් පොළොන්නරුව බලා ගොස් මෙසේ මන්ත්‍රණය කළාහුය.

22. "පරාක්‍රමබාහු නමැති සිංහල රජ තෙමේ මහා තේජස් ඇත්තේය. මහා ඉර්ධි ඇත්තේය. ඔහුගේ ආඥාව ඉක්ම යන්ට පොළොවෙහි කවර නම් ධීරයෙක් සමත් වෙයි ද?

23. දැන් දේශ දේශාන්තරවල රජදරුවෝ පවා ඔහුගේ ම වසඟයට ගියාහුය. සියලු ම සිංහලයෝත් ඔහුගේ වසඟයෙහි ම සිටින්නාහුය.

24. අනාගතය ගැන කියනුම කවරේද? අපගේ සමහර දෙමෙල්ලු පවා ඔහුගේ ම සේවකයෝ නොවැ. දැන් අපි වනාහී කුමක් කරන්නමෝ ද?

25. දැන් සූර්යයා බඳු තේජස් ඇති ඔහුගේ උදාවත් සමග ම අපි සියල්ලෝ ම කණාමැදිරියන් සෙයින් නිෂ්ප්‍රභා වූවෝ වෙමු.

26. එහෙයින් අපට අනාගතයෙහි මේ සිංහලයන්ගේ රටෙහි වාසය කරන්ට බැරිවන්නේ ම ය. නැවත අපි අපගේ දෙමළ රටට ම යමු" යි මන්ත්‍රණය කළෝය.

27. ඉක්බිති ඔවුහු හස්තීන්, අශ්වයන් මෙන්ම ඉතා ම වටිනා මැණික්, රජඔටුණු, සියලු අන්තඃපුර ස්ත්‍රීන්,

28. සියලු නා නා ආභරණ, වටිනා සළුපිළි පෙට්ටි ආදී කොට ඇති ලංකාවෙහි සකල සාරය ම භීතියෙන් යුක්තව රැගෙන,

29. පොළොන්නරු නගරයෙන් පලායන්ට පටන් ගත්තාහුය. එකල්හි වනාහි අප පරාක්‍රමබාහු

මහරජුගේ පුණ්‍යානුභාවයෙන් ඔවුහු වල්මත් වී මංමුළා ව ගියෝය.

30. එය එසේ ම ය. ඔවුහු නැගෙනහිර ද්වාරය යැයි සිතා බටහිර ද්වාරයෙන් නික්මී යම් තැනෙක සිංහල හමුදාවෝ,

31. කඳවුරු බැඳ සිටිත් ද, ඒ කලාවැවට ගියාහුය. එකල්හි ඔවුහු ඒ වස්තූන් ද සමග තමන්ගේ ජීවිතත්,

32. ඒ සියලු සිංහල යෝධයන්ට පුද දෙමින් දඹදෙණි මහපැරකුම්බා රජහු සිතූ අදහස ම තුමූත් ඉෂ්ට කොට දුන්නාහුය.

33. ඔවුන්ගේ වස්තු සම්භාරය ගත් සිංහලයෝ එතැන් පටන් පෙර යම් සම්පත්තියකින් ආඪ්‍ය ව සිටියාහු ද, එසේ ම වූවාහුය.

34. ඒ වනාහී සියයක් පමණ රජදරුවන් විසින් භය කරණ කොට ගෙන අත්හැර දමන ලද්දා වූ සම්පත්, මියුලු නුවර වසන්නා වූ සියලු වැසියන්ට ලැබුණාක් බඳු විය.

35. මේ රජු ආනුභාවයෙන් යුක්තව දෙමළ සතුරන් මර්ධනය කොට, ඉනික්බිති මුළු ලක්දිව දියුණු කරන්ට පටන් ගත්තේය.

36. එකල්හි මේ දඹදෙණි පැරකුම්බා රජු රාජ්‍යත්වයට පත්ව එකොළොස් වසරකි. ජාවා රටෙහි සිට චන්ද්‍රභානු නම් ප්‍රසිද්ධ වූ එක් රජෙක්,

37. "අපිත් හොඳ බෞද්ධයෝ වෙමු" යි මායා බස් කියමින් ඉතා දරුණු ජාවා හමුදාවක් ද ගෙන ලක්දිවට ගොඩබැස්සේය.

38. ඒ සියලු ජාවා හමුදාවෝ සියලු ම තොටුපලින් අවුත්, සර්පයන්ගේ ඝෝර විෂ බඳු විෂ පොවන ලද හීවලින්,

39. දුටු දුටු ජනයාට විදිමින් දුෂ්ට වූවාහු, නිරතුරුව ක්‍රෝධයෙන් පුපුරු ගසමින් එහෙ මෙහෙ දුවමින් සකල ලංකාද්වීපය නැසුවෝය.

40. ගිනිහෙනින් නැත්තට නැතිවූ ස්ථානයක් නැවතත් ජලහෙනින් වනසන සෙයින් කාලිංග මාඝාදීන් විසින් වනසන ලද සිංහලයන්ගේ රට නැවත ජාවාකාරයෝත් වනසාලූහ.

41. එකල්හි පරාක්‍රමබාහු නරනිඳු සිය සොයුරියකගේ පුත්‍රයෙකු වන වීර වූ වීරබාහු කුමාරයාව ජාවාකාරයන් හා යුද්ධ කරනු පිණිස සිංහල සේනාවන් දී පිටත් කොට යැවීය.

42. දරුණු වෙස් ගත්තා වූ, භයානක වූ වීරබාහු යුවරජු නමැති රාහු අසුරේන්ද්‍රයා යුද්ධය නමැති ආකාශ භූමියෙහි චන්ද්‍රයා පෙළන සෙයින් චන්ද්‍රභානුවා පෙළීය.

43. හෙතෙමේ වීර සිංහල හමුදා භටයන් ඒ ඒ තැන යෙදවීය. ඉක්බිති හේ ජාවා හමුදාවන් සමග යුද්ධ කරන්ට පටන් ගත්තේය.

44. ඒ යුද්ධයේදී ඉතාම වේගයෙන් යන්ත්‍රයකින් විදින දෙයක් සෙයින් ජාවා හමුදාවන් විසින් විෂ පෙවූ බොහෝ ඊ තමන් වෙතට විදින කල්හි,

45. ඉලක්කයට විදින්නා වූ යම් සිංහල දුනුවා මහයෝධයෝ වෙත් ද, ඔවුහු තියුණු තුඩ ඇති සිය හීවලින් ඒවා කඩ කඩ කොට දැමූහ.

46. යුද්ධයට ගිය රාමරජු සෙයින් වීරබාහු මිහිපල් තෙමේ රාක්ෂසයන් බඳු බොහෝ ජාවා යෝධයින් මරා දැමීය.

47. මහා වේගයක් දරා සිටින්නා වූ වීරබාහු රජ නමැති බිහිසුණු චණ්ඩමාරුතයෙන් ජාවා සතුරන් නමැති මහා වනාන්තරය නැවත නැවත සිඳදැම්මේය.

48. මෙතෙමේ මේ ආකාරයෙන් යුද්ධ කොට ජාවා සතුරන් පලවාහැර සියලු ලංකා මිහිතලය විදේශීය සතුරන්ගෙන් තොර බවට පත්කළේය.

49. ඉන් පසු හෙතෙමේ දෙවුන්දරට ගොස් උපුල්වන් දෙවියන් වැඳ ඒ දෙවියා හට විශේෂ පූජාවක් ද කරවීය.

50. එමෙන්ම මේ රජු ඒ ස්ථානයෙහි සඟ සතු කොට පිරිවෙණක් ද කරවීය. ඒ පිරිවෙණ දුටු දුටු ජනයා සතුටට පත්කරවන හෙයින් 'නන්දන පිරිවෙන' නම් වූයේය.

51. නැවත එතැනින් හැරී නික්ම දඹදෙණි පුරයට ආයේ පැරකුම්බා මහනිරිඳු බැහැදැක්කේය. එකල්හි මහරජු ද මහත් සේ ප්‍රීතියට පත්විය.

52. පරාක්‍රමබාහු මහරජු මේ ආකාරයෙන් නා නා විධ මහයුද්ධ කරමින් සියලු විදේශීය සතුරන්ගේ බලය නැතිකොට අධිකතර වූ තේජසින් යුතුව විජයශ්‍රීය ලද්දේය.

මෙසේ හුදී ජන පහන් සංවේගය පිණිස කරන ලද මහාවංශයෙහි 'සතුරු රජුන් පරදා ජයගැනීම' නමැති අසූ එක්වන පරිච්ඡේදය නිමාවට පත්විය.

82

අසූ දෙවන පරිච්ඡේදය

බුදු සසුනේ දියුණුව සැලසීම

01. මනුනීතිය නමැති ශාස්ත්‍රයෙහි විශාරද වූ මේ දඹදෙණි පරාක්‍රමබාහු රජු විදේශීය සතුරන් විසින් බොහෝ කලක් තිස්සේ මංකොල්ල කන ලද තම තමන්ගේ කුලපරම්පරාවන්ට අයත් ගම්, කෙත්, ගෙවල් ආදිය,

02. ඒ ඒ හිමිකාරයන්ට ම යළි ලබාදී පෙර පරිද්දෙන් ම භුක්ති විඳීමට සලසා දුන්නේය.

03. නැවත මේ රජු ඒ අයුරින් ම බුදුරජුන්ගේ ධර්මයට අයත් වූ යම් වතුපිටි ආදියත්, කැපකරු ප්‍රත්‍ය ගම්මානත්, සංඝයාට අයත්ව තිබූ ගම්මානත්,

04. එසේම භික්ෂූන් පුද්ගලිකව ලද ගම්මානත්, ප්‍රධාන බෞද්ධායතන අට සතුව තිබූ ගම්මානත්, පිරිවෙණ්වලට අයත් ගම්මානත් නියම කරවා දුන්නේය.

05. එසේම රජපවුල්වලට අයත් පංච ප්‍රේෂ්‍ය කොටස් ද දස ප්‍රේෂ්‍ය කොටස් ද නියම කරවා තැබුවේය.

06. මේ රජු ලක්වැසි සියලු ජනයාත් ආඪ්‍ය මහා ධනවතුන් කොට මුළු රට ම ස්වයංපෝෂිත කරවීය.

07. අනතුරුව පෙර රජදරුවන්ගේ කාලයේ පටන් තම හිතුමනාපයේ වාසය කරන්නා වූ, මිත්‍යා දෘෂ්ටික පැවැත්මෙන් යුක්ත වූ, ඇවිස්සී ගිය ඉඳුරන් ඇතිව සිටින්නා වූ,

08. ලැජ්ජා භය නැතිව වසන්නා වූ සියලු භික්ෂූන් එක්රැස් කරවා, ඔවුන් සසුනෙන් බැහැර කරවා සම්බුදු සසුන පිරිසිදු කළේය.

09. එමෙන්ම මේ රජු බොහෝ පඬුරු පාක්කුඩම් සොළී මහරටට පිටත් කරවා යහපත් සීලාචාර සම්පන්න වූ, තුන් පිටකය දරා සිටින්නා වූ,

10. ප්‍රසිද්ධ වූ සොළී භික්ෂූන් වහන්සේලා මේ ලක්දිවට වැඩමවාගෙන අවුත් දෙරටෙහි ම භික්ෂූන් සමගි කරවීය.

11. නැවතත් මේ රජු "තම්බ රටෙහි නිරන්තරයෙන් වසන්නා වූ, ලැජ්ජා බිය ඇති නොයෙක් භික්ෂූන් අතර ධර්මකීර්ති නමින් ප්‍රසිද්ධව වැඩවසන්නා වූ,

12. සිල් තෙදින් බබළන්නා වූ එක් මහතෙර කෙනෙක් ඇත්තාහ; ඒ මහතෙරපාණන් පිඬුසිඟා වඩින කල්හි,

13. ඇතැම් අවස්ථාවන්හිදී තෙරුන් වඩින මාර්ගයෙහි පියුම් පහළ වෙයි" යන කරුණ අසා විස්මයට පත්ව,

14. දළදා වහන්සේගේ පහස ලැබූ සුවඳ සඳුන් කල්ක ආදී දහම් පඬුරුත්, එසේම උත්කර්ශවත් රාජපඬුරුත් තම්බ රටට යවා,

15. ඒ ධර්මකීර්ති මහා ස්ථවිරයන් වහන්සේ මේ ලක්දිවට වැඩමවා, රහතන් වහන්සේ නමක් දකිනා සෙයින් නැවත නැවත දැක සතුටු වෙමින්,

16. උන්වහන්සේට මහා පූජාවන් කොට, පූජා සත්කාරයන්ට බඳුන් වූ මේ තෙරපාණන්ට සිව්පස දානයෙන් නිතර උපස්ථාන කළේය.

17. මෙතෙමේ තමා විසින් ම දියුණු කරන ලද බුද්ධ ශාසනයේ සුරක්ෂිත භාවය කරනු කැමතිව රාජධානිය හාත්පසින්,

18. අජ්ඣායතනවාසී ප්‍රධාන මහස්ථවිරයන් වහන්සේලා අටනමගේත්, සිහි නුවණින් යුතුව වැඩවසන ග්‍රාමවාසී - වනවාසී සංඝයාගේත්,

19. ලැගුම් පිණිස යෝග්‍ය වූ, විශාල වූ, නොයෙක් ප්‍රාසාදයන්ගෙන් සැරසීගත්, නොයෙක් මණ්ඩපයන්-ගෙන් යුක්ත වූ, නොයෙක් පොකුණෙන් යුක්ත වූ,

20. රාත්‍රීස්ථාන, දිවාස්ථාන, සක්මන් මළු ආදියෙන් ශෝභමාන වූ, මල් උයන් පළතුරු උයන්වලින් පිරිවරාගත්,

21. බොහෝ සංඝාරාමයන් කරවා උන්වහන්සේලා උදෙසා පූජා කොට සියලු පිරිකරින් ද මහා පූජාවක් කළේය.

22. අනතුරුව මේ රජු ග්‍රාමවාසී වූත්, අරණ්‍යවාසී වූත් මහාසංඝයා රැස්කොට, නිතර පිරිසිදු සිල් සොයන්නා වූ,

23. ධුතාංග සමාදන් ව සිටින්නා වූ, දුෂ්කර පිළිවෙත්හි විශාරද වූ, ඍජු ගුණයෙන් යුතු වූ, ලැජ්ජා භය ඇතිව ධර්මයෙහි පිහිටා සිටින්නා වූ,

24. යම් භික්ෂූහු වෙත් ද, ඒ සියලු භික්ෂූන් මැනවින් තෝරා, රත්නපුර සිරිපා අඩවියෙහි පලාබද්ගලෙහි වන සෙනසුනක් කරවා උන්වහන්සේලාට පුදා උවටැන් කරවීය.

25. මහා රූක්ෂ ප්‍රතිපදාවෙන් යුක්ත උන්වහන්සේලා ලවා මේ රජ තෙමේ සිය රාජ්‍ය කාලයෙහි ලංකාද්වීපය රහත් යුගයක් බඳු කරවීය.

26. එසේම මෙලක්දිව ත්‍රිපිටක ධර්මය දන්නා වූ භික්ෂූන් විරළ බව දැන, ධර්මය පිළිබඳ ලියැවුණු සියලු පුස්කොළ පොත් දඹදිවින් ගෙන්වා,

27. ත්‍රිපිටක ධර්මය පිළිබඳවත්, එසේම සියලු තර්ක ව්‍යාකරණාදිය පිළිබඳවත් හික්මවා, බොහෝ භික්ෂූන් වහන්සේලා විචක්ෂණ නුවණැතියන් බවට පත්කරවීය.

28. මේ ආකාරයෙන් ප්‍රතිපත්තියෙන් ද පර්යාප්තියෙන් ද දියුණු කොට මහා නුවණැති රජ තෙමේ මෙකී පූජාවෙන් ශ්‍රද්ධාවෙන් යුතුව අප සුගතයන් වහන්සේ පිදීය.

29. එසේම තමන්ගේ මලණුවන් වූ බුවනෙකබාහු

නමැති යුවරජු ත්‍රිපිටක ධර්මයෙහි විශාරද ලෙස හික්මවා,

30. ඒ යුවරජු ලවා තෙරුන් වහන්සේලා කැඳවා ධර්මය දේශනා කරවා, ධර්මය අසන්ට පැමිණි බොහෝ හික්ෂුන් මධ්‍යයෙහි,

31. උන්වහන්සේලාට ස්ථවිර සම්මුතිය ප්‍රදානය කොට සියලු පිරිකර පුදා ස්ථවිර පූජාවන් ද කළේය.

32. ආර්ය අෂ්ටාංගික මාර්ගයෙහි ගමන් කොට සසර සයුරෙන් එතෙර යන්ට හේතුවන කුසල සම්පත්තිය සොයන්නා වූ මේ රජු,

33. තමන් අභිෂේක ලබා තුන් වසරක් ගිය තැනත්, සය වසරක් ගිය තැනත්, එකොළොස් වසරක් ගිය තැනත්, දොළොස් වසරක් ගිය තැනත්, එසේම දාහත් වසරක් ගිය තැනත්,

34. විසි එක් වසරක් ගිය තැනත්, සත්විසි වසරක් ගිය තැනත්, තිස් වසරක් ගිය තැනත්, මෙසේ අවස්ථා අටකදී ස්ථම්භ සැටකින් යුතු මහා මන්දිරයක් කරවා,

35. එහි හාත්පස උතුම් මහා මණ්ඩපයක් කරවා එය විචිත්‍ර වූ වස්ත්‍රයෙන් නිමවා,

36. නැවතත් එය මල්මාලාදියෙන් අලංකාර කරවා, එහි බොහෝ හික්ෂුන් වහන්සේලා පේළියට වඩාහිඳුවා, දවසක් දවසක් පාසා ආදරයෙන් යුක්තව,

37. තමන්ගේ නමින් මහා පූජා සත්කාර පවත්වා, බොහෝ පැවිදි සාමණේරයන් හට උපසම්පදාව ලබාදී,

38. අනතුරුව ස්ථවිර පදවිය, මහාස්ථවිර පදවිය, ආයතනාධිපති පදවිය ආදී උතුම් ධානාන්තරයන් සංඝයා වෙත ප්‍රදානය කොට තදනන්තරව,

39. බොහෝ මාහැඟි ගරුභාණ්ඩයන් ද යහපත් පිරිකර ද හස්ති රාජයෙකුගේ පමණට ගොඩ ගසා,

40. මහාස්ථවිර තනතුර, ආයතන තනතුර ආදී තනතුරු ලැබූ තෙරුන් වහන්සේලාට පළමුකොට රාජකීය පිරිකර පූජා කොට,

41. අනතුරුව ස්ථවිර, නිසමුක්ත ආදී සියලු සංඝයා උදෙසා රජ තෙමේ පිළිවෙළින් අටපිරිකර දුන්නේය.

42. මේ අයුරින් නරශ්‍රේෂ්ඨ වූ මේ රජු උපසම්පදා මංගල්‍යයන් අටක් පුරා සතිය බැගින් පැවැත්වීය.

43. ඉන් පසුවත් මේ රජු බොහෝ වාර ගණනක් උපසම්පදා මංගල්‍යයන් පවත්වා බුදු සසුන දියුණුවට පත්කළේය.

44. මෙසේ දඹදෙණි පරාක්‍රමබාහු රජතෙමේ විවිධාකාර වූ උපකාරයන් කරමින් අමාරස සයුරක් බඳු තථාගත සද්ධර්මරාජයන් වහන්සේගේ ශාසනය බෙහෙවින් දියුණුවට පත්කළේය.

මෙසේ හුදී ජන පහන් සංවේගය පිණිස කරන ලද මහාවංශයෙහි 'බුදු සසුනේ දියුණුව සැලසීම' නමැති අසූ දෙවන පරිච්ඡේදය නිමාවට පත්විය.

83

අසූ තුන්වන පරිච්ඡේදය

විවිධ පින්කම් කිරීම

01. පසුව මේ රජු තමන් උපන් නගරය වන, සශ්‍රීක වූත්, උතුම් වූත් ශ්‍රීවර්ධන (වත්මන් මහනුවර) නම් සුවිසල් නගරයෙහි,

02. ප්‍රාසාද මණ්ඩපයෙන් යුතුකොට, උස් වූ ප්‍රාකාර, ද්වාර ගෝපුරයෙන් යුක්ත කොට, බෝධි, චෛත්‍ය, උයන්වතුවලින් යුක්ත කොට,

03. නා නා විධ විචිත්‍ර කැටයමින් දියුණු කොට ශෝභමාන කරවන ලද, මහසම්පත් ඇති මහවිහාරයක් කරවීය.

04. ඉන් පසු දඹදෙණි පුරයේ සිට ශ්‍රීවර්ධන පුරය දක්වා අඩ යොදුනක් හා ඉස්බක් දිග පළල ඇති,

05. මනහර බෙර ඇසක් බඳු සමතලා භූමි ප්‍රදේශයක නිරන්තරයෙන් අතුරන ලද කෝමළ සුදු වැලි තලා යුතු,

06. හිරු රැස් දහරා වළක්වමින් ඔසවන ලද නොයෙක් උස් ධජ පතාක ආදියෙන් යුතු, කෙසෙල් ගස් පෙළින් යුතු,

07. මල් අලංකාර දරන්නා වූ, සොඳුරු සිත්තමින් මනරම් වූ, නොයෙක් පුන් කළස් මගින් අලංකාර කළ මග දෙපස ඇති,

08. මේ සුවිසල් ඉඩ හසරෙහි තැනින් තැන පස් රියන් දිගු තැනක එක් එක් රජ තොරණ ය,

09. දස රියන් දිගු තැනක එක් එක් පිළී තොරණ ය, සියක් රියන් දිගු තැනක එක් එක් සිත්තම් තොරණ ය,

10. එමෙන්ම උස් වූ කැරළි ඇති, තුන්මහලකින් යුතු, සම්බුදු පිළිමයෙන් යුතු එක් එක් මහප්‍රාසාදයකුත් කරවීය.

11. එසේම විහාර ප්‍රාකාර වළල්ල හාත්පසින් නොයෙක් සිත්තමින් අලංකාර වූ, මහත් වූ,

12. සුරාධීශහුගේ දුන්නෙහි ලීලාවට අපහාස කරන්නාක් බඳු තොරණින් ද, සුපුන් සඳමඬලෙහි ආකාරය ගත් සුදු සේසතින් ද,

13. ගගන තලයෙහි නෘත්‍ය දක්වන්නා වූ සොඳුරු දිව්‍ය නාටකයන් බඳු නා නා රූපයන් ධරන්නා වූ, පංච වර්ණයෙන් යුතු ධජයන් ද,

14. දෙව්ලොවින් බට දෙව්විමන් පෙළක් සෙයින් නිරතුරු කාන්තිය විහිදෙමින් බබළන මැණික් මණ්ඩප පෙළින් ද,

15. සුදු සේසත් ගෙන පෙළ සැදී නෘත්‍ය දක්වන්නා වූ, යන්ත්‍රානුසාරයෙන් නිමවන ලද මනරම් බ්‍රහ්මරූප පෙළින් ද,

16. සිරසෙහි දොහොත් තබා පිළිවෙළකට හැසිරෙන, යන්ත්‍රානුසාරයෙන් නිර්මිත නා නා පැහැ ධරන්නා වූ දිව්‍ය රූප පෙළින් ද,

17. මහා සයුර කැළඹීමෙන් උස්ව නැගුණු රැළි මාලාවන් බඳු කාන්තියෙන් යුක්තව, යන්ත්‍රානුසාරයෙන් තන්හි තන්හි දුවන අශ්වරූප පෙළින් ද,

18. අහසින් පොළවට බැසගත් වළාවන් දෝ හෝයි සංකා ඇතිකරවන, යන්ත්‍රානුසාරයෙන් යන අලංකාරයෙන් සරසා ගත් හස්ති පංක්තීන්ගෙන් ද,

19. මේ ආදී වශයෙන් ලෝකයා ආනන්දයට පත්කරවන නන් වැදෑරුම් පූජා වස්තුන්ගෙන් අලංකාර කළේය.

20. ඉන් පසු නැවතත් වෙහෙර හාත්පස ගව්වක් ගව්වක් පමණ තැන අතරක් නැතිව පිරී සිටින්ටත්,

21. ලංකාද්වීපයෙහි වසන්නා වූ සියල්ලන් සාදුනාද දෙමින් සම්බුදු රජුන්ගේ ගුණ කියන්ටත් යෙදවීය.

22. බුද්ධ මංගල්‍යයෙහිදී කළයුතු පූජා පිණිස මල් ආදිය ගත් අත් ඇතිව භික්ෂූන් වහන්සේලා ද, සාමණේරවරු ද, එමෙන්ම උපාසක උපාසිකාවෝ,

23. ඔසොවාගත් පූජා වස්තූන් ද ඇතිව, සර්වාලංකාරයෙන් සැරසී සිටියාහුය. අන්‍ය වූ නරනාරීහු ද තුනුරුවන්ගේ ගුණ ගයමින් සිටියාහුය.

24. ඉක්බිති පරාක්‍රමබාහු රජුත් තෙමේ ම සර්වාභරණයෙන් සැරසී මහත් ශ්‍රද්ධාවෙන් යුතුව චතුරංගිනී සේනාවත් සමග,

25. සියලු රථාලංකාරයෙන් සරසන ලද මාහැඟි රථයෙහි ශ්‍රීමත් දළදා වහන්සේත්, පාත්‍රා ධාතූන් වහන්සේත් වඩාහිඳුවා,

26. රන් ධජ, රිදී ධජ, රන් කළස් මෙන්ම සොඳුරු රිදී කළස්, රන් චාමර, රිදී චාමර,

27. එසේම රන් කරඬු, රිදී කරඬු, මනරම් රන් වටාපත්, රිදී වටාපත්,

28. එසේම රන්පොකුණු, රිදී පොකුණු, රනින් නිර්මිත වූත්, රිදියෙන් නිර්මිත වූත් පුන්කළස්,

29. ආදී වශයෙන් අනේකවිධ පූජා වස්තු පෙරටු කොටගත් ඒ ඒ මිනිස්සු කණ්ඩායම් කණ්ඩායම් වශයෙන් පිළිවෙළින් යවන ලද්දාහුය.

30. පසුව පංච තූර්යනාදයෙන් මහපූජාවන් කරවමින් ඒ අලංකාර වීථියෙහි ගමන්කොට,

31. ක්‍රමයෙන් ශ්‍රීවර්ධන නමැති නගරයට වැඩමවා ඒ විහාර මධ්‍යයෙහි තබන ලද සුවිසල් මැණික් මණ්ඩපයෙහි,

32. පනවන ලද උතුම් බුද්ධාසනය මත සාදරයෙන් යුතුව ධාතූන් වහන්සේලා වඩාහිඳුවා ඒ ඒ මිනිසුන් ලවා පූජාවන් පවත්වන්ට ආරම්භ කළේය.

33. එකල්හි පිනට ම ඇලී සිටි ඒ සියලු ජනයෝ

පෙරවරු කාලයෙහි අලංකාර ඇඳුම් ආයිත්තමින් සැරසී දළදා වහන්සේත්, පාත්‍රා ධාතූන් වහන්සේත් උදෙසා,

34. මහත් භක්තියෙන් යුතුව, රන්මල් හා මුසුකරන ලද වර්ණයෙන් හා සුවඳින් යුතු දෑසමන්, නාමල්, සපුමල් ආදී නා නා පුෂ්පයන්ගෙන් පූජා පැවැත්වූවාහුය.

35. බොහෝ කලක් මුළුල්ලේ ගෙනෙන ලද යශෝරාවයෙන් හෙබි මහරජු සුවඳ ඇල්හාලෙන් කළ බත් ද, නොයෙක් ප්‍රණීත සූපව්‍යංජනාදී රාශියෙන් ද ධාතූන් වහන්සේලා පිදුවේය.

36. එසේම මැනවින් ඉදීගිය, මිහිරි සුවඳැති, සොඳුරු පැහැයෙන් යුතු කෙසෙල්, පැණිවරකා, අඹ ආදී මිහිරි පලවැලින් ද පිදුවේය.

37. මෙසේ මහරජු තෙමේ ම උතුම් ධාතූන් වහන්සේලා දෙනම උදෙසා නා නා විධ පූජාවන් පවත්වා,

38. අනතුරුව හික්මීගිය පැවැත්මෙන් යුතු මෙතෙමේ ප්‍රණීත වූ ආහාර පානයෙන් ද, ඛාද්‍ය භෝජ්‍යයෙන් ද, වළඳින රසවිඳින දෑයින් ද භික්ෂු සංඝයාට උපස්ථාන කළේය.

39. තුටු සිතින් යුතු මෙතෙමේ සිය ගණන් භික්ෂූන් වහන්සේලා උදෙසා අටපිරිකර පූජා කරගත්තේය.

40. පසුව ඒ විහාරය හාත්පස තුන්යම රැය පහන්වන තුරු සුවඳ තෙල් දැමූ දැල්වූ පහන් ආලෝකයන් ලක්ෂ කෝටි ගණනින් දල්වන ලද්දේය.

41. මනහර ලෙස යොදන ලද කපුරු යෙදූ මනරම් පහන් මාලාවෙන් තරු එළිය දිලෙන රෑ අහස සෙයින් පොළෝතලය බැබළවීය.

42. එසේම තන්හි තන්හි උතුම් රඟමඬල තනවා, එහි නොයෙක් වෙස් ගෙන නොයෙක් නර්තනයන් දක්වන්නා වූ,

43. නොයෙක් ගී ගයන්නා වූ බොහෝ නාටක ස්ත්‍රී පුරුෂයන් විසින් දක්වන ලද මධුර මනෝහර නැටුමෙන් හා ගැයුමෙන් ද යුතුව,

44. ශූරයන් විසින් සීමා ඉක්මවා කරන ලද නාදයෙන් ලජ්ජාවට පත්කරවූ මහාමේඝයන්ගේ සාඩම්බර ගර්ජනාව බඳු,

45. තමන්ගේ පින නමැති මහසයුරෙහි නින්නාද වෙන ඝෝෂාව බඳු පංචාංගික තූර්යනාද ඝෝෂාවෙන් පිරී ගිය,

46. ශ්‍රද්ධාවන්ත ජනයා විසින් සාදරයෙන් යුතුව තන්හි තන්හි පනවන ලද ධර්මාසනයන්හි අසුන්ගෙන, විචිත්‍ර විජිනිපත අතට ගෙන,

47. අසන්නවුන් හෘදයාංගම කොට සද්ධර්මය කියන්නා වූ ධර්මකථිකයන් වහන්සේලාගේ දහම් ඝෝෂාවෙන් ද ඝෝෂිත වූ,

48. අහෝ! බුදුරජාණෝ අසිරිමත් වන සේක! ධර්මයත් අසිරිමත් ය! ශ්‍රාවක සඟරුවන ද අසිරිමත් ය! යනාදී වශයෙන් නිරන්තරයෙන් සාදුනාද පෙරටු කොට තෙරුවන් ගුණ කියා,

49. පුණ්‍යානුමෝදනා කොට ඒ ඒ තැන හැසිරෙන්නා වූ භික්ෂු, භික්ෂුණී, උපාසක, උපාසිකා යන සිව්වණක් පිරිසගේ සාදුනාදයෙන් ශෝභමාන වූ,

50. නිරතුරුව ඒ ඒ දිශාවෙහි සිටිමින් සතුට උපදින අයුරින් බුද්ධ ශාන්ති කරන්නා වූත්,

51. නන් අබරණින් සැරසීගත් ජොෂ්ඨ පූජා පවත්වන්නන් විසින් ප්‍රශංසා කරන ලද මිහිපල් තෙමේ බුද්ධ පූජාවන් පැවැත්වීය.

52. තව්තිසායෙහි අධිපති සක්දෙවිඳු පවා කරන්නේ මෙබඳු බුද්ධ පූජාවන් ය යන කරුණ මනුලොවට දක්වන්නාක් බඳුව,

53. පෙර සිටි සිංහලාධිපති මහා ඉර්ධිමත් රජදරුවෝ පවා මෙබඳු වූ පූජාවන් කළාහුය යන කරුණ,

54. ප්‍රකාශ කරන්නාක් බඳුව, එසේම සර්වඥයන් වහන්සේගේ පාරමී කල්ප ලතායෙහි මෙබඳු ඵල ඇත්තේය,

55. යන කරුණ සියලු මිනිසුන්ට පවසන්නාක් බඳුව මේ දඹදෙණි පරාක්‍රමබාහු රජු තුනුරුවන් විෂයෙහි සතියක් පුරා මහපූජා පැවැත්වීය.

56. ඉක්බිති මේ රජු ඒ මහාවිහාරය ද සංඝයා උදෙසා සඟසතු කොට පූජා කොට සිය පිනත් කීර්තියත් පුරවා ගත්තේය.

57. එසේම මේ රජු සිය පරාක්‍රමබාහු යන නමින් උස් වූ ප්‍රාසාදයන්ගෙන් හෙබි පිරිවෙණක් කරවා,

58. නොයෙක් කැප භාණ්ඩයන් සහිතව, ආදායම් උපදනා බොහෝ ගම්මාන සහිතව ඒ විහාරයට පුදා මහා පූජාවක් ද කළේය.

59. එසේම මේ රජු තමන්ගේ යුවරජු ලවා සිය පැරකුම්බා යන නමින් බෙලිගල විහාරයෙහි බුවනෙකබාහු නම් වූ,

60. ප්‍රාසාද මණ්ඩපාදියෙන් හෙබි පිරිවෙණකුත් කරවා ශ්‍රීවර්ධන නම් නගරයෙහි,

61. පෙර කියන ලද ක්‍රමයෙන් සාදරයෙන් යුක්තව සියලු පූජා වස්තුවෙන් තෙරුවන් විෂයෙහි සත් දිනක් මහපූජා පැවැත්වීය.

62. රජ තෙමේ නැවතත් වරෙක යුවරජුන් ලවා ඇතුගල් පුරයෙහිත් (වත්මන් කුරුණෑගල) සිය නමින් ම මහාවිහාරයක් කරවා,

63. මහා මහින්දබාහු නමින් මනරම් පිරිවෙණක් කරවා මහපූජාවක් කොට පින් රැස්කරගත්තේය.

64. පෙර කාලයෙහි යටාලතිස්ස රජු විසින් උතුම් කැළණි පුරයෙහි කරවා තිබූ සත්මහල් ප්‍රාසාදය දිරාගොස් තිබූ හෙයින්,

65. එහි බොහෝ සෙයින් දිරාගිය තැන් පිළිසකර කොට සුණු පිරියම් කරවා නැවත ප්‍රකෘතිමත් කරවීය.

66. කැළණියෙහි ම සැතපෙන පිළිම වහන්සේගේ පිළිමගෙයත්, එසේම තිවංක පිළිමවහන්සේගේ පිළිමගෙය ද පිළිසකර කරවීය.

67. එසේම කැළණි විහාරයේ ම දිගු පුළුල් සතරැස් වූ කැළණි මහසෑ මළුව මහත් ගලින්,

68. මැනවින් සමතලා කොට වසා, ඉනික්බිති ඒ සෑය ඉදිරියෙන් ඉතා යහපත් ලෙස මහා මණ්ඩපයක් කරවීය.

69. එසේම මේ රජ තෙමේ බොහෝ අවස්ථාවන්හිදී අනේක යහපත් ජනයාගේ සතුට ඇතිකරවමින් ඒ කැළණි විහාරයෙහි ම,

70. මල් පූජා, පහන් පූජා, දන් පූජා ආදිය කරමින් බොහෝ බැතියෙන් යුක්තව බෝධීන් වහන්සේටත්, සෑරජුන්ටත් සම්බුද්ධ පූජා පවත්වා සොඳුරු පින් ලැබීය.

71. එසේම කැළණි විහාරයෙහි දිනපතා සිය නමින් පහන් ආලෝක පූජා පවත්වනු පිණිස,

72. එම විහාරයට ආසන්න වූ ප්‍රදේශයකින් සශ්‍රීක වූ මනරම් මහා පොල් උයනක් කරවා පූජා කළේය.

73. අනතුරුව මේ රජු අත්තනගල්ල නම් විහාරයෙහි, යම් තැනක සිරිසඟබෝ රජ තෙමේ,

74. දිළින්දෙකු හට සිය හිස දන් දුන්නේ ද, එහි ගෝඨාභය නම් රජු විසින් දෙමහල් කොට කරවන ලද,

75. යම් වෘත්තාකාර ධාතු මන්දිරයක් (වටදාගෙයක්) තිබුණේ ද, ඒ වටදාගෙය තුන්මහල් බඳු ගෙයක් වශයෙන් උස්කොට ඒ මත රන්කොතක් පැළඳවීය.

76. ඒ අත්තනගලු විහාරයෙහි ම තමන්ගේ පියරජුගේ ශරීරය බහා තැබූ ස්ථානයෙහි උතුම් සෑයක් ද කරවීය.

77. නැවතත් ඒ විහාරයෙහි ම අටපට්ටම් වහලයක් සහිත පිළිමගෙයක් කරවා එහි සෙල්පිළිම වහන්සේ නමක් පිහිටුවීය.

78. "ලෝකනායක, සුගත වූ අප සම්බුදුරජාණන් වහන්සේ ජීවමානව වැඩසිටියදී උන්වහන්සේගේ ම උතුම් මහා පාංශුකූල චීවර දායාදය ලද,

79. සම්බුද්ධ පරිනිර්වාණයෙන් පසු ඒ ධර්ම රාජ්‍යය ගෙන යම් රහතන් වහන්සේ නමක් පාලනය කළ සේක් ද,

80. අප සම්බුදු රජහුගේ ඖරසපුත්‍ර වූ ඒ මහා කාශ්‍යප මහරහතන් වහන්සේගේ උතුම් දළදා වහන්සේ නමක් පෙර කාලයකදී ලංකාවට වැඩමකොට,

81. පස්යොදුන් රටෙහි බෙන්තොට විහාරයෙහි දැනුදු වැඩසිටිනා සේකැ" යි අසා මහත් යසස් ඇති දඹදෙණි පරාක්‍රමබාහු රජ තෙමේ,

82. අපගේ මහාකාශ්‍යප මහරහතන් වහන්සේ කෙරෙහි අතිශය ගෞරවයෙන්, භක්තිප්‍රේමයෙන් යුතුව, චතුරංගිනී සේනාව පිරිවරාගෙන,

83. ඒ බෙන්තොට මහා විහාරයට ගොස් එහි වැඩසිටි උතුම් මහා කාශ්‍යප දළදා වහන්සේ බැහැදැක, නොයෙක් අලංකාර සුවඳමලින් ද,

84. සුගන්ධ ධූපයෙන් ද, ප්‍රණීත භෝජන දානයෙන් ද, තුන් දිනක් පුරා ඉතා සතුටින් යුතුව මහාකස්සප දළදා පූජාව පැවැත්වීය.

85. අනතුරුව පිනට ආකරයක් බඳු උතුම් දෙවිනුවර 'දැන් උපුල්වන් නම් දෙවිරජහුගේ දේවරාජ මන්දිරය,

86. බොහෝ කලක සිට දිරාපත්ව පවතින්නේය' යන කරුණ අසා මිහිපල් තෙමේ ඒ උතුම් නගරයට ද ගොස්,

87. එහි තිබූ දේවරාජ භවන සක්දෙවිඳුගේ භවනක් සෙයින් අභිනවයෙන් කරවා සියලු සම්පත් ඇති ගෘහයක් බවට පත්කළේය.

88. එසේම මේ නරශ්‍රේෂ්ඨ තෙමේ දෙවිනුවරත් දෙවියන්ගේ නගරයක් ම සෙයින් සියලු සම්පත්තියෙන් සම්පූර්ණ කරවීය.

89. එසේම ඒ දෙවිනුවර උපුල්වන් දෙවිරජහු උදෙසා වාර්ෂිකව ඇසළ පෙරහැර මංගල්‍යය පවත්වන්ට ද නියෝග කළේය.

90. නැවත මහරජ තෙමේ උතුම් දඹදෙණියට පැමිණ සිය පියරජු විසින් කලින් කරවන ලද ශ්‍රී විජයසුන්දරාරාමය,

91. හාත්පස උස් පවුරු, ගෝපුර ද්වාර තනවා අනතුරුව එහි තුන්මහලින් යුක්ත කොට ධාතු මැදුරක් ද අලුතින් කරවා,

92. එහි මහර්ෂී වූ අප භාග්‍යවතුන් වහන්සේගේ දළදා වහන්සේ මාහැඟි උස්වූ ආසනයක වඩාහිඳුවා,

93. සියලු සම්පත් සලසාලන තුනුරුවන් උදෙසා පෙර කියන ලද අයුරින් ම සත් දිනක් මහපූජාවන් පැවැත්වීය.

94. ජීවමාන ශාස්තෘන් වහන්සේගේ රුව වැනි මනහර වූ සුගතයන් වහන්සේගේ රුවක් දිනපතා දකිනු කැමතිව,

95. නා නා රත්නයන්ගෙන් යුක්ත වූ රුවන් සක්මනක සක්මන් කරන්නා වූ ජීවමාන භාග්‍යවතුන් වහන්සේ බඳු, කිසිවකට සම නොකළ හැකි ලෙස,

96. බුද්ධ රූපයක් මහා සිතුවම් වස්ත්‍රයක අතිදක්ෂ නොයෙක් ශිල්පීන් ලවා ඇන්දවීය.

97. එසේම මහයසස් ඇති රජු ලංකාවාසී සියලු සංඝයාත්, මහාජනයාත් ඒකරාශී කරවා,

98. පෙර කියන ලද අයුරින් ම ශ්‍රීවර්ධනපුරයෙහි සත් දිනක් මහා බුද්ධ මංගල්‍යය පැවැත්වීය.

99. එමෙන්ම මේ මහරජු කඨිනදානයෙහිත් ආනිශංස ඇත්තේ යැයි අසා පහන් වූ සිතින් යුතුව,

100. "පරක් තෙරක් නොමැති ඝෝර සසර සයුරෙන් එතෙර කරවන පාලමක් බඳු, ලෝක සත්වයා විසින් සත්කාර කරන ලද, උදාර ශාක්‍ය වංශයෙහි එකම ධජය බඳු,

101. මුනිවරුන්ගේ මුනිරජු වූ, ශාස්තෘ වූ, ලොවට

ස්වාමී වූ, උතුම් මහඍෂිවර වූ, ලොවම වසඟ කළා වූ, ලොවට ශ්‍රේෂ්ඨ වූ, ඔක්කාක සූර්ය රාජවංශයෙහි ශ්‍රේෂ්ඨ වූ බුදුරජාණන් වහන්සේගේ,

102. මහානුභාව සම්පන්න අසූමහා ශ්‍රාවකයන් වහන්සේලා උදෙසා මම් උතුම් අසූ මහා කඨින පූජාවක් කරන්නෙමි" යි,

103. මේ ආදී වශයෙන් සිතා විචක්ෂණ නුවණින් යුතුව ලක්වැසි සියලු නර නාරී ජනයා එක්රැස් කරවා,

104. ඔවුන් සියලු දෙන ලවා කපුපිළී සකස් කිරීම් ආදියෙන් සිවුරු කර්මාන්තය වහා නිම කරවා,

105. එක් දවසින් ම කැපසරුප් වූ සියලු පූජා භාණ්ඩ පෙරටු කොට අසූ මහා කඨින සිවුරු පූජාවක් කරගත්තේය.

106. ඉක්බිති දානයෙහි විශාරද වූ මේ රජු ඒ සියල්ල සම්පාදනය කරවා ලක්දිව සියලු සංඝයා උදෙසා දුන්නේය.

107. අසූ මහා ශ්‍රාවකයන් වහන්සේලාට වෙන් වෙන්ව ම එදවසෙහි ම අසූ මහා ශ්‍රාවක පූජාවක් ද කරවීය.

108. මෙසේ මේ රජු බොහෝ වාර ගණනක් ලක්වැසි මහාසංඝයා උදෙසා කඨින පින්කම් කොට මහා පින් රැස්කරගත්තේය.

109. එසේම බුදු සසුනෙහි ඉතා පැහැදුනු සිතින් යුතු මෙතෙමේ "මාගේ සම්බුදුරජාණන් හට ලංකා රාජ්‍යය ද පුදන්නෙමි" යි සිතා,

110. තමන්ගේ රාජභවන ශක්‍රදිව්‍යරාජ භවන සෙයින් අලංකාර කරවා, නගරය ද දිව්‍යපුරයක් සෙයින්,

111. සරසා, අනතුරුව රාජමාලිගයෙහි මාහැඟි සිංහාසනයෙහි මහර්ෂී වූ සර්වඥයන් වහන්සේගේ දළදා වහන්සේ වඩාහිඳුවා,

112. නොයෙක් චාමරයෙන් ද. නොයෙක් ඡත්‍රයෙන් ද, ඔටුන්නෙන් ද, නොයෙක් ආභරණයෙන් ද, නොයෙක් රුවන් ආදියෙන් ද,

113. නොයෙක් ඇතුන්ගෙන් ද, අසුන්ගෙන් ද, පාබල සේනාවන්ගෙන් ද, නොයෙක් බෙර දවුල් තම්මැට හේවිසියෙන් ද, නොයෙක් සංඛනාදයෙන් ද,

114. නොයෙක් ධජපතාකයෙන් ද, නොයෙක් කෙසෙල්ගස් පෙළින් ද, නොයෙක් කිරි බඳුනෙන් ද, නොයෙක් පියුම් රුකෙන් ද,

115. නොයෙක් අගනා සුවඳ මල්මාලාවෙන් ද, නොයෙක් අග්‍ර වූ දෝලාවෙන් ද, නොයෙක් අග්‍ර වූ ප්‍රණීත භෝජනයෙන් ද,

116. නොයෙක් අග්‍ර වූ කැවිලි පූජාවෙන් ද, නොයෙක් අගනා පහන් හා සුවඳ දුමින් ද ආදී වශයෙන් මහාරාජයෙකුට සුදුසු පරිදි සියලු පූජා වස්තූන්ගෙන් සාදරයෙන් යුතුව,

117. ලක්දිව නිවැසි සියලු සංඝයා රැස්කරවා සති හතක් මහා පූජාවන් පැවැත්වීය.

118. අනතුරුව මේ රජු සිව්රඟ බලසෙන් සමග පර්වතයන්ගේ සිළුමිණ වන සමන්තකූට පර්වතය ද නැග,

119. එහි දේවාතිදේව වූ, ධර්මරාජ වූ, අප ශාස්තෘන් වහන්සේගේ දෙව් මිනිස් ආදීන් විසින් වැන්ද යුතු ශ්‍රීපාද ලාංඡනය වන්දනා කොට,

120. ඒ පර්වත රාජයාගේ හාත්පස දස ගව්වක ප්‍රමාණයෙන් නා නා රුවනින් පිරුණු, ස්ත්‍රී පුරුෂයන්ගෙන් පිරුණු,

121. ජනපදය ඒ ශ්‍රීපාද පද්මය උදෙසා මහත් භක්තියෙන් පුදා, නැවත රන් රුවන් ආභරණයෙන් ද පිදීය.

122. මෙසේ භාග්‍යවතුන් වහන්සේ කෙරෙහි ශ්‍රද්ධාවෙන් යුක්ත නුවණැති රජු සසර කතර තරණය කරවන පාලමක් බඳු, දෙව්ලොවට නගින හිණිමඟක් බඳු උසස් උසස් පින්කම් රාශියක් කරගත්තේය.

මෙසේ හුදී ජන පහන් සංවේගය පිණිස කරන ලද මහාවංශයෙහි 'විවිධ පින්කම් කිරීම' නමැති අසූ තුන්වන පරිච්ඡේදය නිමාවට පත්විය.

84

අසූ හතරවන පරිච්ඡේදය

අන්‍යයන් ලවා විවිධ පින්කම් කරවීම

01. නැවත මේ දඹදෙණි පරාක්‍රමබාහු රජු මෙසේ සිතීය. "සියලු ලංකා රාජ්‍යයෙහි අනුශාසනා කරන මාහට දැන් ඒ ඒ තැන ගොස් සිද්ධස්ථානයන්,

02. සාදරයෙන් වන්දනා කොට, දිනපතා කැමති පරිදි පින් කරන්ටත්, ලෝකයා හට උපකාර කරන්ටත්, මෙසේ සර්වප්‍රකාරයෙන් ම භාර ය.

03. මාගේ අදහස්වලට අනුකූලව පුණ්‍ය සම්පත් රැස්කරන්ටත්, ලෝකයාට උපකාර කරන්ටත් කවර නම් අමාත්‍යයෙක් විශාරද වෙයි ද?" යනුවෙනි.

04. එකල්හි "දේවප්‍රතිරාජ නමැති මාගේ මේ අමාත්‍ය තෙමේ මෙකල බුද්ධ, ධම්ම, සංඝ යන ත්‍රිවිධ රත්නය කෙරෙහි ඉතාමත් පැහැදුනු සිතින් සිටියි.

05. බුදුබව ලැබීමට ප්‍රාර්ථනා කොට අධිෂ්ඨාන කරමින් මොහු විසින් පැළකරන ලද පොල් පැළයෙහි පවා,

06. තුන් ඇස්සෙන් ම පොල් අංකුරයෝ තුනක් පැනනැංගාහුය. කරුණාබර වූ මෙතෙමේ දිනක් එක් දිළින්දෙකු දැක,

07. තමන්ගේ අඹුදරුවන් සමග සකල සම්පත්තිය ඔහුට පුදා 'මම් බුදු බව ලබන්නෙමි' යි ප්‍රාර්ථනා කළේය.

08. එහෙයින් මෙතෙමේ මාගේ අදහස් තේරුම් ගෙන මාගේ අවශ්‍යතා සම්පූර්ණ කරන්නේය" යි මෙසේ සිතා ඔහු කැඳවා මෙය කීය.

09. "දුෂ්ට වූ මාරයා විසින් මවන ලද්දාක් බඳු වූ මඩවගුරු, දියවගුරු, ගිරිදුර්ගාදියෙන් යුක්තව පවතින සමනොළ කඳුමුදුනට යන්නා වූ මාර්ගය,

10. ඒ ඒ තැනින් බාධා පැමිණ ඇති හෙයින් ඒ මාර්ගයෙහි යායුතුව ඇත්තේ ඉතා දුකසේ ය. එය අප මුනිරජාණන් වහන්සේගේ ශ්‍රීපාද පද්මය වන්දනා කොට පින් කරගන්ට,

11. යන්නා වූ දහඅටක් ප්‍රදේශවාසී ජනයා හට දුක් උපදවන්නකි. එහෙයින් තෝ ගොස් ඒ මාර්ගය යහපත් මාර්ගයක් කරව.

12. එමෙන්ම පෙර කලෙක අත්තනගල්ල නම් වෙහෙරෙහි වැඩවිසූ, තමන්ගේ පුණ්‍ය තේජසින් අහසත් පොළවත්,

13. ගුගුරුවාගෙන යම් තැනක මහා ඉර්ධිමත් මහා තෙරුන් වහන්සේ නමක් අර්හත්වයට පැමිණි සේක් ද, එහි උපතිස්ස රජු විසින්,

14. රන් උළු සෙවිලි කරන ලද පස්මහල් ප්‍රාසාදයක් කරවන ලදී. කාලයාගේ ඇවෑමෙන් දැන් ඒ ප්‍රාසාදය ද නැසීගොස් ඇත්තේය.

15. මා හට අසන්ට ලැබුණේ දැන් හුදෙක් කණු පමණක් ඉතිරි වී ඇති බවයි. පින්වත, තෝ එය ද මාගේ නමින් අලුතින් ඉදිකරව.

16. බෙන්තොට විහාරයෙහිත් කීර්තිනිශ්ශංක රජු විසින් කරවන ලද පළතුරු උයනක් ඇත්තේය. එසේම මා නමිනුත්,

17. පොල් ආදී වෘක්ෂයෙන් සම්පූර්ණ වූ මහඋයනක් රෝපණය කරව" මෙසේ කියා දේවප්‍රතිරාජ අමාත්‍යයාව ඒ ඒ පුණ්‍යක්‍රියාවන්හි යෙදවීය.

18. අමාත්‍ය තෙමේ "එසේය දේවයෙනි" කියා පිළිවදන් දී එකල්හි ගඟසිරිපුරට (වත්මන් ගම්පොල) ගොස් එහිදී පළමුකොට සුන්දර ලෙස සියලු අංග ලක්ෂණ ඇති,

19. සමන් දෙවියන්ගේ මනරම් දෙව්රුවක් කරවා රන් රුවන් අබරණින් එය අලංකාර කළේය.

20. ඉන් අනතුරුව සමන්කුළු පව්ව බලා යනු කැමතිව, ඒ දේවප්‍රතිමාවත් උත්සවාකාරයෙන් යුක්තව,

21. වැඩමවාගෙන පිටත් වූ දේවප්‍රතිරාජ අමාත්‍ය තෙමේ බෝතල නමැති ගමට ගොස් එතැන් පටන් පාලම් බඳින්ට පටන් ගත්තේය.

22. ඉක්බිති කඳෝහොයෙහි තිස් පස් රියනක් පමණ වූ පාලමක් ද, එහි මුවදොර තිස් රියනක් දිග පාලමක් ද,

23. එසේම උල්පත්ගම තිස්හය රියනක් දිග පාලමක් ද එමෙන්ම අඹගමුවෙහි තිස්හතර රියනක් දිග පාලමක් ද මනහර ලෙස,

24. බැන්දවීය. එකල ඒ පාලම් ශක්තිමත් වූයේත්, අලංකාර වූයේත් විය. යම් පරිදි ඇත් අස් ගව මහිෂාදීන්ට යා හැක්කහු ද, එසෙයින් කරන ලද්දේය.

25. ඒ ඒ මහා පාලම් බැමි මත්තෙහි උස් වූ ස්ථම්භ ආදියෙන් හොබනා සොඳුරු මහගෙවල් කරවා,

26. බොහෝ සංඝයා රැස්කොට ඒ ඒ තැනෙහිදී සංඝයා උදෙසා මහදන් දී මහපූජාවන් පැවැත්වීය.

27. සෙසු තැන්වල ද නොයෙක් අයුරින් අම්බලම් කරවා, පාලම් බඳවා, පාගල් තබ්බවා,

28. මහවනාන්තර කප්පවා, මහමාවත් පිළිසකර කරවා සමන්තකූට පර්වතයට නැග ශ්‍රීපාද ලාංඡනය වන්දනා කොට,

29. සමන් දේවප්‍රතිමාව ශ්‍රීපාද චෛත්‍යංගණ භූමියෙහි පිහිටුවා ශ්‍රීපාද මණ්ඩපයක් ද කරවීය.

30. ඉක්බිති එය වටා ප්‍රාකාරයක් බැඳ අනතුරුව නුවණැති ඇමති තෙමේ ඒ මණ්ඩපය දම්වැලින් ගැටගසා ඒ දම්වැල්,

31. යකඩ කණුවල ශක්තිමත් ලෙස තරයේ බඳවා අනතුරුව තුන් දිනක් ශ්‍රීපාද පද්මයට පහන් ආලෝක පූජා පවත්වන්නේ,

32. තමන්ගේ හිස මතින් සුවඳ තෙල් පහනක් ගෙන සිය ස්වාමී වූ පරාක්‍රමබාහු මහරජුගේ නාමයෙන්,

33. නමස්කාර කර කර, ශ්‍රීපාද පද්මය වටා ප්‍රදක්ෂිණා කර කර තුන් යම් රාත්‍රියක් පුරා ආලෝක පූජා පැවැත්වීය.

34. අනතුරුව මුල පටන් ම මේ සියලු පුවත් ක්‍රමානුකූලව ඉතා උස් ගල්ටැඹක ලියවා ඉන් පසු එය,

35. පරාක්‍රමබාහු මහාධිරාජයාගේ කීර්ති ස්ථම්භය ලෙසින් දේවප්‍රතිරාජ ඇමති තෙමේ ඉතා සතුටින් යුතුව එහි පිහිටුවීය.

36. අනතුරුව සර්වප්‍රකාරයෙන් සම්පූර්ණ කරගත් මනෝරථ ඇත්තේ, ඒ සතුටෙන් යුතුව සියලු පුවත් දූතයෙකු මාර්ගයෙන් මහරජු වෙත දන්වා යැවීය.

37. එතැනින් නික්ම අත්තනගලු විහාරයට පැමිණ රජතුමා විසින් කියන ලද ක්‍රමයෙන් ම බොහෝ ධනය වියදම් කොට,

38. උස් කොතක් සහිත තුන් මහල් ප්‍රාසාදයක් කරවා ප්‍රඥා සම්පන්න වූ අනෝමදස්සී නම් මාහිමියන් හට,

39. ඒ ප්‍රාසාදය පූජා කොට මහරජුගේ නියෝගයෙන් දන්වැට ද පිහිටුවා ශිලා ලේඛනයක් කරවීය.

40. ඉක්බිති දේවප්‍රතිරාජ මහාමාත්‍ය තෙමේ එතැනින් පිටත්ව බෙන්තොට ගොස් කළුගඟ හරහා අසූරියනක පාලමක් ද කරවා,

41. කෙහෙල්සෙන් ගමෙහි සියක් රියන් ප්‍රමාණයට මහා පාලමක් ද, සල්ගමු ගඟ හරහා සතළිස් රියන් පාලමක් ද,

42. සල්රුක් හෙබෙහි එක්සිය පනස් රියන් පාලමක් ද ආදී වශයෙන් යන්ට අපහසු ඒ ඒ තැන පාලම් බන්දවා,

43. එසේම බොහෝ උයන්වතු, ධර්මශාලාදිය කරවා මහදන් පූජාවන් ද පැවැත්වීය.

44. මේ රාජමහාමාත්‍ය තෙමේ බෙන්තොට වෙහෙර පටන් කළුගංතොට දක්වා යොදුනක් දුර ප්‍රමාණයෙන් යුතු තැන,

45. පරාක්‍රමබාහු නමින් ප්‍රසිද්ධ කොට මනා සෙවන ඇති එලබර මහා පොල් උයනක් කරවීය.

46. එසේම ඒ ඒ රටෙහි කපු කැටීම් ආදී සියලු කර්මාන්තයන් කරවා එක් දවසකින් ම ඒ කටයුතු නිමවා,

47. මහයසස් ඇති හේ මාහැඟි කඨින පූජා විසිහයක් කොට භික්ෂු සංඝයාට දන් දී මහපූජා පැවැත්වීය.

48. මේ අයුරින් මෙතෙමේ දානාදිය දෙමින් ඒ ඒ තැන හැසිරෙමින් සංඝයා උදෙසා කඨින පූජා හැට හයක් දුන්නේය.

49. ඉක්බිති හේ මාදෙල් ගස් වනය නමැති මහාවනය මුල් සහිතව කප්පවා එහි උතුම් ගම්මානයක් කරවා,

50. ඒ ගමට ආසන්නයේ මහා කොස් වනයක් රෝපණය කරවා එහි මහල් තුනකින් හෙබි පිළිම ගෙයක් ද,

51. බෝධි, චෛත්‍ය, උයන්වතු ආදිය පවුරු වළල්ලකින් වටකොට කරවා මහරජු නමින් පූජා කළේය.

52. මේ අයුරින් සිය පරාක්‍රමබාහු රජහුගේ නාමයෙන් මහා පින් කොට පෙරලා දඹදෙණියට පැමිණ ඒ සියලු පුවත් රජුට දන්වා සිටියේය.

53. එකල්හි දේවප්‍රතිරාජ ඇමතියා කෙරෙහි හටගත් මහත් දයාවෙන් යුතු මහරජ තෙමේ මාදෙල්ගස් නමැති ගම ආදී කොට,

54. ඔහු විසින් කරවන ලද බොහෝ ගම්, ඔහුගේ ම කුලපරම්පරාවට ප්‍රදානය කොට ඉක්බිති ඔහු කැඳවාගෙන ධාතු මන්දිරයට ගොස්,

55. සංඝයා මධ්‍යයෙහි සිට "මාගේ මේ උතුම් ඇමතියා තුනුරුවන් කෙරෙහිත්, මා කෙරෙහිත් හැමකල්හි පහන් සිතැත්තේ ය.

56. බුදුරජාණන් වහන්සේටත්, තමන්ගේ රජුටත් හිතෛෂී වූයේය. එමෙන්ම මෙතෙමේ ප්‍රිය මනාප ද වෙයි. එහෙයින් මමත් ප්‍රිය වස්තුවෙන්,

57. දළදා වහන්සේ පුදමි" යි කියා අඹුදරුවන් සහිත උතුම් ඇමතියාව ශාක්‍යමුනි රජහුගේ දළදා වහන්සේට පිදීය.

58. මෙසේ එතැන් පටන් මධ්‍යම ලෝකපාලක රජ තෙමේ උතුම් දේවප්‍රතිරාජ ඇමතියා ලවා නිතර විවිධාකාර වූ මාහැඟි පූජා වස්තූන්ගෙන් දෙවියන් සහිත ලෝකයා විසින් පුදනු ලබන තුනුරුවන් උදෙසා පූජා පැවැත්වීය.

මෙසේ හුදී ජන පහන් සංවේගය පිණිස කරන ලද මහාවංශයෙහි 'අන්‍යයන් ලවා විවිධ පින්කම් කරවීම' නමැති අසූ හතරවන පරිච්ඡේදය නිමාවට පත්විය.

85

අසූ පස්වන පරිච්ඡේදය

රාජ්‍ය බලය පැවරීම

01. තවද ලංකාදීපයෙහි පාපකර්මයන්ගේ විපාක දෙන කිසියම් කාලයකදී මහානියං හටගත් කල්හි සියලු සන්තාපයන්ට හේතුවන,

02. ගොයම් මැලවී යන කල්හි, ඉක්ම යා නොහැකි දුර්භික්ෂය හටගත් කල්හි, ලක්වැසි සියලු ජනයා එකසේ අතිශයින් බියපත් වූ කල,

03. රජ තෙමේ වනාහී තුනුරුවන්ට ද චෛත්‍ය බෝධීන්ට ද, නාථ මෛත්‍රෙය ආදි මහඉර්ධිමත් දේවතාවුන්ට ද,

04. නා නා ප්‍රකාර පූජාවලින් මුළු ලක්දිව ම එක ම මහොත්සවයක් කොට උතුම් පූජා පවත්වා,

05. පූජා සත්කාර පෙරටුව මහා සංසයා රැස්කරවා පිරිත් දේශනා කරවා, මහර්ෂි සම්බුදුරජුන්ගේ දළදා වහන්සේ වැඩමවාගෙන,

06. මනාකොට නගරය ප්‍රදක්ෂිණා කරවා, ඉන්පසු මේ රජු "වැසි වසිත්වා!" යි මෙසේ අධිෂ්ඨාන කළේය.

07. එකල්හි වනාහී මහාමේඝයක් පැනනැඟී ඒ ඒ දිශාවන්හි විදුලි කෙටිලි ඇතිකරවමින්, යළි යළිත් දිලෙමින්,

08. මොහොතකින් සියලු ලෝකයාගේ කන් පිනවමින් මහා ගර්ජනා කරමින්, මහජනයාට සිනහ නංවමින්, දුර්භික්ෂය නසමින්,

09. දුර්භික්ෂය කිලිටි කරමින්, දිසා ශෝභමාන කරමින්, මැලවී ගිය ගොයම් අස්වසමින් මහාවැසි ඇදහැලෙන්ට පටන් ගත්තේය.

10. "බුද්ධානුභාවයෙන් අපේ හදවත්වල සතුට ඇතිකරවමින් මේ වලාවෝ මෙසේ වසින්නාහ.

11. එසේ හෙයින් මේ බුදුගුණ මෙපමණක් ය කියා දැනගන්ට දිව්‍ය බ්‍රහ්ම මනුෂ්‍යයන් අතුරෙන් කවර කෙනෙක් නම් සමත් වෙත් ද?

12. එමෙන්ම අප මහරජු ද මහතෙද ඇත්තේය. මහඉර්ධි ඇත්තේය. මේ රජු හා සමාන අන් රජෙක් නොවූයේය. මතු ද නොවන්නේය."

13. එකල්හි මෙසේ බුදුරජුන්ගේ ගුණත්, මහරජහුගේ ගුණත් කිය කියා ලක්වැසි ජනයෝ ප්‍රශංසා කළෝය.

14. මෙසේ ධර්මයෙන් යුක්තව ලෝකයත්, බුදු සසුනත් පරිපාලනය කරමින් තමන්ගේ ආත්මභාවයත් සාරවත් කරන්නේ ම,

15. චිරාත් කාලයක් රාජ්‍ය ශ්‍රී අනුභව කරන්නේ, කිසියම් කලෙක මේ රජු තමන්ගේ සහෝදරියගේ පුත්‍රයා වන වීරබාහු කුමාරයාත්,

16. තමන්ගේ පුත්‍රයා වන විජයබාහු කුමාරයාත්, එසේම බුවනෙකබාහු, තිලෝකමල්ල නමැති කුමාරවරුත්, එසේම පරාක්‍රමබාහු නමැති කුමාරයාත්,

17. එසේම ජයබාහු කුමාරයාත් යන මේ ප්‍රිය ස්වභාව ඇති කුමාරවරුන් සයදෙනා කැඳවා මේ අයුරින් අවවාද කරන්ට පටන් ගත්තේය.

18. "දරුවෙනි, මාගේ වචනය අසව්! මේ ලෝකයෙහි පුත්‍රයෝ වනාහී අවජාත ය, අනුජාත ය, අතිජාත ය වශයෙන් තුන් දෙනෙක් සිටිත්.

19. ඔවුන් අතුරෙන් යම් දරුවන් මව්පිය වංශ පරම්පරාවෙන් ගෙන එන ලද සැප සම්පත් හා ගුණයන්ට එකඟව අනුභව කරන්ට නොහැකිව,

20. මල්වඩමක් නසනා වඳුරන් සෙයින් නසා දමා සිරි සැප නැතිව කල්ගෙවත්. එහෙයින් පුරාතන පණ්ඩිතයෝ මොවුන්ට 'අවජාතක දරුවෝ' යි කීවාහුය.

21. යම් කෙනෙක් වනාහී එබඳු සම්පත්තියක් ලැබ තමන්ගේ මාපියන් අනුභව කළ ලෙසින් ම අනුභව කරමින් කුල ක්‍රමය පාලනය කරත් ද,

22. ඒ පුත්‍රයෝ 'අනුජාතයෝ' යැයි දනිව්. නැවත මම් තවත් කරුණක් කියමි. යමෙක් වනාහී කුලපරපුරෙන් ආ සම්පත් ද ඇතිව,

23. අන්‍ය වූ බොහෝ සම්පත් උපදවා, සිය පරපුරේ උදව්යටත් වඩා සැපක් විඳිත් ද, ඒ ප්‍රඥාසම්පන්න පුත්‍රයෝ 'අතිජාතයෝ' යැයි ප්‍රකට වූවාහුය.

24. මා විසින් ද මාගේ පියරජු විසින් දෙන ලද එක ම මායාරට පමණක් ගෙන, දැන් පිහිටි රටත්, රුහුණු රටත් යන දෙරට ම ජයගෙන,

25. නැවත මේ තුන් රාජ්‍යය ම ඉතිරියක් නොතබා එක්සේසතක් යටතට ගෙනෙන ලද්දේය. එමතු ද නොව, පියරජහු විසින් නොදිනිය හැකිව තිබූ සියලු විදේශ ආක්‍රමණික දෙමළ බලය ද නසන ලද්දේය.

26. ගිරිදුර්ගාදිය ඇසුරු කොට ඒ ඒ තැන වසමින් සිටි සියලු වන්නි රජවරු ද මා වෙතට ගෙන්වන ලද්දාහුය.

27. සියලු විදේශීය රාජ්‍යවලත් කීර්තිය පතුරුවා මෙසේ චිරාත් කාලයක් මා විසින් රාජ්‍ය කරන ලද්දේ ධර්මයෙන් ම ය.

28. එමෙන්ම පඬුරු සහිත රාජකන්‍යාවන් දඹදිවින් මෙහි ගෙන්වා විදේශීය රජපවුල් සමගත් ඥාති සම්බන්ධයෙන් යුතු බවට තොපව පත්කළෙමි.

29. චන්ද්‍ර සූර්ය රාජවංශයෙන් උපන් පාණ්ඩ්‍යයන් මෙන්ම චෝළ රජදරුවෝ ද මා හට ඔටුණු ආභරණ ආදිය එව්වෝය.

30. හුදෙක් තොප සියල්ලන් පමණක් නොව අනාගත කාලයෙහි සත්මුතු පරම්පරාවක් යනතුරු,

31. සැප විදිය හැකි පරිදි, වෙසමුණි රජහුගේ සංඛ ආදී නිධාන නවය සෙයින් මවිසින් රැස්කරන ලද අනල්ප රුවන් රාශීහු ඇත්තාහ.

32. එමෙන්ම දුර්ජනයෝ නිග්‍රහ කරන ලද්දාහුය. සජ්ජනයෝ පෝෂණය කරන ලද්දාහුය. සම්බුද්ධ ශාසනය ද මවිසින් මනාකොට සමගි කරන ලද්දේය.

33. එහෙයින් මම් වනාහී මා පිය රජහුගේ අතිජාත පුත්‍රයා වෙමි. දරුවෙනි, තෙපි දු මා බඳුව අතිජාත පුත්‍රයෝ වව්!

34. පෙර කල ඔක්කාක රාජවංශයෙහි සගර රජහුට සැටදහසක් පුත්‍රයෝ සිටියාහුය. ඔවුහු එතෙක් නොබෙදු රාජධානියෙන් යුතු,

35. සියලු දඹදිව් රාජ්‍යය සැටදහසකට බෙදා නිර්මාණය කොට සමගි සම්පන්නව වෙන් වෙන්ව පාලනය කළාහුය.

36. දසබෑ රජවරු ද ඉහතින් කීවාක් සෙයින් දසරාජ්‍යයකට බෙදා මනාකොට රාජ්‍ය කළාහුය.

37. එමෙන්ම තෙපිදු පින්වත් දරුවෙනි, මේ ලංකා රාජ්‍යය සුදුසු පරිදි බෙදාගෙන එකිනෙකාට අවවාද අනුශාසනා කරගනිමින් මනාකොට රාජ්‍ය කරව්!

38. එමෙන්ම දරුවෙනි, තෙපි සර්වප්‍රකාරයෙන් ම පරසතුරන් හට තමන්ගේ සිදුරක් නොදක්වව්!" කියා මෙසේ තමන්ගේ ඖරසපුත්‍රයන්ටත්, බෑණාටත් අවවාද කළේය.

39. ඉක්බිති මේ රජු මහා සංඝයාත්, මහාජනයාත් රැස්කරවා "මාගේ බෑණනුවන් හා රාජපුත්‍රයන් යන මේ සය දෙනා අතුරෙන්,

40. කවරෙක් නම් රාජ්‍යයට යෝග්‍ය වෙයි ද?" කියා අසා සිටියේය. රජහුගේ මේ වචනය ඇසූ මහා සංඝයා වහන්සේ මෙසේ දැනුම් දුන්නාහුය.

41. "මහරජතුමනි, මේ හවත් රාජකුමාරවරු ය. මේ මහරජහුගේ බෑණනු කුමරු ය. මේ සියල්ලෝ ම වීර ධීර බහුශ්‍රැතයෝ ය.

42. යුද්ධයෙහි නිපුණයෝ ය. පරසතුරන් මඩින්නෝ ය. එසේම මේ හවත්හු ලෝකශාසන පාලක රජකමට යෝග්‍යයෝ ය.

43. එසේ නමුදු හවත්හුගේ ජ්‍යෙෂ්ඨ පුත්‍රුවන වන විජයබාහු කුමාරයා කුඩා අවදියෙහි පටන් ම රත්නත්‍රයෙහි පැහැදුනු සිත් ඇත්තේය.

44. ගිලන් භික්ෂූන් හට උපස්ථාන කිරීමෙහි නිතර එළඹ සිටි සිහි ඇත්තේය. සත්‍යයෙන් සත්‍ය ගලපන්නේ, කෙළෙහිගුණ දත්තේය. ශ්‍රද්ධා බුද්ධි ගුණාදියෙන් යුතු වූයේය.

45. උපකාර රහිත ජනයාට උපකාරී ය. මහලු දුර්වල සත්වයන් කෙරෙහි ද දුක්ඛිත සත්වයන් කෙරෙහි ද අතිශය කරුණා ඇත්තේය.

46. එසේම නොයෙක් රජවරුන්ගේ කාලවල භික්ෂු සංඝයාගේ බොහෝ ඥාතීහු ද අන්‍ය බොහෝ ජනයා ද දාසබවට පමුණුවා තිබූ හෙයින් මේ කුමරු,

47. ඔවුනොවුන්ගේ ස්වාමිවරුන්ට රන් රුවන් ආදිය දී ඔවුන්ව දාසභාවයෙන් නිදහස් කරවාගත්තෝය.

48. තව ද මහරජුනි, බොහෝ සොරු රාජමාලිගයේ පවා සොරකම් කොට නිග්‍රහයට යෝග්‍ය වූ කල්හි මේ කුමරු වෙත පැමිණ,

49. හය තැතිගැනීම් හැර දමා නිරුපද්‍රිත වූවෝ, අත් පා කන් නාසා සිඳලීමකට ද නොපත්ව ජීවිතය ලැබුවාහුය.

50. ගමින් ගම රාජ්‍ය සතු ආදායම් වංචාවෙන් ගෙන සොරු බවට පත්වූ මිනිසුන් දැක ඔවුන්ට තමන්ගේ ධනය දී,

51. ඒ ඒ සියලු දුප්පත් ජනයා බදු ගෙවීමෙන් නිදහස් කරවා නිතර ලෝකපාලනයෙහි දක්ෂ ව ක්‍රියා කරයි.

52. තොපගේ සිත් දිනාගත යුතු කිසියම් සිංහල රජකෙනෙකු ඇත්නම් පළමුව විජයබාහු කුමාරයා බැහැදැක නිර්භය ව පසුව හවත්හු දකිත්.

53. 'අනාගතයෙහි අපගේ කුලපරපුර රකින්නා වූ මේ විජයබාහු කුමාරයා මෙතැන් පටන් නිරන්තරයෙන්,

54. හවත්හු ද දැඩි භක්තියෙන් සේවනය කළ මැනව' යනාදී වශයෙන් ඇමතිවරුන්ගේ කුලකාන්තාවෝ කරන ලද ආදර ඇතිව තම තමන්ගේ ස්වාමිවරු හික්මවත්.

55. ඇතැම් මව්පිය කෙනෙක් තමන්ගේ දෙතුන් හැවිරිදි ව සිටිනා බාල දරුවන්ගේ බොළඳ මිහිරි බස් අසනු කැමති ව ඒ මාපියන් විසින්,

56. "තෙපි කවරක්හු ඇසුරු කරව් ද?" කියා ඇසූ කල්හි "හැයි... වෙන කවරෙක් ද? අපි විජයබාහු කුමාරයා ඇසුරු කරන්නෙමු" යි ඒ සිඟිත්තෝ කියන්නාහ.

57. මාපියන් විසින් කෝපයට පත්ව තලනු ලැබූ දරුවෝ විජයබාහු කුමාරයා වෙත පැමිණ ම තම තමන්ගේ දුක්ගැනවිලි කියත්.

58. එකල්හි විජයබාහු කුමාරයාත් දයාවෙන් යුක්තව දෙමව්පියන් කැඳවා "මෙතැන් පටන් තෙපි මේ දරුවන්ට නොතලව්" කියා,

59. තමාගේ භාණ්ඩාගාරයෙන් ම ඒ ඒ දරුවන්ට බත් ද වියදම් ද දෙවීය.

60. ඇස් ඇති පුද්ගලයෙක් පුන්සඳ සහිත ගගනතලය දෙස බලා 'මෙහි පුන් සඳ කොහි තිබේ දැ?' යි අසන්නාක් මෙන්,

61. 'මේ කුමාරයා තුළ රාජ්‍ය සතුටු කරන ගුණයෝ පෙනෙන්ට ඇත්තාහුය' යි දැන දැනත් භවත් මහරජුනි, තෙපි කෙසේ නම් සංසයා විචාරව් ද?

62. ඇසුව මැනවි භවත් මහරජුනි, හුදෙක් මේ ලංකාද්වීපය පමණක් නොවෙයි. ජම්බුද්වීපය පවා පාලනය කිරීමේ පින් ලකුණ මේ කුමරහු කෙරෙහි ඇත්තේය."

63. විජයබාහු කුමාරයා පිළිබඳව බොහෝ ගුණ සංසයාගේ මුවින් ඇසූ කල්හි රජුගේ දෙනෙත් සතුටු කඳුළින් තෙමී ගියේය.

64. ඉක්බිති මහරජ තෙමේ සන්තෝෂයෙන් යුතුව ඒ විජයබාහු පුත්කුමරු තමන් සමීපයට කැඳවා සමාන අස්නක වාඩිකරවා ගත්තේය.

65. එකල්හි මහරජු යමක් තමා විසින් නොකරන ලද්දේ ද, ඒ ලෝකශාසන සියලු කෘත්‍යය මෙසේ දැනුම් දුන්නේය.

66. "ප්‍රිය පුත්‍රය, ආක්‍රමණික දෙමළ සතුරන් විසින් අපගේ රුවන්වැලි මහාසෑය බිඳහෙළන ලද්දේය. ඒ මහාසෑය යළි බන්දවා රන්කොතකින් අලංකාර කරව.

67. සිංහල රජවරුන්ගේ යම් පුරාතන රාජධානියක් සියලු නගරයන්ට තිලකයක් බඳුව තිබුණේ ද, ඒ පොළොන්නරු නගරය,

68. කලින් තිබූ ආකාරයට ම උස් වූ ප්‍රාකාර, ගෝපුර සහිතව මනාකොට බෙදන ලද සිව් දොරටුත්, ගැඹුරු දියඅගලත්,

69. දෙව්විමනක් සෙයින් මනරම් ව තිබූ දළදා මැඳුරත් යළි පෙර පරිදි කරවා, එහි දළදා වහන්සේත් පාත්‍රා ධාතූන් වහන්සේත් වඩාහිඳුවව.

70. පෙර සිංහල රජදරුවන්ගේ රාජධානියෙහි අභිෂේක මහෝත්සවය කරන්ට මම ද කැමැත්තෙමි.

71. එසේම රුහුණු, මායා, පිහිටි යන මේ ත්‍රිසිංහලයෙහි සියලු සංඝයාත්, මහජනයාත් දහස්තොටට ගෙන්වාගෙන එහි පූජා සත්කාර පෙරටුව,

72. මහවැලි ගංගාවෙහි සීමා බැඳ උපසම්පදා මංගල්‍යය කරවා තෝ ද බුද්ධ ශාසනය අභිවෘද්ධියට පත්කරව.

73. මෙසේ මේ ආදී වශයෙන් සියලු ලෝකශාසනික කාර්යභාරය පවසා රජ තෙමේ ලංකා රාජ්‍යයෙහි බර විජයබාහු කුමරුගේ අතෙහි තැබුවේය.

74. ඉක්බිති රජ තෙමේ නැවතත් රාජකුමාරවරුත්, උතුම් මුනිරජුගේ දළදා වහන්සේත්, පාත්‍රා ධාතූන් වහන්සේත්, සියලු සංඝයා වහන්සේත්, සියලු අමාත්‍ය පිරිසත්, සකල ලංකා භූමියත් ඒ විජයබාහු කුමාරයාට පවරා දුන්නේය.

මෙසේ හුදී ජන පහන් සංවේගය පිණිස කරන ලද මහාවංශයෙහි 'රාජ්‍ය බලය පැවරීම' නමැති අසූ පස්වන පරිච්ඡේදය නිමාවට පත්විය.

86

අසූ හයවන පරිච්ඡේදය

පොළොන්නරුව යළි ගොඩනැගීම

01. එකල්හි නිර්භීත සිත් ඇති විජයබාහු රජ තෙමේ ද සිය පියරජු හට "එසේය පියරජාණෙනි" යි පිළිවදන් දී ලංකා රාජ්‍යය භාරගත්තේය.

02. ඉනික්බිති හේ මෙසේ සිතීය. "මම් ද මාගේ පියරජුගේ අතිජාත පුත්‍රයෙකු බව ජීවත් වන්නා වූ මපියාණන් හට පෙන්වමි.

03. ස්වාමි, අමාත්‍ය, මිත්‍රාදී වූ මේ රාජාංග සත අතුරින් මිත්‍ර නමැති අංගයට යෝග්‍ය වූ, විශ්වාසී වූ, සාකච්ඡාවෙහි විශාරද වූ,

04. විපතෙහිදී අත්නොහරින හිතවත්කම් ඇත්තා වූ, සත්‍යවාදී වූ, ප්‍රිය බව ඇතිකරවන කවරෙක් නම් මට දැන් ඇත්තේ ද?" යි යළි යළිත් සිතින් විමසා,

05. මපියාණන්ගේ සොයුරී පුත්‍ර වීරබාහු ආදිපාද තෙමේ වනාහී පණ්ඩිත ය. ගුණයෙන් මණ්ඩිත ය. සියලු කටයුතුවල දක්ෂ ය.

06. වැලිකෙළියෙහි පටන් අද දක්වා මෙතෙමේ මා කෙරෙහිත්, අන්‍ය වූ සජ්ජනයන් කෙරෙහිත් ඒකාන්ත විශ්වාස ඇත්තේය.

07. එසේම මෙතෙමේත් මා නොදක්නේ කිසි තැනක සිටින්ට නොකැමති ය. මම් ද මොහු නොදක්නෙම් ඉන්ට නොහැක්කෙමි.

08. මම් යම්සේ වෙම් ද, එසෙයින් ම අධික වූ ඥාණබල, කායබල ඇති මෙතෙමේ ලෝකයේත්, ශාසනයේත් දියුණුව ඇතිකරන්ට උත්සාහ කරයි.

09. එහෙයින් මොහු මිත්‍ර නමැති අංගයට යෝග්‍යයෙකි" යි දැන ඔහු කැඳවා භක්තිමත් මිත්‍ර ස්ථානයෙහි තැබීය.

10. අනතුරුව "මවිසින් අතිශය උත්කර්ෂවත් වූ මනරම් පින්කම් කළයුත්තේය. දළදා වහන්සේත්, පාත්‍රා ධාතුන් වහන්සේත්,

11. මා හට භාරකරන ලද සේක. එහෙයින් දැන් ඒ ධාතුන් වහන්සේලා උදෙසා මවිසින් අභිනව ප්‍රාසාදයක් කළයුත්තේය.

12. එසේම මපියාණන් විසින් කරවන ලද පැරණි දළදා මන්දිරයත් දිරාගොස් ඇත්තේය. එය ම අභිනවයෙන් කරන්ට ඕනෑ" යි සිතා,

13. සියලු ශිල්ප කර්මාන්තයන්හි දක්ෂ වූ බොහෝ ශිල්පී සමූහයාත්, අන්‍ය වූ බොහෝ කම්කරුවනුත් ඒ ඒ තැනින් එක්රැස් කරවා,

14. පෙර කරන ලද ශිල්පයන්ටත් වඩා දෙගුණයක් දර්ශනප්‍රිය වන සෙයින් සුන්දරතර දිව්‍ය මන්දිරයක් බඳුව නව කර්මාන්ත කරවා,

15. දළදා මන්දිරය සම්පූර්ණයෙන් ම නිමවා එහි උතුම් ධාතූන් වහන්සේලා වඩාහිඳුවීමෙන් අනතුරුව,

16. පෙරටත් වඩා මහා ධාතුපූජාවන් දිනපතා පවත්වන්ටත්, ධාතු මන්දිරයට රැකවල් තබන්ටත් නියෝග කළේය.

17. එතැන් පටන් ඒ විජයබාහු රජු සිය පියරජුගේ දරුපෙම දෙතුන් ගුණයක් නිරතුරු වැඩිකරවීය.

18. තමන් රජරටට යෑම නිසා සිය පියරජුට පුත්‍ර වියෝගයෙන් ශෝකයක් ඇති නොවේවා! යි සිතා පරාක්‍රමබාහු කුමාරයාත්,

19. ජයබාහු කුමාරයාත් යන මේ මලණුවරු දෙදෙනා පියරජු සමීපයෙහි නැවැත්වීය.

20. ඉක්බිති තිලෝකමල්ල නමැති තම මලණු කුමාරයා කැඳවා දඹදෙණි පුරයේ පටන් දකුණු සයුර යම්තාක් ද,

21. ඒ අතර සිටින්නා වූ සිංහල හමුදාවත් තිලෝකමල්ලයන්ට අනුව පවතින්ට පවරා දී සිය පියරජුට,

22. දකුණු ප්‍රදේශයෙන් ආරක්ෂාව සපයනු පිණිස මහවත්තල ගමෙහි නැවැත්වීය.

23. "උතුරු දිසායෙහි කුඩාවැලිගම් නම් තොටින්

විදේශයන්හි සිට දෙමළ සතුරෝ බොහෝ සෙයින් ම පැමිණෙන්නාහුය.

24. සංග්‍රාමයන්ට මුහුණලා බිහිසුණුව තිබෙන ඒ දිසාව පාලනය කරන්ට මාගේ මලණු රජුන් වන බුවනෙකබාහු විනා,

25. අන් කවරෙක් නම් සිටියි ද?" යි සිතා විජයබාහු මිහිපල් තෙමේ ඔහු කැඳවා උත්තරපථයෙහි සිටින්නා වූ මහසිංහල හමුදාව ඔහුට භාරදී,

26. පියරජු හට උතුරු දිශාවෙන් ආරක්ෂාව සපයනු පිණිස යාපහුවේ සිටින්ට නියෝග කළේය.

27. අනතුරුව විජයබාහු රජු තෙමේ ම වීරබාහු කුමරු හා සැරසුණේ "ඒ ඒ තැන හැසිර සියලු දුර්ජනයන් මැඩ,

28. ලක්දිව සතුරු වියවුල් රහිත කොට ඉන් පසු පියරජුගේ අනුමැතියෙන් ලැබුවා වූ පොළොන්නරු නගරය කරවන්නෙමි" යි නික්මුනේය.

29. එකල්හි පැරකුම්බා මහරජු ද සාදරයෙන් යුක්ත පුත්‍ර ප්‍රේමය නමැති මහා සැඩපහරින් ගසාගෙන යන්නෙකු බඳුව,

30. දයාවෙන් යුක්ත වූයේ, පියරජුගේ වචනය අනුගමනය කරන පුත්‍රයාගේ අකැමැත්තෙන් ම පුත්‍රයා පසුපසින් යන්ට පටන් ගත්තේය.

31. එවිට විජයබාහු රජු නැවත නැවතත් නොයෙක් වර වන්දනා කොට පියරජුව බලහත්කාරයෙන් ම නවත්වා යන්ට පිටත් වූයේය.

32. ඉක්බිති මහාපරාක්‍රම පියරජු "යම් ජනකෙනෙක් මාගේ පුත්‍රයා කෙරෙහි ප්‍රේමය වඩත් නම් ඒ සියල්ලෝ ම ඔහු සමග යත්වා!" යි නියෝග කළේය.

33. මහරජුගේ වචනය ඇසීමෙන් අතිශය ප්‍රමුදිත බවට පත් සියලු රාජමහාමාත්‍යයෝ ද, සියලු සෙන්පතිවරු ද,

34. සියලු වීර මහායෝධයෝ ද, ඇතුන්පිට නගින සියල්ලෝ ද, අසුන් පිට නගින සියල්ලෝ ද, සියලු රියදුරෝ ද,

35. "දැන් අපගේ බෝසත් විජයබාහු රජ තෙමේ පොළොන්නරු රාජධානිය කරන්ට යන්නේ ලු.

36. අපගේ බෝසත් රජු යන්නේ නම් අපි දු හනික යන්නෙමු" යි කියා සැරසී රජු සමග යන්ට නික්මුනාහුය.

37. එකල්හි අලසකම නිසාවෙන් ඇතැම් අමාත්‍යවරුත්, ඇතැම් භටයෝත් යන්ට නොකැමති වූවාහුය. ඉක්බිති ඔවුන්ගේ බිරින්දෑවරු,

38. ඔවුන් අමතා "පින්වත් ස්වාමිවරුනි, අප සමග එත්වා හෝ නොඑත්වා! අපි ගුණගවේෂී වූ රජ්ජුරුවන් වහන්සේ සමග,

39. දැන් යන්නෙමු. එසේම අප රජු විසින් කරවනු ලබන උතුම් නගරයෙහි ද වසන්නෙමු" කියා කලින් ම ඔවුහු නික්ම ගියාහුය.

40. එසේම පොළොන්නරු යන්ට අකැමති පියවරු

අත්හැර තම තමන්ගේ සිඟිති දරුවෝ පවා ඔවුන් අනුව ම ගියෝය.

41. තම තමන්ගේ ගම්, නිවෙස්, භවභෝග සම්පත් ආදිය අත්හැර දමා රජු වෙනුවෙන් නික්ම යන මහජනයාව දැක දැක,

42. මහත් දයාවෙන් යුතු විජයබාහු රජ තෙමේ නැවත නැවතත් කරුණු කියා නවත්වා තැබිය යුතු සියලු ජනයා නැවැත්වීය.

43. ඉක්බිති ඒ රජු තමන් කැමති පමණට චතුරංගිනී සේනාව ගෙන මහා දුර්ගම වූ, උස් වූ වාකිරිගලට ගියේය.

44. ඒ පර්වත මුදුනෙහි ඉතා උස් ප්‍රාකාරයෙන් වටකරන ලද්දුව මාහැඟි රාජමාලිගාවක් කරවා,

45. පියරජු විසින් තමා වෙත දෙන ලද මහා ධනය හදිසි ආපදාවකදී ගනු පිණිස එහි ම නිධන් කොට තැබ්බවීය.

46. එසේම ඒ මහා ගල්කඳ මුදුනෙහි සුන්දර සංසාරාමයක් ද කරවා මහානේත්‍ර ප්‍රාසාද මූලායතනයෙහි අධිපති,

47. මහතෙරපාණන් වැඩමවා ඒ උතුම් ප්‍රාසාදය උන්වහන්සේට පුදා මහා පූජාවක් කොට දන්වැට ද තැබ්බවීය.

48. ඉක්බිති මේ රජු සමන්කුළ පව්වට නැග අප මුනිඳුන්ගේ ශ්‍රීපාද පද්මය වන්දනා කොට එතැනින් පිටත් ව ගම්පොල බලා ගියේය.

49. ඉක්බිති එහි තිබූ නියම්ගම්පාය නමැති පුරාතන විහාරයෙහි කැඩී බිඳීගිය තැන් පිළිසකර කරවා,

50. එහි වැසි භික්ෂූන්ට දන්වැට පිළියෙල කරවා සිඳුරුවාන බලා පිටත් වූයේය.

51. රජ තෙමේ එහි වල්ගම්පාය නමැති විහාරය කරවා අනතුරුව සිය පියරජුගේ නාමයෙන්,

52. අභයරාජ නමින් පිරිවෙණක් ද කරවා නන්වැදෑරුම් පිරිකර ද සමග ගම්කෙත් දුන්නේය.

53. ඉක්බිති විජයබාහු මිහිපල් තෙමේ උතුම් ඇතුගල්පුරයට ගොස් සිය සුළුපිය රජු විසින් කරවන ලද සිත්කලු වූ,

54. ඇතුගල මහවිහාරයෙහි සුළුපියාණන්ගේ දේහය තැන්පත් කරන ලද තැන නැවත නැවතත් බලමින්,

55. විජයබාහු නිරිඳුන් සිය සේනාවත් සමගින් දුකට පත් සිතින් යුතුව නැවත නැවතත් ජීවිතයේ ඇති අනිත්‍ය තත්වය මෙනෙහි කළේය.

56. ඉන් පසු එහි තුන්මහලකින් යුතුව උතුම් පිළිම-ගෙයක් කරවා මහා බුද්ධ ප්‍රතිමාවක් ද එහි කරවීය.

57. අනතුරුව සිය සුළුපිය රජුගේ මනරම් පිළිරුවක් කරවා සර්වාභරණයෙන් අලංකාර කොට එහි තැබ්බවීය.

58. ඉන් පසු මනරම් පිළිමගෙයටත්, පිතුරාජයාගේ රුවටත් කැපසරුප් ප්‍රත්‍ය ගම් ද බොහෝ පිරිවර ජනයා ද දී,

59. සුළුපිය රජුගේ නාමය ගෙන බුවනෙකබාහු පිරිවෙණ නමින් නම් කළේය.

60. ඉන් පසු ඒ ඇතුගල්පුරය ප්‍රාකාර දියඅගල්වලින් වටකරන ලදුව නර නාරීන්ගෙන් පිරී ගිය නගරයක් බවට පත්කළේය.

61. ඉක්බිති වික්‍රමාන්විත වූ විජයබාහු රජ තෙමේ චතුරංගිනී මහාසේනාව ගෙන යාපහුව බලා පිටත් විය.

62. මේ කාලයෙහි සිංහල රජු විසින් මහයුද්ධයක් කොට පලවාහරින ලද චන්ද්‍රභානු තෙමේ පාණ්ඩියන් හා චෝළාදී රටින්,

63. මහා දෙමළ යෝධයන් ද රැස්කොට ජාවා හමුදාවකුත් රැගෙන මහා බලසේනාවකින් යුතුව මාතොටට ගොඩබැස්සේය.

64. අනතුරුව මොවුහු පදිරට, කුරුන්දිරට ආදියෙහි වසන සිංහලයන්වත් තමන්ගේ යටතට ගෙන යාපහුවට ගොස්,

65. කඳවුරු බැඳගෙන "සිංහල රට අල්ලාගන්නෙමි. එසේම එය අත්නොහරින්නෙමි. එහෙයින් බුදුරජුන්ගේ දන්ත ධාතුවත්,

66. පාත්‍රා ධාතුවත්, සිංහල රාජ්‍යයත් මට පවරව්. ඉදින් එසේ නොකරන්නහු නම් මා හා යුද්ධ කරව" යි දූතයන් පිටත් කොට එවීය.

67. එකල්හි විජයබාහු නරපති තෙමේ වීරබාහු රජුන් කැඳවා මේ පිළිබඳව සාකච්ඡා කොට මහත් බලසෙන් සන්නද්ධ කරවා,

68. "අසිරියෙකි! අද වනාහී අප දෙදෙනාගේ බාහු බලයෙහි ඇති වික්‍රමය දකින්ට ලැබෙන්නේය" කියා දෙදෙනා ම පිටත් ව,

69. චන්ද්‍රභානුගේ මහාසේනාව හාත්පසින් වටලා රාම යුද්ධය බඳු දරුණු මහයුද්ධයක් කළාහුය.

70. එකල්හි යුද්ධයෙන් පරාජයට පත් ආක්‍රමණික සතුරු හමුදාවෝ ආයුධ රහිතව මං මුළාව ඇවිද්දෝය. ස්තුති කළෝය. භයින් තැතිගෙන වැඳ වැටුණෝය.

71. තැතිගත්තෝය. වෙව්ලා ගියෝය. හඬා වැටුණෝය. වැලපුනෝය. යුද්ධයෙන් පිහිටක් ඉල්ලුවෝය. එමෙන්ම භීතියට පත් තවත් සතුරු භටයෝ,

72. වනයට මුහුණලා පලාගියෝය. තව කිසිවෙක් සයුරට මුහුණලා පැන දිව්වෝය. තව කිසිවෙක් භයින් පීඩිතව පර්වතයන්ට මුහුණලා පැන දිව්වෝය.

73. මෙසේ විජයබාහු රජු යුද්ධ කොට බොහෝ සතුරු භටසෙන් මරා චන්ද්‍රභානු ද නිරායුධ කොට පලවා හැරියේය.

74. අනතුරුව චන්ද්‍රභානුගේ අන්තඃපුර ස්ත්‍රීන් ද, සියලු හස්තීන් ද, අශ්වයින් ද, කඩු ආදී බොහෝ ආයුධ ද, මහා ධනය ද,

75. එසේම ජයසංඛ, ජයඡත්‍ර, ජයබෙර, ජයධජ ආදී මේ සියල්ල තමන්ගේ පියරජු වෙත යැවීය.

76. මෙසේ මේ රජ තෙමේ මහයුද්ධයක් කොට පොළව ජයගෙන විජයග්‍රහණය කොට ලංකාද්වීපය තනි ඡේසතකට අවනත කළේය.

77. ඉක්බිති මෙතෙමේ යාපහුව නගරය ද උස් ප්‍රාකාර දියඅගල් ආදියෙන් වට කරවා, මාහැඟි රාජ මාලිගාවක් ද කරවා,

78. සම්පූර්ණ කොට ඊට පසු ඒ යාපහුව නගරය ඇසුරුකොට වසන මහාසංඝයා උදෙසා දන්වැටක් ද පිහිටුවීය.

79. මෙතෙමේ සිය මලණු බුවනෙකබාහු රජු ද අස්වසා කලින් පරිදි ම යාපහුවේ නැවැත්වීය.

80. ඉන් පසු අනුරාධපුර බලාගිය මේ රජු ථූපාරාමය ආදී කොට ඇති සියලු සිද්ධස්ථානයන් වටකොට,

81. මාරයා විසින් මවන ලද බලකොටුවක් බඳුව පෙනෙන ඝන වනාන්තරය කැප්පවීය. අහසේ ඇති පාලම් සෙයින් උස් වූ ප්‍රාකාර කරවීය.

82. මේ රජ තෙමේ මේ සිද්ධස්ථානයන්හි අලුත්වැඩියා කටයුතු කරවා මහා පූජාවන් පැවැත්වීය.

83. එසේම සිය පියමහරජු විසින් පටන් ගන්නා ලද රුවන්වැලි මහාසෑයෙහි පිළිසකර කටයුතු අසම්පූර්ණව පැවති හෙයින්,

84. එය සම්පූර්ණ කරනු කැමති ව අනුරාධපුරවැසි සියලු මහජනයා ඔවුන් ගිය ගිය තැනින් වහ වහා එක්රැස් කරවා,

85. ඉතා දක්ෂ වූ බොහෝ ශිල්පීන් කණ්ඩායම් වශයෙන් යොදවා සේනානාථ පිරිවෙණෙහි ප්‍රධාන මහතෙරුන් ප්‍රමුඛ කොට,

86. මහාසංඝයා උදෙසා දන්වැට ද පිළියෙළ කරවා රුවන්වැලි මහාසෑයෙහි නවකම් කරවන්ට පටන් ගත්තේය.

87. එකල්හි පිහිටි රටවැසි වන්නි රජවරු ද විජයබාහු නිරිඳුන් බැහැදැක බොහෝ පඬුරු පුදකළෝය.

88. අනතුරුව රජ තෙමේ ඔවුන් හට ඔටුණු, ශ්වේතඡත්‍ර, චාමර ආදිය ප්‍රදානය කොට මහාවන්නි රජවරුන්ගේ කකුධ භාණ්ඩයන් ද ඔවුන්ට ම දී,

89. සියලු දෙනා ම සතුටට පත්කරවා අනුරාධපුර නගරය රකින්ට නියෝග කොට එතැනින් නික්ම පොළොන්නරු ගියේය.

90. ඉක්බිති රජ තෙමේ වීරබාහු රජු කැඳවා මෙසේ කීය. "අපි මේ සුන්දර වූ මුල් රාජධානිය පිළිසකර කරමු.

91. යශෝරාවයෙන් සැලී යන ලෙස දිසා ප්‍රදේශයන් පුරවමු." මෙසේ වීරබාහු රජු සමග සාකච්ඡා කළ රජ තෙමේ,

92. "දැන් පොළොන්නරුවෙහි ප්‍රාසාද, පිළිමගෙවල්, විහාර, පිරිවෙන්, චෛත්‍ය, ධාතු මන්දිර,

93. ප්‍රාකාර, ගෝපුර දොරටු, ගුරුළු පියාපත් වැනි වහළ ඇති ගෙවල්, සඳලුතල ඇති ප්‍රාසාද, මණ්ඩප, ශාලා මෙන්ම දේවාල ආදී,

94. මේවායෙහි ඇතැම් ගොඩනැගිලි වැඩීගිය තණකොළ වෘක්ෂයන්ගෙන් වැසී තිබෙත්. තවත්

ඇතැම් ගොඩනැගිලි දිරාගිය ස්ථම්භයන් සමූහයක් ඇතිව ආධාරයක් නැතිව කඩාගෙන වැටෙති.

95. තවත් ඇතැම් ගොඩනැගිලි මුල පටන් අග දක්වා බිඳීගිය මහා භිත්ති බරින් යුතුව බිමට නැමී ගොස් වෙනත් ආධාරයක් නැතිව වැටෙනු රිසිව පවතිත්. අහෝ ඛේදයෙකි!

96. තවත් සමහර ගොඩනැගිලි දිරාපත්ව ගොස් ඇති හෙයිනුත්, දුර්වල හෙයිනුත් කෙලින් නොසිටිය හැකි මහල්ලන් සෙයින් දිනෙන් දින පහළට නැමී වැටෙති. අහෝ ඛේදයෙකි!

97. තවත් ගොඩනැගිලිවල මුදුන් පරාල ඇතුළු වහළ කොටස් නැසීගොස් තිබෙත්. සෙවිලි කළ උළු බිඳවැටී ගොස් තිබෙත්.

98. තවත් ඇතැම් ගොඩනැගිලිවල පරාල දිරාගොස්, ඒ ඒ තැනින් කැඩී ගොස්, වහලය වසා ඇති උළු වැගිරෙමින් තිබෙත්. ඇතැම් ගොඩනැගිලිවල ටැම්, බිත්ති පමණක් ඉතිරිව තිබෙත්.

99. තවත් ගොඩනැගිලිවල දොරවල් වැටී දොරබැම් කැඩී ගොස් තිබෙත්. එසේම ඇතැම් ගොඩනැගිලිවල පියගැටපෙළ බුරුල් වී වේදිකා නැසී තිබෙත්.

100. තවත් ඇතැම් ගෙවල්වල අත්තිවාරම පමණක් ඉතිරිව පෙනේ. තවත් ඇතැම් තැන්වල ගෙවල් තිබුණු බවට ලකුණක්වත් නැත්තේය.

101. මෙවැනි නොයෙක් දේ කීමෙන් ඇති ඵලයෙක් ඇද්ද! නිඃශ්‍රීක බවින් යුතු මේ පොළොන්නරුව

සශ්‍රීක කරන්නෙමු. රජ තෙමේ එය අනුමත කළ මැනව.

102. පසුව මේ උතුම් නගරයේදී මාගේ අභිෂේක මංගල්‍යය කළ මැනව" යි කියා සිය පිය මහරජු වෙත දූතයෙකු පිටත් කොට යැවීය.

103. දඹදෙණි පරාක්‍රමබාහු මහරජු ද මෙපුවත අසා සතුටට පත් සිත් ඇතිව තෙමේ ම මුල් රාජධානිය කරවනු කැමතිව,

104. මහ අමාත්‍ය මණ්ඩලය කැඳවා ලංකාරාජ්‍යවාසී සියලු දෙනා ඒ ඒ කටයුත්තෙහි යොදවා,

105. යකඩ වැඩ කරන්නෝ, කම්මල්කරුවෝ, රන්රිදී වැඩ කරන්නෝ, ලීකැටයම් කරන්නෝ, වඩුවැඩ කරන්නෝ, ලෝකුරුවෝ, බටවැඩ කරන්නෝ, ශිල්පීහු, සිත්තරු,

106. බර අදින්නෝ, බැලයෝ, කම්කරු දාසයෝ, සැඩොල්ලු, කර්මාන්තයන්හි දක්ෂ උළුවඩුවෝ, සුණු වඩුවෝ, ලී වඩුවෝ,

107. ගල්වඩුවෝ, කණ්ඩායම් වශයෙන් එක්කරන ලද්දාහුය. ඉන් පසු පිඹිනා මයිනහම්, මිටි, අඬු, කුළුගෙඩි, කිණිහිරි යනාදියත්,

108. සියලු කම්මල් බඩුත්, තියුණු බොහෝ කියත්, වෑ, පොරෝ, ගස් බිඳින දේත්, ගල් පලන කටුත්,

109. ආයුධත්, කැට බිඳින මුගුරුත්, උදලුත්, කලාලත්, පැසි ආදී මේ සියලු උපකරණත් සාදරයෙන් දී,

110. මුතු, වෛරෝඩි ආදී මහා ධනයන් ද දී සේනාව ද සහිත කොට සිය පුත්‍රරාජයා වෙත පිටත් කරවීය.

111. එකල්හි විජයබාහු රජු සතුටු සිතින් යුතුව බොහෝ කලක් වල් බිහිවීමෙන් විනාශ වී ගිය පිහිටි රටෙහි,

112. සුන් බුන් වී ගිය මහ ඉවුරු ඇති, ගැඹුරු නමුත් ජලය නැති වැව්, පොකුණු, පාලම්, විල් ආදී ජලාශයන්,

113. පෙර තිබූ ලෙසින් ම බන්දවා, ගැඹුරු වූ ජලයෙන් පුරවා, නොයෙක් පියුමෙන් ද ගහණ වූ, නොයෙක් මත්ස්‍යයින්ගෙන් ද ගහණ වූ මහ ජලාශයන් බවට පත්කොට,

114. හැම කල්හි සියලු ධාන්‍යයන්ගේ උප්පත්ති ස්ථානය වූ, බොහෝ සාරවත් නොයෙක් කුඹුරු තනවා,

115. ඒ ඒ කුඹුරුවල සියලු ධාන්‍යයන් සම්පාදනය කොට යළිත් සියලු රජරට මනරම් අයුරින් සමෘද්ධිමත් කරවීය.

116. අනතුරුව සයුරු සේ ගැඹුරු දියඅගලින් පිරිවරන ලදුව, සක්වල ගල සේ සිත්කලු පවුරු වළල්ල ද කරවීය.

117. නොයෙක් උයන්වතුවලින් යුතුව, නොයෙක් පොකුණෙන් යුතුව, නොයෙක් විහාරයෙන් යුතුව, නොයෙක් චෛත්‍යයන්ගෙන් ද යුතුව,

118. නොයෙක් ගුරුළු පියාපත් වැනි වහල ඇති ගෙයින් ද පිරී ගිය, නොයෙක් ප්‍රාසාදයන්ගෙන් ද හොබනා,

නොයෙක් සඳලුතලයෙන් ද යුතු, නොයෙක් මණ්ඩපයෙන් ද යුතු,

119. නොයෙක් දේවාලයෙන් ද යුතු, නොයෙක් ගෝපුරයෙන් ද බබළන, නොයෙක් ගෘහපංක්තීන්ගෙන් ද යුතු, නොයෙක් වීථියෙන් ද වොරජනා,

120. මැනවින් බෙදන ලද සතර ද්වාරයෙන් යුතු, සුන්දර සතරමං හන්දියෙන් යුතු, කලින් තිබූ පරිදි ම උතුම් පොළොන්නරු නගරය කරවීය.

121. මෙසේ ඒ පොළොන්නරු නගරය වනාහී යළි සිය ආලෝකයෙන් මිථිලා නගරය පැරදවීය. කාංචිපුරය බිඳ දැම්මේය. සැවැත් නුවරට සිනහසුනේය. මධුරාපුරය ජයගත්තේය. බරණැස් පුරය කිලිටි කළේය. විශාලා මහනුවර පැහැර ගත්තේය. චම්පා නගරය කම්පා කරවීය. එසෙයින් ම සක්දෙවිඳුගේ ඉන්ද්‍ර නගරය හා සමකොට පොළොන්නරු නගරය කරවීය.

මෙසේ හුදී ජන පහන් සංවේගය පිණිස කරන ලද මහාවංශයෙහි 'පොළොන්නරුව යළි ගොඩනැගීම' නමැති අසූ හයවන පරිච්ඡේදය නිමාවට පත්විය.

87

අසූ හත්වන පරිච්ඡේදය

අභිෂේක මංගල්‍යය ආදිය පැවසීම

01. එකල්හි මේ විජයබාහු නරනිඳු තෙමේ "පොළොන්නරු නමැති මේ නගරය පෙර සමෘද්ධිමත්ව තිබුණේ යම් අයුරින් ද, දැනුදු මවිසින් එපරිදි ම සියලු නගරාංගයන්ගෙන් සමලංකෘත කරන ලද්දේය.

02. දැන් මේ නගරය වනාහී ශ්‍රී සෞභාග්‍ය ලක්ෂ්මිය-ගෙන් බබළයි. ජේතුත්තර නම් නගරය ද පරදවයි. සාගල නුවර ඇති ශ්‍රීය පැහැරගන්ටත් ආශා කරයි.

03. සුංසුමාරගිරි නගරය පැහැරගෙන, කිම, සාකේත නගරයත් ගන්ට යන්නේ ද? හෝ... අසිරියෙකි! රජගහ නුවරත් ජීවග්ග්‍රහයෙන් අල්ලන්ට ආශායෙක් තිබේද?

04. සංකස්ස පුරයෙහි ශ්‍රීයත් නසා, ඉන්ද්‍රප්‍රස්ථ නගරයටත් ගර්හා කරයි. කපිලවස්තු නගරය සමග මිත්‍ර සන්ථවයක් ඇතිකරගන්ට උත්සාහයක්වත් ද!

05. එසේ ම ය. තව්තිසායෙහි ශක්‍ර දේවේන්ද්‍ර තෙමේ දෙවියන්ට අධිපති යම් සේ ද, එසෙයින් ම රජුන්ගේ රාජාධිපති වූයේ,

06. මහඉර්ධිමත් වූයේ, මේ පොළොන්නරු නගරයෙහි මාගේ අභිෂේකෝත්සවය කරන්ට මෙහි වඩිනා සේක්වා!" යි මෙසේ කියා සිය පියරජු වෙත දූතයෙකු පිටත් කරවීය.

07. එකල්හි දූතයන්ගේ වචනයෙන් එපුවත් වැඩපිළිවෙළ අසා තුටු පහටු වූයේ, සේනාවන් විසින් පෙරටුකරන ලදුව,

08. රාජකීය වූ මහා උත්සවාකාරයෙන් යුතුව පරාක්‍රම මහරජ තෙමේ දඹදෙණියෙන් නික්ම මුල් රාජධානිය වන පොළොන්නරුව බලා පිටත් විය.

09. එවිට විජයබාහු රජ තෙමේ ගව්වක් පමණ දුර පෙර ගමන් කොට සිය පියාණන් වූ මහරජාණන්ව පිළිගෙන රාජධානියට කැඳවාගෙන ආයේය.

10. පොළොන්නරු නගරයෙහිදී විජයබාහු රජුගේ අභිෂේක මහෝත්සවය යථා ක්‍රමයෙන් සත් දිනක් පවත්වනු ලැබීය.

11. අනතුරුව විජයබාහු රජුත් වීරබාහු යුවරජු හට ඒ උතුම් රජරට භාරදී ඒ සමෘද්ධ වූ රාජධානියෙහි ඔහු නවතා,

12. "අප සර්වඥයන් වහන්සේගේ උතුම් ධාතූන් වහන්සේලා මම මේ රාජධානියට වැඩමවාගෙන

එමී" යි කියා සිය පියරාජයා සමග දඹදෙණි පුරය බලා ගියේය.

13. ඉක්බිති රජ තෙමේ ලංකාවාසී මහජනයා රැස්කරවා දඹදෙණි පුරයේ සිට පොළොන්නරු පුරවරය දක්වා,

14. යොදුන් ගණනාවක් ඇති මහමග සමකොට, අතරින් අතර අඩයොදුනක් පමණ තැන,

15. මංගල ධජ, කෙසෙල් තොරණ් ආදියෙන් මනරම් කොට, මාහැඟි නවාතැන් එකක් එකක් බැගින් කරවූයේය.

16. ඉක්බිති දිව්‍යරථයක ඇති සෞභාග්‍යයෙන් සුන්දර වූ මහාරථයක සර්වඥ දළදා වහන්සේත්, පාත්‍රා ධාතූන් වහන්සේත් වඩාහිඳුවා,

17. බ්‍රහ්ම පිරිස විසින් මහා බ්‍රහ්මරාජයාගේ රථය පිරිවරා යන සෙයින් උතුම් මහා ධාතු මංගල රථය හාත්පස,

18. පිරිවරාගෙන නොයෙක් සංඝයා වහන්සේලාත් සමග දඹදෙණි මහපුරවරයෙන් රජ තෙමේ නික්ම යන කල්හි,

19. රන්මුතු කුඩ ද, රන්මුතු චාමර ද, රන්මුතු පතාක ද, රන්මුතු මල්වැල් ද,

20. රන් රිදී කළස් ද, රන් රිදී වටාපත් ද, රන් රිදී කොඩි ද, රන් රිදී සංඛ ද,

21. රන් රිදී ආලේපිත කරඬු ද, රන් රිදී තලි ද, රන් රිදී කැඩපත් ද,

22. රන් රිදී කෙසෙල් ද, රන් රිදියෙන් කළ සත්වයන්ගේ හැඩය ගත් සැරසිලි ද, රන් රිදී අශ්වයන් ද, රන් රිදී හස්තීන් ද,

23. නා නා ප්‍රකාර ලෙස රන් රිදියෙන් කරන ලද දඬුවැට පහන් ද යනාදිය ගෙන ධාතු පූජා පිණිස ඉදිරියෙනුත් පසුපසිනුත්,

24. අතුරු නැතිව සාදුකාර නංවමින් යන්නා වූ ඒ ඒ ධුරයන්ගේ නියුක්ත මිනිසුන්ගෙන් ද අලංකාර වූ,

25. හස්ති අලංකාරයෙන් සරසන ලද ප්‍රශස්ත වූ ඇත්පේළියෙන් ද, අශ්වාලංකාරයෙන් සරසන ලද අශ්ව පේළියෙන් ද,

26. යෝධාලංකාරයෙන් සරසන ලද යෝධක්‍රීඩා කරන්නවුන්ගෙන් ද, විවිධ ආයුධ අතින් ගත් වීර යෝධයන්ගේ පේළියෙන් ද,

27. නා නා අබරණින් සැරසීගත් මඟුල් වෙස් දරන්නවුන්ගෙන් ද රජුන්ගෙන් ද රාජකන්‍යාවන්-ගෙන් ද මන්ත්‍රීන්ගෙන් ද පේළියෙන් යුතු වූ,

28. "අහෝ සාදු! අහෝ සාදු! අහෝ සාදු!" වශයෙන් කියන්නා වූ පුණ්‍යලෝලී මිනිසුන්ගේ සාදුනාදයෙන් ඇලලී ගොස්,

29. 'මම් ඉදිරියෙන් යන්නෙමි, මම් ඉදිරියෙන් යන්නෙමි' යැයි කියන්නා වූ වචනයෙන් බාධා

නැතිව නික්මෙන්නා වූ නොයෙක් සිත්කලු නිර්මල ආචාරයන්ගෙන් යුතු,

30. උපාසිකා ජනයන්ගෙන් ද උපාසක ජනයන්ගෙන් ද පුෂ්ප පූජාදිය දරමින් පෙළට පිරිවරනා ලදුව,

31. ඔවුනොවුන් අධික කොට මහා වාදයන් කරන්නාක් බඳුව බොහෝ බල ඇතියවුන් විසින් තවත් බලඇත්තවුන් සමග,

32. දැඩි ලෙස පෙළමින්, ගුස්ති අල්ලමින් සෙල්ලම් දක්වන්නා වූ ඔවුන්ගේ ඝෝෂාවන්ගෙන් පිරී ගිය,

33. සියලු දිශාවන් කෙරෙහි පැතිරෙන්නා වූ, කනට ප්‍රිය වූ පංච තූර්ය නාදයෙන් ද සුන්දර වූ,

34. මංගල පාඨ කියන්නා වූ වන්දිභට්ට ජනයා විසින් කරන ලද ප්‍රශංසාවෙන් ද, ස්තුති කියන්නවුන් විසින් පාළි භාෂාවෙන් නැවත නැවත කියන ස්තුතියෙන් ද,

35. දර්ශනයටත්, ශ්‍රවණයටත් ප්‍රිය උපදවන්නා වූ නැටුම් ගැයුම් කරන්නා වූ භක්ති පූර්වක නෘත්‍ය කණ්ඩායම්වලින් හොබනා වූ,

36. මහපූජාවන් පවත්වන කල්හි, නිරාකූල ලෙස පිළිවෙළට පවත්වමින් අලංකාරවත් ව කරන ලද ඒ මගින් ගොස් වේලාසනින් සකසන ලද,

37. තන්හි තන්හි ඇති නවාතැන්වලට පැමිණ ඒ ඒ තැන්වල ධාතූන් වහන්සේලා වඩාහිඳුවා, ඒ ඒ තැන්වලත් මහා පූජාවන් පවත්වා,

38. එතැනින් නික්ම නැවත නැවත ගොස් අනුක්‍රමයෙන් සර්වඥයන් වහන්සේගේ ධාතූන් වහන්සේලා මුල් රාජධානියට වැඩමවීය.

39. ඉක්බිති රජ තෙමේ මුළු නුවර ම එකම සැණකෙළියක් කොට යහපත් මුහුර්තියකින්, යහපත් නැකතකින්, යහපත් දිනයක,

40. සුන්දර වූ දිව්‍ය රාජ මන්දිරයක් බඳුව සරසන ලද උතුම් මන්දිරයක් වූ ඒ පැරණි දළදා මන්දිරයෙහි,

41. නා නා රුවනින් අලංකාර කරන ලද මහාරුවන් පළඟ මත ඒ ධාතූන් වහන්සේලා දෙනම සාදරයෙන් වඩාහිඳුවීය.

42. එතැන් පටන් නුවණැති රජ තෙමේ දිනෙන් දින අධික කොට සිව් වර්ගයක සුවඳින් යුතු සිත්කලු සුවඳ දුමින් ද,

43. දොඹ මල්, නාමල්, පුවක්මල් ආදී නොයෙක් මල්වලින් ද, නොගිණිය හැකි තරම් මිණි කපුරු පහනින් නැගි උතුම් ආලෝකයෙන් ද,

44. සුවඳ තෙලින් දල්වන ලද දඬුවැට පහන් මාලාවෙන් ද, මිහිරි කිරෙන් මනාකොට පිසගත් සියුම් බත් තළියෙන් ද,

45. කෛලාශකූටයේ ආකාරය ගත් සුවඳ ඇල්හාල් බත් රැසින් ද, අග්‍ර වූ ඛාද්‍ය භෝජ්‍යයෙන් හා වළඳින රස විඳින දෙයින් ද,

46. ලොවෙහි සිත් ඇද බැඳගන්නා මනරම් මහධාතු පූජාවක් සංඛනාද පූජා සමගින් තුන් මසක් මුළුල්ලෙහි සුවසේ කරන ලද්දේය.

47. අනතුරුව මිහිපල් තෙමේ "දහස්තොටෙහිදී උපසම්පදා මංගල්‍යය නිර්මල ආකාරයෙන් කරන්නෙමු" යි කියා,

48. පළමුකොට එහි වීරබාහු යුවරජු පිටත් කරවා ඔහු ලවා නොයෙක් දහස් ගණන් සොඳුරු සංඝාරාමයන් කරවා,

49. නා නා අලංකාරයෙන් බබළන්නා වූ, උස් වූ පටතොරණින් යුතු ස්ථම්භයන් හැටකින් යුතුව මහා මන්දිරයක් කරවීය.

50. සර්වප්‍රකාරයෙන් ම ඒ ඒ උපසම්පදාව පිණිස පූජා වස්තූන් ද සියලු සිව්පසය ද සම්පාදනය කළ කල්හි,

51. පිහිටි රට, රුහුණු රට ආදී ඒ ඒ රටෙහි වසන්නා වූ සියලු වන්නි රජුන් ලවා ආදරයෙන් යුක්තව,

52. මත්ස්‍ය මාංශාදී නා නා ප්‍රණීත සූප ව්‍යංජනාදියෙන් යුක්තව ඇල්සහල් මහබරක් ද, කිරි, මීකිරි, ගිතෙල් ආදිය ද,

53. මීපැණි, තල්සකුරු, උක්සකුරු යනාදියෙන් ද මහාසංඝයා උදෙසා ගෙනෙන ලද දානෝපකරණ ආදියත් ඇති කල්හි,

54. විජයබාහු රජ තෙමේත් එහි ගොස් "අපි උපසම්පදා මංගල්‍යය කරන්ට පටන් ගන්නෙමු.

55. අප කෙරෙහි සාතිශය පැහැදීම ඇති යම් මහස්ථවිරයන් වහන්සේලා වෙත් ද, ඒ සියලු මහස්ථවිරයන් වහන්සේලා ද, මධ්‍යම, නවක,

56. යතීශ්වරයන් වහන්සේලා ද දහස්තොටට වඩින්ට උත්සාහ වෙත්වා!" යි මෙසේ ආරාධනා කොට හැමතැනට දූතයෝ පිටත් කරන ලද්දාහුය.

57. එපුවත අසා මහත් සේ සතුටට පත් ලක්වැසි සියලු භික්ෂූන් වහන්සේලා සමූහයා,

58. එකල්හි තම තමන්ගේ ගබඩා භාර භික්ෂූන්ට ද ඉන්ට අවකාශ නොදී ඒ ඒ තැනින් නික්මුනෝය.

59. මෙසේ අනුක්‍රමයෙන් තුන් සිවුරෙන් හෙබි ඒ සියලු භික්ෂූහු සීඝ්‍රයෙන් දහස් තොටට වැඩම කොට රැස්වූවාහුය.

60. එකල්හි භික්ෂූන් වහන්සේලා විසින් පිරිවරාගන්නා ලද දහස්තොට පෙදෙස දෙස නැවත නැවත බලන්නා වූ රජ තෙමේ සොඳුරු ලාභයක් වූ ප්‍රීතිය ලැබුවේය.

61. ඉක්බිති රජ තෙමේ මහා සංඝයා හට ප්‍රණීත ආහාර පානාදියෙන් පෙරැත්ත කරවමින් වළඳවා, සකසා උපස්ථාන කළේය.

62. ඒ දහස්තොටෙහි දවසක් දවසක් පාසා මහා පූජාවන් පැවැත්වුනේය. එහිදී උපසම්පදාකාරක භික්ෂූන් ලවා,

63. උපසම්පදාපේක්ෂකයන් හට උපසම්පදාව දෙවමින් දෙසතියක් පුරා උපසම්පදා මංගල්‍යය පැවැත්වීය.

64. අනතුරුව මහාසාමි පදවිය, මූල පදවිය, මහාස්ථවිර පදවිය, ස්ථවිර පදවිය, පිරිවෙන් පදවිය ආදී පදවි ද,

65. ඒ ඒ පදවි ලැබීමට යෝග්‍ය වූ, බුදු සසුන බබුළුවන්නා වූ භික්ෂූන් වහන්සේලා හට ඒ පදවි ප්‍රදානය කොට අනතුරුව රජ තෙමේ උන්වහන්සේලා හට,

66. රාජකීය වූ, සොඳුරු වූ දහසක් අගනා අටපිරිකර දී ඉනික්බිති අනෙක් සියලු භික්ෂූන් වහන්සේලාට පිළිවෙළින්,

67. මාහැඟි පිරිකර පූජා කොට, ඉතිරිව තිබෙන බොහෝ පිරිකර පාණ්ඩ්‍ය - චෝළ දෙරටෙහි වසන්නා වූ,

68. භික්ෂූන් වහන්සේලා වෙත ද පිටත් කරවා පිරිපුන් මනෝරථ ඇත්තේ "මවිසින් ඥාණසම්ප්‍රයුක්තව යම් යම් පිනක් කරන ලද්දේ ද,

69. ඒ සියල්ල කරන ලද්දේ මාගේ පියරජාණන්ගේ නාමයෙනි" යි දන්වා සිය පියරජු වෙත දූතයෙක් පිටත් කළේය.

70. මෙසේ මහවැලි ගඟෙහි විපුල වූ දහස් තොට නමැති තොටුපලෙහි පිරිසිඳුව සකසන ලද උදකුක්ඛේප සීමා කරවා බොහෝ යතිවරුන්ට උපසම්පදාව ලබාදීමෙන් මේ රජු භාග්‍යවතුන් වහන්සේගේ නවාංගයකින් යුතු බුදු සසුන බැබළවීය.

71. ලෝකයෙහි ප්‍රසිද්ධ වූ තමන්ගේ පුත් විජයබාහු කුමරු වෙත ලක්රජයෙහි බර පවරා, ඔහු ලවා

බොහෝ කල් මෙබඳු වූ නොයෙක් පුණ්‍ය සම්පත්තීන් කරවමින් රජුන්ට උත්තම වූ දඹදෙණි මහාපරාක්‍රමබාහු රජ තෙමේ තමන් ලංකාරාජ්‍යය ලබා තිස්පස්වෙනි වර්ෂය පැමිණි කල්හි දෙව්ලොව ගියේය.

මෙසේ හුදී ජන පහන් සංවේගය පිණිස කරන ලද මහාවංශයෙහි 'අභිෂේක මංගල්‍යය ආදිය පැවසීම' නමැති අසූ හත්වන පරිච්ඡේදය නිමාවට පත්විය.

88

අසූ අටවන පරිච්ඡේදය

විජයබාහු ආදී රජවරුන් අටදෙනා

01. දඹදෙණි පරාක්‍රමබාහු නිරිඳුගේ අභාවයෙන් පසු ලංකා රාජ්‍යයෙහි අනුශාසනා කරන්නා වූ විජයබාහු රජුගේ රාජ්‍ය ලබා දෙවර්ෂයක් ගිය තැන,

02. ඒ රජුගේ සෙන්පතියෙක් වූ මිත්‍ර නමැති මිත්‍රද්‍රෝහියෙක් රජුගේ අභ්‍යන්තර කටයුතු බලන එක් දාසයෙකු හිතවත් කරගෙන,

03. ඔහුගේ සිත අල්ලසින් රවටා, රාජ්‍ය ලෝභයෙන් මඩනා ලද සිත් ඇති මේ පව්ටා එක් රාත්‍රියකදී විජයබාහු නිරිඳුව ඝාතනය කරවීය.

04. මෙපුවත ඇසූ විජයබාහු රජුගේ මලණු වූ බුවනෙකබාහු රජු දඹදෙණි පුරයෙන් නික්මී,

05. භයින් යුක්තව, ආවරණය කරන ලද රථයකට නැගී යාපහුව දුර්ගය බලා යන්ට පටන් ගත්තේය.

06. එකල්හි දුෂ්ට වූ මිත්‍ර නමැති සෙන්පතියාගේ ම අණින්, අල්ලස් ලබාදී වේලාසනින් ම මාර්ගයෙහි යොදවන ලද,

07. දුෂ්ට වූත්, කර්කශ වූත් මුණසිංහ නමින් යුතු සහෝදරයන් නව දෙනෙක් බුවනෙකබාහු රජු යන්නා වූ රථය ලුහුබඳිමින් තියුණු ආයුධයෙන් නිර්දය ලෙස,

08. යම් සේ ඒ රජුගේ රථයේ බඳිනා ලද සම්පටි ආදී සියල්ල සිඳී බිඳී යන්නේ ද, එසෙයින් බොහෝ සෙයින් පහර දුන්නේය.

09. ඒ හේතුවෙන් බුවනෙකබාහු රජු රථයෙන් පොළවට බැස කළුගල ගමට වේගයෙන් ගොස් නිර්භය ව,

10. එහි ඇතුන් බඳිනා ඇත්හලෙහි සිටි උතුම් ඇතෙකු ගෙන ඒ ඇතු පිට නැගී එතනින් පිටත්ව යන්නේ,

11. ජලාශයෙන් පිරී ගිය කොළඹින්න නමැති මහනදියෙන් එතෙරව යාපහුව පර්වතයට ම ගියේය.

12. එකල්හි මිත්‍ර නමැති සෙන්පතියා දඹදෙණි පුරයෙහි සුන්දර රාජ මන්දිරයට පිවිස,

13. රාජාභරණයෙන් සැරසී සිංහාසනයෙහි වාඩිවී තමා වෙත ළං වීමට නොහැකි ලෙස සියලු සේනාවට තමාව දක්වා සිටියේය.

14. එකල්හි ඒ මිත්‍ර සෙනෙවියා කෙරෙහි හිතවත් වූ යම් ඇමතිවරු සිටියාහු ද, ඔවුනොවුන් අනුව පවතින ඒ සියලු දෙන රැස්කරවා,

15. "අපගේ දේශීය හමුදාවන්ටත්, ඉන්දියාවෙන් අවුත් අපට සේවය කරන විදේශීය හමුදාවන්ටත් යන උභය හමුදාවන්ට ම සර්වප්‍රකාරයෙන් මනාකොට වැටුප් ගෙවා සංග්‍රහ කරන්නෙමු" යි,

16. මෙසේ කතිකා කොට සියල්ලන්ට ප්‍රථම ඨාකුර ආදී කොට ඇති ඉන්දීය ආර්ය ක්ෂත්‍රීය යෝධයන්ට වැටුප් ගෙවන්ට පටන් ගත්තෝය.

17. "අපි සැමදාමත් සියල්ලන්ට ම සංග්‍රහ කළයුතුව සිටින්නමෝ වෙමු. එහෙයින් පළමුකොට තොප විසින් සිංහල යෝධයෝ ම සර්වප්‍රකාරයෙන්,

18. වැටුපෙන් සංග්‍රහ කළයුත්තෝ ය. යළි යළිත් සතුටු කරවිය යුත්තෝ ය." මෙසේ කියා සියලු ඉන්දීය ආර්ය ක්ෂත්‍රීය හමුදාවෝ ඒ අවස්ථාවෙහි වැටුප් නොගත්තාහුය.

19. "වේවා!" යි කියා එහි සිටි සියලු සිංහල හමුදාවන්ට වැටුප් ගෙවා අනතුරුව ඔවුන්ට වැටුප් ගන්ට කීවෝය.

20. ඉන් පසුව ද ඒ සියල්ලෝ "අපට වැටුප් පසුව ලැබේවා! මේ වතාවේ වැටුප් නොගන්නෙමු" යි ප්‍රතික්ෂේප කළෝය.

21. එකල්හි ඒ සියලු ඇමතිවරුන් විසින් යළි යළිත් වැටුප් ගෙවීමට හේතු වූ පෙරැත්ත කිරීම් බොහෝ සෙයින් කළ කල්හි,

22. සන්නාහයෙන් සැදුනා වූ ඒ සත්සියයක් වූ සියලු ආර්ය ක්ෂත්‍රීයයෝ "හොඳා... එසේ නම් අපි

සියල්ලෝ ම රජුගේ ඉදිරියෙහි කියා සිටින්නෙමු" යි සැළකරන ලදින්,

23. රාජමන්දිරයට ගොස් සිංහාසනයෙහි හිඳින්නා වූ මිත්‍ර සෙනෙවියා දැක ආදර සහිතව ක්ෂණයක් සිටියෝ්ය.

24. එකල්හි එක් නිර්භීත සිත් ඇති ඨාකුර යෝධ භටයෙක් සිය සගයන්ට සංඥාවක් කොට සැණෙකින් සිය කඩුව ගෙන,

25. එසැණින් ම ඒ මිත්‍ර සෙනෙවියාගේ හිස සිඳ පොළවෙහි හෙළීය.

26. එකල්හි ඒ දඹදෙණි පුරයෙහි මහා කෝලාහලයක් හටගත්තේය. මහා බලැති සියලු සිංහල යෝධයෝ එක්රැස් වී,

27. "තොප විසින් කුමක් හෙයින් මේ අකටයුත්ත කරන ලද්දේ ද?" කියා ඨාකුරයන් ප්‍රමුඛ සියලු ආර්ය භටයන්ගෙන් අසා සිටියෝ්ය.

28. "යාපහුවෙහි වැඩවසන අපගේ බුවනෙකබාහු රජාණන්ගේ නියෝගයෙන් මෙය කරන ලද්දේ යැ" යි ඔවුහු ප්‍රතිවචන දුන්නෝ්ය.

29. "එසේ වේවා!" යි කියූ සිංහල යෝධයෝත්, ආර්ය ක්ෂත්‍රිය යෝධයෝත් සියලු දෙන සමගිව රජුන්ගේ අධිපති වූ බුවනෙකබාහු රජු,

30. යාපහුව නගරයෙන් දඹදෙණි පුරයට කැඳවාගෙන අවුත් සාදරයෙන් යුක්තව රාජ්‍යයෙහි අභිෂේක කළෝ්ය.

31. එතැන් පටන් බුවනෙකබාහු රජ තෙමේ දේශීය වූත්, විදේශීය වූත් සියලු උභය හමුදාවන්ට වැටුප් ප්‍රදානය කිරීම් ආදියෙන් තමන්ට පක්ෂපාත කොට,

32. කාලිංගරායර්, චෝළංගදේවාදී දකුණු ඉන්දියාවේ සිට අවුත් මෙලක්දිවට ගොඩබැසගත් සියලු දෙමළ සතුරන් ද,

33. කෙහෙල්වට, ආපාණ, තිපය, හිමියනක යනාදී සියලු වන්නි රජුන් ද පහකොට,

34. ලංකාවෙහි සතුරු වියවුල් නැතිකොට වසර කිහිපයක් දඹදෙණියෙහි වාසය කොට තදනන්තරව,

35. යාපහුවට ගොස් එහි සෞභාග්‍යයෙන් බබළන, මනා ලෙස පැතිර ගිය රාජධානියක් කරවා වාසය කළේය.

36. එහිදී මේ රජු ධර්මානුකූලව සියලු ජනයා සතුටු කරවමින්, බුදු සසුන කෙරෙහි ද සුපහන් සිතින් යුතුව ධාර්මික රජෙක් බවට පත්වූයේය.

37. දහම් පුස්කොළ පොත් ලියන්නා වූ නුවණැතියන් හට බොහෝ ධනය දී ඔවුන් ලවා සම්පූර්ණ ත්‍රිපිටකය ලියවන්නේ,

38. ලංකාවෙහි ඒ ඒ විහාරයන්හි ඒ ත්‍රිපිටක පුස්කොළ පොත් තබ්බවා පාළි ධර්මය අභිවෘද්ධියට පත්කරවූයේය.

39. මේ රජු විසින් උදාර පූජා සත්කාරයෙන් බබළවමින් ලෝක මංගල්‍යයක් වූ උපසම්පදා මංගල්‍යය බොහෝ වතාවක් කරවා,

40. තුන් ලොවෙහි අග්‍ර වූ, පූජනීය වූ බුද්ධ ශාසන මහිමය විපුල බවට ද දියුණුවට ද පත්කරවීය.

41. මේ රජු දිනපතා මහා දළදා පූජාවක් පැවැත්වීය. භික්ෂු සංඝයාට ද සිව්පසයෙන් උපස්ථාන කරවීය.

42. මෙසේ මේ ආකාර වූ පුණ්‍ය කටයුතු කොට යාපහුව නගරයෙහි වාසය කරන්නේ, සිය එකොළොස්වන රාජ්‍ය වර්ෂයේදී දෙව්ලොව ගියේය.

43. දකුණු ඉන්දියාවෙහි සාගතයක් පවතින අවස්ථාවෙහි පාණ්ඩියන් රාජ්‍යයට අනුශාසනා කරන සහෝදර රජවරු පස්දෙනෙකු විසින් සේනාව සමග මෙහෙයවන ලදුව,

44. ආර්යයෙක් නොවී සිටියදී ම ආර්ය චක්‍රවර්ති නමින් ප්‍රසිද්ධ මහත් බලැති දෙමළ අධිපති අමාත්‍යයෙක්,

45. ලංකාවට ගොඩබැස, එතැනින් මෙතැනින් රට මංකොල්ල කමින් උතුම් මහදුර්ගයක් වන යාපහු පුරයට පැමිණියේය.

46. එහි වැඩහුන් ශ්‍රීමත් දළදා වහන්සේත්, සියලු සාරවත් ධනයත් ගෙන නැවතත් ආපසු හැරී පාණ්ඩියන් රටට ම ගියේය.

47. එහිදී හේ පාණ්ඩ්‍ය මහා රාජවංශය නමැති පියුම් පුබුදන හිරුමඬල වැනි කුලසේඛර රජුට ශ්‍රීමත් දළදා වහන්සේ දුන්නේය.

48. එකල්හි බෝසත් විජයබාහු නරේන්ද්‍රයාගේ පුත්‍රුවන වූ, මහඉර්ධිමත් පරාක්‍රමබාහු රජුගේ මුණුබුරු වූ,

49. පරාක්‍රමබාහු නම් රජ තෙමේ ලංකාවාසී ජනයාගේ සෝතෑවුල් නිවීමෙහිලා මහාමේඝයක් බඳුව,

50. උතුම් රජුන්ගේ ප්‍රධාන වූයේ, සිහිල් සෙවණින් මනහර වූ චන්ද්‍ර මණ්ඩලයේ ආකාරය ගත් ශ්වේත ඡත්‍රය එසවීය.

51. ඉක්බිති හෙතෙම තමන්ගේ රාජවංශයට අයත් අග්‍ර පූජනීය දේවතා වූ අප මුනීන්ද්‍රයන් වහන්සේගේ උතුම් දළදා වහන්සේ පාණ්ඩියන් රටට රැගෙන ගිය හෙයින්,

52. "කවර නම් උපායෙකින් දඹදිව සිට නැවතත් මෙහි දළදා වහන්සේ වඩමවාගෙන එන්ට හැක්කෙම් දෝ?" යි කල්පනා කරන්නේ, සාමය හැර වෙනත් උපායක් නොදක්නේ,

53. දක්ෂ වූ කිසියම් හමුදා ප්‍රධානීන් සමග තෙමේ ම පඬිරටට ගොස් ඒ කුලසේඛර පාණ්ඩියන් රජු බැහැදැක,

54. ඔහු සමග දිනපතා මිහිරි බසින් යුතු අල්ලාප සල්ලාපයෙහි යෙදෙමින් ඔහු සතුටු කරවා ඒ රජුගේ අතින් ම දළදා වහන්සේ රැගෙන,

55. නැවත ලංකාද්වීපයට අවුත් උතුම් පොළොන්නරුවෙහි කලින් තිබූ දළදා මැදුරෙහි ම දළදා වහන්සේ වඩාහිඳෙව්වේය.

56. අනතුරුව පොළොන්නරුවෙහි ම වසන්නේ රාජනීතිය නොඉක්මවා රාජ්‍ය කරන්ට පටන් ගත්තේය.

57. මේ රජු දිනපතා දළදා වහන්සේ උදෙසා මහා පූජාවන් පවත්වමින් අප්‍රමාදීව අනල්ප වූ පුණ්‍ය රාශියක් රැස්කරගත්තේය.

(ඇතැම් පුස්කොළ පොතක පහත දැක්වෙන විස්තරය ඇත්තේය)

57. "යාපහු පුරයෙහි අධිපති බුවනෙකබාහු රජුගේ පුත්‍ර වූ බුවනෙකබාහු කුමාරයා ද අනාගතයෙහි,

58. රාජ්‍ය පැහැරගන්ට ලෝභ කරන්නේ යැයි නැවත නැවත කල්පනා කොට කිසියම් අවස්ථාවක මේ රජු තමන්ගේ මලණුවන් වන,

59. ඒ රජුගේ ඇස් උපුටවන්ට රාජපුරුෂයන් හා කරණවැමියෙකු යෙදවීය.

60. ඒ කරණවැමියාත් එකල්හි ඒ කුමාරයාගේ .... නිතර දහසක් භික්ෂූන්ට පිසින ලද දන්වැට තැබීය.

61. රජ තෙමේ අවුරුදු පතා රාජ සම්පත්තියට යෝග්‍ය වූ තමන්ගේ රාජාභිෂේක සංවත්සරය පවත්වා අනතුරුව,

62. පොසොන් මාසයෙහි පොසොන් පූජාව පෙරටුකොට උපසම්පදා උත්සවය පවත්වා බුදු සසුන බැබළවීය.

63. බොහෝ අටපිරිකර ද බොහෝ කඨින සිවුරු ද වාර්ෂිකව බොහෝ භික්ෂූන්ට දුන්නේය."

58. චීවරාදී සිව්පසයෙන් භික්ෂු සංඝයාට උපස්ථාන කළ මේ රජු ලෝකයේත්, ශාසනයේත් දියුණුව සලසා මරු වසඟයට ගියේය.

59. යාපහුව පුරාධීශ්වර බුවනෙකබාහු රජුගේ පුත්‍රයා වූ බුවනෙකබාහු රජු කුරුණෑගල ඇතුගල්පුරයෙහි රජ වූයේය.

60. පුණ්‍යකාමී වූ මේ රජු දානාදී කුසල්හි ඇලුනේ නිතර භික්ෂූන් වහන්සේලා දහස් නමකට පිසින ලද දන්වැට තැබ්බවීය.

61. මේ රජු වාර්ෂිකව රාජ සම්පත්තියට යෝග්‍ය පරිදි තමන්ගේ රාජාභිෂේක මංගල්‍ය සංවත්සරෝත්සවය කොට,

62. පොසොන් මාසයේ පොසොන් පූජා පෙරටු කොට උපසම්පදා උත්සවය පවත්වා බුදු සසුන බැබළවීය.

63. මේ ආදී නොයෙක් පින්කම් නොයෙක් අයුරින් කොට බුවනෙකබාහු රජු ද රාජ්‍ය ලබා දෙවන වර්ෂයෙහි අනිත්‍ය බවට පත්වූයේය.

64. ඔහුගේ අතිජාත පුත්‍ර වූ පරාක්‍රම නමැති ධීර වීර සම්පන්න කුමාරයා ඇතුගල්පුරයෙහි රජ බවට පත්වූයේය.

65. තුනුරුවන් කෙරෙහි පහන් සිතැති මේ රජු සංඝයා රැස්කරවා නොයෙක් වාරයන්හි උපසම්පදා මංගල්‍යය කරවූයේය.

66. එමෙන්ම මේ රජු රජමිඳුලෙහි භිත්ති ස්ථම්භයන්-ගෙන් අලංකාර වූ, විචිත්‍ර සිතුවමින් ශෝභමාන වූ, රන් තොරණින් යුක්ත වූ,

67. රන් දොරබාවෙකින් සශ්‍රීක වූ, තුන්මහලින් හෙබියා වූ ධාතු මන්දිරයක් මනාව කරවා,

68. එහි විසිතුරු වස්ත්‍රයෙන් ද පටපිළියෙන් ද වියන් බඳවා රන්මාලාවෙන් ද එසේම,

69. අලංකාරවත් රිදී මාලාවෙන් ද මුතු මාලාවෙන් ද සරසා හැම තැන එල්ලෙන ලෙසින් ශෝභමාන කරවා,

70. කසී සළුවෙන් ප්‍රාකාරයන් බඳවා, අනතුරුව එහි විසිතුරු රුවනින් බබළන පලඟක් පනවා,

71. ඒ වටා රන් රිදී කළස් තබ්බවා, රන් රිදී රුවනින් දඬුවැට පහන් කරවා,

72. අලංකාර කොට, ඉන් පසු එහි දළදා කරඬුවත්, පාත්‍රා ධාතු කරඬුවත් සාදරයෙන් වඩාහිඳුවා,

73. මල් සුවඳින්, නොයෙක් සුවඳදුමින් හා පහනින් කරන ලද බැබළීමෙන් ද, ඛාද්‍ය භෝජ්‍ය ද වළඳින රස විඳින දැයෙන් ද යුක්ත කොට,

74. සුන්දර වූ පංචාංගික තූර්ය නාදයෙන් ගිගුම් දෙවමින්, නොයෙක් ස්තුති පූජාවෙන් ද මනහර නෘත්‍ය ගායනායෙන් ද,

75. ලෝකානන්දකර වූ සර්වඥ ධාතු පූජා මහෝත්සවය දවසක් දවසක් පාසා මැනැවින් පවත්වන්ට පටන් ගත්තේය.

76. එසේම නොයෙක් ගම්කෙත්වලින් ද දැසි දස්සන්-

ගෙන් ද ඇත් අස් ගව මහිෂාදීන්ගෙන් ද ධාතු පූජා කරවීය.

77. "මුළු ලොව අග්‍ර නායක වූ අපගේ සම්බුදු රජාණන් වහන්සේ ජීවමානව වැඩසිටින අවදියෙහි උන්වහන්සේ උදෙසා කරනු ලබන දිනපතා වත පිළිවෙතක් ඇත්තේ ද, එය,

78. දළදා වහන්සේ උදෙසා මෙතැන් පටන් කරත්වා!" යි නියෝග කොට එය ප්‍රකාශ කරන්නා වූ රජ තෙමේ දළදා වහන්සේට කළයුතු පුද පූජා විධි ඇතුලත් කොට 'දළදා චාරිත්‍ර' නමින්,

79. සිංහල භාෂායෙන් සිය බුද්ධියෙන් යුතුව ග්‍රන්ථයක් රචනා කොට එහි දක්වා ඇති පරිදි ධාතූන් වහන්සේ උදෙසා දිනපතා චාරිත්‍රය පැවැත්වීය.

80. එකල රජ තෙමේ චෝළ දේශයෙන් පැමිණියා වූ නා නා භාෂා විශාරද වූ, තර්කාගමධාරී වූ, මනා හික්මීමෙන් යුතු එක්තරා මහා ස්ථවිර නමක්,

81. රාජගුරු තනතුරෙහි තබා උන්වහන්සේ සමීපයෙන් සියලු ජාතකයන් නිරන්තරයෙන් අසා,

82. ඉගෙනගෙන, එහි අර්ථයන් ද මතකයෙහි රඳවාගෙන එයට අනතුරුව සොඳුරු වූ සියලු පන්සිය පනස් ජාතකය ම,

83. පාළි භාෂාවෙන් සිංහල භාෂාවට හරවා අසනු කැමති ව සිංහල භාෂාවට පරිවර්තනය කොට, ත්‍රිපිටකධාරී,

84. මහතෙරුන් වහන්සේලා මධ්‍යයෙහි අස්සවා, පිරිසිදු කොට, පුස්කොළ පොත්වල ලියවා ලංකාවෙහි සියලු තැන පැවැත්වීය.

85. එමෙන්ම මේ ජාතකයන් තම තමන්ගේ ශිෂ්‍යානුශිෂ්‍ය පරම්පරාවෙන් පාලනය කොට පවත්වනු පිණිස ප්‍රඥා සම්පන්න වූ,

86. මේධංකර යන නම ඇති එක් මහ ස්ථවිර නමකට ආරාධනා කොට පැවරීය. මේ රජු සිය නමින් පිරිවෙණක් ද කරවීය.

87. පරණගම, තැඹිලිහෙළ, දෙල්මඩ, මොරවක යන ගම් සතරත් ඒ පිරිවෙණෙහි දියුණුවට දුන්නේය.

88. මහවිජයබාහු නිරිඳු විසින් තොටගමු විහාරයෙහි කරවන ලද සතළිස් පස් රියනක් උසැති,

89. දිගු ප්‍රාසාදය දිරාපත්ව තිබූ හෙයින් මේ පරාක්‍රමබාහු නරපති තෙමේ එය නැවතත් තිස් රියනක් උස්කොට,

90. උස් කොතකින් යුක්ත කොට, දෙමහල් ප්‍රාසාදයක් කරවා, නා නා සිතුවමින් බබුළුවා,

91. එකල විජයබාහු පිරිවෙණ් අධිපති ව විසූ කායසත්ථි නමැති මහාතෙර සාමීන් හට ඒ ප්‍රාසාදය පිදීය.

92. එමෙන්ම ගිං ගඟෙහි ඉවුරු තෙර සල්ගම නමැති එක් ගමක් ද ඒ පිරිවෙණට ම අයත්කොට දුන්නේය.

93. එමෙන්ම මේ රජු පොල්ගස් පන්දහසකින් යුක්ත

කොට තොටගමුවෙහි මනරම් පොල් උයනක් ද කරවීය.

94. අනතුරුව මේ රජු දෙවිනුවර සිංහ සෙයයාවෙන් සැතපෙන පිළිමයකින් යුක්ත කොට දෙමහලකින් හෙබි, දොරවල් දෙකක් ඇති දිගු පිළිම ගෙයක් කරවා,

95. එය උයන්වතුවලින් වටකොට, ගැටමාන නමැති එක් ගමක් ද බුදුරජුන් සන්තක කොට පූජා කළේය.

96. එසේම මේ රජු වැලිගම විහාරයෙහි ද තමන්ගේ පරාක්‍රමබාහු යන නම යොදා දෙමහල් දිගු ප්‍රාසාදයක්,

97. කරවා සඟසතු කොට පිදීය. ඒ විහාරයට ඇල්ගිරි නමැති ආදායම් ලබන මහා ගම්මානය ද දුන්නේය.

98. එමෙන්ම රත්ගම නගරය සමීපයෙහි ඇති විද්දුම ගමෙහි උතුම් පිරිවෙණකින් යුක්ත කොට සොඳුරු ලෙස 'ශ්‍රී සනානන්ද' නමින්,

99. විහාරයක් බෝධි, පිළිමගෙය සහිතව කරවා තමන්ගේ ආචාර්ය වූ සොළී මහතෙරුන්ට පූජා කළේය.

100. ඉක්බිති මේ රජු මායාදුන්න නමැති රමණීය රටෙහි සොඳුරු ප්‍රාකාර, ගෝපුර සහිතව අලුතින් නගරයක් කරවා,

101. එහි උස් කොතක් සහිතව දෙමහලින් යුතු කොට මනරම් දේවාලයක්, ප්‍රාකාර ගෝපුරයන්ගෙන් යුක්ත කොට කරවා,

102. එහි උපුල්වන් දෙවිරජුගේ බබලන්නා වූ ප්‍රතිමාවක් පිහිටුවා මහා පූජාවක් පැවැත්වීය.

103. මේ ආදී වශයෙන් මහත් වූ ලෝක ශාසන සංග්‍රහයන් නොයෙක් අයුරින් කොට පින් කරගත් මේ රජු ද මරු වසඟයට ගියේය.

104. පෙර ආත්මවල කරන ලද පින් ඇති මේ රජු තමන් අතට පත් අසාර ධනය කෙරෙහි ලෝභය අත්හැර තම යහපතත්, අන්‍යයන්ගේ යහපතත් කෙරෙහි ඇලුනෙ සියලු කුසල් කළේය. ශ්‍රද්ධාව ධනය කොට ගත් සත්පුරුෂ ජනයෙනි, ආත්මාර්ථයත්, සියල්ලෙහි අනිත්‍ය බවත් දැන දන්, සිල් මුල්කොට පින් රැස්කර ගනිව්!

105. මේ පරාක්‍රමබාහු රජුගෙන් පසු වන්නි බුවනෙකබාහු රජු ලක්දිව බලයට පත්වූයේය. ඒ රජුගේ ඇවෑමෙන් පසු මහත් බලැති ජයබාහු රජු ලංකායෙහි රජ වූයේය.

106. මේ රජවරුන්ගේ ඇවෑමෙන් පසු මහවැලි ගඟ අසබඩ මනරම් වූ,

107. ගඟසිරිපුර හෙවත් ගම්පොළ පුරයෙහි මහනුවණැති, සැදැහැති, සොඳුරු ගුණයන්ට ආකර වූ, සිව්වෙනි බුවනෙකබාහු නමින් රජෙක් පහළ විය.

108. මේ රජුගේ සතරවන වර්ෂයෙහි අප භාග්‍යවතුන් වහන්සේගේ පරිනිර්වාණයෙන් එක්දහස්,

109. අටසිය අනුහතර වසරක් ඉක්ම ගියේ යැයි ක්‍රම දත්තවුන් විසින් දත යුත්තේය.

110. පෙර සිටි රජවරු දුකසේ ලැබිය යුතු අතිදුර්ලභ වූ බුද්ධ කාලයක් ලැබ නිරන්තරයෙන් අප්‍රමාදීව දානාදී නොයෙක් කුසල් කළෝය යන මෙකරුණ තේරුම් ගෙන තෙපි දු මනාකොට සියලු කුසල් කරව්.

මෙසේ හුදී ජන පහන් සංවේගය පිණිස කරන ලද මහාවංශයෙහි 'විජයබාහු ආදී රජවරුන් අට දෙනා' නමැති අසූ අටවන පරිච්ඡේදය නිමාවට පත්විය.

89

අසූ නවවන පරිච්ඡේදය

පරාක්‍රමබාහු ආදී රජවරු සිව්දෙනා

01. මේ රජුගේ ඇවෑමෙන් පසු ගම්පොල පුරයෙහි ම පරාක්‍රමබාහු නමිනුත්, නුවණැති වූ වික්‍රමබාහු නමිනුත් රජවරු දෙදෙනෙක් රාජ්‍ය කළෝය.

02. ඉන් පසු මහවැලි නදිය අසබඩ පේරාදෙණිය නමින් ප්‍රසිද්ධ වූ සොඳුරු නගරයෙහි,

03. වික්‍රමබාහු රජුගේ කාලයෙහි ම ගිරිවංශයෙහි උපන්නා වූ මහා නුවණැති අලගක්කෝනාර් නමැති,

04. තේජසින් හා ශ්‍රද්ධාදී ගුණාභරණයෙන් යුතු ප්‍රභූ රාජයෙක් සිටියේය. හේ මහත් බල ඇත්තේ ලෝක ශාසනයෙහි දියුණුව සලසනු කැමැත්තේ විය.

05. "කල්‍යාණී නම් නගරයක් වනාහී ප්‍රාසාද, බෝධි, උතුම් සක්මන් මණ්ඩප, ප්‍රාකාර, ශෛලමය බුද්ධ ප්‍රතිමාඝර, චෛත්‍ය ආදියෙන් සමලංකෘත

කොට, සිත්කලු වෙළඳසැලින් ද සිත්කලු ගෝපුර තොරණ්වලින් ද බබළන්නේය,"

06. යනාදී වූ වර්ණනාවෙන් යුක්ත වූ, අපගේ මහමුනීන්ද්‍රයන් වහන්සේ විසින් පරිභෝග කරන ලද භූමියක් වූ එම කල්‍යාණි නම් නගරයට දකුණු දෙසින් පිහිටි, එසේම නුවණින් යුතු ජනයා විසින් වාසය කරන ලද යහපත් නිවාසයන් ඇති ඒ දාරුරුගම සමීපයෙහි වූ මහවිලෙහි,

07. මහාප්‍රාකාර පංතියකින් ද, ද්වාරකොටු ආදියෙන් ද ශෝභමාන වූ ජයවර්ධන කෝට්ට නමින් ප්‍රසිද්ධ නුවරක් ඒ අලගක්කෝනාර් ප්‍රභූ රාජයා ඉදිකළේය.

08. පුණ්‍යකාමී, මහබලැති මේ රජු ජයවර්ධනපුර කෝට්ටෙහි වසමින් බුද්ධ ශාසනාභිවෘද්ධි ආදී බොහෝ කුසල් කළේය.

09. ජයවර්ධන පුරයෙහි පස්වෙනි බුවනෙකබාහු රජු ශ්‍රද්ධාවෙන් යුක්ත වූයේ, බුද්ධාදී ත්‍රිවිධ රත්නය කෙරෙහි නිරතුරු ආදර ඇත්තේ,

10. සංඝයා උදෙසා නිතර අනල්ප ලෙස භෝජන දානාදිය පුදමින් බුදු සසුන නගාසිටුවීම පිණිස සංඝයා රැස්කරවා,

11. සංඝයා ලවා ම විමසා බලවමින් දුස්සීල මහණුන් උපැවිදි කරවා, ලජ්ජා භය ඇති භික්ෂූන්ට සංග්‍රහ කොට බලය දී බුදු සසුන බැබළවීය.

12. මේ රජු රිදී සත්දහසකින් කරඬුවක් ද කරවා දළදා වහන්සේ එහි වඩාහිඳුවා නිරන්තරයෙන් ආදරයෙන් පුදන්නේ,

13. විසි හවුරුද්දක් රාජ්‍යය පාලනය කොට අවසන් වූ කල්හි ඒ රජහුගේ මෙහෙසියගේ සොහොයුරෙක් වූ වීරබාහු නමින් ප්‍රසිද්ධ කුමාරයා,

14. රාජ්‍යත්වයට පැමිණ බුදු සසුන අභිවෘද්ධියට පැමිණවීම් ආදී සියල්ල එසේ ම කොට මරහුගේ වසඟයට ගියේය.

15. ඉක්බිති මෑත භාගයෙහි අප බුදුරජාණන් වහන්සේගේ පරිනිර්වාණයෙන් එක් දහස් නවසිය පනස් තුන්වෙනි වර්ෂයෙහි ප්‍රඥා වීර ගුණයට නිවසක් බඳු,

16. සූර්ය වංශයෙහි උපන් පරාක්‍රමබාහු නමැති රජතුමා ජයවර්ධන නමැති රම්‍ය නගරයෙහි අග්‍ර වූ, උතුම් වූ, උදාර වූ රාජ්‍යශ්‍රීයට පැමිණ රත්නත්‍රය විෂයෙහි ශ්‍රද්ධාවෙන් යුක්තව මහා පූජාවන් පවත්වන්ට පටන් ගත්තේය.

17. මේ මිහිපල් තෙමේ දළදා වහන්සේ උදෙසා ඉතා දර්ශනීය වූ ප්‍රාසාදයක් තුන්මහලකින් යුතුව කරවා,

18. නව රත්නයෙන් සරසා මනාකොට බඳින ලද රන් කරඬුවක් ද, ඒ කරඬුව වටා විවිධාකාරයෙන් බබළන උතුම් මැණික් බඳනා ලද අන්‍ය වූ රන් කරඬුවක් ද කරවා, එය ද ඇතුලත් කොට තවත් රන් කරඬුවක් ද කරවීය.

19. ඉන් පසු අතුල්‍ය වූ, මහත් වූ උතුම් කරඬුවක් කරවා එය ඉතා සිත්කළු ලෙස රනින් ආලේප කරවා, භවයෙහි ලබන සසර සැපත්, නිවන් සැපයත්

පතන්නා වූ රජ තෙමේ ඒ උතුම් කරඬු සතර තුළ දළදා වහන්සේ තැන්පත් කරවීය.

20. උතුම් සම්බුදු සසුන කෙරෙහි පවිත්‍ර ආදර ඇති රජදරුවන් විසින් ලංකාද්වීපයෙහි කරන ලද සියලු පූජාවන් සිහිකොට "මම් ද ඒ රජදරුවන් සෙයින් රාජ්‍යයෙහි සියලු ලාභයෙන් අනලස්ව සාදරයෙන් රත්නත්‍රයට පූජාවන් පවත්වන්නෙමි" යි,

21. අදිටන් කොට, සර්වප්‍රකාරයෙන් ම ශ්‍රද්ධාවෙන් යුතුව ධාතු පූජාදිය කළේය. සංඝයා උදෙසා නිති අටපිරිකරත්, දන් පූජාවත් කළේය.

22. මසක් මසක් පාසා පූජාවන් ද සෑම වර්ෂයක ම රුහුණු, මායා, පිහිටි යන ත්‍රිසිංහලයෙහි සිටි සියලු සංඝයා උදෙසා කඨින චීවර දානයත් දුන්නේය.

23. ශ්‍රද්ධාවෙන් යුක්තව මහාදන් ද වාර්ෂික සිවුරු පූජාවන් ද කොට පුණ්‍යකාමී වූ, යසස් ඇති මේ රජු පින් රැස්කරගත්තේය.

24. නුවණැති මේ රජු තම මෑණියන්ගේ නමින් පැපිලියානෙහි සුනේත්‍රාදේවී නම් පිරිවෙණ ද,

25. සංඝාරාමයක් ද කරවා, බොහෝ ගම්කෙත් ද පූජා කොට තුන් සිංහලයෙන් වැඩම කළ භික්ෂූන් හට,

26. තුන් දිනක් උතුම් සඟසතු දානයක් දෙන්ට එහි ම දන්වැට තබ්බවා පින් රැසක් රැස්කළේය.

27. අටුවා ටීකා සහිත උතුම් තුන් පිටකය ද ලියවා බුද්ධ ශාසනයට සංග්‍රහ කළේය.

28. එසේම මේ රජු දවසක් දවසක් පාසා සද්ධර්ම පුස්තකයන් ලියවනු පිණිස ලේඛකයන්ට වැටුප් පිණිස ගම් දුන්නේය.

29. එසේම තන්හි තන්හි පිහිටි මහියංගණ මහාසෑය ආදී චෛත්‍යයන්හි කැඩී බිඳීගිය තැන් පිළිසකර කරවීය.

30. එසේම මෙතෙමේ ගඩලාදෙණිය විහාරය, ලංකාතිලක විහාරය ආදී විහාරයන්හි සුණුපිරියම් කටයුතු ආදිය ද කරවීය.

31. නොයෙක් වාරයන්හි මහෝත්සව කරවා මහපූජාවන් පවත්වා උපසම්පදා මංගල්‍යය ද කරවීය.

32. මේ රජ තෙමේ රාජ්‍ය භාරය ලැබ පනස් දෙවසරක් රාජ්‍ය කරමින් බොහෝ කුසල් රැස්කරගත්තේය.

33. මේ නුවණැති රජු තුන් සිවුරු පමණක් විසිහයදහස් එක්සිය සතළිසක් ද බොහෝ පිරිකර ද පූජා කරගත්තේය.

34. පරිවාර පිරිකර සහිතව කඨින සිවුරු තුන් දහස් හාරසිය තිස් දෙකක් ද භික්ෂු සංඝයා උදෙසා ඉතා ශ්‍රද්ධාවෙන් යුතුව පූජා කරගත්තේය.

35. තුනුරුවන් කෙරෙහි පහන් සිතැති බුද්ධශාසන-මාමක වූ මේ රජු බොහෝ ධනය වියදම් කොට විවිධ කුසල් රැස්කළේය.

36. ශ්‍රද්ධා, ප්‍රඥා, කරුණා බහුල උතුම් ගුණ රත්නයෙන් යුතු පුද්ගල තෙමේ තමන් ලද භෝගයන්ගේ

නිස්සාර බව දැන නිතර අනලස්ව මෙසේ නොයෙක් පින්කම් කළේ යැයි දැන, තමාගේ යහපත කැමති ව භවසැපත් නිවන් සැපත් පතමින් තෙපි දු නා නා විධ සැප සලසන පින් රැස නිරන්තරයෙන් මනාකොට රැස්කරගනිව්!

මෙසේ හුදී ජන පහන් සංවේගය පිණිස කරන ලද මහාවංශයෙහි 'පරාක්‍රමබාහු ආදී රජවරු සිව්දෙනා' නමැති අසූ නවවන පරිච්ඡේදය නිමාවට පත්විය.

90

අනූවන පරිච්ඡේදය

ජයබාහු ආදී රජවරු සත්දෙනා

01. මේ පැරකුම්බා රජුගේ අභාවයෙන් පසු ඔහුගේ මුණුබුරු ජයබාහු කුමරු රජ වූයේය. බුවනෙකබාහු කුමරු මේ ජයබාහු රජු මරවා,

02. ලංකාවෙහි රජබවට පත්ව සත් වර්ෂයක් රජකම් කළේය. බුවනෙකබාහු රජුගේ අභාවයෙන් පසු නුවණැති බවින් පණ්ඩිත යැයි ප්‍රසිද්ධ වූ,

03. පරාක්‍රමබාහු රජු සොඳුරු ජයවර්ධනපුරයෙහි රාජ්‍යශ්‍රීයට පත්වූයේය. මේ පැරකුම් රජුගේ අභාවයෙන් පසු වීරපරාක්‍රමබාහු නමින් ප්‍රසිද්ධ කුමාරයෙක් ලංකායෙහි රජබවට පත්වූයේය.

04. වීරපරාක්‍රමබාහු රජුගේ අභාවයෙන් පසු ගුණ නමැති අබරණින් සැරසී ගිය විජයබාහු නම් කුමරෙක් ලක් රජය විචාළේය. විජයබාහු රජුගේ අභාවයෙන් පසු බුවනෙකබාහු කුමාරයා රජ වූයේය.

05. මේ රජවරුත් ඔවුන්ගේ ශ්‍රද්ධාවටත්, බලයටත් අනුව ලෝක ශාසනික දියුණුව සලසා කර්මානුරූපව මිය පරලොව ගියෝය.

06. අනතුරුව සිරිසඟබෝ මහරජුගේ වංශයෙහි උපන් වීරවික්‍රම නම් කුමාරයෙක් සම්බුද්ධ පරිනිර්වාණයෙන් දෙදහස් අසූ පහක්,

07. වසර ගත වූ කල්හි මහා බල ඇතිව, මහවැලි ගංගාව නමැති දිය අගලින් අලංකාර වී ගිය,

08. සෙංකඩගල නමැති අපර නාමයක් ඇති ශ්‍රීවර්ධන පුරයෙහි වාසය කරන්නේ, මේ රජ තෙමේ සතර සංග්‍රහ වස්තුවෙන් යුක්තව,

09. ජනයා සතුටු කරවමින් ශ්‍රද්ධාවෙන් යුක්තව පින්කම් කරන්ට පටන් ගත්තේය. තමන්ගේ රජමාලිගයට නුදුරින් මනරම් වූ,

10. භූමි භාගයක උතුම් දළදා වහන්සේ වඩාහිඳුවා එහි චෛත්‍යයක් ද කරවා ඊට ආසන්නයේ ම දෙමහලකින් යුක්තව,

11. උළු ආදියෙන් සෙවිලි කොට පොහොය මළුවක් ද කරවා නුවර හාත්පස අසූ හයක් සංඝාරාමයන්,

12. කරවා ඒ ඒ ආවාසයෙහි භික්ෂූන් වහන්සේලා වස්සවා උපස්ථාන කොට බුදුරජුන් විසින් වදාරන ලද ධර්මය ද ඇසීය.

13. එසේම මේ රජු පනස් පහක් පමණ උදාර පූජාවන් කොට තුන්යම් රාත්‍රියෙහි ශ්‍රද්ධාවෙන් යුක්තව ධර්මය ඇසුවේය.

14. තිස් දහසක් පමණ තල් පත්ඉරුවල දහම් පොත් ලියවා සැටදහසක් පමණ ධනය වියදම් කොට ත්‍රිපිටකයට ද පූජා පැවැත්වීය.

15. එක්සිය අසූවක් බුදුපිළිම වහන්සේලා ද ධාතූන් වහන්සේලා වඩාහිඳුවනු පිණිස එක්සිය සතළිහක් කරඬු ද කරවා පින් රැස්කර ගත්තේය.

16. මේ රජු තම පුරයෙන් නික්ම ස්වකීය පා බලයෙන් ම එක් දවසින් සත් ගව්වක් පමණ ගොස්,

17. නා නා සුගන්ධ පුෂ්පයන්ගෙන් ද පහන්, සුවඳ දුම් ආදියෙන් ද මහියංගණ සෑයට මහා පූජාවක් කළේය.

18. එමෙන්ම සමන්තකූට පර්වතයට ද එක් දවසින් ම ගොස් වටින් පසළොස් රියනක් වූ, උසින් පස් රියනක් වූ,

19. ශෛලමය පහනට කළ සියයක තෙල් වගුරුවා පහන් දල්වා මුනි සිරිපා පියුම පිදීය. මෙතෙමේ අග්‍ර වූ නිර්වාණ මාර්ගය ප්‍රාර්ථනා කරමින් දුර්ගම මාර්ග පිරිසිදු කොට,

20. සිරිපා කරුණා කිරීම පිණිස යන එන සැදැහැවතුන්ගේ සුවය පිණිස සත්සිය අසූවක් ගල්පියගැට ද කරවීය.

21. මෙසේ නොයෙක් පින්කම් විවිධාකාරයෙන් සිදුකළ රජ තෙමේ උපසම්පදා මංගල්‍යය කරවන්ට සිතා,

22. මහවැලි ගං තෙර බොහෝ ගෙවල් ද කරවා තුන් සිංහලේ වසන්නා වූ සියලු සංඝයා එහි වැඩමවා,

23. නුවණැති රජු ඒ සංඝයා උදෙසා මහා පූජාවන් පවත්වන්නේ, පලාබද්දල ධර්මකීර්ති මහාස්ථවිරයන් ප්‍රමුඛ තිස් පස්නමක් වූ,

24. භික්ෂු සංඝයාට ආරාධනා කොට මහෝත්සව කරමින් තුන්සිය පනස් පස්නමක් සත්පුරුෂ කුලපුත්‍රයන්,

25. තෝරාගෙන උපසම්පදාව දෙවීය. පෙර කල දඹදිව පාටලීපුත්‍ර නගරයෙහි මහාසේන නම් නරපති තෙමේ,

26. දවසක් දවසක් පාසා දහසක් භික්ෂු සංඝයා වළඳවා ඒ දානයෙනුත් තෘප්තියට පත්නොවී උදාර අදහස් ඇත්තේ,

27. ඒ රජ තෙමේ පූජා කරන දානයෙහි වස්තු සම්පත්තියෙහි පිරිසිදු බව ඇතිව දන් දෙන්ට සිතා රාජ්‍යශ්‍රීය අත්හැර උතුරු මධුරා පුරයට ගොස්,

28. බැලමෙහෙවරකම් කොට ලැබුණා වූ ධනයෙන් ශ්‍රද්ධාවෙන් යුතුව දෙන ලද දානය ගැන අසා නැණවත් රජ තෙමේ පිරිසිදු දාන වස්තුවක් දෙන අදහසෙහි ඇලුණේ,

29. තමන්ගේ කාය බලයෙන් ඇල්කෙතක් වපුරා එයින් ලද ධාන්‍යයෙන් මනාකොට දානය පැවැත්වීය.

30. තුනුරුවන් කෙරෙහි පහන් සිතැති මේ රජු දෙදහස් එක්සිය අසූදෙකක් සිවුරු පූජා කළේය.

31. එසේම පන්ලක්ෂ අසූහත් දහසක් ධනය වියදම් කොට නොයෙක් පින්කම් කරන ලද්දේය.

32. හස්තීන් හා අශ්වයන් හැට දෙකක් ද හාරසිය පනහක් ගවමහිෂයන් ද දන් දුන්නේය.

33. කුසලයෙන් ප්‍රයෝජන ඇති මේ රජු මෙවැනි නොයෙක් ක්‍රමයෙන් පින්කම් කොට තමන් දෙව්ලොව යන මාර්ගය පිරිසිදු කරගත්තේය.

34. මෙසේ සැදැහැවත් වූ, ප්‍රාඥ වූ, අනායයන්ගේ යහපතෙහි නිරත වූ මේ රජු ලැබුණා වූ මිනිස් කයෙහි සාරය වූ විවිධ සැප සලසන පින්කම් මනාකොට කළේය. මෙකරුණ දැන ඝෝර වූ සසර දුකෙහි මහත් භය දක්නා ජනයෙනි, සංසාර භය සිහිකොට ශරීරාදිය කෙරෙහි පවත්නා සියලු ලෝභය දුරලව්! කුසීත නොවී පුණ්‍ය සාරය භජනය කරව්!

මෙසේ හුදී ජන පහන් සංවේගය පිණිස කරන ලද මහාවංශයෙහි 'ජයබාහු ආදී රජවරු සත්දෙනා' නමැති අනූවන පරිච්ඡේදය නිමාවට පත්විය.

91

අනූ එක්වන පරිච්ඡේදය

මායාදුන්නේ රජු ආදී රජවරුන් දෙදෙනා

01. මහයසස් ඇති මේ රජු රාජ්‍ය කරන කල්හි සමුද්‍රාසන්නයෙහි තිබෙන්නා වූ ජයවර්ධනපුර කෝට්ටේ ආදී,

02. ඒ ඒ තැන්වල වසන්නා වූ සූර්ය වංශයෙහි රජුන් අතරින් මායාදුන්නේ නමැති තේජස්වී රජෙක් සිටියේය.

03. ඔහුගේ පුත්‍රයා රාජසිංහ නමැති කෲරතර කුමාරයෙකි. හේ සිය පියා සමග තන්හි තන්හි ගොස් යුද්ධ කොට,

04. ජයග්‍රහණය කිරීමෙන් මහබලවත් වූයේ, මිසදිටු වූයේ, සිය පියා වූ මායාදුන්නේ රජුව සියතින් සාතනය කොට රාජ්‍ය පැහැර ගත්තේය.

05. හේ සීතාවක නගරයෙහි රාජසිංහ රජු නමින් ප්‍රසිද්ධියට පත්විය. ස්වල්ප කාලයකට බුද්ධ ශාසනය කෙරෙහි පැහැදී කුසල් කරමින් සිටියේය.

06. දිනක් මහතෙරුන් වහන්සේලා උදෙසා දන් පුදා "මා අතින් පියා ඝාතනය වීමෙන් සිදු වූ පව කෙසේ නසන්නෙම් දැ?" යි භයට පත් සිතින් විචාළේය.

07. එකල්හි ධර්මයෙහි විශාරද වූ තෙරුන් වහන්සේලා අනුවණයෙකු වූ ඔහුට ධර්මය දේශනා කොට ඔහුගේ දුෂ්ට සිත සතුටු කරවන්ට නොහැකි වූවාහුය.

08. "කරන ලද පාපය විපාක නොදී විනාශ නොකළ හැක්කේය" යන වචනය ඇසූ කෙණෙහි දණ්ඩෙකින් පහර වැදුනු සැණින් කිපෙන්නා වූ විෂඝෝර සර්පයෙකු බඳුව සිට,

09. ශිව භක්තික හින්දු මිසදිටු සාධුවරුන්ගෙන් විමසීය. ඔවුන් විසින් "පිතෘඝාතක පාපය යාග කිරීමෙන් නැසිය හැක්කේය" යි කියන ලදුව,

10. එය අමාවක් සෙයින් අසා කය පුරා අළු තවරා ගනිමින් ශිව මිසදිටුව වැළඳගත්තේය. අනතුරුව මොහු බුදු සසුන වනසමින්, භික්ෂු සංඝයා නසමින්, ධර්ම පුස්තකයන් ගිනි තබමින්,

11. විහාරාරාමයන් බිඳ හෙළමින් බොහෝ දෙනෙකුගේ සුගති මග ද වසා දැම්මේය. සසරට සිටුවූ කණුවක් බඳුව සිට හින්දු මිසදිටුව වැළඳ ගත්තේය.

12. සමන්තකූට පර්වතයෙහි භාග්‍යවතුන් වහන්සේ උදෙසා උපදින සියලු ලාභයන් ගැනීම පිණිස මිසදිටු ශිව භක්තික සාධුවරු යෙදවීය.

13. මෙසේ අධාර්මික බාල තෙමේ නුවණින් ගත යුතු සම්මා දිට්ඨියෙන් යුතු නිමල බුදු දහම නොගෙන,

අත්හළ යුතු ශිව මිසදිටුව ගෙන මහා දුකකට බඳුන් වූයේය.

14. එකල්හි භික්ෂූහු රාජ්‍ය භය හේතුවෙන් සිවුරු හැර ගියෝය. ඔවුන් අතර සිටි සසර බිය දක්නා භික්ෂූහු ඒ ඒ තැන පලාගියෝය.

15. සියලු ලෝකයෙහි යහපත සලසන, අති නිර්මල වූ බුද්ධ ශාසනය වැනසූ හේ පෙර ආත්මවල රැස්කළ පින්බලය හේතුවෙන් මෙහි රාජ්‍ය කළේය.

16. මේ පව්ටු තැනැත්තා ස්වකීය ආඥා බලයෙන් යුක්ත වූයේ ලංකාතලය තමන්ගේ අතට ගෙන රාජ්‍ය පාලනය කළේය.

17. මෙසේ රාජ්‍ය බලයෙන් යුක්ත වූ මිහිපල් තෙමේ සිය ආඥා බලය පෙන්වා සියලු අකුසල් රැස්කොට මරහුගේ වසඟයට ගියේය. පව්ටු මිත්‍යා දෘෂ්ටි මෝහයට වසඟ වූ විට සිදුවිය හැකි භයානක අනතුර මෙසේ හැඳින, භයින් යුක්තව සියලු ප්‍රමාදී කරුණෙන් බැහැරව බොහෝ යහපත කරත්වා!

මෙසේ හුදී ජන පහන් සංවේගය පිණිස කරන ලද මහාවංශයෙහි 'මායාදුන්නේ රජු ආදී රජවරුන් දෙදෙනා' නමැති අනූ එක්වන පරිච්ඡේදය නිමාවට පත්විය.

92

අනූ දෙවන පරිච්ඡේදය

විමලධර්ම රජු

01. මේ රාජසිංහ රජුගේ කාලයෙහි ගම්පොල නගරයෙහි සූර්ය වංශයෙහි ම උපන් එක් කුමාරයෙක් ගම්පොල සිට කොළඹට ආයේය.

02. කොළඹ සිටින්ට නොලැබුණු හේ ඉන්දියාවෙහි ගෝව රටට ගියේය. එහි බොහෝ කාලයක් ගත කොට ගජබාහු යන නම ඇතිව,

03. මහා බල ඇති, ප්‍රසිද්ධව සිටි ප්‍රධානියෙකු මැරූ හේ ලබන ලද ජය ඇත්තේ නොයෙක් සම්මාන ද ලබා,

04. හේ සුදුසු කල් දැන සුවසේ යළිත් ලංකාවට පැමිණ පස් වැදෑරුම් උඩරටවැසියන්ගේ බලය ලබාගෙන, මහබලැතිව,

05. පීතෘඝාතක රාජසිංහ රජුගේ ඇවෑමෙන් අප භාග්‍යවතුන් වහන්සේගේ පරිනිර්වාණයෙන් වසර දෙදහස් එක්සිය තිස්පහක් පැමිණි කල්හි,

06. සැදැහැවත් වූත්, මහා පුණ්‍ය බලයෙන් යුතු වූත්, මහයසස් ඇති මෙතෙමේ විමලධර්මසූරිය නමින් ශ්‍රීවර්ධන පුරයෙහි රජ වූයේය.

07. හේ ඒ මහා නගරය හාත්පස වටකොට ඒ ඒ තන්හි කොටු දහඅටක් කරවීය.

08. උස් කොට කරන ලද ඝන වූ ප්‍රාකාරයකින් යුතුව කරවා සතුරු ආක්‍රමණ වළක්වනු පිණිස ආරක්ෂක භටයන් යොදවා,

09. මුළු ලංකා රාජ්‍යය ම නිරුපද්‍රිත කොට එබඳු ම වූ රාජ කන්‍යාවක් අගමෙහෙසිය කොට,

10. මහයසස් ඇති හේ ලබන ලද රාජ්‍යාභිෂේක ඇත්තේ, සැදැහැයෙන් යුතුව, පුණ්‍යකාමී ව ලෝකයටත්, ශාසනයටත් සංග්‍රහ කරන්ට පටන් ගත්තේය.

11. ඉක්බිති රජ තෙමේ "සර්වඥ දළදා වහන්සේ කොහි වැඩසිටින සේක් දැ?" යි සොයා බලා දෙල්ගමු විහාරයෙහි යැයි අසා ප්‍රමුදිත වූයේ,

12. සබරගමු රටෙහි දෙල්ගමුවෙහි වැඩසිටි දළදා වහන්සේ තමාගේ සොඳුරු නුවරට වැඩමවා,

13. නුවණැති මේ රජු දිනපතා වන්දනා කිරීම පිණිසත්, උපස්ථාන කිරීම පිණිසත් රජගෙට සමීපයෙහි උතුම් යහපත් භූමි භාගයක,

14. දෙමහල් ධාතු මන්දිරයක් මනහර ලෙස කරවා එහි දළදා වහන්සේ වඩාහිඳුවා නිතර පූජා සත්කාර පැවැත්වීය.

15. සකල ලංකාද්වීපයෙහි ම මේ වන විට උපසම්පන්න භික්ෂුවක් නොසිටි හෙයින් බුරුම රක්ඛංග දේශයට ඇමතියන් යවා,

16. නන්දිචක්‍ර ආදී භික්ෂූන් වහන්සේලාට ආරාධනා කොට ලංකාද්වීපයෙහි උතුම් ශ්‍රීවර්ධන පුරයට වැඩමවාගෙන,

17. එහි වස්සවා උන්වහන්සේලාට ආදරයෙන් උපස්ථාන කොට මහවැලි ගංතෙර ගැටඹේ නම් තැන,

18. මනරම් ලෙසින් උදකුක්ඛේප සීමා ගෙයක් කරවා, අප භාග්‍යවතුන් වහන්සේගේ පරිනිර්වාණයෙන් දෙදහස් එක්සිය,

19. හතළිස්වන වර්ෂයෙහි භික්ෂූන් වහන්සේලා ඒ සීමාවට වැඩමවා ඒ භික්ෂු සංඝයා කෙරෙහි බොහෝ කුලපුත්‍රයන්,

20. උපසම්පදා කරවා බුදු සසුන රැකගත්තේය. බුද්ධ ශාසනයෙහි බොහෝ කුලපුත්‍රයන්ව පැවිදි කරවා,

21. බොහෝ සිව්පසයෙන් උපස්ථාන කරන්නේ, මේ ආදී වශයෙන් කුසලයෙන් ප්‍රයෝජන ඇති හේ නොයෙක් අයුරින්,

22. විපුල වූ පින් කොට දෙව්ලොව යන මාර්ගය පිරිසිදු කරගත්තේය. එසේම මේ විමලධර්මසූරිය රජුගේ කණිටු සොයුරෙක්,

23. බුද්ධ ශාසනයෙහි පැවිදිව සිටියේ, සිවුරු හරවා ගෙන්වාගෙන ලංකා රාජ්‍යයෙහි බර ඔහු වෙත පවරා හෙතෙමේ කම් වූ පරිදි පරලොව ගියේය.

24. මෙසේ නුවණින් හා බලයෙන් යුතු රජ තෙමේ බොහෝ පින් කොට අති නිර්මල බුදු සසුන ශෝභමාන කරන්නේ ආඥා බලය දැක්වීය. ශ්‍රද්ධාව ධනය කොට සිටි එබඳු වූ චතුර පුද්ගලයෙක් පවා මරු වසඟයට පත්වූයේය. මෙසේ සියල්ලෙහි පවත්නා අනිත්‍යාදී ස්වභාවය වටහාගෙන පුණ්‍ය කටයුතු කෙරෙහි අප්‍රමාදී ගුණයට ඇලෙත්වා!

මෙසේ හුදී ජන පහන් සංවේගය පිණිස කරන ලද මහාවංශයෙහි 'විමලධර්ම රජු' නමැති අනූ දෙවන පරිච්ඡේදය නිමාවට පත්විය.

93

අනූ තුන්වන පරිච්ඡේදය

සේනාරත්න රජු

01. කලින් පැවිදිව සිට සිවුරු හැර රජකමට පත් ඒ සේනාරත්න රජු නිරතුරුව ආදර සහිතව දානාදී පින්කම්හි යෙදුනේය.

02. එකල්හි මෙතෙමේ සතර සංග්‍රහ වස්තුවෙන් ජනයා සතුටු කරවමින් දළදා වහන්සේ උදෙසා මහාදන් පැවැත්වීය.

03. මේ සේනාරත්න රජු සිය වැඩිමහල් සොයුරු රජුගේ මෙහෙසී දේවිය ම තමාගේත් අගමෙහෙසිය කොටගෙන ශ්‍රීවර්ධන පුරයෙහි වාසය කළේය.

04. මෙකල කොළඹ තොටෙහි සිටි වෙළෙන්දෝ චිරාත් කාලයක් එසේ වාසය කිරීමෙන් ක්‍රමයෙන් බලවත්ව ගියාහුය.

05. පරංගි නමැති ඒ පෘතුගීසි ජනයා පවිටු අදහස් ඇති මිසදිටුවෝ ය. කෲර වූ දරුණු ගති ඇති ඔවුහු මනරම් වූ ඒ ඒ රටට ගොස්,

06. කුඹුරු වතුපිටි වනසමින්, ගම් ගෙවල් ගිනි තබමින්, කුලපරම්පරාවන් නසමින්, මෙසේ සිංහලයන්ව වැනසූහ.

07. නගරයන්හි තිබූ චෛත්‍ය, ආරාම, පිළිමගෙවල්, බෝධීන් වහන්සේලා, පිළිම වහන්සේලා ආදිය විනාශ කරමින්,

08. ඒ ඒ තැන ලෝකයත්, බුදු සසුනත් වනසා බලකොටු බඳිමින් සිංහලයන් හා යුද්ධ කරමින් සිටියෝය.

09. එකල්හි වන පර්වත නදී දුර්ගයන්හි ඇති පන්සිය ආදී රටෙහි කිසියම් ආරක්ෂක ස්ථානයක දළදා වහන්සේ සඟවා,

10. ධාතූන් වහන්සේට රැකවල් දෙන්නවුන් එහි ම වස්සවා, දළදා වහන්සේට නිසි අයුරින් පූජාවන් පවත්වන්ටත් නියම කොට,

11. සේනාරත්න රජුත් ශ්‍රී වර්ධන පුරයෙන් නික්මී හස්තසාර වස්තු ආදියත්, වැඩිමහල් සොයුරු රජුගේ පුත්කුමාරවරුන්වත්,

12. උතුම් ධන්‍ය පුණ්‍ය ලක්ෂණයෙන් හෙබි සිය ගර්භනී මෙහෙසියත් මනාකොට යෝග්‍ය අයුරින් ගෙන මහියංගණය බලා ගියේය.

13. මෙසේ මේ රජු මහියංගණයෙහි වසන කල්හි ඒ මෙහෙසී තොමෝ ඉතා යහපත් නැකැත් යෝග-යකින් සුභ ලකුණුවලින් යුතු තෙදවත් පුතෙකු බිහිකළාය.

14. එදා රාත්‍රියෙහි වෛරී පෘතුගීසිකාරයන්ගේ ප්‍රධානියා බියජනය සිහිනයක් දුටුවේය. එනම්, 'නගරයේ සිට කණාමැදිරියෙකුගේ ප්‍රමාණයෙන් වූ ගිනිපුපුරක් පැන නැගී,

15. පෙරදිග දිශාවෙන් නික්මී අවුත් ක්‍රමයෙන් විශාල වී කොළඹතොට මැදට පැමිණියේය.

16. එකෙණෙහි ම එය අතිශයින් ම මහත් වී සියල්ල ගින්නෙන් දැවීය.' එදින ම අලුත උපන් පුත් කුමරුගේ තේජසින් ශ්‍රීවර්ධන පුරය සමීපයට අවුත් සිටි,

17. සිංහල ජාතියෙහි සතුරන් වූ පෘතුගීසි ජනයෝ භීතියෙන් තැතිගත් සිතින් යුතුව පලාගියෝය. දෙවන සඳක් බඳුව අනුක්‍රමයෙන් වැඩෙන්නා වූ,

18. ස්වකීය පුත්කුමරා ආදී වූ සියල්ල සාදරයෙන් සුරක්ෂිත කොට සුදුසු කල් පැමිණි විට ඒ සියල්ල රැගෙන,

19. තමාගේ ශ්‍රී වර්ධන පුරයට පැමිණි සෙනෙවිරත්න රජ තෙමේ වැඩිමහල් සොයුරු රජුගේ පුත් කුමාරවරුන්වත් තමාගේ රාජපුත්‍රයාවත්,

20. වැඩිමහල් වූ කල්හි දයාවෙහි ඇලුණු සිත් ඇති රජ තෙමේ පර්වත ආදියෙන් වටකොට ගත් තමා සන්තක රට,

21. බෙදා, තල්පත්ඉරු තුනක මනාකොට ලියවා තබා ඒ තල්පත්ඉරු තුන දළදා වහන්සේගේ සමීපයේ තබා,

22. කුමාරවරුන්ව එතැනට කැඳවා ඔවුන්ට රුචි අයුරින් ඒවා ගන්ට නියෝග කළේය. එකල්හි වැඩිමහල් කුමාරසිංහ කුමාරයා හට ඌව රට පවරා දෙන පත්ඉරුව ලැබුණේය.

23. එසේම විජයපාල නමැති කුමාරයාට මාතලේ රට ගැන ලියැවුණු පත්ඉරුව ලැබුණේය. බාල කුමාරයා වන රාජසිංහ කුමරුට පස්වැදෑරුම් උඩරට ලැබුණේය.

24. මෙසේ කුමාරවරුන් ගත් තල්පත් දෙස බැලූ මිහිපල් තෙමේ තමන්ගේ පුත්‍රයාට පස්වැදෑරුම් උඩරට පවරා ලියූ තල්පත,

25. ලැබී තිබෙනු දැක සතුටට පත්වී "මාගේ කුමරු මහ පිනැතියෙකි" යි කීවේය. රජ තෙමේ කුමාරවරුන්ට ඒ අයුරින් ම ඒ ඒ රට පවරා,

26. දානාදී පින්කම් ද ලෝකශාසනික සංග්‍රහයන් ද ශක්ති පමණින් කරන්නේ සත් වසරක් රජකම් කළේය.

27. මේ සේනාරත්න රජු ස්වකීය පුත්කුමරු ආදී කුමාරවරුන්ට මේ ලංකාද්වීපයත්, බුද්ධ ශාසනයත් ආරක්ෂා කිරීම පිණිස දයාවෙන් යුක්තව රට බෙදා භාරදී නොවැළැක්විය හැකි මරණයට පැමිණියේය.

මෙසේ සුදී ජන පහන් සංවේගය පිණිස කරන ලද මහාවංශයෙහි 'සේනාරත්න රජු' නමැති අනූ තුන්වන පරිච්ඡේදය නිමාවට පත්විය.

94

අනූ හතරවන පරිච්ඡේදය

රාජසිංහ රජු

01. සෙනෙවිරත්න රජුගේ අභාවයෙන් පසු රජපත් මේ තුන් රජවරු තමන් ලද ඒ ඒ රටෙහි රජසැප විඳිමින් සමගියෙන් කල් ගත කළෝය.

02. ඔවුහු පරංගි නමැති පෘතුගීසීන් සමග යුද්ධ කරන්නාහු ඒ ඒ තැන ජයගත්තාහුය. පසුව ඒ තුන්බෑ රජදරුවෝ එකිනෙකා කෙරෙහි විරුද්ධ වූවෝය.

03. ඔවුන් අතර සිටි රාජසිංහ නමැති මහ යසස් ඇති රජ තෙමේ වැඩිමහල් සහෝදරයන් ද බලයෙන් පහකොට ඒ රටවල් තමා සතු කරගත්තේය.

04. ඌව රට භාරව සිටි වැඩිමහල් සොයුරු රජුව විෂ යෝගයෙන් මැරවූ කල්හි, මාතලේ රට භාරව සිටි රජු යානයක නැග රටේ සීමාව ඉක්ම ගොස්,

05. එක් පුරුෂයෙකුත් ලැබ විදේශයකට ගියේය. ඉක්බිති ඉක්මයා නොහැකි ආඥා බල ඇති රාජසිංහ රජු,

06. අන් අයට පරදවනු නොහැක්කේ, අන් අය නොඉවසන, සිංහ සමාන වික්‍රමයෙන් යුතු වූයේ සිය පියරජු සන්තකව තිබූ රට ප්‍රථමයෙන් ගත්තේය.

07. සම්‍යක් දෘෂ්ටියෙන් යුතු දෙවියන් විසින් ලෝක ශාසන අභිවෘද්ධිය පිණිස නිර්මාණය කරන ලද්දෙකු බඳු වූ මේ රජු යුද්ධයෙහි ධීර වීර වික්‍රම ඇති බලවතෙකි.

08. කුමරක්‍රීඩා කරන කල්හි අන්‍ය වූ අශ්වයෙකු පිට නැගි පුරුෂයෙකු සමග තෙමේත් අසෙකු පිට නැගී සංඥාව දුන් කල්හි,

09. අශ්වයා වීදියෙහි දිවගොස් එහි තිබූ මඩෙහි එරුණේය. ධීර වික්‍රම සම්පන්න වූ ඒ කුමරු එකල්හි අහසට පැන නැගී,

10. පසුපසින් පැමිණි අශ්වයා පිට නැගහුන් මිනිසා ඉවත් කොට ඒ අසුපිට නැගී මහබලැතිව ගියේය.

11. රන් ටැඹ යැයි කියන ලද භයානක ගංතොටේ මෙතෙර කන්දෙන් පැන එතෙර කන්දට පැමිණියේය.

12. මේ ආදී නොයෙක් ක්‍රමයෙන් බලය දක්වන්නේ, මහ යසස් ඇති රාජසිංහ රජු ලෝක ශාසන අභිවෘද්ධිය කැමති වූයේ,

13. නොයෙක් අයුරින් යුද්ධෝපකරණ ආදිය ද පිළියෙල කොට සන්නද්ධ වූ සිංහල ජනයාත් සමග යුද කරනු පිණිස,

14. ශුභ වූ නැකැත් වේලාවක ශ්‍රීවර්ධන පුරයෙන් පිටත්ව ඇත් අස් රථ සේවකාදී,

15. මහයෝධයන් ද සමග මහාමාත්‍යයන් ද කැටුව දුනු කඩු කුන්තාදී ගන්නා ලද ආයුධ පෙළ ඇතිව,

16. බෙර, මිහිඟු බෙර ආදී තූර්ය නාදයන් පෙරටු කරන ලදුව, අතරවාරයෙහි දානාදී පින්කම් කරනු පිණිස බුද්ධ පුත්‍රයන් වහන්සේලා ද කැටුව,

17. ඒ ඒ තැන ගොස් හෙණ හඬ සෙයින් බිහිසුණු රාව දෙමින් යුධබෙර ඝෝෂාවෙන් ගිගුම් දෙවා නිර්භය ව යුද්ධාරම්භ කළේය.

18. මේ රාජසිංහ රජු උඩරට පස්ප්‍රදේශයට පැමිණි සතුරන් සමග මහයුද්ධ කොට බොහෝ පෘතුගීසිකාර පවිටුන් මරා,

19. ඒ කර්කශ අධම සතුරන් ඒ ඒ තැනින් පලවාහළ රජ තෙමේ ඔවුන්ගේ කඳවුර බිඳ ජයගත්තේය.

20. භයින් තැතිගත් පෘතුගීසීහු ඔබමොබ බලමින් ගිරිදුර්ගයන්ගෙන් පනිමින්, ගිරිකඳුරු උඩින් යමින් පලායන්ට පටන් ගත්තෝය.

21. එකල්හි ඇත්රැලක් මැදට කඩා පනිනා නිර්භීත සිංහරාජයෙක් බඳුව නරනිඳු තෙමේ යුද මැදට වන් කල්හි සුළඟින් බැහැරට යන පුළුන් සෙයින් වෛරී පෘතුගීසීහු පැන ගියෝය.

22. ඒ ඒ තැන විසූ පරංගීන් හා නොයෙක් අයුරින් යුද්ධ කොට බොහෝ සතුරු ජනයා මරා, පලවාහැර,

23. ඒ ඒ ප්‍රදේශ අල්ලාගෙන ආක්‍රමණික පෘතුගීසි සතුරු උපද්‍රවය නැතිකොට ඔවුන්ගේ බලකොටු බිඳ දමා මහබලයක් දැක්වීය.

24. මෙසේ භයින් තර්ජනයට පත් බොහෝ වෛරී පෘතුගීසි ජනයෝ සැඟවී ගියාහුය. මුහුදුබඩ ඒ ඒ තැන පිහිටි කඳවුරුවල,

25. ටික කාලයක් වසමින් සිටි ඒ මිසදිටු ගත් පාපී පෘතුගීසිකාරයෝ නැවත නැවතත් සිංහලයන්ගේ ඒ ඒ ප්‍රදේශ පැහැරගන්ට පටන් ගත්තෝය.

26. ඉක්මවාලිය නොහැකි ආඥා ඇති රාජසිංහ නරපති තෙමේ එය අසා පෙරදිග දිසාවෙහි පිහිටි දීඝවාපියට නැවත ගියේය.

27. මනුනීතියෙහි විශාරද වූ රජ තෙමේ එහි ගොස් සිටියේ, ඕලන්දක්කාරයින් පැමිණි පුවත අසා ඔවුන් පෘතුගීසිකාරයන්ට වඩා යහපත් විය යුත්තේ යැයි සිතා,

28. ඔවුන්ගේ මනහර ඕලන්ද (වත්මන් නෙදර්ලන්ත) දේශයට ඇමතිවරු දෙදෙනෙකු යවා බොහෝ නැව්වලින් ඕලන්ද-ක්කාරයන් ගෙන්වාගෙන,

29. බොහෝ සිංහල ජනයාගෙන් ගැවසීගත්, සමෘද්ධිමත්, සරුසාර දීඝවාපිය සමීපයෙහි මුහුදු තීරයට ඔවුන් පැමිණි කල්හි ඔවුන්ට සංග්‍රහ කොට,

30. තමන්ගේ ලංකාවේ බලය ද ඔවුන්ට පෙන්විය යුතු යැයි සිතා "බලාගෙන සිටිව්" කියා ඔවුන්ට මැනවින් අණකොට,

31. සමීපයෙහි සිටි සතුරන් හා නොයෙක් අයුරින් යුද්ධ කොට එහි සිටි සතුරන් නසා ඔවුන්ගේ කඳවුර ද ගෙන,

32. ඕලන්දක්කාරයන් හට ඒ ස්ථානය දීම ආදී බොහෝ සංග්‍රහ කළ රජ තෙමේ ඔවුන් මනාකොට සතුටු කරවීය.

33. එතැන් පටන් රජ තෙමේ සිංහල සේනාවත් ඕලන්දක්කාර සේනාවත් පෙරටුකොට, හාත්පස ගොඩබිමෙනුත් දියෙනුත් යුද්ධ කරන්ට පටන් ගත්තේය.

34. ඒ ඒ තැන පිහිටි ඝන කළුගලින් බැඳි අලංකාර ප්‍රාකාර ඇති බලකොටු නසා පෘතුගීසිකාර සතුරන් ඝාතනය කොට,

35. මුළු ලංකාද්වීපයෙහි ම මහත් බලයෙන් යුතුව, බොහෝ කල් බලකොටු බැඳගෙන සිටි වෛරී පෘතුගීසි ජනයා,

36. මුළුමනින් ම නසා රට නිරුපද්‍රිත කොට, සතුරු පෘතුගීසිකාරයන් යළි මෙරටට ගොඩබැසීම වළක්වනු පිණිස ඕලන්දක්කාර ජනයා,

37. සමුද්‍රාසන්න ස්ථානයන්හි ලංකා භූමිය රකිනු පිණිස යෙදවීය. එමෙන්ම ඔවුන් විසින් අවුරුදු පතා,

38. නොයෙක් අයුරින් තුටු පඬුරු ගෙන සිංහල මහරජුව බැහැදකින ලෙස නියම කොට අසුරයන් සමග යුද්ධ කොට ජයගත් සක්දෙවිඳු බඳුව,

39. තමන්ගේ සේනාවත් සමග නැවත සිය පුරය වන ශ්‍රීවර්ධන පුරයට පිවිසියේය. රාජසිංහ රජු එහි නිරුපද්‍රිතව වසන්නේ,

40. නුවණැති වූයේ, තනතුරු දීමට සුදුස්සන් මනාකොට සොයා බලා සේනාපති ආදී නොයෙක් ධානාන්තර දුන්නේය.

41. එසේම මේ රජු පෙර තිබූ පරිදි ම බුදුන් සන්තක වූත්, දෙවියන් සන්තක වූත් ගම් කෙත් ආදී සියල්ල ආපසු දුන්නේය.

42. අනතුරුව දකුණු ඉන්දියාවේ මධුරා පුරයෙන් රාජකන්‍යාවන් ද ගෙනවුත් මහත් බල ඇතිව දෙපණස් වසරක් රාජ්‍ය කළේය.

43. මෙසේ විපුල බල ඇති රාජසිංහ රජ තෙමේ සූර්‍ය වංශයෙහි උපන් බුදුරජුන්ගේ ශාසනයත්, ලෝකයත් තමන්ගේ ඇස මෙන් ද පණ මෙන් ද මනාකොට රැකගත්තේය. ඒ රජු ද අවසානයෙහි මරහුගේ සමීපයට ගියේය.

44. මෙසේ සතුරු බල විනාශ කිරීමෙහි දක්ෂ වූ, මහත් සවි ඇති රජුට සිය ශක්තියෙන් මරහු ජයගන්ට නොහැකි වූ බව වටහාගන්නා නුවණැත්තන් විසින් තමා වෙත මරු එන්ට පළමු දානාදී පුණ්‍ය ධර්මයෝ නිරතුරු මහත් ආදරයෙන් කළයුත්තාහුය.

මෙසේ හුදී ජන පහන් සංවේගය පිණිස කරන ලද මහාවංශයෙහි 'රාජසිංහ රජු' නමැති අනූ හතරවන පරිච්ඡේදය නිමාවට පත්විය.

95

අනූ පස්වන පරිච්ඡේදය

විමලධර්මසූරිය ආදී රජවරු

01. රාජසිංහ රජුගේ ඇවෑමෙන් පසු ශ්‍රද්ධාදී ගුණාභරණයෙන් සැරසීගත්, රත්නත්‍රයෙහි මමත්වය ඇති විමලධර්මසූරිය නමැති සිය පුත්කුමරු ලංකාවෙහි රජ බවට පත්වූයේය.

02. පියරජු විසින් මධුරා පුරයෙන් කැඳවාගෙන ආ මෙහෙසී රාජදියණිය ම තමාගේත් අගමෙහෙසිය කොට සතර සංග්‍රහ වස්තුවෙන් යුක්තව,

03. නිරතුරුව දැහැමෙන් සෙමෙන් ජනයා සතුටු කරවමින් රාජ්‍ය පාලනය කළේය. ගුණාභරණයෙන් සැරසුණු ලක්රජු,

04. ලබන ලද රාජාභිෂේක ඇත්තේ, බුදු සසුනෙහි පහන් වූයේ, දළදා පූජා ආදී සියල්ල නොයෙක් අයුරින් පටන් ගෙන,

05. මුනීන්ද්‍රයන් වහන්සේගේ දළදා වහන්සේ උදෙසා තුන්මහල් මනරම් ප්‍රාසාදයක් නා නා කැටයමින් අලංකාර කොට කරවා,

06. රිදී විසිපන්දහසකින් මනාකොට කරඬුවක් කරවා එය රනින් ආලේප කරවා,

07. රුවන්සෑයක් බඳුව නවරත්නයන් ද බන්දවා ඒ මහා කරඬුවෙහි දළදා වහන්සේ වඩාහිඳුවීය.

08. අනතුරුව රජ තෙමේ උපසම්පදා මංගල්‍යය කරවන්ට සිතා චීවරාදී යහපත් පිරිකර පන්සියයය බැගින්,

09. වෙන වෙනම පිළියෙල කොට පුද පඬුරු ආදිය සමග රජුගේ සංදේශය ආදී සියල්ල සකසා දී,

10. විචක්ෂණ ඇමතියන් බුරුම රට රක්ඛංග දේශයට යවා 'සන්තාන' නමැති ස්ථවිරයන් ආදී කොට භික්ෂු සංඝයාට ඇරයුම් කොට,

11. භික්ෂූන් වහන්සේලා තිස්තුන් නමක් මෙහි වැඩමවාගෙන ශුභ වූ ශ්‍රීවර්ධන පුරයෙහි වස්සවාගෙන, සකස්කොට,

12. උපස්ථාන කරමින් පෙර පරිදි ම මහවැලි ගං තෙර උදකුක්ඛේම සීමාවෙහි මනාකොට පොහොය ගෙයක් කරවා,

13. භික්ෂු සංඝයා එහි වැඩමවා කුලපුත්‍රයන් තිස්තුන් දෙනෙක් උපසම්පදා කරවා බුද්ධ ශාසනය ශෝභමාන කරවීය.

14. එක්සිය විස්සකට අධික කුලපුත්‍රයන් සාමණේර පැවිද්දෙහි පිහිටුවා ශ්‍රද්ධාවෙන් යුතුව,

15. බොහෝ සිව්පසයෙන් උපස්ථාන කරවන්නේ, ඔවුන්ව සද්ධර්මයෙහි හික්මවා බොහෝ පින් රැස්කළේය.

16. භාග්‍යවතුන් වහන්සේ බැහැදකින්ට පාගමනින් යාමේ පින වූ 'පදවීතිහාර පින' ද මහත් දෙයකැයි සිතා සමන්තකූට පර්වතයට ගොස් මුතු මැණික් ආදියෙන් ද,

17. රන් රුවන් භාණ්ඩයෙන් ද විවිධ වස්ත්‍රාදියෙන් ද මහ පූජාවන් පවත්වා ශ්‍රීපාද මළුවෙහි සත්දිනක් ගත කළේය.

18. සමන්තකූට පර්වත මුදුනෙහි පිහිටියා වූ මුනි සිරිපා සටහන, කැටයම් කරන ලද මහත් වූ රිදී ඡත්‍රයකින් වසා මහා පූජාවන් පැවැත්වීය.

19. මෙසේ විමලධර්මසූරිය රජු දවසක් දවසක් පාසා ධර්මශ්‍රවණය කරමින්, සෑම පොහෝ දවසකමත් උපෝසථ සිල් ආරක්ෂා කරමින් බොහෝ කුසල් කළේය.

20. කුසලින් ප්‍රයෝජන ඇති හේ මේ ආදී ක්‍රමයෙන් රෑ දවල් දෙකෙහි අප්‍රමාදීව බොහෝ කුසල් රැස්කරගත්තේය.

21. මෙසේ මේ රජු ලෝක ශාසන සංග්‍රහ කොට විසි දෙවසරක් රාජ්‍ය කොට මරු වසඟයට ගියේය.

22. දානාදී කුසල් දහම්හි දයා ඇති, නුවණැති මේ රජු ලෝකයෙහි උතුම් වූ එකම මුනිරජහුගේ උතුම් ශාසනය මෙසේ ආදරයෙන් යුක්තව ශෝභමාන කළේය. තෙපි ද නිරතුරුව අප්‍රමාදීව බුදුසසුන බබුළුවව්!

23. විමලධර්මසූරිය රජුගේ පුත්‍ර වූ ශ්‍රී වීර පරාක්‍රම නරේන්ද්‍රසිංහ නමැති කුමාරයා ප්‍රඥා වීර ගුණයන්ට

නිවාස වූයේ, ලක්දිව රජ බවට පත්වූයේය.

24. මේ රජු ලංකාව ආරක්ෂා කරනු පිණිස මධුරා පුරයෙන් රාජකන්‍යාවන් ගෙන්වා අගමෙහෙසියන් කොට,

25. දානාදී පින්කම් ද කරමින්, දළදා වහන්සේට මහපූජාවන් ද කරවමින් දිනෙන් දින පින් රැස්කර ගත්තේය.

26. සිය පියරජහුගේ කාලයෙහි උපසම්පදාව ලත් භික්ෂූන් වහන්සේලාට උපකාර කරමින් බොහෝ කුලපුත්‍රයන් පැවිදි කරවා,

27. ශ්‍රද්ධාවෙන් යුක්තව බුදු සසුනට සංග්‍රහ කළේය. භාග්‍යවතුන් වහන්සේ ජීවමානව වැඩසිටියදී ම ලංකාවෙහි කරන ලද මහියංගණ මහාසෑය,

28. වන්දනා කරනු පිණිස එහි ගිය මහබල ඇති රජ තෙමේ නා නා වස්ත්‍රයන්ගෙන් මහියංගණ සෑය පුදා,

29. රන් රිදී මලින් ද, දිය ගොඩ හටගන්නා නා නා සුවඳින් යුතු මලින් ද, ඛාද්‍ය භෝජ්‍යාදියෙන් ද,

30. මහා පූජාවන් පවත්වා මහපින් රැස්කරගත්තේය. මහාසේනාවන් ද රැගෙන ඒ මහියංගණ සෑයට ම,

31. මේ රජු දෙවතාවක් ම ගොස් පූජා පැවැත්වීය. ඒ දෙවෙනි වාරයෙහිදී ශ්‍රද්ධාවෙන් යුක්තව,

32. සමන්තකූට පර්වතයට ද ගොස් මුනි සිරිපා පුදා පින් රැස්කරගත්තේය. එමෙන්ම මහ පිරිස් රැගෙන මහනුවරින් නික්ම,

33. මහත් වූ අනුරාධපුරයට ගොස් මහා පූජාවන් පැවැත්වීය. භාග්‍යවතුන් වහන්සේ උදෙසා සුගත චීවරයේ ප්‍රමාණයට සිවුරක් කරවා,

34. නොයෙක් පූජා වස්තූන්ගෙන් යුක්තව දළදා වහන්සේ පිදීය. මූල නගරයට නුදුරින් සිත්කලු මහවැලි ගං ඉවුරෙහි,

35. මනරම් මහා පොල් උයනෙහි කුණ්ඩසාල නමින් ශාඛා නගරයක් කරවා රජතුමා එහි වසන්නේ,

36. එහි මනාකොට සෙනසුන් ද කරවා සාමණේරයන් වස්සවා දානාදී බොහෝ කුසල්,

37. දිනෙන් දින කරවන්නේ, පුස්කොළ පොත් ද ලියවා, දළදා වහන්සේ උදෙසා පියරජු විසින් මහනුවර කරවන ලද,

38. දළදා මන්දිරය ජරාවාස වී තිබෙනු දැක කම්පා වූ සිතින් යුතුව එය දෙමහල් කොට සුන්දර අයුරින් කරවන්නේ,

39. නා නා විධ චිත්‍ර කැටයමින් බබළන ද්වාරයෙන් යුක්ත කොට රිදී පර්වතයක් බඳුව සුණු පිරියමින් බබුළුවා,

40. සිවිලිම ද අලංකාර කොට දෙමහලෙහි බිත්ති මත විධුර ජාතකය, ගුත්තිල ජාතකය, උම්මග්ග ජාතකය,

41. දධිවාහන ජාතකය, මහාකණ්හ ජාතකය, සුතනු ජාතකය, ඡද්දන්ත ජාතකය, ධම්මධජ ජාතකය, ධම්මපාල ජාතකය, චුල්ලපදුම ජාතකය,

42. පදමානවක ජාතකය, දහම්සොඬ ජාතකය, මහානාරදකස්සප ජාතකය, මහාපදුම ජාතකය, තේලපත්ත ජාතකය, චුල්ලපදුම ජාතකය,

43. සත්තුභත්ත ජාතකය, අන්ධභූත ජාතකය, චම්පෙය්‍ය ජාතකය, සස ජාතකය, විසය්හ ජාතකය, කුස ජාතකය, සුතසෝම ජාතකය, සිවි ජාතකය, තේමිය ජාතකය,

44. චුල්ලධනුද්ධර ජාතකය, සච්චංකිර ජාතකය, දුම්මේධ ජාතකය, කාලිංගබෝධි ජාතකය,

45. සීලව ජාතකය, මණ්ඩබ්බ ජාතකය, වෙස්සන්තර ජාතකය යන මේ තිස් දෙකක් වූ ජාතක කතාවන් ද,

46. විචිත්‍ර වූ චිත්‍ර කර්මයෙන් මනාකොට කරවූ රජ තෙමේ අපමණ පින් රැසක් අත්පත් කරගත්තේය.

47. ඒ මහනුවර නගරය මැද මහබෝධියක් ද, චෛත්‍යයක් ද නාථ දේවාලයක් ද ඇතුලුකොට හාත්පසින්,

48. ගලින් නිමවන ලද්දා වූ, ඝන වූ, උස් වූ, සුණු පිරියමින් බබළන, පුරය නමැති කාන්තාවගේ ගෙල සරසන්නා වූ අලංකාර මුතුහර බඳුව යහපත් ලෙස,

49. ප්‍රාකාරයක් ද කරවා සිය කීර්ති ශරීරය පැවැත්වීය. තමන්ගේ කාලයේ පැමිණි සාමණේරයන් අතරින් යමෙක්,

50. සීලාදී ගුණයෙන් යුතුව, හැමකල්හි අප්‍රමාදයේ ඇලී නොයෙක් ව්‍යාකරණාදියෙහිත්, බුද්ධ වචනයෙහිත්,

51. පණ්ඩිත වූයේ, මහයසස් ඇත්තේ, ගණාචාර්ය වූයේ, තම යහපතත් අන්‍යයන්ගේ යහපතත් උදෙසා පරිත්‍යාග කරන ලද ජීවිතය ඇත්තේ,

52. ලක් බුදුසසුන නමැති ගගන තලයෙහි චන්ද්‍රයා සෙයින් ප්‍රකට වූයේ, ශ්‍රද්ධා ප්‍රඥාදී ගුණයන්ට ආවාස වූයේ, අප්‍රමාදයෙහි ඇලුණේ ද,

53. 'සරණංකර' නමැති ඒ සාමණේරයන්ට රජ තෙමේ ධර්මාමිෂ සංග්‍රහයෙන් නැවත නැවත සංග්‍රහ කරන්නේ,

54. ලොව අසහාය නායක වූ සර්වඥයන් වහන්සේගේ ධාතූන් වහන්සේ වඩාහිඳුවීම පිණිස එක්රියන් හමාරක් උස කරඬුවක් කරවා,

55. රනින් ආලේප කරවා, සත්සියයක් මැණික් ගල් බන්දවා දිලිසෙන්නා වූ ඒ සධාතුක කරඬුව ද,

56. නොයෙක් දහම් පුස්කොළ පොත් ද දී සංග්‍රහ කළේය. චීවරාදී ප්‍රත්‍යයන් ද බොහෝ කැපකරුවන් ද,

57. උන්වහන්සේට දුන් රජ තෙමේ මෙසේ ආමිෂයෙන් සංග්‍රහ කළේය. සද්ධර්මය බොහෝ කල් පවතිනු පිණිස මැනවින් ආරාධනා කොට,

58. එකොළොස් දහසක් ග්‍රන්ථයන්ගෙන් ප්‍රතිමණ්ඩිත වූ 'සාරාර්ථ සංග්‍රහ' නමැති දහම් ප්‍රකරණයක් ද,

59. පාළි මහබෝධිවංශයට සිංහල භාෂායෙන් අර්ථ වර්ණනාවක් ද, පෙර දඹදෙණියෙහි පරාක්‍රමබාහු නම් මහරජු රාජ්‍ය කරන කාලයෙහි,

60. පංච පිරිවෙන්වාසී භික්ෂූන්ට ප්‍රධාන වූ, පණ්ඩිත වූ, කුසල් කැමති වූ ස්ථවිරයන් වහන්සේ නමක් විසින්,

61. "පිළිවෙත් පුරන්නා වූ සියලු භික්ෂූහු මෙයින් නීරෝග වෙත්වා!" යි කියා ලියන ලද 'භේසජ්ජ මඤ්ජුසා' නමැති වෛද්‍ය ග්‍රන්ථයට අර්ථ වර්ණනාවක් ද,

62. නුවණැති වූ, බුදුබව පතන්නා වූ මේ සංඝරාජ නමැති සාමණේරයන් වහන්සේ ලවා කරවූයේය.

63. මෙසේ මේ අයුරින් නොයෙක් පින්කම් කොට, මේ නුවණැති රජු තිස් තුන් වසරක් රාජ්‍ය කොට මරු වසඟයට ගියේය.

64. මේ රජු අතිප්‍රවර ශ්‍රීයෙන් හෙබි සුරම්‍ය වූ ලංකාද්වීපයෙහි රාජ්‍ය ලබා ඒ සියල්ලත්, තමාගේ ආත්මභාවයත්, ස්වකීය ජනයාත්, සුහද සත්වයිනුත් අත්හැර පරලොව ගියේය.

65. එහෙයින් භවත්නි, තෙපි උතුම් සර්වඥයන් වහන්සේගේ අවවාද වචනයෙන් යුතු ධර්මය සිහිකොට නිවන් සුව පිණිසත්, සුගති සිරි සැප පිණිසත් පින් රැස්කරව්!

මෙසේ හුදී ජන පහන් සංවේගය පිණිස කරන ලද මහාවංශයෙහි 'විමලධර්මසූරිය ආදී රජවරු' නමැති අනූ පස්වන පරිච්ඡේදය නිමාවට පත්විය.

96

අනූ හයවන පරිච්ඡේදය

ශ්‍රී විජය රාජසිංහ රජු

01. ශ්‍රී වීර පරාක්‍රම නරේන්ද්‍රසිංහ රජුගේ අභාවයෙන් පසු ඒ රජුගේ මෙහෙසියගේ බාල සහෝදර කුමාරයා වූ, ගුණය නමැති ආභරණයෙන් සැරසීගත්,

02. ශ්‍රී විජය රාජසිංහ නමින් ප්‍රසිද්ධ කුමාරයා ලංකා රාජ්‍යයෙහි ලබන ලද අභිෂේක ඇත්තේ රත්නත්‍රයෙහි පහන් සිතැතියෙක් විය.

03. විචක්ෂණ වූ මේ රජු සද්ධර්ම ශ්‍රවණයෙන් යුක්තව යහපත් ආචාර සහිතව ජනයන් හා ඇසුරට නිරතුරු ආදර දැක්වීය.

04. සිය රාජවංශය රකිනු පිණිස මේ රජු ද මධුරා පුරයෙන් ම රාජකන්‍යාවන් ගෙන්වා ඔවුන් අගමෙහෙසියන් කරවීය.

05. සියලු ලක්වැසි ජනයාට සතර සංග්‍රහ වස්තුවෙන් සකසා සංග්‍රහ කොට සතුටු කරවමින් යහපත් වූ සිය නගරයෙහි වාසය කළේය.

06. මේ රජුගේ මෙහෙසී දේවීවරු ද බොහෝ කල් සිට පවත්වාගෙන ආ ශිව භක්තික හින්දු මිසදිටුව අත්හැර නිවන් සැප සලසන සම්මා දිට්ඨිය මනාකොට සමාදන් වූවෝය.

07. දෙලොවෙහි අසහාය නායක වූ සම්බුදුරජුන්ගේ උතුම් ධර්මය අසා මෙසේ බුද්ධාදී ත්‍රිවිධ රත්නයට නිරතුරුව ආදරයෙන් පිදූහ.

08. ඒ බිසෝවරු සැදැහැ සිතින් යුතුව දිනපතා මනාකොට දළදා වහන්සේ උදෙසා සමන් පිච්ච මල් ආදී නා නා විධ මල් පූජාවන්ගෙන් ද,

09. කපුරු ආදී දෙයින් යුක්ත සොඳ බුලතින් ද, සුවඳ තෙල් පහනින් ද, සුවඳ සඳුන් ආදියෙන් ද,

10. නා නා සුවඳ දුමින් ද, මී සකුරුවලින් ද, බෙහෙත්වලින් ද, අන්‍ය වූ වස්ත්‍රාභරණයෙන් ද,

11. ඛාද්‍ය භෝජ්‍ය, වළඳින රස විඳින දෙයින් මනාකොට පුරවන ලද රන් රිදී පාත්‍රයන්ගෙන් ද, තිර හා ඇතිරිලිවලින් ද,

12. මාහැඟි සිවුරුවලින් ද, නොයෙක් පරිෂ්කාරයන්-ගෙන් ද පූජා පවත්වා මේ ආදී වශයෙන් පින් රැසක් කරගත්තාහුය.

13. නිරතුරුව පන්සිල් ද පොහොයක් පාසා උපෝසථ සිල් ද සමාදන් වී සද්ධර්ම ශ්‍රවණයෙන් යුක්ත වූවෝ,

14. සෙමෙර මුවා සිය වල්ගය දිවි පුදා රක්නා සෙයින් සිල් රැක්කෝය. බුද්ධානුස්සතිය ආදී භාවනාවන් ද වැඩුවෝය. සද්ධර්මය ද ලියවා,

15. දානානිශංස කැමති වන්නාහු, නිති භෝජන දානයන් ද, ගමන් වඩිද්දී දෙන දානයන් ද, ගිලන් දානයන් ආදිය හොඳින් සොයා බලා,

16. ලද වස්තුවට ආශා නොකොට නිරතුරුව දන් දුන්නෝය. එසේම බොහෝ දරුවන් පැවිදි කරවා,

17. පර්යාප්තියෙහිත්, ප්‍රතිපත්තියෙහිත් මනාකොට හික්මවා, කැමති කැමති දෑ දීමෙන් සාමණේරවරුන් හට කප්රුකක ශාඛාවන් බඳු වූහ.

18. ලංකායෙහි වසන්නා වූ සියලු මහජනයා කෙරෙහි හිතෛෂී ව කාරුණික වූහ. පුතුන් රකිනා මව්වරුන් සෙයින් ගුණයන්ට ආකර ව දයාවන්ත වූහ.

19. බුදු පිළිමත්, ධාතු කරඬුත් මනාකොට කරවා සියලු පවට භය ඇතිව, හැමකල්හි සියලු පින්කම්හි ඇලී විසුවෝය.

20. මේ ආදී වශයෙන් නේක ගුණාභරණයෙන් සැරසුනාහු, සියලු ලක්දිව අතිශයින් ප්‍රකට වූවාහුය.

21. ශ්‍රද්ධාවෙන් යුතු රජ තෙමේ තැනින් තැන ආවාස කරවා එහි සාමණේරයන් වස්සවා, ඔවුන් කෙරෙහි මහත් ආදර ඇතිව,

22. චීවරාදී ප්‍රත්‍යයෙන් බොහෝ සංග්‍රහ කොට, උතුම් ධර්මය අසා, ඒ සාමණේරවරුන් අතුරෙන්,

23. උපෝසථාරාමයෙහි වසන්නා වූ, ශ්‍රද්ධාවෙන් යුක්ත වූ, ගුණයන්ට ආකර වූ සරණංකර නමැති සාමණේරයන් වහන්සේව පිදීය.

24. මේ සරණංකර සාමණේරයන්ට ඇරයුම් කොට සතර බණවර පාළියට සිංහල භාෂායෙන් වර්ණනාවක් කරවා ඒ රජු පර්යාප්ති ධර්මය ද රැක්කේය.

25. "අලුතින් කරවන ලද ධාතු මන්දිරයෙහි දළදා වහන්සේ වඩාහිඳුවීමෙන් මහත් අපල දෝෂයක් වන්නේය" කියා බුදු සසුනෙන් බැහැර හින්දු මිසදිටු ගත් ළාමක බුද්ධි ඇතියවුන් විසින්,

26. කියන ලද වචනය ඇසූ රජු අන්‍යයන් ලවා එය කරවන්ට නියෝග කොට වෙනත් පුරයකට ගොස් වසන කල්හි,

27. ඇමතිවරුත්, තේවාකරන්නවුනුත් රැස්ව ධාතු කරඬුව විවෘත කරගනු පිණිස සියල්ලන් ම මහත් බලවත්ව උත්සාහ කොටත්,

28. මුළු රාත්‍රිය ම නොයෙක් අයුරින් වෙහෙසී කරඬුව විවෘත කරගන්ට නොහැකි වූවෝය. ඉක්බිති ඇමතිවරු ගොස් මහරජුට මෙය දන්වා සිටියෝය.

29. එය ඇසූ රජ තෙමේ වේගයෙන් උතුම් මහනුවරට අවුත් නා නා සුවඳ මලිනුත්, දීප ධූපාදියෙනුත්,

30. ආදරයෙන් පූජා පවත්වා වන්දනා කොට ඉක්බිති රජ තෙමේ යතුර ගෙන කරඬුව මනාකොට හැර එකෙණෙහි,

31. පිළිවෙළින් තිබූ ඇතුලු කරඬු ද හැර සර්වඥ දළදා වහන්සේ දැක "ලැබූ ජීවිතය ඵල සහිත ය" කියා,

32. ප්‍රීති වාක්‍ය ප්‍රකාශ කොට නගරවැසියන් රැස්කරවා මහා සැණකෙළි පවත්වා මහාපූජාවන් කරවීය.

33. ඒ අද්භූතය දැක ප්‍රීති ප්‍රමුදිත බවින් බරව ඇත්, අස්, මිණි, මුතු ආදියෙන් පුදා,

34. අනතුරුව තෙමේ ම තමන්ගේ අත් නමැති පියුමට සර්වඥ දළදා වහන්සේ වැඩමවාගෙන සියල්ලන්ට ම පෙන්වා සතුටට පත්කරවීය.

35. පෙර රජදරුවන්ගේ කාලයෙහි කරවන ලද දළදා මැඳුර විසිතුරු රන් වස්ත්‍රයෙන් සරසා, විවිධ වූ,

36. නොයෙක් සුවඳතෙලින් පහන් දල්වා, පුන්කළස් තබ්බවා, දිව්‍ය මන්දිරයක් බඳු,

37. විචිත්‍ර වූ දළදා මැඳුරෙහිදී රිදී ආසනය මත මුනිඳු දළදා වහන්සේ වඩාහිඳුවා මහා පූජාවන් පවත්වන්නේ,

38. මෙසේ ධාතු පූජාවන් කරන්නේ, මුළු නුවර ම හැම අතින් ම ශුද්ධ පවිත්‍ර කරවා, සකස් කොට වැලි අතුරා,

39. දළදා මැඳුර හාත්පස ද ඇතුලු මළුවෙහි ද පිටත ආලින්දයෙහි ද,

40. මහා රාජාංගණයෙහි ද, සියලු වීථිවල මග දෙපස ද උස් වූ, ඍජු වූ රිටිවලින් කළ තොරණින්,

41. නිරතුරු කොට සරසවා, කෙසෙල් ගස් බැඳ, පුවක් මල් පොල් මල් ආදියෙන් මනාකොට සැරසීය.

42. ඒ රිටිවල අග බඳින ලද නා නා වර්ණයෙන් බබළන වස්ත්‍ර ඛණ්ඩයන්ගෙන් මුළු නුවර අහස,

96 වන පරිච්ඡේදය 507

43. පියාඹන කොකුන්ගෙන් ගැවසී ගත් සෙයින් දර්ශනීයව පෙනුනේය. තැන තැන මනාකොට පුන්කලස් තබ්බවා,

44. හාත්පස මැදුරුවල ආලින්ද ඉදිරියෙහි මණ්ඩපයන්හි රන් රිදියෙන් කරන ලද සන කැටයමින් බබළන,

45. වියන් ද බන්දවා නා නා කාන්තිමත් තිරරෙදිවලින් වටකොට නා නා කැටයමින් විසිතුරු වූ,

46. බුමුතුරුණුත් එහි සකසා අතුරවා, හාත්පසින් ලදපස්මල් ඉස,

47. සියලු නුවර සරසවා 'දෙව්ලොව සක් දෙවිඳු තෙමේත් මෙසේ පූජා පවත්වන්නේය' යැයි දක්වන්නාක් බඳුව, 'පෙර ලක්දිව රජදරුවෝත්,

48. මෙසේ මහපූජාවන් කළෝ යැ' යි දක්වන්නාක් බඳුව රජ තෙමේ රාජාභරණයෙන් සැරසුනේ ඒ නුවර,

49. ලක්වැසි සාමණේරයන් ද එසේම උපාසක උපාසිකාවන් ද සියලු නගරවාසීන් ද වෙනත් ප්‍රදේශවාසීන් ද,

50. රැස්කරවා ඔවුන් කෙරෙහි දයා කරුණාවෙන් යුක්ත වූ රජ තෙමේ පොළොවෙහි පසඟ පිහිටුවා,

51. උතුම් දළදා වහන්සේ වන්දනා කොට දෝත නමැති පියුම මතට වැඩමවා අතිශයින් ම සතුටට පත් සිත් ඇතිව,

52. දළදා මැදුරෙන් නික්මී කුඩයෙන් ද රන් කරඬුවෙන් ද අලංකාර සෙමෙර පෙළින් ද,

53. රන් රිදී මලින් ද නා නා ප්‍රකාර මල් වර්ගයෙන් ද නා නා මිණි මුතු ආදියෙන් ද වස්ත්‍රාභරණාදියෙන් ද,

54. නොයෙක් පූජා වස්තූන්ගෙන් ද පංච තූර්යනාදයෙන් ද මහපූජාවන් පවත්වන්නේ, නිරතුරුව මහසයුර වැනි වූයේ,

55. විවිධ විචිත්‍ර අලංකාර වූ පිටමණ්ඩපයට ගොස් සිටියේ, උතුම් දළදා වහන්සේ පෙන්වා,

56. අවට හාත්පස සිටි අනල්ප වූ මහජනයාව විශේෂයෙන් සතුටු කරවා දළදා වහන්සේ තිබූ තැන ම වඩාහිඳුවීය.

57. මෙසේ රජ තෙමේ හැම කල්හි ජීවමාන බුදුරජාණන් වහන්සේ බැහැදකින සෙයින් එකල්හි සියල්ලන් සතුටු කොට බොහෝ කුසල් රැස්කළේය.

58. රන් මිණි මුතු ආදී විවිධාභරණයෙන් ද ඇත්, අස්, දැසි, දස් ආදියෙන් ද නොයෙක් පූජා වස්තූන්-ගෙන් ද,

59. පූජා පවත්වා එසේම මේ නරපති තෙමේ සමන් මල්, සපු මල් ආදී මලින් ද සඳුන් සුවඳින් ද පුදා,

60. "පහන් ආලෝක පූජාවෙහි මහා අනුසස් ඇත්තේ යැ" යි සිතා "සිය නගරයෙහිත් රටවලත් ඒ ඒ තැන පිහිටි චෛත්‍යයන්හි,

61. එක් දවසෙහි ම පහන් පූජාව කරත්වා!" යි ආඥා කොට එක් රැයක ජන සමූහයා රැස්කරවා,

62. සත් ලක්ෂ අනූදහස් සත්සියයක් පහන් ආලෝකයන් භාග්‍යවතුන් වහන්සේට පූජා කළේය.

63. මෙසේ ලංකාධිපති රජ තෙමේ එදින ලංකාදීපයෙහි බබළන්නා වූ පහන් ආලෝකයන්ගෙන් තරු එළියෙන් දිලෙන අහසක් සෙයින් කළෝය.

64. එසේම මේ රජ තෙමේ තිස්තුන් දහස් අටසියයක් අධික කොට ගත් තුන් කෝටියක් මල් ද පූජා කොට පින් කරගත්තේය.

65. බුද්ධ රූප කරවීමෙහි ප්‍රසන්න වූ මහගුණැති රජ තෙමේ මාතලේ රටෙහි ආලෝකලෙණ ආදී තැනත්,

66. ඒ ඒ රටෙහි තැන තැන තිබෙන්නා වූ ගිරිලෙණ්වලත් බුදුරජුන්ගේ කයෙහි ප්‍රමාණයට සැතපෙන, හිඳිනා ඉරියව්වලින්,

67. බුද්ධ ප්‍රතිමාවන් ද චෛත්‍යයන් ද කරවා ජනයාගේ සිතට සැප දෙමින් කැඩී බිඳීගිය බොහෝ පිළිමගෙවල් ද අලුතින් කරවා,

68. ඇතැම් පිළිමගෙවල් පිළිසකර කරවා ඊට සංග්‍රහ ද කොට බොහෝ පින් රැස්කරගත්තේය.

69. ශ්‍රීවර්ධන පුරයෙහි පෙර කරන ලද බොහෝ රජමැදුරු ආදිය දිරාගොස් තිබූ හෙයින් ඒවා ඉවත් කොට මනරම් ලෙසින්,

70. ගල්කැටයම් ආදියෙන් යුක්ත කොට ගෙවල් කරවා, යකඩ දොරින් යුක්ත කොට සිත්කලු දොරවල් ද කරවා,

71. නා නා රූප ලියකම් කරවා මනහර ලෙසින් දෙමහල් දොරකොටු ගෙයක් ද කරවීය.

72. ඒ නුවර වසන රජ තෙමේ ධර්ම ශ්‍රවණයෙහි මහත් ආදර ඇත්තේ රජමිදුල මැද මණ්ඩපයක් කරවා,

73. නිරතුරුව විසිතුරු තොරණ් ආදියෙන් සරසවා වියන් බැඳ අසුන් පනවා,

74. මහත් උත්සවාකාරයෙන් බොහෝ ධර්මකථිකයන් වහන්සේලා වැඩම කරවා විචිත්‍ර වූ විජිනිපත් ගන්වා අසුන්හි වඩාහිඳුවීය.

75. සංදර්ශනාකාරයෙන් කියන ලද්දා වූ, හෘදයාංගම වූ සද්ධර්මය අසා ප්‍රසන්න සිත් ඇති රජ තෙමේ,

76. රන් රිදියෙන් ද දීප ධූපාදියෙන් ද නා නා විචිත්‍ර වස්ත්‍රයෙන් ද නොයෙක් පූජා වස්තූන්ගෙන් ද,

77. පූජා පවත්වා ඇමතිවරුන් හා සේනා සහිත රජ තෙමේ නොයෙක් වාරයන්හි බොහෝ කුසල් රැස්කරගත්තේය.

78. "ධර්ම දානය මහත් ය" යන කරුණ බණ ඇසීම තුළින් ම අසා යහපත කැමති රජ තෙමේ නොයෙක් ප්‍රදේශයන්හි වසන්නා වූ,

79. මහජනයාට රැස්විය හැකි පරිදි ඒ ඒ තැන සෙනසුන් ද ධර්මශාලාදිය ද,

80. කරවා ඒ ඒ තැනට බොහෝ ධර්මකථිකයන් වහන්සේලා පිටත් කරවා මිනිසුන් ද රැස්කරවා,

81. ධර්ම දේශනා කරවා ධර්මදානය දුන්නේය. පෙර රාජසිංහ රජුගේ කාලයෙහි පටන් ඉතිරිව පැවත එන,

82. මිත්‍යා දෘෂ්ටික, අධාර්මික පෘතුගීසිකාර දුර්ජනයෝ එකල්හි ඒ ඒ තැන වාසය කොට සිංහලයන්ව බුදුදහමින් ඈත් කොට මිසදිටුව සමාදන් කරවීම පිණිස,

83. නොයෙක් වෑයම් කරන්නාහු, සිංහලයන් හට මිල මුදල් ආදිය දීමෙන්, නොයෙක් උපාය කරමින්, බුදු සසුන කෙරෙහි අගෞරවයෙන් විසූහ.

84. එපුවත ඇසූ රජ තෙමේ වේගවත්ව කිපී ඇමතියන් යවා අණකොට පෘතුගීසි පරංගීන්ගේ ගෙවල් ද මිසදිටු පොත් ද,

85. විනාශ කරවා මිසදිටුව අත්නොහරින්නන් රටින් නෙරපා හැරියේය. මේ රජු සමන්තකූට පර්වතයෙහි උතුම් මුනි සිරිපා සලකුණෙහි,

86. පහන් ආලෝක පූජා ආදී සියල්ල කරවීය. එසේම අනුරාධපුරය, මහියංගණය ආදී තැන්වලත්,

87. ඒ ඒ පූජ්‍යස්ථානයන්හි මහපූජාවන් පැවැත්වීය. නැගෙනහිරත් බටහිරත් දිසාවන්හි දුකසේ යා යුතු ජලමාර්ගයන්හි,

88. යන එන්නන්ගේ සැපය පිණිස ගල් පාලම් ද කරවීය. ලංකා බුද්ධ ශාසනයෙහි උපසම්පදා භික්ෂු සංසයා නැතිවීමෙන්,

89. ප්‍රහීණ වී ගිය බව දැන කම්පාවට පත් මිහිපල් තෙමේ උපසම්පන්න භික්ෂූන් වහන්සේලාට ඇරයුම් කිරීමට සිතා,

90. බුද්ධ ශාසනය පවතින්නේ වෙන කොයි කොයි රටෙහි දැයි නොයෙක් අයුරින් සොයා බලා "පේගු රට, බුරුම රක්ඛංග රට, සියම් රට යන ඒ ඒ රටෙහි,

91. උපසම්පදාව පවතින්නේය" යනුවෙන් ඕලන්දක්-කාරයන්ගේ ශුභ වචනය අසා ඒ ඒ රටෙහි ඇති බුද්ධ ශාසනයෙහි පුවත් සොයනු පිණිස,

92. පාළි භාෂායෙන් මනාකොට සංදේශයක් ලියවා ඇමති ආදීන්ව වෙන් වෙන් වශයෙන් පිටත් කරවා,

93. "සියම් රටේ (වත්මන් තායිලන්තයේ) අයෝධ්‍යාවෙහි ශාසනය ඉතා නිර්මල ය, අතිශයින් සුන්දර ස්වභාවයෙන් පවතින්නේය" යැයි ඇසුවේය.

94. එකල්හි රජ තෙමේ මෙසේ ලංකාදීපයට අයෝධ්‍යාවෙන් ම බුද්ධ පුත්‍රයන් වහන්සේලා ගෙන එනු පිණිස පූජා උපකරණාදියෙන් යුතු නොයෙක් පඬුරු ද,

95. සංදේශය ද දී අමාත්‍යයන් පිටත් කරවීය. එසේම දළදා වහන්සේ වැඩමවන්ට එක්රියන් හමාරක් උස රන් කරඬුවක් ද කරවා,

96. මාහැඟි මිණි, මුතු ආදිය බඳවා එහි වැඩ අවසන් නොවූ කල්හි මනුලොව සිටිනා පින ගෙවී ගියේ රාජ්‍ය ලාභයෙන් අටවන වසර ලබාසිටියදී මිය ගියේය.

97. ශ්‍රද්ධාදී ගුණයෙන් සැරසී සිටි මේ රජු උතුම් බුදු සසුනෙහි පිරිසිදු බව කැමති වූයේ, අනන්ත සැප සලසන මහත් කුසල් කොට මරහුගේ සමීපයට ගියේය.

98. මෙසේ ලංකාධිපති රජ තෙමේ අන්‍යයන්ගේ යහපත කැමති වූයේ, පුණ්‍යකාමී වූයේ, සිය යහපතත්, අන්‍යයන්ගේ යහපතත් සාදන්නේ රාජ්‍ය කළේය. ලෝකයේ සැපයත්, ලෝකෝත්තර විපුල සැපයත් කැමති වන්නා වූ තෙපි දු කුසීත බව මනාව දුරැර විවිධ සැප දෙන්නා වූ පුණ්‍ය රාශිය රැස්කරව්!

මෙසේ හුදී ජන පහන් සංවේගය පිණිස කරන ලද මහාවංශයෙහි 'ශ්‍රී විජය රාජසිංහ රජු' නමැති අනූ හයවන පරිච්ඡේදය නිමාවට පත්විය.

97

අනූ හත්වන පරිච්ඡේදය

කීර්ති ශ්‍රී රාජසිංහ රජුගේ අභිෂේක මංගල්‍ය ආදිය

01. ප්‍රවර ගුණැති ශ්‍රී විජය රාජසිංහ රජුගේ අභාවයෙන් පසු ඒ රජුගේ අගමෙහෙසියගේ සොයුරු කුමාරයා ජනයාගේ නෙතට ප්‍රිය වූ සිත්කළු රුවින් අගපත් වූයේ, සකල ලක්දිවට පහනක් බඳු උතුම් ශ්‍රී ඇත්තේ කීර්ති ශ්‍රී රාජසිංහ නමින් රජ වූයේය.

02. සම්බුද්ධ පරිනිර්වාණයෙන් දෙදහස් දෙසිය අනූවෙනි වසර පැමිණි කල්හි මනරම් ලංකාද්වීපයෙහි,

03. මහරජුගේ වියෝවෙන් ශෝකාකුල වී සිටි මහජනයා ලංකාද්වීපයෙහි යහපත කැමති මේ අභිනව රජු විසින් අස්වසන ලද්දේය.

04. හැම දිසාව ම එළිය කොට හිරු බැසගිය කල්හි පවතින අඳුර සෙයින් ශෝකාකුලව සිටින්නා වූ අවශේෂ ජනයා,

05. නිශ්ශෝකී කරවමින් මහයසස් ඇති රජ තෙමේ

හැම දිසාවන් එළිය කරමින් නැගෙන්නා වූ හිරුමඬල සෙයින්,

06. ලංකා රාජ්‍යයට පැමිණ මනාකොට සියල්ලන් සතුටු කරවීය. ලබන ලද රාජ්‍යාභිෂේක ඇති මේ රජු රත්නත්‍රයෙහි,

07. පහන් වූයේ, අප්‍රමාදී වූයේ, ප්‍රියකාමී වූයේ, මුළු නුවර ම පිරිසිදු කරවා පිළී තොරණ් ආදියෙන්,

08. අලංකාර කරවා ඒ උතුම් යහපත් නුවරෙහි ලංකාවේ සියලු ජනයා මනාකොට රැස්වූ කල්හි,

09. පිනෙන් පහළ වූ රජු රාජ ඉර්ධියෙන් යමින් නුවර පැදකුණු කොට පෙර රජුගේ අභාවයෙන් රජෙකු නැතිවූ ලංකාව,

10. දැන් රජෙකු සහිත යැයි ජනයාට හඟවා ශ්‍රීවර්ධන පුරයෙහි වසන්නේ උදාර පිනෙන් යුක්ත වූයේ,

11. බුදු සසුන පාලනය කිරීම පිණිස පතාගෙන පැමිණි පින් ඇති, ප්‍රවර වූ කීර්ති ශ්‍රී රාජසිංහ රජු ලංකා රාජ්‍ය ශ්‍රී දරමින් ඉතා නුවණැතිව සැදැහැවත්ව සරු නිසරු බව හොඳින් දැන බුද්ධාදී රත්නත්‍රයෙහි මහපූජාවන් කරන්ට පටන් ගත්තේය.

12. පවිටු මිතුරන් අත්හරිමින්, නුවණැති ජනයා ඇසුරු කරමින්, උතුම් ධර්මය මනාකොට අසමින්,

13. සැදැහැවත්ව, නුවණැතිව, කටයුතු - නොකටයුතු දෑ හොඳින් දැන, නොකටයුතු දේ අත්හැර, කටයුතු දෙයෙහි ඇලුණු රජ තෙමේ,

14. සතර සංග්‍රහ වස්තුවෙන් මහජනයා සතුටු කරවමින් පණ්ඩිත ජනයන් විසින් කරනු ලබන ප්‍රශංසා ඇතිව,

15. ධර්මදානයෙහි විපාකයත්, සද්ධර්ම ශ්‍රවණයෙහි ඵලයත්, සද්ධර්මය ලිවීමේ පිනත්, දහම් පූජාවන්ගේ පිනත්,

16. බණ ඇසීමෙන් ම දැනගෙන, මෙසේ කළයුත්තේ යැයි සිතා නොයෙක් තැන ධර්ම මණ්ඩපයන් කරවා,

17. නා නා විධ වස්ත්‍රවලින් වියන් බැඳ තොරණ් ආදී නොයෙක් දෙයින් නොයෙක් අයුරින් සැරසිලි කරවා,

18. පහන් දල්වා ආසන පනවා සත්කාර බහුමානන-යෙන් යුතුව ධර්ම දේශකයන් වහන්සේලා වැඩම කරවා,

19. සාදරයෙන් ඇරයුම් කොට මැනවින් පනවන ලද අසුන්හි වඩාහිඳුවා ඒ ධර්ම දේශකයන් ලවා,

20. දම්සක් පැවතුම් සූත්‍රය ආදී බොහෝ සූත්‍ර දේශනාවන්ගෙන් තුන්යම් රාත්‍රිය පුරා ගෞරවයෙන් යුක්තව ධර්ම දේශනා කරවා,

21. කාය ජීවිත ගැනත්, භෝගාදී සම්පත් ගැනත් පවතින අසාර බව අසාර වශයෙනුත්, සාරවත් වූ දාන ශීල භාවනාදිය සාරවත් වශයෙනුත්,

22. බණ ඇසීමෙන් දැන ශ්‍රද්ධා ඇත්තේ, ඇමතියන් සහිතව, සේනා සහිතව නොයෙක් පූජා වස්තූන්-ගෙන් මහපූජාවන් පවත්වන්නේ,

23. නුවරවාසී වූ මෙන්ම පිටිනුවරවාසී වූ ද සියලු මහජනයාගේ හිතසුව පිණිස,

24. නොයෙක් වාරයන්හි ධර්මදානය දෙවා ධර්මදානමය පින රැස්කරගත්තේය.

25. බුරුම රක්ඛංග දේශයෙන් ආ භික්ෂූන් වෙතත්, ලංකාවෙහි භික්ෂූන් වෙතත් පැවිදි වූ නොයෙක් සාමණේවරුන් කෙරෙහි ආදරයෙන් යුතු වූයේ,

26. චීවරාදී සිව්පසයෙන් මනාකොට සංග්‍රහ කරමින් පිරිත් මංගල්‍යයන් ද කියවීය.

27. මෙසේ නොයෙක් වාරයන්හි සද්ධර්මය පවත්වා ප්‍රත්‍ය පහසුකම් ද සලසා පින් රැස වැඩීය.

28. නවදහස් හයසියයක මිලක් වියදම් කොට ශ්‍රද්ධාවෙන් යුක්තව උතුම් රන්පත්ඉරු කරවා,

29. ඒ රන්පත්ඉරුවල දම්සක් පැවතුම් සූත්‍රය ආදී බොහෝ සූත්‍රයන් ලියවා ධර්මකථිකයන් වහන්සේලා ලවා,

30. තුන්යම් රාත්‍රිය මුළුල්ලෙහි බණ කියවා, නොයෙක් වස්තූන්ගෙන් පූජා පවත්වා නොයෙක් වාරයන්හි උතුම් ධර්මය ඇසීය.

31. කීර්ති ශ්‍රී රාජසිංහ රජ තෙමේ එක් දිනයකින් ම ලේඛකයින් රැස්කරවා දීඝ නිකාය ලියවා ඔවුන්ට බොහෝ සංග්‍රහ කොට,

32. දීඝ නිකායට අයත් සූත්‍රයන්ගෙන් මුළු රැය ම ධර්මය කියවා, මහපූජා පවත්වා තෙමේත් ඇසීය. අනුන්ටත් ඇස්සවීය.

33. සංයුත්ත නිකාය ආදී අනෙක් නිකායයන්ට අයත් බොහෝ පුස්කොළ පොත් ද ශ්‍රද්ධාවෙන් ලියවා ලේඛකයන්ට ධනය දුන්නේය.

34. වෙනත් පැවිද්දන් විසිනුත්, යහපත් ගිහියන් විසිනුත් දහම් පුස්කොළ පොත් ලියවා තමා වෙත දක්වා සිටි කල්හි සතුටු සිතින් යුතුව,

35. ඔවුන්ට ධනය දීමෙන් බොහෝ සංග්‍රහ කොට හැමකල්හි ආදරයෙන් යුතු වූයේ, ලංකාවාසී අන්‍යයන් විසින් කරන ලද පින ද ගත්තේය.

36. පුණ්‍යකාමී මේ රජු පිරිවර සමග උතුම් අනුරාධපුරයට ගොස් මහබෝධියත්, උතුම් සෑයත් වන්දනා කොට,

37. ඇත්, අස් ආදිය ද රන්, රිදී ආදිය ද පූජා කොට නොයෙක් අයුරින් කුසල් රැස්කළේය.

38. එමෙන්ම මහියංගණයට ද උතුම් දීඝවාපී සෑයට ද ගොස් රාජානුභාවයෙන් යුතුව මහත් පූජාවන් පවත්වමින්,

39. මහයසස් ඇති හේ පින් රැස්කරගත්තේය. පරාක්‍රම මහරජුන් විසින් උතුම් පොළොන්නරුවෙහි කරවන ලද,

40. සිත්කලු දර්ශනීය චෛත්‍යයන් ද, විහාරයන් ද වඳිනු පිණිස මහත් ශ්‍රද්ධා ඇති, මහයසස් ඇති රජු,

41. මහපිරිස් සමග ගොස් මැනවින් පූජා පැවැත්වීය. ශ්‍රද්ධාදී ගුණසම්පන්න වූ මේ රජු,

42. රිදී විහාරය නමැති විහාරයත් වැඳ පුණ්‍ය රාශිය රැස්කරගත්තේය. ලක්දිව පෙර රජදරුවන් සෙයින් ලෝකයෙහි මංගල සම්මත වූ,

43. නාථ, උපුල්වන් ආදී දෙවියන්ට ද දේවපූජා පෙරටුකොට, සේනාංගයන් දකිනු පිණිස නිරවශේෂයෙන් සියලු නුවර,

44. දෙව්පුරයක් සෙයින් සරසා, ලංකාවාසී සියලු ජනයා ඒ පුරයෙහි රැස්කොට ඔවුන් අතුරෙන් එක් එක් රටින්,

45. තනතුරු වශයෙන් ද ජනයා වෙන් වෙන්කොට, ඔසොවන ලද කොඩි සලකුණු ඇතිව ඒ ඒ තැන වස්සවා,

46. දේවස්ථානයන්ට අයත් ආයුධයන් ද ඇතු පිට තබා නොයෙක් නැට්ටුවන්ගෙන් ගැවසී ගත් බෙර මද්දලයන්ගෙන් ද,

47. නා නා ඇත්පෙළින් ද, නා නා අස්පෙළින් ද, නා නා වස්ත්‍රයෙන් අලංකාර වූ බ්‍රහ්මවේශධාරීන්ගෙන් ද,

48. නා නා කුඩ දරන්නන්ගෙන් ද, නා නා සෙමෙර දරන්නන්ගෙන් ද, නා නා ස්ත්‍රී සමූහයෙන් ද, නා නා අමාත්‍ය සමූහයෙන් ද,

49. නා නා පළඟදරන්නවුන්ගෙන් ද, නා නා කඩු දරන්නවුන්ගෙන් ද, නා නා කුන්ත දරන්නවුන්ගෙන් ද, නා නා ආයුධ දරන්නවුන්ගෙන් ද,

50. නා නා වස්ත්‍ර දරන්නවුන්ගෙන් ද, නා නා ධජ දරන්නවුන්ගෙන් ද, නා නා දෙසින් ආවුන්ගෙන් ද, නා නා භාෂා දන්නවුන්ගෙන් ද,

51. නා නා ශිල්ප දන්නවුන්ගෙන් ද, නා නා කම්කරුවන්ගෙන් ද, මේ ආදී වශයෙන් නොයෙක් දෙනා විසින් හස්තීන් පිරිවරා,

52. ඉදිරියෙනුත් පසුපසිනුත් යන්ට මෙහෙයවා, අනතුරුව රජ තෙමේ සක්දෙවිඳුගේ විලාශයෙන් මහත් රාජර්ධියෙන් යුතුව,

53. නික්ම අවුත් මුළු නුවර ම මැනවින් පැදකුණු කොට අවසන් වූ කල්හි නැවත අවුත් සුදුසු අයුරින් පිවිසියෙන්,

54. ශ්‍රද්ධා ප්‍රඥා ගුණයෙන් උස් වූ අපගේ අගරජ තෙමේ වාර්ෂිකව පවත්වන ඇසළ මහපෙරහැර මංගල්‍යය,

55. බුද්ධ පූජා පෙරටුකොට පවත්වන්ට සිතා මංගල ඇත්රජුගේ පිටෙහි රන් කැටයමින් මනාව නිමකරන ලද,

56. සිවිගෙයක් මනාකොට බැඳ, මංගල ඇත්රජු සැරසිල්ලෙන් සරසා රිදී ඡත්‍ර සෙමෙර සහිතව,

57. මල් ගෙන ඇතුපිට නැගී නොයෙක් අයුරින් පූජා වස්තු ගත්තවුන් විසින් ද, මල් වියන් ඔසවන්නවුන් විසින් ද,

58. නා නා ධජ පතාකයෙන් ද, නා නා වේශධාරීන්-ගෙන් ද, නා නා රාජඅමාත්‍යාදීන්ගෙන් ද, නා නා දෙසින් පැමිණියවුන්ගෙන් ද,

59. ඒ ඇතු පිරිවරා නිමි කල්හි රජ තෙමේ බුදුන්ගේ ශාරීරික ධාතූන් වහන්සේ වඩාහිදුවන ලද උතුම් වූ,

60. බබළන්නා වූ රන් කරඬුව මනාකොට සිවි- ගෙහි තැන්පත් කොට මල් ඉසින්නවුන් ලවා මල් වැස්සක් වැස්සවීය.

61. සාදුකාර නාදයෙන් ද සක්, තාලම් හඬින් ද නා නා බෙර හඬ නාදයෙන් ද මහොත්සව කරන්නේ,

62. යම් සත්පුරුෂ සාධුජනයෝ වෙත් නම් ඔවුහු ආශ්චර්ය අද්භූත සිතින් යුතුව හිස් මුදුන්හි ඇඳිලි බැඳ නිරතුරුව පුද දෙත්.

63. දඬුවැට පහන් ගන්නවුන් ලවා ද මගුල් වෙස් ගන්නවුන් ලවා ද නොයෙක් පූජාවන්ගෙන් පුදවමින් රජ තෙමේ,

64. සුර අසුර නරාදී සත්වයන් විසින් පුදනු ලබන අග්‍ර වූ ජින දන්ත ධාතූන් වහන්සේ පෙරටු කොට දෙව් මිනිස් ආදී අවශේෂ ජනයා,

65. පසුපසින් යන්ට සලස්වා තෙමේත් මංගල ස්තුති ඝෝෂාදී මහත් රාජ ඉර්ධියෙන් යුතුව,

66. මහත් රාජානුභාවයෙන් යුතුව, මහත් පෙරහරින් දෙව්රජු දෙව්ලොවෙහිත් මෙසේ ධාතු පෙරහැර කරන්නේ යැයි මිනිසුන්ට දක්වන්නාක් සෙයින් යයි.

67. ශුද්ධාදී ගුණයෙන් යුක්ත, බුද්ධ ධම්ම සංස යන ත්‍රිවිධ රත්නය සේවනය කරමින්, සාරය - අසාරය

වෙන්කොට දැන සාරයෙන් සතුටු වෙමින් දානාදී පින්කම් කරන්නේ,

68. ශ්‍රද්ධා, ප්‍රඥා, කරුණාදී උතුම් ප්‍රවර ගුණයන්-ගෙන් ලක්දිවට පහනක් බඳු, බුදුන් කෙරෙහි මනාව පැහැදුනු, දසබල මුනිඳුගේ දහමෙහි හැසිරෙමින්, සාදරයෙන් යුක්ත වූයේ, අනලස්ව අප්‍රමාදීව දානාදී පින්කම් කොට, සරු - නිසරු දෙය හොඳින් සිහිකොට, සියලු ජනයාට හිතවත්ව මෙසේ ම කළේය.

69. තෙරුවනට ආදරයෙන් යුතුව දිනක් දිනක් පාසා දළදා වහන්සේ උදෙසා මහපෙරහරින් පූජාවන් පවත්වන්නේ,

70. තමන්ගේ රාජ්‍ය කාලයේ හටගත් තමන්ගේ සංඝයා කෙරෙහි හැමකල්හි ආදරයෙන් යුතුව තමා අයත් සිව්පසයෙන් උවටැන් කොට,

71. දහම කෙරෙහි ද මැනවින් පැහැදී නැවත නැවත බණ අසා හැමකල්හි ආදරයෙන් යුක්තව අනල්ප පින් රැස්කරගනිමින්,

72. බුදුරජුන් දිවමන් කළ සෙයින් ජින ශාසනය පවත්වන්නේ, ලක්වැසි මිනිසුන් තුළ බොහෝ කුසල් වඩවන්නේ,

73. පරාක්‍රමබාහු ආදී පෙර රජදරුවන්ගේ කටයුතු අසා එය යහපත් ය කියා දැන ඔවුන්ගේ කටයුතු හා අනුගත වූයේ,

74. රාජධර්මයන් අසා රාජධර්මයෙහි මහත් ආදර

ඇත්තේ සතර අගතියෙහි බිය ඇතිව, සතර සංග්‍රහ වස්තුවෙහි,

75. මනාකොට යෙදෙමින් තමන්ගේ සොයුරා ආදී සියල්ලන්ට සුදුසු පරිදි සංග්‍රහ කොට මැනවින් සොයා බලා ඔවුන්ගේ සිත් ද මනාකොට ගත්තේය.

76. මෙසේ ලක්රජු පරහිතකාමීව බුදු සසුනත්, ලෝකයත් අනලස්ව යහපත්ව පාලනය කරමින් පෙර රජදරුවන්ගේ පුවත් ද අසා ඔවුන් කළ අයුරු සිහිකරමින් "මම් ද උතුම් රාජධර්මයෙහි හැසිරෙමි" යි,

77. මෙසේ නිශ්චය කොට සිතන්නේ රජ තෙමේ මහාවංශයෙහි සඳහන් රජුන්ගේත්, චූළවංශයෙහි (මහාවංශයේ මුල්කොටස හැර ඉතිරි කොටස) සඳහන් රජුන්ගේත්,

78. මහාසම්මත රජුගේ පටන් කුරුණෑගල ඇතුගල්පුර රජදරුවන් දක්වා පුවත් ගාථාවන්ගෙන් බඳිනා ලද පැරණි තොරතුරු,

79. සඳහන් කොට මහාවංශය නමින් ග්‍රන්ථයක් ලක්දිව පවතින නමුත්, සියම් රටින් ගෙනෙන ලද,

80. ලක්රජුන් පිළිබඳ එම වංශ කථා පොත ද පිළිවෙළින් වෙන වෙනම සොයා බලා,

81. එහි අඩුවක් තිබෙන බව අසා දඹදෙණි පරාක්‍රමබාහු ආදී මෙකල දක්වා රජුන්ගේ මෑත භාගයේ,

82. අප්‍රකට පුවත් ද ලියවා රාජවංශය පැවැත්වීය. මෙසේ හේ රාජනීතියත් ධර්ම නීතියත් නොඉක්මවා,

83. දැහැමෙන් සෙමෙන් රාජ්‍යානුශාසනා කරන්නේ, රාජධර්මයන්ට අනුව දානාදී බොහෝ කුසල්,

84. දින දින කරවන්නේ, උතුම් ධර්මයන් සිහිකරන්නේ, සතර සංග්‍රහ වස්තුවෙහි එන දානය ද,

85. ප්‍රිය වචනය ද, අර්ථචර්යාව ද, සමානාත්මතාවය ද යන ගුණයෙහි පිහිටි රජ තෙමේ තම කණිටු සොයුරු රජුන්ට,

86. සමාන බව ලොවට පෙන්වමින් යාන වාහන නොඅඩු සම්පත් දී විශේෂයෙන් යුවරජු දෙදෙනා,

87. සතුටු කරවා සතර සංග්‍රහ වස්තුවෙන් මනාව පිදීය. මෙසේ ඒ යුවරජ දෙදෙනා ලබන ලද යස ඇතිව දළදා මහපූජා,

88. වෙන් වෙන්ව කරන්නාහු බණපොත් ද ලියවා ලේඛකයන්ට ධනය දෙත්. භික්ෂු සංඝයාට ඇරයුම් කොට,

89. නිති දන්පැන් පුදා බණ අසමින්, දහමට සවන් දීම හේතුවෙන් කටයුතු දේත් නොකටයුතු දේත් දැන,

90. පව්කම් පිළිකුල් කරන්නාහු, පින්කම්හි මනා ආදර ඇතිව, දක්ෂ වූ සිල්වත් සාමණේරයන්ගෙන් අසා,

91. ඒ සාමණේරයන් හට ද රාජාර්හ වූ අටපිරිකර දානයෙන් යුතුව උපසම්පදාව ලබාදෙවා,

92. මනාකොට විනයෙහිත්, සූත්‍ර ධර්මයන්හිත් හික්මවා මහා අනුසස් ඇති ආවාසයන් කරවා එහි භික්ෂූන්,

93. වස්සවා සාදරයෙන් සකසා උවටැන් කරමින් නොයෙක් අයුරින් ලෝක ශාසනික කටයුතු කරන්නාහු,

94. සජ්ජනයන්ට සංග්‍රහ කිරීමත්, දුර්ජනයන්ට නිග්‍රහ කිරීමත් රජුගේ අදහස අනුව ම සුදුසු පරිදි කරත්.

95. මෙසේ නොයෙක් ක්‍රමයෙන් කුසලින් ප්‍රයෝජන ඇත්තාහු, ලෝකශාසන මාමක වූ රජුගේ අදහස් අනුව පැවතුනෝය.

96. පෙර සිටි ඇතැම් රජදරුවෝ රාජ්‍ය ලෝභය හේතුවෙන් සොයුරු ආදීන් ගැන නොතකා එකිනෙකා පෙළූහ.

97. ඔවුන්ගේ විවාදයෙන් මිනිස්සු ද එබඳු වූහ. එනමුදු මේ තිදෙනා ඒ සා රාජ්‍යයන් පවා ලැබ,

98. වාද විවාද කිරීම පසෙකලා අඩුගණනේ එකිනෙකාගේ සිදුරු ද නොදක්වා, එකම නගරයෙහි වසමින් සෙවණැල්ල සේ හැමකල්හි ප්‍රියව විසූහ.

99. මෙසේ රාජ්‍යයක් හේතුකොටගෙන කෝප මාත්‍රයකුදු නොකොට සීලව නාගරාජ ජාතකයෙහි බෝසතුන්ගේ ගුණ සමානව සිටියෝය.

100. විශාලා මහනුවර ලිච්ඡවීහු මෙන් එකිනෙකාට විරුද්ධ නොවී සමගිව රාජ්‍ය කළාහුය. එහෙයින් ම ඔවුහු ජය ලාභය ද ලදහ.

101. ලංකාංගනාවගේ ශ්‍රීයෙන් උමතු වූ මඳ නුවණැති ඇතැම් නරපතීහු නොකට යුතු දේ කොට නොයෙක් ව්‍යසනයන්ට පැමිණියෝය.

102. ලංකාංගනාවගේ ශ්‍රීයෙන් සැප ලත් නුවණැති නරපතීහු කළයුතු දේ කොට මහත් යසසට හිමිකරුවෝ වූහ.

103. මේ නරපතීහු තිදෙනා ද එබඳු වූ ලංකාංගනාවට අධිපති ව සමගි බවට පැමිණියහ. මේ සමගි බව වනාහී ආශ්චර්යයක් කොට කියමි.

104. මහගුණැති මේ රජු තෙමේ ම ඡත්‍රාදී සම්පත් දී රාජපිරිස් ගෙන හැසිරෙන්නා වූ තමන්ගේ මලණුවන් දැක,

105. මුදිතාවට පැමිණ නැවත නැවතත් බලමින් මෙසේ තනිවමම බ්‍රහ්ම විහාර භාවනාව වැඩීය.

106. රාජකුලයේ මුදුන්පත් මේ මිහිපල්හු සසුනට උපකාරීව, අපමණ ගුණ දරා, මැනවින් දහමෙහි හැසිරෙමින්, අගති මග අත්හරිමින්, කලණ මිතුරන් ඇසුරු කරමින්, සුගති ගමන සාදාගනු කැමැත්තෝ ය.

107. මෙසේ යහපත් ගුණැති, ශ්‍රද්ධාව ධනය කරගත් නරපතීහු ශ්‍රීමත් සම්බුදුරජුන්ගේ උතුම් දළදාව ද, ධර්මය ද, උතුම් සංඝයා ද පුදා බොහෝ සම්පත්දායක පින් රැස්කොට මේ ලංකාවත් නිමල බුදුසසුනත් මොනවට පාලනය කළෝය.

108. ලොව අසහාය නායක මුනිඳුන්ගේ ගුණ සාර භාරය සිය හදෙහි රඳවා නිරතුරු මෙනෙහි කරමින්, එසේම බුදුන්ගේ ධර්මයත් සංඝයාත් ගැන සිහිකරමින් සිටිනා, උතුම් ගුණ ඇති ලක්රජුව නිරතුරු ඇසුරු කරත්වා!

109. මෙසේ රාජ බලැති රාජාධිරාජ මිහිපල් තෙමේ නිමල බුදු සසුනත්, මෙලක්දිවත් මනාව පාලනය කරමින් මහා සම්පත් දී සියලු රටවැසියන් සතුටු කොට, දෙවි මිනිසුන් ද සතුටු කොට මහපිනැති පුණ්‍ය ඉර්ධි ආඥාබල ඇත්තේ විය.

110. මහානුභාව සම්පන්න, මහයසස් ඇති මහරජු ලෝසසුන් වැඩ වඩවමින් මහනුවර වසන කල්හි,

111. රාජසිංහ රජු දවස ලක්දිව රැකුමට යොදවන ලද මහබලැති ඕලන්දක්කාර මුහුදු වෙළෙන්දෝ,

112. ලංකාධිපති රජුන්ගේ දූත කෘත්‍යයෙහිත් යෙදුනෝය. නොයෙක් රට උපන් නොයෙක් වස්ත්‍රාදී බොහෝ,

113. රාජපරිභෝගයට සුදුසු වූ මාහැඟි පඬුරු ද හොඳින් සොයා බලා මහත් ගෞරවයෙන් යුතුව මහත් පෙරහැරින්,

114. ගෙනවුත් අවුරුදු පතා පුද පඬුරු දෙත්. එකල්හි ලංකාවැසි මිනිසුන්ගේ පෙර කළ පව්කමක් නිසාදෝ,

115. ලෝ සසුන් රැකුමෙහි නියුක්ත දේවතාවුන්ගේ ප්‍රමාදයකින් දෝ ඔවුහු විශේෂයෙන් කිපී අතික්‍රෑර ව,

116. නොයෙක් අයුරින් ලංකාවාසී සිංහල ජනයා පෙළන්ට පටන් ගත්තෝය. එපවත් ඇසූ මහයසස් ඇති මහරජු,

117. "ඔවුන් එසේ කිරීම අයුතු ය" යි සිතා ඇමතියන් යැවීය. ඇමතිවරු ද ලංකාවාසී ජනයා සමග එහි ගොස්,

118. ඕලන්දක්කාරයින් හා බිහිසුණු යුද්ධ කරන්නාහු, සතුරන් නසමින් ඔවුන්ගේ බලකොටු ගිනි තබමින්,

119. නොයෙක් උපායයෙන් ඔවුන් තුළ භය ඇති කළෝය. භයින් තැතිගත් ඕලන්දක්කාර සතුරන් අතර සිටි අකීකරු, කෲරතර, අධම වූ,

120. ගෙවීගිය ආයු ඇති එක්තරා පාපියෙක් ප්‍රධානත්වයෙහි සිටියේ, ජාවා ආදී අනල්ප වූ මහපිරිස් ගෙන,

121. ඒ ඒ ප්‍රදේශ ද ගම් ද විහාර ද දේවාල මන්දිරයන් ද පාලම් ද විශ්‍රාම ශාලාදිය ද නොයෙක් අයුරින් වනසා දැම්මේය.

122. ලක්රජුගෙන් අණ ලද ඇමතියෝත් ඒ ඒ තැන සිටි දක්ෂ වූ රණශූරයන් සමග එක්ව නොයෙක් ලෙස යුද්ධ කරන්නාහු,

123. ඒ ඒ තැන සතුරන් මැරීමෙන් ද සර්වප්‍රකාරයෙන් ම ඒ දුෂ්ට ඕලන්දක්කාරයා වළකාගත නොහැකි වූයේ මහනුවර බලා ආයේය.

124. යුද පිණිස සැදුනු සිංහල මහඇමතියෝත් නොයෙක් ලෙසින් මග අවුරා සතුරන්ගේ පෙර මග සිට වහා ඔවුන්ගේ පැමිණීම වළකාලූහ.

125. මහා නුවණැති, සුදුසු කාලය දන්නා ලක්පති මහරජ තෙමේ ලැව්ගිනි හා සමාන වූ සතුරන්ගේ පැමිණීම,

126. නොවැළැක්විය හැක්කේ යැයි දැන දළදා වහන්සේ ද බිසව ද නැගණිය ද සිය ධන සාරය ද,

127. මනා ලෙස රකිනු පිණිස යුවරජුන් දෙදෙනාට හාරදී පර්වත වන දුර්ගයන්ගෙන් දුර්ගම වූ රටට යැවීය.

128. එකල්හි සියලු ඕලන්දක්කාර සතුරු සෙන් කෲර යක් සෙනඟක් බඳුව මහනුවරට පැමිණ දහම් පොත් ආදිය විනාශ කළෝය.

129. සෙන්පති ආදීහු විසිනුත් මහමාත්‍යාදීන් විසිනුත් තැන නොතැන දන්නා දක්ෂ වූ රණවිරුවන් විසිනුත්,

130. පිරිවරාගන්නා ලද මහරජු මහසෙන් පෙරටු කොට, මහනුවරට නුදුරින් ඇති ශාඛා නගරයන්හි,

131. ඒ ඒ තැන වසන්නේ නුවර අවුරවා දැමීය. බුදු සසුනට භක්තිවන්ත වූ ලක්වැසි සිංහලයෝ ද,

132. රජුගේ අදහස් අනුව පවතිමින් ඕලන්දක්කාර සතුරන්ගේ පක්ෂය ගත්තා වූ බොහෝ මිනිසුන්ව දුටු දුටු තැන මැරූහ.

133. රාජදූතාදී ඇතැම් ඇමතිවරු භික්ෂු සංඝයාව ආරක්ෂා කළෝය. රජුට පක්ෂපාත ධීර වීර ගුණ බලයෙන් යුතු වූවෝ,

134. රණක්‍රීඩායෙහි ක්‍රීඩා කොට, බුදු සසුන රකිනු කැමතිව, රණශූර යෝධයන් විසින් පිරිවරන ලදුව,

135. මාර්ගයෙහි තැනින් තැන වසමින් නොයෙක් අයුරින් ඇතුලු නගරයෙහි වාඩිලා සිටි ඕලන්දක්කාර සතුරන් හා යුද්ධ කොට පලවාහැර,

136. නැවත නැවතත් යුද්ධ කරන්ට පටන් ගෙන උන් නැසූහ. මනුෂ්‍ය වූවෝ අප රජුගේ අදහසට අනුව සිටීම,

137. ආශ්චර්යයක් නොසිතමු. වැලිදු දෙවියෝත් එසේ වූහ. එහෙයින් එකෙණෙහි ඕලන්දක්කාර වෛරීන් අතර සිටි ප්‍රධානියා මහා මෝහයෙන් යුතුව,

138. පැමිණ සුළු වේලාවකින් දේවානුභාවයෙනුත්, රජුගේ පුණ්‍යානුභාවයෙනුත් භය සංත්‍රාසයෙන් කැළඹී ගොස්,

139. උමතු බවට පත්ව ශුභ වූ මහනුවර අත්හැර ශ්‍රීයෙන් තොරව ගොස් මරණ ගින්නට පත්වූයේය.

140. මිසදිටුවේ වසඟයට පැමිණි සියලු ඕලන්දක්කාර සතුරු සමූහයා අනාථ ව අසරණ ව ව්‍යසනයට පත්වූවාහුය.

141. කිසිවෙක් රෝගාතුර වූහ. තව කිසිවෙක් කුසගින්නෙන් ම රෝගී වූහ. තව කිසිවෙක් යුද්ධයෙන් නැසුණෝය. කිසිවෙක් පර්වත දුර්ගයට පැන දිව්වෝය.

142. මෙසේ සතුරු පක්ෂයේ සිටි අධම මිනිස්සු මැරුණෝය. ගියෝය. "මේ අයුරින් දෙවි මිනිස් ආදීන් විසින් රක්නා ලද මේ රජු,

143. මහපින් ඇත්තෙකි. මහානුභාව ඇත්තෙකි" යි රටවැස්සෝ කීහ. මෙබඳු මහානුභාව ඇති මහයසස් ඇති රජෙකුගේ,

144. අණ ඉක්මවන්ට කවරෙක් නම් සමත් වෙත් ද?

දුරුකරන ලද ඕලන්දක්කාර සතුරු සමූහය ඇති, මහයසස් ඇති රජ තෙමේ,

145. සතුරු බලසෙන් නොදක්නේ, පෙර සෙයින් මුළු නුවර ම පිරිසිදු කරවා දළදා මැදුර සරසා විශේෂයෙන් අලංකාර කොට,

146. උතුම් බුදුසසුන කෙරෙහි පහන් සිතැතිව, නිරතුරුව බුදුසසුන ගැන සිහි කරන්නේ, බුදුපුතුන්ගේ ගුණ සිහිකරන්නේ, දළදා වහන්සේ නිරතුරුව පුදන්නේ,

147. මෙසේ තෙරුවන් කෙරෙහි මනාව ගෞරව පවත්වමින් දළදා වහන්සේ නුවර නැතිකමින් උපන් මහාදුකින්,

148. නොඉවසිය හැකිව, එකල්හි පිරිස් සහිතව මහාදූර්ග රටට ගොස් මහත් ශ්‍රද්ධා ඇතිව ධාතු කරඬුව දුටු මහරජු,

149. ආශ්චර්ය අද්භූත සිතින් යුතුව මනාකොට වන්දනා කිරීමෙන් සිරස බිම තබා උත්තමාංගයෙන් පුදා,

150. භික්ෂු සංසයා ද වැඳ තම දුක නිවාගත්තේය. හේ මෙසේ අස්වැසිලි ලබා දළදාව සහිත ඒ කරඬුව,

151. උත්තමාංගය වූ හිස මත තබාගෙන, මහා උත්සව පවත්වමින් සාදනාදයෙන් ද, පංචාංගික තූර්යනාදයෙන් ද,

152. මහා පෙරහැර පවත්වමින් සිය නුවරට පිවිසියේය. එකල්හි ලක්වැසි මිනිස්සු ද දළදා වහන්සේ සහිත රජු දැක,

153. අතිශයින් සතුටු වී සාදුනාද පැවැත්වූවාහුය. පෙර දළදා මැඳුරෙහි ම දළදා වහන්සේ වඩාහිඳුවා,

154. පෙර ලෙස ම සියලු පූජා විධි නොපිරිහෙළා පැවැත්වීය. පෙර ආරාමයන්හි විසූ සංඝරාජයන් ප්‍රමුඛ බොහෝ සියලු,

155. බුද්ධපුත්‍රයෝ ද සතුරන්ගේ භයටත් වඩා අධික භය ඇති සසර බිය දකින්නාහු, පැවිද්ද අත්නොහැර,

156. දහම් පුස්කොළ පොත්, ධාතු, පිරිකර ආදිය ගෙන මහනුවරින් පිටට වැඩ බාහිර ප්‍රදේශයන්හි වසමිනුත් යළි බුදු සසුන රැක්කෝය.

157. රාජාධිරාජ තෙමේ ඒ සියලු දෙනා වහන්සේ වහා නුවරට වැඩමවාගෙන පෙර ආරාම පිරිසිදු කරවා එහි භික්ෂූන් වැස්සවීය.

158. පර්යාප්ති ප්‍රතිපත්තියෙහි හික්මෙන්ට යෙදූ කල්හි දක්ෂ ධර්මකථිකයන් සොයා ඇරයුම් කොට,

159. රජුට දහම් අවවාද ලැබෙන බණ නැවත නැවත අසමින් විසීය. සතුරු වූ ඕලන්දක්කාරයන් අතුරෙන්,

160. යම් කෙනෙක් රටෙහි හැසිරීම ගැන සොයා බලන්නාහු, සියල්ලන් රැස්ව මන්ත්‍රණය කොට "මේ ලක්දිව නිරවශේෂ කොට,

161. ගන්ට නොහැකි ය" යි කියා නිශ්චය කොට දැන "මෙහි යම් ජන කෙනෙක් ලංකා රජුට විරුද්ධව ගියෝ ද,

162. ඔවුහු විනාශයට පත්වූවාහුය. අපට ද එසේම වන්නේය. එහෙයින් අපත් ලක්රජුට භක්ති ප්‍රේම ගෞරව,

163. පෙරටු කොට නුවර ම වසන්ට වටනේය" යි නැවත නැවතත් මන්ත්‍රණය කොට රාජ පඬුරු හා,

164. මහමෝහ නමැති ඕලන්දක්කාරයා විසින් පැහැරගෙන ආ රිදියෙන් කළ සෑයක් බඳුව බබළන ධාතුකරඬුව ද,

165. රන්සිවිගෙය ද ගෞරවයෙන් ගෙන්වාගෙන සිංහල රජුට පවරා, සිය ඥාතීන්ගේ වරදට සමාව ගෙන "මෙතැන් පටන්,

166. යටහත්ව වසන්නෙමු" යි සිතා පැමිණි ඔවුහු රජු හට නොයෙක් අයුරින් වැඳ පුදා සමගිව සතුටු වූහ.

167. ඉක්බිති ලංකේශ්වර රජු ඔවුන්ගේ අනල්ප වූ වරදට සමාව දී ඔවුන්ට ද නොයෙක් අයුරින් සම්මාන දී,

168. මෙසේ සිංහල රජු හා මිතුරු බැඳීම ස්ථිර කොට ඔවුන් සමග මිත්‍රත්වයට පැමිණියේය.

169. ඕලන්දක්කාරයෝ ද ලක්රජු කෙරෙහි මැනවින් පැහැදී නා නා දේශයෙන් ගෙනා මාහැඟි පඬුරු ද,

170. රාජසංදේශ ආදිය ද වාර්ෂිකව දෙත්. මිසදිටුවන්ගේ අතට පත් ඒ මහා කරඬුව,

171. රනින් ආලේප කරවා මැණික් බැඳ හිරු රැස් පිඬක් සෙයින් ශෝභමාන කරවා,

172. සක්දෙවිඳු බඳුව සිට දළදා වහන්සේ වඩාහිදුවා පිදීය. මෙසේ දුෂ්ට, මිසදිටු, වෛරී ජනයෝ දුරුකළ එඬිතර බව ඇතිවූහ.

173. සම්මා දිට්ඨීයෙන් යුතු සිංහල රජුන්ගේ පින් බලය අසිරිමත් ය, ආශ්චර්ය ය, අද්භූත ය වශයෙන් දැන මහජනයෝ ද ආදර සහිත ව, සත්පුරුෂයන් පසසන අතුලා වූ උතුම් සම්මා දිට්ඨීය ම ඇසුරු කරත්වා!

174. මනරම් ලක්දිව එක් උපසම්පන්න හික්ෂුවකුදු නැති අවදියෙහි රජකම ලබා ශ්‍රීවර්ධන පුරයෙහි වසන්නේ,

175. බොහෝ සාමණේරයන්ව ද එසේම කුලපුත්‍රයන්ව ද පැවිදි උපසම්පදාවෙහි පිහිටුවා, ඒ හික්ෂූන් අතුරෙන්,

176. ඇතැම්හු ධර්මකථිකයෝ ය, ඇතැම්හු විනය විශාරදයෝ ය, ඇතැම්හු විදසුන් වඩන්නෝ ය, ඇතැම්හු අරණ්‍යවාසීහු ය,

177. මේ ආදී ගුණයෙන් යුක්ත වූ හික්ෂූන් සිය ගණනක් ඇතිකරවා මේ ලක්දිව සර්වප්‍රකාරයෙන් හික්ෂූන්ගෙන්,

178. ශෝභමාන කරවා පින්කම් කරන්නේ, දිනපතා සංසයා උදෙසා නිතිබත් ද ගිලන්බත් ද දී,

179. සංසයාට හිතවත් වූයේ ඇරයුම් කොට දන් දෙමින් මෙසේ සිතීය. "හික්ෂූන් හට ද හෙරණුන් හට ද කාය චිත්ත වශයෙන්,

180. රෝග දෙකක් ඇත්තේය. ඒ අතුරෙන් සිතේ රෝගයට පිළියම් කරන්ට දිපදුත්තමයන් වහන්සේ විනය ධර්මයත්, සූත්‍ර ධර්මයත් වදාළ සේක.

181. සිතේ රෝග ඇති කල්හි, රාගාදී රෝග නසන්ට හේතු වූ දහම් ඖෂධයන් ඇති විනයෙහි ද සූත්‍රයන්හි ද ඒ භික්ෂූන් හික්මවා,

182. එසේම උන්වහන්සේලා කායික රෝග-යෙන් පෙළෙන කල්හි මනාකොට පර්යාප්ති ප්‍රතිපත්තියෙහි හික්මෙන්ට දුෂ්කර බව දැන,

183. එහෙයින් උණ රෝගාදිය සමනය කරවන්ට රජ තෙමේ සංඝයාට ද ඇරයුම් කොට, සංඝයා උදෙසා පමණක් කළයුතු වෙදකම්හි මොනවට හික්මවා,

184. වෙදුන් දෙදෙනෙක් හා පිරිවර පුරුෂයන් ද නියම කොට ඔවුන්ට ගම්කෙත් වස්ත්‍රාභරණාදී සම්පත් ද දී,

185. බෙහෙත් මිල පිණිස වාර්ෂිකව රිදී සිය ගණන් රජ ගෙදරින් දෙමින් ඒ ඒ ආරාමයන්හි,

186. භික්ෂු, සාමණේරයන්ගේ සුව දුක් විචාළේය. රජ තෙමේ ඔවුන්ට කළයුතු උවටැන් ද කරවීය.

187. මෙසේ රාජාධිරාජ තෙමේ සංඝ ලාභය ද ඒ සියලු ලාභයන් අතර උතුම් වූ ආරෝග්‍ය ලාභය ද දන් දුන්නේය.

188. බුදුරජුන් ශ්‍රේෂ්ඨ යැයි යමක් වදාළ සේක් ද එයින් ද පිදීය. බුදු සසුන මැනවින් බබුළුවා පැවැත්වීය.

189. පෙර සසුනට උපකාරී වූ පුවර නරාධිපතීහු මිසදිටුවත්, සතුරු බලයත් දුරුකොට රාජ්‍ය භාරය ඉසිලුවාහු ද, එය ඇසූ මේ රජු අපමණ යසස් දෙන්නා වූ තමන් විසින් පසක් කරන ලද ධර්මය දකිමින් පහන් සිතැතිව, නිරතුරුව, අනලස් ව, ශාසනෝපකාරී ව පින් කළේය.

මෙසේ හුදී ජන පහන් සංවේගය පිණිස කරන ලද මහාවංශයෙහි 'කීර්ති ශ්‍රී රාජසිංහ රජුගේ අභිෂේක මංගල්‍ය ආදිය' නමැති අනූ හත්වන පරිච්ඡේදය නිමාවට පත්විය.

98

අනූ අටවන පරිච්ඡේදය

කීර්ති ශ්‍රී රාජසිංහ රජු

01. මේ කීර්ති ශ්‍රී රාජසිංහ රජු දළදා වහන්සේට සක්විති රත්නයකට සෙයින් මහත් සේ ආදර ඇතිව සමන්, සපු, දොඹ, කිණිහිරි, දුනුකේ,

02. නෙළුම්, මහනෙල් යනාදී විවිධ මලින් ද සඳුන් අගිල් ආදී නා නා සුවඳින් ද,

03. නා නා සුවඳ දුමින් ද, මීසකුරු ආදියෙන් ද, යහපත් වූ පුවක්, කපුරු, බුලත්, බෙහෙතින් ද,

04. මිහිරි කැඳ බත් කැවිලි ආදී නොයෙක් බොජුනෙන් ද රත් පැහැ කෙසෙල්වලින් ද දඹ, වැල, වරකාවලින් ද අඹයෙන් ද බොරලුදමනයෙන් ද,

05. තිඹිරියෙන් ද නාරංවලින් ද ප්‍රණීත වූ කුරුම්බා හා තැඹිලි පැනින් ද මනාව ඉදුනු දෙළුම්වලින් ද,

06. ඉදීගිය මිදි ආදී නා නා විධ පළතුරෙන් ද, මිහිරි අල ආදී දැයින් ද, බොඩ වර්ගයෙන් ද,

07. මේ ආදී පූජාවන්ගෙන් ද පසඟතුරු නාදයෙන් ද පෙර රජදරුවන් විසින් පවත්වාගෙන ආ බොහෝ පූජාවන්ගෙන් ද,

08. අලුත් පූජාවන්ගෙන් ද නිතිපතා දළදා වහන්සේ පුදා පුණ්‍යකාමී මහයසස් ඇති රජ තෙමේ පින් රැස වඩන්නේ,

09. රන් රිදී මිණි මුතු ආදියෙන් ද විවිධ විසිතුරු කැටයමින් ද දිලිසෙන,

10. බොහෝ වස්ත්‍රයෙන් බඳනා ලද වියන් හා තිරයෙන් ද, සිවුරු පිරිකරින් ද නොයෙක් අබරණින් ද,

11. ඇත් අස් හා ගවමහිෂාදීන්ගෙන් ද නොයෙක් දැසිදස්සන්ගෙන් ද බොහෝ ගම් කෙතින් ද,

12. පුදා ආදරයෙන් වැඳ දළදා වහන්සේ කෙරෙහි පහන් සිතැතිව,

13. පෙර රජුන් විසින් කරවන ලද නොනිමි රන් කරඬුව නිමකරවන්ට සිතා,

14. සත් නිකක් අධික කොට රන් දෙදහසකින් කරවන ලද මැණික් වන් මනරම් කරඬුව මුදුනෙහි,

15. මාහැඟි උතුම් මහා දියමන්තියක් සිත්කලු ලෙස බන්දවා පින් කැමති රජු,

16. පැහැදීම ඇතිවන, දර්ශනීය වූ එක්සිය හැටඅටක් වෛරෝඩි මැණික් ද එක්සිය සැත්තෑවක්,

17. පුෂ්පරාග මැණික් ද නිල් මැණික් පන්සිය අසූපහක් ද,

18. හාරදහස් අටසියයක් වූ රතුමැණික් රුවන් ද බන්දවා,

19. සත්සිය හැත්තෑ අටක් මුතු ද බන්දවා මාහැඟි රන් කරඬුව නිමකළ කල්හි,

20. ඒ ඇතුලෙහි තබනු පිණිස කරඬු දෙකක් කරවන්නේ එහි මාහැඟි උතුම් යහපත් මැණික් බන්දවා,

21. විමලධර්මසූරිය නමැති මහයසස් ඇති රජු විසින් කරවන ලද ඒ මහා කරඬුව, මේ රජු,

22. රනින් ආලේප කරවා මහාපූජා පවත්වමින් එහි ම දළදාව වඩාහිඳුවීය.

23. රජ තෙමේ දළදා වහන්සේ කෙරෙහි පහන් සිතැතිව අකරබඩු නමැති විශාල ගම්මානයක් පූජා කළේය.

24. මේ ධාතු පූජාවේදී ලක්වැසි ජනතාවට ද දළදාව පෙන්වීමට කරුණාවෙන් සිතා,

25. සියලු ශ්‍රීවර්ධන පුරය මැනවින් පවිත්‍ර කරවා නා නා විචිත්‍ර කැටයමින් යුතු පිළී තොරණ් කරවා,

26. කෙසෙල් තොරණ්, තැඹිලි තොරණ් ආදියෙන් ද නොයෙක් ධජ පතාක ආදියෙන් ද සරසවා,

27. මුළු ලක්වැසි ජනයා රැස්කරවා නොයෙක් රාජාභරණයෙන් සැරසුණු රජ තෙමේ,

28. නා නා විධ මහා පූජා පෙරටු කොට දළදා මැදුරට පිවිස නොයෙක් අයුරින් පූජා පවත්වා,

29. දළදා වහන්සේ කෙරෙහි මහත් ගෞරවයෙන් යුතුව පසඟ පිහිටුවා වැඳ,

30. දළදා වහන්සේ සහිත රන්මල තමන්ගේ අත්පියුමට වැඩමවා දළදා මැදුරෙන් පිටතට පැමිණ,

31. රිදී කුඩයෙන් ද, සෙමෙර විජිනිපතින් ද, රන් රිදී මලින් ද, ලදපස්මලින් ද,

32. මිණි මුතුයෙන් ද, නොයෙක් රන් රිදියෙන් ද, නන් විසිතුරු වස්ත්‍රයෙන් හා නන් අබරණින් ද,

33. නොයෙක් සුවඳ මලින් ද, බොහෝ දීප ධූපයෙන් ද, සක්නදින් ද, තාලම්පටින් ද, යහපත් පසඟතුරු ගොසින් ද,

34. නොයෙක් දහස් ගණන් සාදුනාදයෙන් ද සයුරු රළ සෙයින් කරනු ලබන පූජාවන් පවත්නා කල්හි,

35. රජ තෙමේ සක්රුවන සහිත සක්විති රජු සෙයින් මහයසස් ඇත්තේ විවිධ විචිත්‍රව අලංකාර කරන ලද,

36. දිව්‍ය මණ්ඩපයක් බඳු යහපත් උතුම් මණ්ඩපයෙහි සිටියේය. දෙව් පිරිස පිරිවරාගත් දෙව්රජෙකු සෙයින්,

37. මේ රජ තෙමේ කල්ප ලක්ෂ ගණනකිනුත් අතිශය දුර්ලභ වූ අප සම්බුදුරජුන්ගේ උතුම් දළදා වහන්සේ,

38. මහජනයාට දක්වමින් සියල්ලන් සතුටු කරවා කුසල් කරවමින් කරඬුව තුළ වඩාහිඳුවීය.

39. මෙසේ සියලු ජනයා ජීවමාන බුදුරජුන් දුටු සෙයින් සර්වප්‍රකාරයෙන් සතුටුව පින් රැස වඩාගත්තේය.

40. කුසලින් ප්‍රයෝජන ඇති රජ තෙමේ නොයෙක් වාරයන්හි දළදා ප්‍රදර්ශනය කොට බොහෝ පින් රැස්කළේය.

41. පෙර රජදරුවන් විසින් දළදා වහන්සේ උදෙසා පුදන ලද ගම් කෙත් මඳකුත් නොනසා,

42. මහා පූජා පවත්වන්නේ දිනෙන් දින ඉතා පහන් සිතැතිව බොහෝ ඇත් අස් ගව මහිෂාදීන්ගෙන් ද,

43. මිනිසුන්ගෙන් ද සමෘද්ධිමත් වූ රදාතල නම් එක් ගමක් ද මුතුගල නමින් තවත්,

44. මහා ගමක් ද පූජා කොට පුණ්‍ය සාරය ගත්තේය. මේ රජු බුදු සසුනෙහි දියුණුව කැමතිව,

45. පෙර ලක්දිව භික්ෂූන් විද්‍යමාන කල්හි පැවිදි බව ලද සියලු හෙරණුන් අතර ඇතැම්හු පවට භය ඇත්තෝ ය.

46. සද්ධර්මගරුකයෝ ය. සුසිල්වත්යහ. පිරිසිදු ජීවිකා ඇත්තෝ ය. එසේම තව කෙනෙක් වනාහී පාප-ගරුකයෝ ය. දුසිල්හු ය. පව්ටු දහම් ඇත්තෝ ය.

47. අඹු දරුවන් රකිමින් ගිහි කිසෙහි ඇලී වසන්නෝ ය. නැකැත් බැලීම්, යන්ත්‍ර මන්ත්‍ර කටයුතු, ගිහියන්ට වෙදහෙදකම් කිරීම් ආදී පැවිද්දන් විසින් නොකටයුතු දැයෙහි යෙදී වසන්නෝ ය.

48. රජ තෙමේ එබඳු ලජ්ජීන්ගේත්, අලජ්ජීන්ගේත් පුවත් අසා හොඳින් දැන, පවට ලජ්ජා ඇති පක්ෂය ගත් භික්ෂූන් අතුරෙන්,

49. පිරිසිදු ජීවිකාව ඇතිව, අරණ්‍යවාසීව වසමින් බුදු සසුන් නගාලීමෙහි උත්සාහය ඇති, සිල්වත්, ගුණවත්, බහුශ්‍රැත,

50. ව්‍යාකරණයෙහිත් බුද්ධවචනයෙහිත් විශාරද වූ සරණංකර නමැති ප්‍රසිද්ධ සාමණේර තෙමේ,

51. ඉතා යහපත් ය සිතා උන්වහන්සේගේ උපකාරයෙන් රජ තෙමේ ධර්මයට අනුව විචාරමින් අලජ්ජීන්ට නිග්‍රහ කොට,

52. "මෙතැන් පටන් නැකැත් බැලීම්, ගුරුකම් කිරීම්, වෙදකම් කිරීම් ආදී පැවිද්දන් විසින් නොකටයුතු දේ අත්හැර හැමකල්හි සියලු පැවිද්දෝ,

53. බුද්ධ වචනයට අනුව ප්‍රතිපත්තිය කළ මැනවැ" යි හොඳින් අවවාද දෙවා අතිශයින් පහතට වැටුණු බුදු සසුන,

54. නගාසිටුවනු කැමති රජ තෙමේ පවට ලජ්ජා ඇති භික්ෂූන්ට රාජ්‍ය බලය ලබාදී නොයෙක් උපායෙන් ශාසන සංග්‍රහ කළේය.

55. මුළු ලක්දිව උපසම්පන්න භික්ෂූන් නැතිකමින් අති නිමල බුදු සසුන,

56. විනාශ වන්නේ යැයි සිතා කම්පා වූ රජ තෙමේ "මා වැනියෙකු ලක්දිව රජකරන කල්හි,

57. බුදු සසුන විනාශ වෙන්ට දීම යුතු නැතැ" යි සිතා "පෙර රජදරුවන් භික්ෂූන් වැඩමවාගෙන එන්ට ඒ ඒ රටට,

58. ඇමතියන් යවාත් නොකරගත හැකිව තිබූ ශාසනාභිවෘද්ධිය මම් මැ කරන්නෙමි" යි සිතන්නේ,

59. මහපිනැති මිහිපල් තෙමේ බුදුරජුන්ගේ සසුන චිරාත් කාලයක් පවත්වනු කැමතිව, බුදුපුතුන් කැඳවාගෙන එනු පිණිස,

60. සම්බුද්ධ පරිනිර්වාණයෙන් දෙදහස් දෙසිය අනූතුන් වසරක් පැමිණි කල නොයෙක් ආකාර පඬුරුත්,

61. නොයෙක් පූජා වස්තූන් ද සමග උතුම් රාජ සංදේශය දී සියම් රටෙහි අයෝධ්‍යා පුරවරයට ඇමතියන් පිටත් කරවීය.

62. මෙසේ ලක් රජු බුදු සසුන මැනවින් පිරිසිදු කරනු කැමතිව ශාසනාභිවෘද්ධිය පටන් ගත්තේය.

63. එකල්හි ඇමතිවරු රාජසංදේශය ගෙන මහත් උත්සවාකාරයෙන් ගෞරවයෙන් යුතුව පිටත් වූවාහුය.

64. එකල ලක්දිවට රැකවල් දෙන ඕලන්දක්කාර ජනයා සමග නැව් නැගී සියම් රටට (තායිලන්තයට) ගොස්,

65. අයෝධ්‍යා පුරයට ඔවුන් පැමිණි කල්හි එරට රජ තෙමේ රාජසංදේශාදිය පිළිගෙන ඇමතියන් හට,

66. සුදුසු පරිදි කළයුතු සංග්‍රහයන් හොඳින් කරවා නුවණැති රජ තෙමේ ප්‍රවර වූ රාජසංදේශය බලා,

67. බුදු බව පතමින්, දස පාරමීදම් පුරමින්, බුදු සසුන හොඳින් රකිනා ධම්මික නමැති ඒ සියම් රජු,

68. ලක්දිව බුදු සසුන පිරිහී ගිය බව ආදී සියලු පුවත් දැන අතිශය කම්පාවට පත්ව,

69. "මම් වනාහී බුදු සසුනෙහි දියුණුව සලසන්ට උපස්ථම්භක වෙමි" යි සිතා,

70. සියම් රටෙහි සඞ්ඝරජු ආදී කොට ඇති බහුශ්‍රැත, ධර්මධර, චිරකල් පැවිදිව සිටි බොහෝ භික්ෂූන් ද,

71. විනයධර මහස්ථවිරයන් ද සසුන් කිස කරන්නා වූ සමර්ථ භික්ෂූන් ද රැස්කොට මනාකොට විචාරා,

72. අල්පේච්ඡ බව, ලද දෙයින් සතුටුවන බව ආදී ගුණයන්ට නිවාස වූ, සීලාදී ගුණාචාරයෙන් හෙබි උපාලි මහස්ථවිරයන් ප්‍රමුඛ අතිරේක දසවර්ගික සංඝයාට ඇරයුම් කොට,

73. ලක්දිව නොමැති ධර්ම විනය පුස්කොළ පොත් ද, රන් පිළිමයක් හා උතුම් රන්පොතක් ද,

74. ඒ සියම් රජු ලක්දිව මහරජු කෙරෙහි පැහැදී උතුම් රාජසංදේශයක් හා නොයෙක් පුද පඬුරු ද,

75. අයෝධ්‍යා රාජ්‍ය අමාත්‍යවරුන් ද වෙස්සන්තර රජු වැනි මේ සියම් රජු ලක්දිව දළදා මැදුරට එවීය.

76. මෙසේ රන් පිළිමාදිය සම්පාදනය කොට එවන ලද නැව බොහෝ උපද්‍රව සහිත භයින් ගැවසී ගත් ගැඹුරු මුහුදෙහි,

77. උපද්‍රවයකින් තොරව අවුත් උතුම් ලංකාද්වීපයෙහි ත්‍රිකුණාමල වරායට සේන්දු වූයේය.

78. ලක්රජු එපවත් අසා ශ්‍රීවර්ධන පුරයෙහි සියලු වැසියන් රැස්කරවා,

79. මහා සැණකෙළි පවත්වන්නේ පහන් සිතැති රජ තෙමේ මහමුහුද පටන් ශ්‍රීවර්ධන පුරය යම්තාක් ද,

80. ඒ තාක් මාර්ගය පිරිසිදු කරවා තැන තැන ආරාම කරවීය. රජ තෙමේ මහා සේනාපති ආදී,

81. ඇමතිවරු යවා රන් පිළිමයත්, දහම් පුස්තකත්, භික්ෂු සංඝයාත් යථාක්‍රමයෙන් වැඩමවාගෙන,

82. මහත් ගෞරවයෙන් හා මහපෙරහරින් යුතුව දුර මග ගෙවා පැමිණ, සමන්කුළු පව්වෙන් වැටී ගලාහැලෙන,

83. මහවැලි ගඟ සමීපයට පැමිණි කල්හි ශ්‍රීවර්ධන පුරාධීශ්වර පුණ්‍යකාමී මහරජු,

84. තුනුරුවන් උදෙසා පෙරගමන් කොට එයින් උපදින පින් ඵලය ද ලබනු කැමතිව, පින් කැමති මහයසස් ඇති රජු,

85. ඇත් අස් ආදියෙන් යතු බලසෙනඟ පෙරටු කොට ගන්නා ලද්දේ, ශ්‍රද්ධාවෙන් පෙරගමන් කොට උතුම් මහතෙරුන් ආදී,

86. මහාසංඝයා මැනවින් වන්දනා කොට එකෙණෙහි සතුටු වූයේය. සතුටු වියයුතු පිළිසඳර කතාව මනාව නිමවා,

87. තුනුරුවන් පෙරටුකොට සිය නුවරට පැමිණ මල්වතු විහාරයෙහි යහපත් මනරම් තැනක කරවන ලද,

88. උළු සෙවිලි කරන ලද අලංකාර සංඝාරාමයෙහි ඒ උතුම් භික්ෂූන් වස්සවා,

89. සිව්පසයෙන් මැනවින් උවටැන් කරන්නේ, දිනපතා සැප දුක් විචාරන්ට අමාත්‍යයන් ද යෙදවීය.

90. සියම් රජු විසින් අයෝධ්‍යා පුරයේ සිට එවන ලද උතුම් රාජසංදේශය ආදිය රැගෙන පැමිණි,

91. රාජදූතාදී සියම් අමාත්‍යවරුන් ද සුදුසු තන්හි නවත්වා ඔවුන්ට කළයුතු සංග්‍රහ ආදිය කරවා,

92. සම්බුද්ධ පරිනිර්වාණයෙන් දෙදහස් දෙසිය අනූසය වෙනි වසරෙහි ඇසළ මාසයෙහි,

93. පැමිණි පොහොය දවසෙහි මහබලැති ඒ රජු මහත් රාජානුභාවයෙන් යුතුව,

94. ආරාමයට ගොස් ඒ මැද වූ යහපත් පොහොය ගෙහි මනාකොට අසුන් පනවා,

95. සීලාචාර ගුණයෙන් යුතු, නුවණැති, උපාය දන්නා මහඋපාලි තෙරපාණන් ද සියලු සත්වයන් කෙරෙහි හිත කැමති,

96. දෙවෙනි අරියමුනි තෙරුන් ද සංඝයා සමග වැඩමවාගෙන අවුත් වඩාහිඳුවා රජ තෙමේ උන්වහන්සේලා ලවා ම,

97. ලක්දිව සාමණේරයන් අතුරෙන් ප්‍රධානව සිටි

උපසම්පදාපේක්ෂකයන්ට මහත් හරසරින් යුතුව උපසම්පදාව දෙවීය.

98. එතැන් පටන් ධර්මයෙහි ද ශබ්ද ශාස්ත්‍රයෙහි ද දක්ෂ වූ සාමණේර ආදීන් ගෙන්වා උපසම්පදාව කරන්නේ,

99. මෙසේ අනුක්‍රමයෙන් උතුම් බුදු සසුනෙහි පැවිදි උපසම්පදාවට සුදුස්සන් මනාකොට විචාරා,

100. පැවිදි උපසම්පදාව සකසා දෙවා, ලක්දිව භික්ෂු සංඝයා බොහෝ වූ කල්හි උන්වහන්සේලා අතුරින්,

101. පර්යාප්ති, ප්‍රතිපත්ති රැකීමෙහි නිති ආදර ඇති, දක්ෂ වූ, ගුරු තනතුරෙහි තැබිය හැකි භික්ෂූන් විචාරා,

102. අයෝධ්‍යායෙන් වැඩි සංඝයා ඇසුරෙහි හික්මවීම පිණිස උන්වහන්සේලාව යෙදවීය. බුදු සසුන් කරන්නා වූ, පවට ලැජ්ජා ඇති භික්ෂූන් අතුරෙන්,

103. ලක්දිව බොහෝ කලක් විනාශ මුඛයට පත් බුදු සසුන බැබළවීම පිණිස යමෙක් චිරාත් කාලයක් කරන ලද උත්සාහ ඇත්තේ ද,

104. සිය නුවණටත් ශක්තියටත් අනුව පර්යාප්ති, ප්‍රතිපත්ති බුදු සසුන දිවා රෑ නොමැලිව බැබළවූයේ යමෙක් ද,

105. අන්‍ය බොහෝ ශිෂ්‍යයන් ද පර්යාප්ති, ප්‍රතිපත්තියෙහි හික්මවා බුදු සසුන මැනවින් බැබළවූයේ යමෙක් ද,

106. තමාගේත් අනුන්ගේත් යහපතෙහි යෙදුනේ, බුදු සසුන චිරාත් කාලයක් පවත්වනු කැමතිව, හැමකල්හි ශ්‍රමණයන්ට කැප වූ පිරිසිදු ජීවිකායෙහි ඇලී සිටියේ යමෙක් ද,

107. ලක්දිව සියලු බුද්ධපුත්‍රයන් කෙරෙහි හිතෛෂී වූ, සීල ගුණ ධූතාංගාදියට කැඩපතක් බඳු වූ යමෙක්,

108. සාමණේර කාලයෙහි 'සරණංකර' නමින් ප්‍රසිද්ධව සිටියේ ද, උපසම්පත්තිය ලැබූ පසු ඒ සීලාචාර ගුණෝපේත බුද්ධ පුත්‍රයන් වහන්සේ,

109. 'සංඝරාජ' පදවියෙහි පිහිටුවා උන්වහන්සේ අනුගත භික්ෂූන් අතුරෙන් යම් කෙනෙක් බුදු සසුන් කිසෙහි දක්ෂ වෙත් ද, සුපේශල වෙත් ද,

110. උභය විහාරයෙහි එබඳු වූවන් සොයා බලා උන්වහන්සේලාට ධානාන්තර දෙවා, "බුදු කිස කරන්නා වූ,

111. සියල්ලන් සමගිව, දිවා රෑ දෙක්හි නොමැලිව, ධර්මයට විනයට අනුව කටයුතු කළ මැනවැ" යි නියම කළ,

112. රජ තෙමේ බොහෝ සංග්‍රහ කොට චිරාත් කාලයක් ලක් බුදු සසුන මනාකොට බැබළවීය.

113. සියම් රටින් ආ රාජදූතයෝත් රාජසංදේශාදිය දී රජහු බැහැදුටුවෝය.

114. ලංකාධිපති රජ තෙමේ ඒ සියල්ල පිළිගෙන ප්‍රවර සංදේශය මනාකොට බලා,

98 වන පරිච්ඡේදය 549

115. පැහැදීමට පත්වූයේ ඔවුන්ට ද සංග්‍රහ කරවීය. තමාගේත්, අන්‍යයන්ගේත්, බුදු සසුනේත් යහපත සඳහා නැවත නැවතත්,

116. කරන ලද පින් ඇත්තේ, ධර්මකාමී, සසුන බබුළුවන, නුවණැති මේ රජු ආරාමයට පිවිස සංඝයා මධ්‍යයෙහි සිට,

117. සසුන් පැවැත්මට හේතුවන කරුණු නොයෙක් අයුරින් විචාරා රජ තෙමේ බුදු සසුන බබුළුවන්ට සිතන්නේ,

118. ප්‍රවර වූ උපාලි මහතෙරුන් හට සකසා ඇරයුම් කොට දීඝ නිකායෙන් ද, සංයුත්ත නිකායෙන් ද,

119. සද්ධර්ම සංග්‍රහ ආදී අනෙකුත් ග්‍රන්ථයන්ගෙන් ද දසරාජ ධර්මයන් ද සතර සංග්‍රහ වස්තූන් ගැන ද අසා,

120. මෙවැනි දහම් කරුණු ඇසීමෙන් සිත පහන් වූ නුවණැති රජ තෙමේ කළ - නොකළයුතු දෑ ත්, පින් - පව් ආදියත්, වරද - නිවරද ආදියත් ගැන දැන,

121. නොකළයුතු පව්කම් හා වැරදි දුරුකොට, නිවැරදි ලෙස කටයුතු දෙයෙහි තමාව මැනවින් යෙදවීය.

122. දිනෙන් දින දානාදී පින් කරමින් සියලු පුරය පෙර පරිදි අලංකාර කරවා,

123. අයෝධ්‍යායෙන් ආ ඇමතිවරුන් ද, ලක්වැසි මහජනයා ද, උපාලි මහතෙරුන් ආදී භික්ෂූන් ද, එසේම ලක්වැසි නවක භික්ෂූන් ද,

124. සාමණේර ආදී සියල්ලන් ම සාදරයෙන් රැස්කරවා, ඒ සියලු දෙනාට හිතසුව පිණිස,

125. පෙර පරිදි ම රාජාභරණාදී නොයෙක් පූජා වස්තුවෙන් පුදමින් දළදා ප්‍රදර්ශනය පැවැත්වීය.

126. මහියංගණාදී චෛත්‍යයන් වන්දනා කරනු කැමති සියම් රටේ රාජදූතාදී අමාත්‍යයන්ට ද,

127. ඒ ඒ තැන ලංකා ඇමතියන් සමග පිටත් කරවා කැමති පරිදි වන්දනා කරවා ඔවුන් හට කළයුතු සියලු සංග්‍රහන් කරවා පිටත් කරවීය.

128. එසේම ප්‍රවර වූ උපාලි මහතෙරුන් ආදී භික්ෂු සංඝයාත් පූජා වස්තූන් දී ඇමතිවරුන් මෙහෙයවා,

129. මහියංගණාදී ලක්දිව උතුම් සොළොස්මස්ථානයන් වන්දවා ශ්‍රීවර්ධන පුරාදියෙහි ඇති සෑයන් ද වන්දවා,

130. බද්ධසීමා කරවා, භික්ෂූන්ගේ යහපත කැමතිව පොහොය ගෙවල් හා ආවාසයන් ද තැන තැන කරවීය.

131. භික්ෂු සංඝයා කෙරෙහි පහන් සිතැති මේ රජු තුන් වසරක් තුළ ආරාම කරවා සියලු සංඝයා වස් සමාදන් කරවා,

132. වස් කාලයෙහි කළයුතු උපස්ථානත් කරවා ධර්මයත් අසා පොහොය අටසිල් ද සමාදන් වූයේය.

133. සංඝයා වස් පවාරණය කළ කල්හි නොයෙක් පිරිකරින් හා පරිවාර සිවුරෙන් යුතුව කඨින සිවුරු පූජාව ද කරගත්තේය.

134. තුන් වසරක කාලයක් තුළ උතුම් සංඝයා කෙරෙහි සත්සිය නමක් පමණ උපසම්පදා කරවමින්,

135. ජනයාට හිතැති රජ තෙමේ තුන් දහසක් පමණ කුලපුත්‍රයන්ට ද හෙරණ පැවිදි බව දෙවීය.

136. ලොවට හිතැති රජ තෙමේ මේ අයුරින් බුදු සසුන දියුණුවට පත්කළේය. බ්‍රහ්ම සුරාසුරාදීහු මෙයින් සතුටු සිත් ඇතිව මේ නිරිඳුට ශ්‍රී ආයු දෙත්වා!

137. ලක් බුදු සසුන නගාසිටුවීමෙහිලා බොහෝ උපකාරී වූ, බුද්ධත්වය පතන්නා වූ ධම්මික නමැති සියම් රජ තෙමේ,

138. සීලාචාර ගුණයන්ට නිවාස වූ, ශ්‍රද්ධාදී ගුණයෙන් සැරසී ගිය මහාවිසුද්ධාචරිය තෙරුන් ද, එමෙන්ම ගුණයට ආකර වූ,

139. නිපුණ වූ, වරඤාණ මුනි අනු තෙරුන් ද යන ස්ථවිර දෙනම ප්‍රධාන කොට දස වර්ගාතිරේක සුපේශල සංඝයා,

140. ඒ අයෝධ්‍යා පුර සූකර සංවත්සරයෙහි උපාලි තෙරුන් ප්‍රමුඛ ශ්‍යාම දේශවාසී සංඝයාට උපකාර පිණිස ලක්දිව බුදු සසුන දියුණු කරනු වස් නැවත ලක්දිවට එවීය.

141. මහයසස් ඇති ලක්රජුත් සංඝයා නැවත ලක්දිවට වැඩිකල්හි පෙර පරිදි ම මහත් ගෞරවයෙන් මහනුවරට වැඩමවාගෙන අවුත්,

142. මල්වතු විහාරයෙහි ලැගුම් දෙවා සාදරයෙන් යුක්තව කලින් සංඝයාට කළ සෙයින් ම නිති බත් ආදියෙන් දිනපතා පිදීය.

143. ප්‍රවර වූ උපාලි මහතෙරපාණෝ තුන් වසරක් තුළ ශාස්තෘ ශාසනයෙහි අභිවෘද්ධිය පිණිස දිවා රෑ අප්‍රමාදීව,

144. කළයුතු කෘත්‍යය කොට පින් රැස්කළ කල්හි නාසා රෝගයක් වැළඳීම නිසා එයින් දැඩි සේ ගිලන් වූවාහුය.

145. සිංහලාධිපති රජ තෙමේ ගිලන් බවට පත් උතුම් මහතෙරුන්ට බෙහෙත් උවටැන් කරන්නේ,

146. මහයසස් ඇති රජු නැවත නැවතත් ආරාමයට ගොස් රෝගාතුර මහතෙරුන් දැක සංවේගයට පත් සිතැතිව,

147. රෝගය අසාධ්‍ය යැයි දැන නොයෙක් පූජා වස්තූන්ගෙන් බුද්ධ පූජා පවත්වා පුණ්‍යානුමෝදනා දානයක් ද දුන්නේය.

148. පසුව, අපවත් වී වදාළ ප්‍රවර උපාලි මහතෙරුන්ගේ ශ්‍රී දේහය මාහැඟි පිළිගෙයක මනාකොට මහත් උත්සවාකාරයෙන් වැඩමවාගෙන අවුත්,

149. නොයෙක් පූජාවන් පවත්වමින් ආදාහනය කරවා ජනශ්‍රේෂ්ඨ තෙමේ පින් රැස්කළේය.

150. "ලංකාද්වීපයෙහි බුදු සසුනෙහි අභිවෘද්ධිය පිණිස දෙවරක් ම භික්ෂු සංඝයා සියම් රටින් මෙරටට එවීමෙන්,

151. මුළු ලක්දිව එකම උපසම්පන්න භික්ෂුවක්වත් නොසිටි අවස්ථාවෙහි සිය ගණන් භික්ෂූන් බිහිකිරීමෙන් ද,

152. නොයෙක් අයුරින් මෙහි නොමැති දහම් පුස්කොළ පොත් එවීමෙන් ද, සියම් රටේ ධම්මික නමැති යහපත් රජ තෙමේ,

153. බුදු සසුනෙහි දියුණුවට උපකාරී වූයේ යැ" යි දැන "බොහෝ උපකාර කළ එබඳු කෙනෙකුට මම් ද,

154. කළයුතු සංග්‍රහයන් මනාකොට කරන්නෙමි" යි සිතා මාහැඟි මිණිරුවනකින් කරවන ලද ශ්‍රීමත් දළදා සටහනක් ද,

155. බුදු පිළිමයක් ද, දක්ෂිණාවෘත්ත සංඛයක් ද ආදී කොට නන්වැදෑරුම් බොහෝ පඬුරු ද උතුම් රාජ සංදේශයක් ද දී,

156. ඇමතියන් නියම කොට, යළි සියම් රටට වඩිනු කැමති භික්ෂු සංඝයාත් ඔවුන් සමග ම සියම් රටට පිටත් කරවීය.

157. ඉක්බිති අමාත්‍යවරු ඒ සියලු දේ මහත් ගෞරවයෙන් ගෙන සියම් රටට පැමිණි කල්හි,

158. ධම්මික රජ තෙමේ අතිශයින්ම සතුටට පත් සිතින් ශ්‍රීමත් දළදා සටහනින් යුතු මාණික්‍යය දැක,

159. සැබෑ සම්බුදු දළදාවක් ලද කලක සෙයින් අතිශයින් පැහැදී දිනපතා මහා උත්සව කරන්නේ, රාජසංදේශයේ ප්‍රකාශ වූ,

160. ශාසනාභිවෘද්ධිය, පින් අනුමෝදන් කිරීමේ දානය ආදී බොහෝ වචනයන් අසා දැන ලක්රජු කෙරෙහි පැහැදී,

161. ලංකාවෙහි නැති බොහෝ පොත් ද, සිරිපතුල් සටහනක් ද යහපත් දළදා වහන්සේට පුදනු පිණිස,

162. රනින් කළ කුඩයක් ද මාහැඟි රාජපරිභෝග වූ විවිධ දර්ශනීය මනරම් පඬුරු ද,

163. තමන් විසින් කරවන ලද උපසම්පදාදියෙන් ලත් සියලු පින් ද අනුමෝදන් කොට දෙරජුන්ගේ මිතුරු බවට හේතු කරුණුත්,

164. ප්‍රකාශ කොට ලියන ලද උතුම් රාජසංදේශයක් ද දී ඒ සියල්ල උතුම් යහපත් ලක්දිවට එවීය.

165. මහයසස් ඇති ලක්රජු ඒ සියල්ල ගෙන දහම් පුස්කොළ පොත් ද සිරිපා සටහන ආදිය ද,

166. දැක ඉතා සතුටට පත්ව මහා පූජා පවත්වමින් පෙරහැර කරවමින් සියලු දෙනාට ම දැක්වීය.

167. සංදේශයත් බලා එහි සඳහන් වූ පුණ්‍යානුමෝදනා-වත් මිතුරුදමත් ආදී බොහෝ වචනයන්,

168. මනාකොට දැන පුණ්‍යානුමෝදනාවෙන් අතිශයින් සොම්නසට පත් සිංහලාධිපති රජ තෙමේ,

169. "බුදු සසුන දියුණුවට පත් කිරීමේ පුණ්‍ය කර්මයෙන් පමණක් උපන් විපාක මෙලොවදී ම දක්නා ලද්දෙමි" යි සිතා,

170. "මතු අනාගතයෙහි වින්ද යුතු පුණ්‍ය විපාක ගැන කවර කථාවෙක් දැ" යි මෙසේ මිහිපල් තෙමේ තුනුරුවන් කෙරෙහි වඩාත් පැහැදුනේය.

171. එසේම ආරාමයට පිවිසි රජ තෙමේ දෙවන වර ලක්දිව වැඩි මහතෙරුන් වෙතින් දහම් අසා,

172. පළමුව වැඩි භික්ෂු සංඝයාගෙන් උපසම්පදාව ලත් භික්ෂූන්, විසුද්ධාචරිය ආදී භික්ෂු සංඝයා කෙරෙහි හික්මවනු පිණිස,

173. යොදවා, අන්‍ය වූ බොහෝ කුලපුත්‍රයන් ද ඒ මහා තෙරවරුන් ලවා මනාකොට උපසම්පදා කරවූයේය.

174. ඒ ලක්දිවවැසි භික්ෂූන් අතුරෙන් ගුණසම්පන්න වූ ඇතැම් භික්ෂූන්, මහාවිසුද්ධාචරිය නම් තෙරපාණන් සමීපයෙහි,

175. නිවන් පිණිස පවතින මග වූ විදර්ශනාව ඉගෙන ගත්තාහුය. තවත් භික්ෂූන් වහන්සේලා වරඤාණමුනි අනුතෙරුන් සමීපයෙහි,

176. ධර්මයත්, විනයත්, ශබ්ද ශාස්ත්‍රයත් ඉගෙන ගත්තාහුය. මෙසේ ලංකේශ්වර රජු පර්යාප්තියෙහි ද ප්‍රතිපත්තියෙහි ද,

177. ලක්වැසි භික්ෂූන් යොදවා බුදු සසුන රැක්කේය. ලක්වැසි ඒ භික්ෂූහු ද නුවණැතිව, අප්‍රමාදීව,

178. සිල්හි හැසිරීමෙන් ද, ධුතාංග සමාදන් වීමෙන් ද, අල්පේච්ඡ වීමෙන් ද, අරියවංශ ප්‍රතිපදාවෙන් යුතුව, මැලි නොවී, අලස නොවී බුදු සසුන් කිස යෙදෙන්නාහු,

179. දිවා රෑ අප්‍රමාදීව ග්‍රන්ථධුරයෙහිත්, විදර්ශනා ධුරයෙහිත් පිළිපන්නාහුය. රජ තෙමේ

උන්වහන්සේලාට සෙනසුන් ආදිය කරවා සංග්‍රහ කළේය.

180. දෙවන වර මෙහි වැඩි භික්ෂූන් සිය රට වන සියම් දේශය බලා නැවත වඩින්ට කැමති වූයෙන් ඕලන්දක්කාර වෙළඳුන්ගේ උපකාරයෙන් සියරට පිටත් කරවීය.

181. ශ්‍රීවර්ධන පුරයෙහි නැගෙනහිර දෙස ඉතා දුර නොවූ මනාව පිහිටි පර්වතයක,

182. ගල්වඩුවන් ආදී දක්ෂ කම්කරුවන් ලවා නව රියනක් පමණ උසට උතුම් හිටිපිළිමයක්,

183. ශෝභමාන ලෙස කරවන්නේ, ඒ උතුම් ශෛලමය පිළිමය රන් තහඩුවෙන් වස්සවා ජීවමාන බුදුරජුන් බඳුකොට,

184. ඒ බුදුරුව ඇතුලත පිහිටුවා උස් වූ ඝන වූ යහපත් වූ ගල් බිත්ති කරවා මනහර ගල් ස්ථම්භ,

185. පිහිටුවා සුන්දර දෙමහල් විහාර මන්දිරයක් දැකුම්කළු ලෙස කරවා, මහමළුවක් ද,

186. ප්‍රාකාර මණ්ඩපාදියෙන් යුතුව මනාකොට කරවා, නා නා විසිතුරු වස්ත්‍රයෙන් වියන් බඳවා,

187. හාත්පස තොරණ් අතුරු නැතිව බඳවා නොයෙක් අලංකාරයන්ගෙන් සරසවා,

188. තැන තැන නා නා ධජ පතාක ඔසොවා, නේත්‍රා පිහිටුවන පින්කම දිනයෙහි පහන් පෙළ දල්වා,

98 වන පරිච්ඡේදය 557

189. පුන්කලස් තබ්බවා විවිධ වූ මංගල සම්මත දෙයින් සරසා එහි කළයුතු සියල්ල මැනවින් කරවා,

190. විසිතුරු සිත්තම් කළ කලාකරුවන්ට වස්ත්‍රාභරණාදී බොහෝ දෑ රිසි සේ දෙවා ඔවුන්ව නොයෙක් අයුරින් සතුටු කොට,

191. සක් හඬ, තාලම් හඬ ආදී තූර්යනාදයෙන් නද දෙවමින් මහ සයුරේ ඝෝෂාව සෙයින් මනහර ශබ්ද පූජාව පවත්වා,

192. ශුභ නැකැත් යෝගයක් ඇති මංගල සම්මත දිනයක මහා පූජාවන් පවත්වමින් නේත්‍රා පිහිටුවා,

193. නොයෙක් රිදී පාත්‍රා ද රිදී බඳුන් ද මාහැඟි පිරිකර ද මාහැඟි තුන් සිවුරු ද,

194. පතාක, සුදුකොඩි, චාමර, විජිනිපත් ආදී කොට ඇති සියලු පූජා වස්තූන්ගෙන් හොබවමින්,

195. බුද්ධ පූජායෙහි විපාක සිහිකරන්නේ රජ තෙමේ "ජීවමාන බුදුරජුන් අභිමුඛයෙහි සිටිමි" යි සිතා,

196. මනා යහපත් සිතින් යුතුව, පින් කැමති රජු මේ පූජා පැවැත්වීය. බොහෝ මියුරු ආහාරපාන ද කැඳ කැවිලි ආදී බොහෝ බොජුන් ද,

197. මී, සකුරු, බුලත්, සුණු, කපුරු ආදිය ද බොහෝ සඳුන් අරටු ආදී සුවඳවත් දෙයින් ද,

198. දෑසමන්, සපුමල් ආදී යහපත් මනරම් මලින් ද ආදී වශයෙන් සියලු පූජා වස්තූන් පිදීය.

199. එසේම බුදු පිළිමය නෙළූ ශිල්පීන්ට ඇත් ගව මහිෂාදි අවිඤ්ඤාණික, සවිඤ්ඤාණික නා නා වස්තු දී,

200. ඔවුන් සතුටට පත්කළේය. ධනයෙහි අසාරය දුටු රජ තෙමේ බුදු පිළිමය ආදිය කරවමින් වියදම් කළ ධනය,

201. එදා ඒ විහාර පූජාවට පමණක් දහසය දහස් එක්සිය පනහක් මිල වූයේය.

202. ඒ මහත් වූ ශෝභමාන වූ දර්ශනීය විහාර මන්දිරය මනරම් මහවැලි ගඟ සමීපයෙහි වූ,

203. භූමි භාගයක ඉදිකළ හෙයින් 'ගංගාරාමය' නමින් ප්‍රසිද්ධ විය. රජතුමා විසින් කළ හෙයින් 'රාජමහා විහාරය' නම් විය.

204. මෙසේ ශ්‍රී සෞභාග්‍යයෙන් යුතු, මැනවින් කරන ලද ඒ විහාරය මහනුවර ආක්‍රමණය කළ ඕලන්දක්කාර සතුරෝ විනාශ කළාහුය.

205. රජ තෙමේ නැවතත් ඒ විහාරය මනාකොට ප්‍රකෘතිමත් කරවා පෙර නේත්‍රා පින්කම කළ පරිද්දෙන් ම මහත් පෙළහරින් යුතුව,

206. නේත්‍රා පින්කම කරවා සිතුවම් කළ කලාකරුවන්ට වස්ත්‍රාභරණාදී අනල්ප වස්තු දී,

207. නොයෙක් පූජා වස්තුවෙන් පුදා ඒ විහාරය අසළින් මනහර සංසාරාමයක් ද කරවා,

208. පර්යාප්ති, ප්‍රතිපත්තියෙහි යෙදුනා වූ භික්ෂු

සංඝයා නිති සාදරයෙන් වස්සවා සිව්පසයෙනුත් නොයෙක් අයුරින්,

209. උපස්ථාන කරන්නේ, රත්නත්‍රයෙහි ආදරය ඇතිව පෙර කියන ලද ක්‍රමයෙන් ම බුද්ධ පූජාදිය පවත්වමින්,

210. ධර්මයත්, සංඝයාත් එකවිට ම පුදා තමාටත්, ලෝකයාටත් පින් රැස වැඩීය.

211. මෙසේ දර්ශනීය ලෙස මනරම්ව කරන ලද යහපත් විහාර මන්දිරයෙහිත් එහි ම පවත්වන ලද අනල්ප වූ,

212. සියලු පූජා විධිත්, සංඝදානාදී බොහෝ පින්කම් චිරාත් කාලයක් එලෙසින් පවත්වනු පිණිස,

213. විහාරයට ආසන්නයේ ඇති අරුප්පල නමැති එක් ගමක් ද අන්‍ය වූ නොයෙක් ගම් කෙත් ද,

214. උයන්වතු ද නියම කොට, මායාදුන්න නම් රටෙහි උදකගම නමැති මිනිසුන් සහිත මහා ගම,

215. පූජා කොට අනතුරුව එහි ම සිත්කලු පර්වතයක අකුරු කොටා ස්ථිර කොට පැවැත්වීය.

216. මෙසේ ශ්‍රී ධරන්නා වූ, ගුණවත් මහරජ තෙමේ ලද සම්පත්හි නිසරු බව දැන බුද්ධ පූජාත්, ජිනවර පුත්‍රයන්ට පූජාත් මැනවින් කරවා සැදැහැ ඇතිව සියලු පින් සාරය කළේය. එහෙයින් තෙපිදු සියල්ලෝ ම සතතයෙන් අනලස්ව පින්කම් කරව්!

217. කුණ්ඩසාලේ නමැති යහපත් ශාඛා පුරයෙහි සිත්කළු වූ රමණීය උයනක,

218. ප්‍රාකාර මණ්ඩප ආදිය මැනවින් කරවා එහි ද සර්වඥ ධාතු තැන්පත් කොට පිළිමයක් කරවා,

219. කොස්, අඹ, පොල් ආදී ඵල ඇති රුකින් හෙබි අලුත් උයනක් ද බොහෝ ගම්කෙත් ද ආරාමික ජනයා ද,

220. පූජා කොට, ආහාර පූජා ආදී සියලු පූජා විධීන් පුණ්‍යකාමී මේ රජු දිනපතා පැවැත්වීය.

221. සීතාවක නුවර රාජසිංහ යැයි ප්‍රසිද්ධව සිටි, සිය පියා නැසීමේ පාපකර්මයත්, බුදු සසුන නැසීමේ පාපකර්මයත්,

222. කරන ලද යම් පව්ටු රාජයෙක් කළයුතු දේ කුමක්දැයි නොදැන මිසදිටු ශිව භක්තිය වැළඳගෙන, එසේම මිසදිටු ශිවභක්තික පූසාරීන් කෙරෙහි,

223. බැතිමත්ව, සමන්තකූටයෙහි උතුම් සම්බුදු සිරිපා සටහනින් උපදින සියලු ලාභය ගැනීමට ශිවභක්ති මිසදිටු පූසාරීන්ව එහි යෙදවීය.

224. එදා සිට ඒ ශිවභක්තික මිසදිටු පූසාරීහු එහි තිබූ සියලු දෙය වනසා දැමූහ. මහයසස් ඇති රජ තෙමේ එපුවත් අසා,

225. එය අයුත්තක් බව දැන සම්බුදු රජුන් කෙරෙහි ගෞරවයෙන් "තෙපි මෙතැන් පටන් මෙසේ නොකරව්" කියා එහි සිටි මිසදිටු පූසාරීන්ට අණ කොට,

226. එහි කළයුතු සියලු පූජා විධීන් නොපිරිහෙලා කරනු පිණිස බුද්ධ පුත්‍රයන් යෙදවීය.

227. ඉතා සමෘද්ධිමත් වූ මිනිසුන් සහිත වූ කුට්ටාපිටිය නමැති මහගම ද පූජා කොට උතුම් ශ්‍රීපාද ලාංඡනයට,

228. අව් වැසි වැළැක්වීම පිණිස මුදුනෙහි ඡත්‍රයකින් හෙබි, ශෝභමාන ලෙස වියන් බැඳි මණ්ඩපයක් කරවා එය යකඩ දම්වැලින් බඳවා,

229. පූජා විධි පවත්වා බොහෝ කුසල් රැස් කරන්නේ එයින් උපන් ලාභය ද බුදු සසුනට ම යෙදවීය.

230. මෙසේ අඥාන රජුන් විසින් උතුම් බුදු ගුණ කිසිදා නොදැන යම් හානියක් කරන ලද්දේ ද, ශ්‍රී ධර ප්‍රවර අපගේ සිංහල රජු එය අයුතු යැයි දැන ඒ අකටයුත්ත වළක්වා ප්‍රවර නිමල ජිනපුත්‍ර සංඝයා යොදවා ප්‍රවර අමෘතදායක බුද්ධ පූජාව පැවැත්වීය.

231. එසේම වළගම්බා රජු විසින් කරවන ලද මැදවෙල විහාරය ද විනාශයට පත්වී තිබූ හෙයින්,

232. ඒ විහාරයත්, සෑයත් මනාකොට කරවා චිරාගත ලෙස පැවත ආ, සිංගත්ථල නමැති ගම ද පුදා,

233. එහි ද මනාකොට දිනපතා පූජා පවත්වා මතුවට යා යුතු දෙව්ලොව ගමන් මග පිරිසිදු කරගත්තේය.

234. දෙවනගල විහාරය සතු රන්දෙණි නමැති, පෙර සිට ම වෙන්ව ආවා වූ ගම,

235. පින් කැමති මහයසස් ඇති රජු ගලෙහි අකුරු කොටවා පූජා කොට පැවැත්වීය.

236. එසේම මැදපොල විහාරය කරවන්ට සංඝරක්ඛිත තෙරුන්ට මැනවින් සංග්‍රහ කොට,

237. සැතපෙන මහ බුදුපිළිමය ආදිය කරවා මහපූජාවන් කොට එහි නේත්‍රා තැබීමේ මංගල්‍යය ද කොට,

238. පූජා කටයුතු පවත්වනු පිණිස මල්ගමු නම් ගම ද පුදා එහි දිනපතා පූජාවන් මැනැවින් පැවැත්වීය.

239. මෛත්‍රේය භාග්‍යවතුන් වහන්සේගේ අග්‍රශ්‍රාවක බව පතා පැමිණි අපගේ දුටුගැමුණු මහරජු විසින්,

240. කරවන ලද මහත් වූ රිදී විහාරය සිද්ධාර්ථ නමැති සාමණේරයන්ට දුන් නරපති තෙමේ,

241. ඒ සිද්ධාර්ථ හෙරණුන් උපසම්පදා කරවා ඒ භික්ෂුවට හා උපෝසථාරාමවාසී සියලු බුද්ධපුත්‍රයන්ට,

242. තනතුරු දී නොයෙක් අයුරින් සංග්‍රහ කළේය. බොහෝ කල් ජරාවාසව පැවති රිදී විහාරයේ නවකම් කරවන්ට,

243. නොයෙක් කම්කරුවන්, චිත්‍රකාරයන් ආදිය යොදවා බුදුරුව ආලේප කරවන්ට බොහෝ රන් ආදී,

244. හස්තකර්මාන්ත සඳහා ද රජ තෙමේ සියලු දෑ දුන්නේය. ඒ සියල්ල ලද සිද්ධාර්ථ නමැති යතිනායක තෙමේ,

245. දිරාපත්ව ගිය සියල්ල මනාකොට බැහැර කරවා ගලින් කළ උස් ඝන භිත්තිත්, ගෙබිමත්,

246. ශෝභමාන ලෙස කරවා, පිට මණ්ඩපයෙහිත් මාර යුද්ධය සහිත බුද්ධ රූපයත්, උඩගලෙහිත්,

247. නා නා මල්වැල් ආදිය ද මනාකොට කරවා ගඩොලින් ද සුණුවෙන් හා මැටියෙන් ද මනාකොට,

248. සැතපෙන මහා බුදුපිළිමය කරවා, එසේම හිඳිපිළිම, සිටිපිළිම ආදී බොහෝ බුදුපිළිම කරවා, මුහුර්තමුනි ආදී කොට,

249. දහසක් පමණ බුදුවරුන්ගෙන් ශෝභමාන වූ ඇතුළු භිත්තිය විචිත්‍ර සිතුවමින් මනාකොට කරවා,

250. මහා සැතපෙන පිළිමය පාමුල බුද්ධෝපස්ථායක, ධර්ම භාණ්ඩාගාරික අනඳ මහතෙරුන්ගේ ද,

251. මෛත්‍රේය බෝධිසත්වයන්ගේ ද උතුම් නාථ-දේවයාගේ ද දුටුගැමුණු මහරජුගේ ද රූපයන් ශෝභමානව කරවා,

252. පස්මහ බුදු පිළිමයන් රනින් ආලේප කරවා, නොයෙක් අයුරින් වෙහෙර තුළ කළයුතු දේ කරවා,

253. පූජා පිණිස පැමිණියවුන් වැනි කොට මල් අතින් ගත් බබළන දෙව්වරුන් පිටමාල භිත්තියෙහි කරවා,

254. දැකුම්කලු මහා තොරණ ද දොරටුව දෙපස සිංහරූප දෙක ද,

255. සෙසු භිත්ති දෙක අතර අමනුෂ්‍ය රූප ද කරවා මහියංගණාදී උතුම් සොළොස්මස්ථානයන් ද,

256. සච්චබද්ධ පර්වතයෙහි විසිතුරු සිරිපා සටහන ද, දස පාරමිතා, ත්‍රිවිධ චරියා මෙන්ම,

257. පංච මහා පරිත්‍යාගාදිය ද ධර්මයෙහි පැවසෙන බොහෝ ජාතකයන් ද විසිතුරු සිත්තමින් සැරසීය.

258. සිංහ පෙළ, ඇත්පෙළ, හංසපෙළ, මණ්ඩප, මල්වැල්, නා නා රූප ද කරවා,

259. ඉන් පසු එහි ගල උඩ සිත්කලු මනරම් ලෙණෙහි මහත් වූ, දැකුම්කළු වූ උතුම් ශුභ පිළිමයක් කරවා,

260. ගල්කැටයම් ආදිය ද මනාකොට කරවා එහි ජීවමාන ආකාරයෙන් ශෝභමාන වූ වැඩහිඳින පිළිමයක්,

261. මහත් දැකුම්කළු ලෙස කරවා ඒ බුදු පිළිමය දෙපසින් උස් හිටි පිළිම දෙකක් ද මනාකොට කරවා,

262. එසේම එහි මෙතේ බෝසතුන්ගේ ද උපුල්වන් දෙවියන්ගේ ද පිළිම කරවා තවත් බොහෝ,

263. බුදු පිළිම රූපයන් ද නොයෙක් සිය ගණන් රහත් රූපයන් ද කරවා සූවිසි බුදුරූ ද උන්වහන්සේලාගේ බෝධීන් ද,

264. සියලු සූවිසි විවරණයන් ද සොළොස්මස්ථානයන් ද භූතරූපාදිය ද පස්වැදෑරුම් ධර්ම සංගායනා ද,

265. දැකුම්කලු වෙනත් විසිතුරු සිත්තම් ද නොයෙක් අයුරින් කරවා, සර්වඥ ධාතු පිහිටුවා,

266. සෑයක් ද කරවා රන්කොතින් අලංකාර කරවා ඒ විහාරයෙහි ම උතුම් මතු ලෙණෙහි,

267. සැරියුත් මහතෙරුන් ඇතුලු පන්සියයක් මහරහතුන් පිරිවරා වැඩසිටින දර්ශනීය බුදුරුවක් ද කරවා,

268. ඒ ඒ විහාර මිදුලෙහි ප්‍රාකාර මණ්ඩප, නා නා ද්වාර කොටු ගෙවල්, තැන තැන පියගැපෙළ ආදිය කරවා,

269. නොයෙකුත් යහපත් කර්මාන්ත කරවා බොහෝ

98 වන පරිච්ඡේදය 565

ජරාවාස වූ තැන් පිළිසකර කරවා බොහෝ තැන් අලුතින් ද කරවා,

270. සියලු කර්මාන්තයන් මනරම් අයුරින් කරවා එහි නෙත් තැබීමේ මහා පින්කමෙහිදී රජ තෙමේ,

271. බොහෝ වස්ත්‍රාභරණාදිය දී මහඇමතියන් යැවූ කල්හි, නොයෙක් තොරණ් පෙළ අතුරු නැතිකොට කරවා, එහි කළයුතු බොහෝ තැන්,

272. අලංකාර කොට, උතුම් මංගල විධි සකසා කරවා මහාපූජා පවත්වා,

273. ඉතා ශුභ වූ ජ්‍යෝතිෂ නැකතකින් නෙත් තැබීමේ පින්කම කරවූයේය. එතැන් පටන් සියලු රටවැස්සෝ,

274. ගොඩගැලූ සයුරක් සෙයින් ඒ ඒ තැනින් අවුත් රැස්වූහ. සියලු ජනයා එහි කරන ලද බොහෝ,

275. රන්කැටයම් ආදී නොයෙක් දේ දැක අතිශය සතුටට පත්ව සම්බුදුරජුන්ගේ යමක මහා ප්‍රාතිහාර්යය දුටු කලක් පරිද්දෙන්,

276. මහත් සේ ඔදවැඩුණු සිතින් සාදුනාද පෙරටුව මහපූජා පවත්වමින් තුමූත් දෙව්ලොව යන මග පිරිසිදු කරගත්තාහුය.

277. ඒ පින්කමේදී භික්ෂු සංඝයාට ඇරයුම් කොට විහාරය තුළ අසුන් පනවා,

278. ධර්මකථික භික්ෂූන් වඩාහිඳුවා මහාමංගල සූත්‍රාදී සවන් දිය යුතු උතුම් ධර්මයන්,

279. දේශනා කරවා ධර්ම පූජාවන් පැවැත්වීය. දුටු ඇසූ සියලු ජනයෝ සම්බුදුරජුන් දැකීමත්,

280. බණ ඇසීමත් එක්වර ම ලබාගෙන ජීවමාන බුදුරජුන් බණ දෙසන කලක් සෙයින්,

281. නොයෙක් ලෙසින් උදාර ප්‍රීති ප්‍රමෝදයට පත්ව දවසක් දවසක් පාසා බුදුරජුන්ගේ රූපවිලාශයත් දේශනා ලීලාවත් දැක්කෝය.

282. පිට මිදුලෙහි යහපත් ගල්ටැම් සිටුවා කරවන ලද මණ්ඩපයෙහි අසුන් පනවා,

283. මණ්ඩපය වටා මහජනයා රැස් කරවා ඔවුන් සියලු දෙනා පන්සිල් ආදී සීලයන්හි පිහිටුවා,

284. දවසක් දවසක් පාසා අනල්ප වූ ධර්මය අස්සවා ධර්මකථීකයන් වහන්සේලාට ඇරයුම් කොට, තුන්යම් රාත්‍රියෙහි,

285. නොයෙක් වර ආදර සහිතව බණ කියෙව්වේය. සම්බුද්ධ පරිනිර්වාණයෙන් වසර දෙදහස්,

286. තුන්සිය එකක් ගිය කල රිදී විහාරය කරවා මහා පූජා පෙරහැර කළේය.

287. විහාරයට දකුණු දෙසින් ශෝභමාන වූ මනරම් විශාල ගල්තලායෙහි කරවන ලද ඒ උතුම් සෑය,

288. විනාශයට පත්ව පස්ගොඩක්ව තිබූ හෙයින් එය කරවන්ට සිතා සුණු ගඩොල් ආදිය ඒ ඒ තැනින් රැස්කොට,

289. සතරැස් ආසනය මනාකොට මනරම් ලෙස බඳවමින් ශ්‍රීමත් සර්වඥ ධාතූන් වහන්සේ නමක් වඩාහිඳුවා නිධන්ගත කොට,

290. ඒ සෑය ද කරවා අසළ සොඳුරු භූමි භාගයක සංඝයාට ඇරයුම් කොට,

291. බද්ධසීමාවක් ද කරවා පොහෝගෙයක් ද සංඝාරාමයක් ද කරවන්නේ, උළුයෙන් සෙවිලි කොට,

292. හාත්පස භූමියෙහි නා නා මල්ගසින් ද නා නා මල්වැලින් ද නා නා ඵලරුකින් ද,

293. සමලංකෘතව, බොහෝ පොකුණෙන් ද යුක්ත කොට මහඋයනක් කරවා එහි ජිනපුත්‍ර සංඝයා මනාකොට වස්සවා,

294. මහත් ආදරයෙන් යුතුව උන්වහන්සේලා පර්යාප්ති, ප්‍රතිපත්තියෙහි යෙදවීය. මෙසේ රාජබලයෙන් කරවන ලද,

295. පෙර මහරහතුන් විසින් සෙව්නා ලද ඒ ස්ථානය පෙර රජදරුවන් විසිනුත් පුදන ලද්දේය යි අසා,

296. මහයසස් ඇති රජ තෙමේ එසේ ම විහාර සීමාවත් නියම කොට පුදා එහි සංඝදානාදී පූජා විධි සියල්ල,

297. දියුණු කොට පවත්වන්නේ රජ තෙමේ පින් රැස්කළේය.

298. පුවක්, දොඹ, නා ආදී රුක්පෙළින් හොබනා, හැම කුරුලු නාදයෙන් රැව්දෙන්නා වූ,

299. සීතල නිමල සුදු ගල්තලායෙන් සමන්විත, නා නා මුවන්ගෙන් ගැවසුනු දොළගල පර්වතය අසළ,

300. වරාවල නමැති ඉතා සිත්කලු ආරාමයෙහි රජු විසින් අනුදන්නා ලද ඇමතියෙකු විසින් බුදු පිළිමයක් කරවීය.

301. ස්වර්ණග්‍රාම මන්ත්‍රී විසින් ගල් ටැම් පිහිටුවා පොහොයගෙයක් කරවා බුද්ධපුත්‍රයන් උදෙසා පුදන ලදී.

302. හේ බොහෝ ස්ථම්භ දර ආදිය එකතු කොට එහි බොහෝ මන්දිර ද කරවීය.

303. එහි වසන භික්ෂූන්ට හැම කල්හි සිව්පසය පිණිස රජ තෙමේ ගම් කෙත් ආදිය පූජා කළේය.

304. රජ තෙමේ මේ සියලු දේ කරවා සතුටු සිතින් යුතුව ධම්මරක්ඛිත මහතෙරුන් වෙත පැවරීය.

305. මෙසේ නා නා විධ පින් රැස්කළ රජ තෙමේ සිය රාජ්‍යයෙහි තිස්පස්වැනි වසරෙහි කම් වූ පරිද්දෙන් මිය පරලොව ගියේය.

306. සැප සම්පත්වලත්, සිරුරෙහිත් ඇති නිසරු බව දැන නුවණැත්තෝ එහි ඇල්ම දුරින් ම දුරුකරති. තෙපි දු තුනුරුවන් ම ඇසුරු කොට ලෝකෝත්තර ආදී සැප සදන කුසල් භජනය කරව්!

මෙසේ හුදී ජන පහන් සංවේගය පිණිස කරන ලද මහාවංශයෙහි 'කීර්ති ශ්‍රී රාජසිංහ රජු' නමැති අනූ අටවන පරිච්ඡේදය නිමාවට පත්විය.

99

අනු නවවන පරිච්ඡේදය

සිංහල රාජවංශයේ අවසානය

01. කීර්ති ශ්‍රී රාජසිංහ රජුගේ ඇවෑමෙන් පසු ඔහුගේ කණිටු සොයුරු ශ්‍රී රාජාධිරාජසිංහ තෙමේ ලංකා රාජ්‍යාභිෂේකයට පැමිණියේය.

02. ලබන ලද රාජාභිෂේක ඇති මේ රජු තෙරුවන් කෙරෙහි පහන් සිතැතිව, අප්‍රමාදීව, නුවණැතිව, බණ ඇසීමෙන් යුක්තව,

03. සොයුරු රජු විසින් කරගෙන ආ ලෝසසුන් රැකීමක් තිබුණේ ද ඒ හැම පෙර සෙයින් ම නොපිරිහෙලා කළේය.

04. මහයසස් ඇති මෙතෙමේ උතුම් දළදා වහන්සේට ද පෙර පරිදි ම බුද්ධ පූජාදිය පැවැත්වීම නොපිරිහෙලා කළේය.

05. බුද්ධ පුත්‍රයන් හට ද පෙර රජවරුන් විසින් නියම කොට තිබූ දන්වැට ඒ ක්‍රමයෙන් ම දෙන්ට නියම කළේය.

06. සිය සොයුරු රජ දවස සියම් රටින් මෙහි වැඩි උපාලි තෙරුන් ප්‍රමුඛ භික්ෂූන් වහන්සේලා ශ්‍රීවර්ධන පුරයට පැමිණියාහුය.

07. පසුව උපාලි මහතෙරුන් ප්‍රමුඛ භික්ෂූන් වහන්සේලා නුවරට දකුණින් පිහිටි මල්වතු විහාරයෙහි,

08. ඥත්ති දුතිය කර්මයෙන් සීමාවක් බැන්දෝය. එකල්හි කීර්ති ශ්‍රී රාජසිංහ නම් රජු විසින් කරවන ලද,

09. උපෝසථාගාරය දිරාගොස් තිබෙන අයුරු බලා එහි කෙළවර පටන් හාත්පසින් උස්කොට,

10. බොහෝ ගල් යෙදීමෙන් ඇතුලු සීමාවෙහි බිත්ති ඔසොවා මේ පින් කැමති රජු කරවීය.

11. රජ තෙමේ ගල්කණු පිහිටුවා පොහොයගෙය කොට සිව් දිශාවෙන් වඩිනා සංඝයා උදෙසා පූජා කළේය.

12. පාළි සංස්කෘත ආදී නොයෙක් ශාස්ත්‍රයන්හි දක්ෂ වූ හේ නිති දානයෙහි ඇලුනේ මේ රජු රූප ශෝභායෙන් මකරද්වජ බඳු විය.

13. ශබ්ද ශාස්ත්‍ර විශාරද වූ මෙතෙමේ සිංහල භාෂායෙන් අසදිස ජාතකය කාව්‍ය කොට ලියවීය.

14. එක් රැයක පහන් ආලෝක ලක්ෂයක් දල්වා ශ්‍රද්ධාවෙන් යුතුව පිරිසිදු සිතින් යුතුව දළදා වහන්සේ පිදීය.

15. අනෙක් දානයන්ට වඩා කඨින දානය මහත්

අනුසස් ඇත්තේය යැයි අසා වාර්ෂිකව සංඝයා උදෙසා කඨින දන් දුන්නේය.

16. මේ රජු තමන්ගේ සිරුර ප්‍රමාණයට ලෝහයෙන් බුදු පිළිමයක් කරවා බුදු බව පැතුවේය.

17. සාධු සම්මත ගංගාරාම විහාරයෙහි දැකුම්කළු මනරම් සෑයක් ද කරවීය.

18. මේ ආදී වශයෙන් පින් රැස්කරගත් මේ රජු රාජ්‍ය ලබා දහඅට වසරකින් කර්මානුරූපව මිය පරලොව ගියේය.

19. මේ රාජාධිරාජසිංහ රජුගේ සහෝදරියකගේ පුත්‍රයෙකු වන ශ්‍රී වික්‍රම රාජසිංහ රජු නුවණැති වූයේ ලක්දිව රජ බවට පත්විය.

20. බුදුරජුන් වදාළ ධර්මය ඇසූ හේ සතුටට පත්විය. එසේම දළදා වහන්සේට මිණි මුතු ආදියෙන් ද,

21. නොයෙක් ගම්කෙත් ආදිය ද පූජා කළේය. බුදුන් ප්‍රමුඛ සංඝයාට ප්‍රණීත දන් පිරිනැමීය.

22. බොහෝ වර දන් දී අනන්ත සම්පත් පැතුවේය. මේ රජු මෙසේ පින් කරගත්තේය.

23. එහෙත් පසුව මෙතෙමේ (ආක්‍රමණික ඉංග්‍රීසීන් විසින් මෙහෙයවන ලද) අසත්පුරුෂයන්ගේ ඇසුරට වැටීම නිසා විපර්යාසයට පත්විය. මන්ත්‍රීශ්වර මහඇමතියන් ද තවත් බොහෝ ජනයා ද,

24. රැස්කරවූ මේ රජු රකුසෙකු සෙයින් ජනයා මරාදැම්මේය. නොයෙක් සිය ගණන් ජනයා ඒ ඒ තැනින් ගෙන්වා,

25. පවිටු මාරයා සේ අනුකම්පා විරහිතව උල තැබ්බවීය. ඒ බොහෝ ජනයාගේ පරම්පරාගත සම්පත්,

26. ගම්පහරන සොරෙකු සෙයින් මෙතෙමේ මංකොල්ල කැවේය. මෙසේ නොයෙක් අයුරින් අධර්මයේ හැසිරුණු කල්හි,

27. බොහෝ සේ කිපුණු උඩරට සිංහලයෝත්, කොළඹ රටවැසියෝත් සියලු දෙන මෙහි අවුත් දුෂ්ට ස්වභාව ඇති මේ රජුගේ,

28. අභිෂේකයෙන් දහඅට වසරක් ගෙවී ගිය තැන ජීවග්ග්‍රාහයෙන් අල්ලාගෙන මුහුදින් එතෙර රටට පැමිණවූහ.

29. මෙසේ ලෝකපීඩක රජු විදේශයට යැවූ ඉංග්‍රීසි නමැති ම්ලේච්ඡ ජාතියට මුළු සිංහල රාජ්‍යය ම යටත් විය. ඔවුහු සිංහල රාජ්‍යය තමන්ගේ අතට ගත්තෝය.

මෙසේ හුදී ජන පහන් සංවේගය පිණිස කරන ලද මහාවංශයෙහි 'සිංහල රාජවංශයේ අවසානය' නමැති අනූ නවවන පරිච්ඡේදයෙන් මහාවංශය නිමාවට පත්විය.

මහාමේඝ ප්‍රකාශන

- **ත්‍රිපිටක පොත් වහන්සේලා :**

01. **දීඝ නිකාය 1 කොටස**
(සීලක්ඛන්ධ වර්ගය)
02. **දීඝ නිකාය 2 කොටස**
(මහා වර්ගය)
03. **දීඝ නිකාය 3 කොටස**
(පාථික වර්ගය)
04. **මජ්ඣිම නිකාය 1 කොටස**
(මූල පණ්ණාසකය)
05. **මජ්ඣිම නිකාය 2 කොටස**
(මජ්ඣිම පණ්ණාසකය)
06. **මජ්ඣිම නිකාය 3 කොටස**
(උපරි පණ්ණාසකය)
07. **සංයුත්ත නිකාය 1 කොටස**
(සගාථ වර්ගය)
08. **සංයුත්ත නිකාය 2 කොටස**
(නිදාන වර්ගය)
09. **සංයුත්ත නිකාය 3 කොටස**
(ඛන්ධක වර්ගය)
10. **සංයුත්ත නිකාය 4 කොටස**
(සළායතන වර්ගය)
11. **සංයුත්ත නිකාය 5 කොටස**
(මහා වර්ගය - 1)
12. **සංයුත්ත නිකාය 5 කොටස**
(මහා වර්ගය - 2)
13. **අංගුත්තර නිකාය 1 කොටස**
(ඒකක, දුක, තික නිපාත)
14. **අංගුත්තර නිකාය 2 කොටස**
(චතුක්ක නිපාත)
15. **අංගුත්තර නිකාය 3 කොටස**
(පඤ්චක නිපාත)
16. **අංගුත්තර නිකාය 4 කොටස**
(ඡක්ක, සත්තක නිපාත)
17. **අංගුත්තර නිකාය 5 කොටස**
(අට්ඨක, නවක නිපාත)
18. **අංගුත්තර නිකාය 6 කොටස**
(දසක, ඒකාදසක නිපාත)
19. **ඛුද්දක නිකාය 1 කොටස**
(ඛුද්දකපාඨ පාළි, ධම්මපද පාළි, උදාන පාළි, ඉතිවුත්තක පාළි)
20. **ඛුද්දක නිකාය 2 කොටස**
(විමාන වත්ථු , ප්‍රේත වත්ථු)

- **ධර්ම දේශනා ග්‍රන්ථ :**

01. කියන්නම් සෙනෙහසින් මිය නොයන් හිස් අතින්
02. තෝරාගනිමු සැබෑ නායකත්වය
03. දම් දියෙන් පණ දෙව් විමන් සැප
04. ගිහි ගෙයි ඔබ ඇයි?
05. මෙන්න නියම දේවදූතයා
06. අතරමං නොවීමට...
07. සුන්දර ගමනක් යමු
08. ලෙඩ දුක් වලින් අත්මිදෙමු
09. ලෝකය හැදෙන හැටි
10. මරණය ඉදිරියේ අසරණ නොවීමට නම්
11. අපේ නව වසර බුද්ධ වර්ෂයයි
12. සැබෑ බිරිඳ කවුද?
13. රහතුන්ගේ ධර්ම සාකච්ඡා
14. සැබෑ දියුණුවේ රන් දොරටුව
15. ස්වර්ණමාලී මහා සෑ වන්දනාව
16. ගෞතම සසුනේ පිහිට ලබන්නට...
17. පින සහ අවබෝධය
18. සැබෑ බසින් මෙම සෙත සැලසේවා !
19. සුගතියට යන සැලැස්මක්
20. පිනක මහිම

- **සදහම් ග්‍රන්ථ :**

01. පිරුවානා පොත් වහන්සේ
02. ඔබේ සිත සමඟ පිළිසඳරක්
03. සිතට සුවදෙන භාවනා
04. පින් මතුවෙන වන්දනා
05. ශ්‍රී සම්බුද්ධත්ව වන්දනා
06. සිරි ගෞතම බෝධි වන්දනාව
07. අසිරිමත් පසේබුදු පෙළහර
08. අනේ..! අපේ කථාවත් අහන්න...
09. ධාතුවංශය
10. නුවණැතියන් සද්ධර්මයට පමුණුවන අසිරිමත් පොත් වහන්සේ - නෙත්තිප්පකරණය
11. පාළි-සිංහල මහා සතිපට්ඨාන සූත්‍ර දේශනාව
12. ප්‍රජාපතී ගෞතමී මහරහත් තෙරණින් වහන්සේ පිරිනිවන් පෑ අවසන් මොහොත!
13. අපේ ආච්චිගේ ලස්සන බණ කතා - 1

14. අපේ ආච්චිගේ ලස්සන බණ කතා - 2
15. මහාවංශය (ප්‍රථම භාගය)
16. මහාවංශය (ද්විතීය භාගයේ පළමු කොටස)
17. මහාවංශය (අවසාන භාගය)
18. ශ්‍රීපාද අඩවියේ මුණගැසුන අමුත්තා

● ජාතක කථා පොත් පෙළ :

කොටස් වශයෙන් පළවන, ජාතක පොත් වහන්සේට අයත් කතා වස්තූන් "නුවණ වැඩෙන බෝසත් කථා" නමින් පොත් 43 ක් මේ වන එළිදක්වා ඇත.

● අලුත් සදහම් වැඩසටහන :

01. දුක් බිය නැති ජීවිතයක්
02. දස තථාගත බල
03. දෙව්ලොව උපත රැකවරණයකි
04. නුවණ වැඩීමට පිළියමක්
05. ලොවෙහි එකම සරණ
06. මෙන්න දුකේ රහස
07. නුවණ ලැබීමට මුල් වන දේ
08. නිවැරදි ලෙස දහම දැකීම
09. මොකක්ද මේ ක්ෂණ සම්පත්තිය?
10. පඤ්ච උපාදානස්කන්ධය
11. ප්‍රඥාවමයි උතුම්
12. නුවණින් විමසීම අපතේ නොයයි
13. පිහිටක් තියෙනවා ම යි
14. කොහොමද පිහිට ලැබගන්නේ...?
15. බුදු නුවණින් පිහිට ලබමු
16. අසිරිමත් දහම් සාකච්ඡා
17. දිව්‍ය සභාවක අසිරිය
18. ආර්ය ශ්‍රාවකයාගේ අවබෝධය
19. අසිරිමත් මහාකරුණාව!
20. විස්මිත පුහුණුව
21. අපට සොඳ ය සියුම් නුවණ
22. දුකෙන් මිදෙන්ට ඕනෑ නැද්ද?
23. නුවණැත්තෝ දකිති දහම
24. තමාට වෙන දේ තමාවත් නොදනියි
25. දැන ගියොත් තිසරණයේ, නොදැන ගියොත් සතර අපායේ
26. විහින් අමාරුවේ වැටෙන්න එපා!
27. නුවණින් ම යි යා යුත්තේ
28. සැබෑ පිහිට හඳුනාගනිමු

● සදහම් සිතුවම් පොත් පෙළ :

01. ඡත්ත මාණවක
02. බාහිය දාරුචීරිය මහරහතන් වහන්සේ
03. පිණ්ඩෝල භාරද්වාජ මහරහතන් වහන්සේ
04. සුමන සාමණේර
05. අම්බපාලී මහරහත් තෙරණියෝ
06. රට්ඨපාල මහරහතන් වහන්සේ
07. සක්කාර නුවර මසුරු කෝසිය
08. කිසාගෝතමී
09. උරුවේල කාශ්‍යප මහරහතන් වහන්සේ
10. සංකිච්ච මහරහතන් වහන්සේ
11. සුප්පබුද්ධ කුෂ්ඨ රෝගියා
12. නිවී ගිය සේක බුද්ධ දිවාකරයාණෝ
13. සුමන මල් වෙළෙන්දා
14. කාලි යක්ෂණිය
15. මුගලන් මහරහතන් වහන්සේ
16. ලාජා දෙවඟන
17. ආයුවඩ්ඪන කුමාරයා
18. සන්තති ඇමති
19. මහධන සිටුපුත්‍රයා
20. අනේපිඬු සිටුතුමා
21. නන්ද මහරහතන් වහන්සේ
22. මණිකාර කුළුපග තිස්ස තෙරණුවෝ
23. විශාඛා මහෝපාසිකාව
24. පතිපූජිකාව
25. සිරිගුත්ත සහ ගරහදින්න
26. මහාකස්සප මහරහතන් වහන්සේ
27. අහෝ දෙව්දත් නොදිටී මොක්පුර
28. භාගිනෙය්‍ය සංඝරක්ඛිත මහරහතන් වහන්සේ
29. උදලු කෙටිය
30. සාමාවතී සහ මාගන්දියා
31. සිරිමා
32. බිළාලපාදක සිටුතුමා
33. මඝවා නම් වූ සක්දෙවිඳු
34. ආනන්දය, සර්පයා දුටුවෙහි ද?
35. සුදෙවුන් නිරිඳු
36. සුමනා දේවිය
37. නමෝ බුද්ධාය
38. චෝරඝාතක
39. සිදුරු පහේ ගෙදර
40. අග්ගිදත්ත බ්‍රාහ්මණයා
41. කාලදේවල තවුසා
42. පාවෙය්‍යක ආජීවක

43. සාරිපුත්ත මහරහතන් වහන්සේ
44. පුණ්ණ දූගියා
45. උත්තරා
46. චූල සුභද්‍රා

- **ඉංග්‍රීසි භාෂාවට පරිවර්තනය වී ඇති ධර්ම දේශනා ග්‍රන්ථ :**

01. Mahamevnawa Pali-English Paritta Chanting Book
02. The Wise Shall Realize
03. The life of Buddha for children
04. Buddhism
05. Dependent Origination

- **ඉංග්‍රීසි භාෂාවට පරිවර්තනය වී ඇති සූත්‍ර දේශනා ග්‍රන්ථ :**

01. Stories of Ghosts
02. Stories of Heavenly Mansions
03. Stories of Sakka, Lord of Gods
04. Stories of Brahmas
05. The Voice of Enlightened Monks
06. The Voice of Enlightened Nuns
07. What Does the Buddha Really Teach? (Dhammapada)
08. What Happens After Death - Buddha Answers
09. This Was Said by the Buddha
10. Pali and English Maha Satipatthana Sutta

- **ඉංග්‍රීසි භාෂාවට පරිවර්තනය වී ඇති සදහම් සිතුවම් පොත් :**

01. Chaththa Manawaka
02. The Great Arhant Bahiya Darucheeriya
03. The Great Arhant Pindola Bharadvaja
04. Sumana the Novice monk
05. The Great Arahath Bikkhuni Ambapali
06. The Great Arahant Rattapala
07. Stingy Kosiya of Town Sakkara
08. Kisagothami
09. Sumana The Florist
10. Kali She-devil
11. Ayuwaddana Kumaraya
12. The Banker Anathapindika
13. The Great Disciple Visākhā
14. Siriguththa and Garahadinna

පූජ්‍ය කිරිබත්ගොඩ ඤාණානන්ද ස්වාමීන් වහන්සේ විසින් රචිත සියලුම සදහම් ග්‍රන්ථ සහ ධර්ම දේශනා ලබාගැනීමට

ත්‍රිපිටක සදහම් පොත් මැදුර

අංක 70/A/7/OB, YMBA ගොඩනැගිල්ල, බොරැල්ල, කොළඹ 08
දුර : 077 47 47 161 / 011 425 59 87
ඊ-මේල් : thripitakasadahambooks@gmail.com

www.ingramcontent.com/pod-product-compliance
Lightning Source LLC
LaVergne TN
LVHW021219080526
838199LV00084B/4258
* 9 7 8 9 5 5 6 8 7 1 8 6 9 *